精品课程新形态教材
21世纪应用型人才培养规划教材
“双创”型人才培养教材

配送管理

PEISONG
GUANLI

主　编　赵振亚　赵海珊
副主编　赵　琦　赵秀娟　饶阳春　徐媛媛
　　　　徐金生　毕梅宝　高玲玲

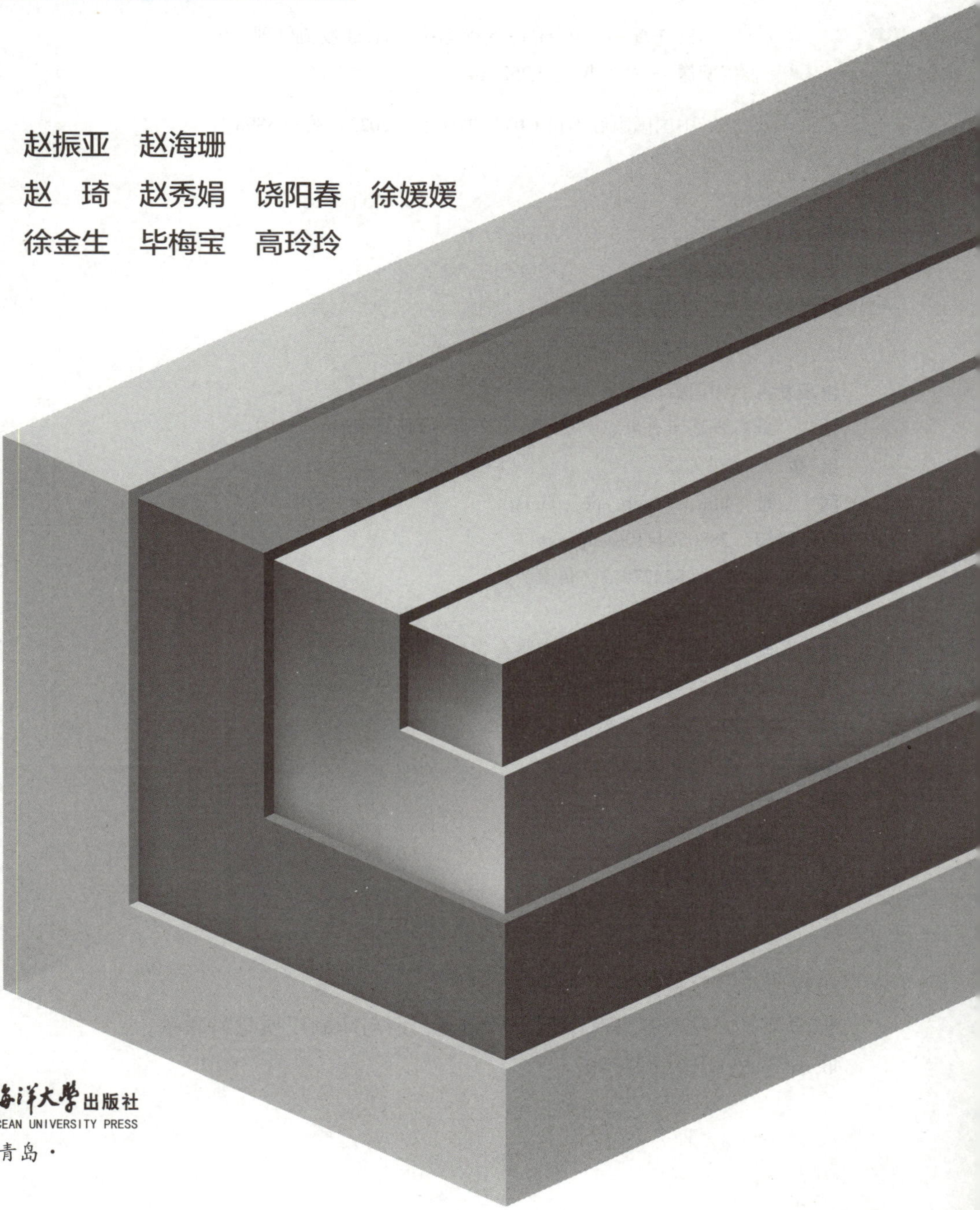

中国海洋大学出版社
CHINA OCEAN UNIVERSITY PRESS
·青岛·

图书在版编目（CIP）数据

配送管理／赵振亚，赵海珊主编．—青岛：中国海洋大学出版社，2023．6

ISBN 978-7-5670-3522-5

Ⅰ．①配…　Ⅱ．①赵…②赵…　Ⅲ．①物流管理-物资配送-教材　Ⅳ．①F252．14

中国国家版本馆 CIP 数据核字（2023）第 098898 号

出版发行　中国海洋大学出版社
社　　址　青岛市香港东路 23 号　　邮政编码　266071
出 版 人　刘文菁
网　　址　http：//pub．ouc．edu．cn
电子信箱　2880524430@ qq．com
订购电话　010-82477073（传真）
责任编辑　王积庆　　电　　话　0532-85902349
印　　制　涿州汇美亿浓印刷有限公司
版　　次　2023 年 6 月第 1 版
印　　次　2023 年 6 月第 1 次印刷
成品尺寸　185 mm×260 mm
印　　张　19．5
字　　数　452 千
印　　数　1—10000
定　　价　49．80 元

前 言

配送作为一种基础的、综合性的、特殊的物流手段，是现代物流合理化发展的重要组成部分。交通运输业基础设施建设的飞速发展，网络技术的更新交替，电子商务的快速发展，快递业务需求的急剧增长以及物流环节智能化、消费需求多样化的要求，使得整个社会对更优质、更高效的配送服务产生了强烈的需求，同时也为配送业的发展提供了无限商机。如何合理安排配送中心各个作业环节的流畅运行，促进电子商务与物流配送融合高速发展，进一步实现资源利用最大化，是本书编写的目的与意义。

为深入学习贯彻党的二十大精神，我们要深入领会建设教育强国的重要意义，深入学习习近平总书记关于建设教育强国的思想和理念，坚持理论联系业务工作实际，为建设教育强国、科技强国、人才强国贡献力量。

本书引入大量案例和具体的操作流程，使读者在接受理论知识的同时，也能学到实用的技能，从而更深入地理解所学的理论和原理。

本书以工作流程为导向，以任务为驱动，按照任务目标、任务解析、任务导入、任务实施、任务小结的顺序将理论知识与实践运用交互讲解，夯实核心技能与概念，融入课堂讨论，提升实践能力。全书共分为 6 个任务模块，24 个子任务。其中任务一是对配送及配送中心的基础性概念的讲解，注重学生专业知识的夯实，任务二是对配送中心的选址方法、配送中心平面布局和设备配置方法、配送中心仿真建模等内容的详细讲解，使读者能够对配送中心的内涵有所了解。任务三是本书重点，通过对配送作业流程：进货作业、订单处理作业、拣选及补货作业、配货作业、送货与退货作业、配送加工作业的介绍，使读者对配送作业流程形成完整、全面、清晰的认识，并能对实际作业流程进行操作。任务四是电子商务与快递业物流配送，从电子商务物流配送的概念、模式、发展策略以及电子商务配送快递业务的快件收寄和快件配送几个方面为读者讲述电子商务物流配送的基本内容。任务五与任务六分别介绍了配送服务质量管理和配送成本与绩效管理，从成本和绩效方面讲述了配送中心在运营过程，配送服务的质量与成本控制内容，明确了做好物流配送服务是物流配送企业满足客户需求的关键，是其生存发展的基础，更要在注重服务质量的前提下兼顾成本，注重读者专业拓展能力的培养。

本书结合当前配送环节的实际运作情况和发展趋势，分为6个任务进行全面介绍，理论通俗易懂，案例丰富，结构合理，在每个任务后设计了实训项目实施，并配有电子资源库。本书注重理实一体，可作为物流管理及相关专业教学教材，也可以作为第三方物流企业、企业物流部、零售业或制造业企业配送中心、物流中心进行业务培训的参考教材。

本书在编写过程中，还参考了大量的文献及网络资料。在此，特向各位作者表示诚挚的感谢。由于编写时间仓促，加之编者水平有限，书中难免存在疏漏之处，敬请广大读者批评指正，以便修改完善。

编　者

CONTENTS | 目录

任务1 配送及配送中心认知 1

子任务1.1 配送认知 3
子任务1.2 配送中心认知 17
子任务1.3 国内外配送的发展及趋势 27
任务小结 34

任务2 配送中心规划与设计 37

子任务2.1 配送中心的选址 38
子任务2.2 配送中心平面布置规划与设计 43
子任务2.3 配送中心设备配置规划与设计 63
子任务2.4 配送中心仿真建模 68
任务小结 71

任务3 配送中心作业管理 77

子任务3.1 配送中心作业流程内容 81
子任务3.2 配送中心进货作业 84
子任务3.3 订单处理作业 87
子任务3.4 配送中心拣选及补货作业 113
子任务3.5 配货作业 131
子任务3.6 送货与退货作业 146
子任务3.7 配送加工作业 166
任务小结 180

目录 | CONTENTS

任务4 电子商务与快递业物流配送 187

子任务4.1 电子商务物流配送概述 189

子任务4.2 电子商务快递业配送——快件收寄 200

子任务4.3 快递业配送——快件派送 209

子任务4.4 电子商务的物流配送模式 231

任务5 配送服务质量管理 238

子任务5.1 配送服务质量管理概述 240

子任务5.2 配送服务质量体系 252

子任务5.3 配送服务质量控制 257

任务小结 266

任务6 配送成本与绩效管理 271

子任务6.1 配送成本概述 273

子任务6.2 配送成本核算与控制 280

子任务6.3 配送运作的绩效评价 290

任务小结 301

参考文献 305

任务 1　配送及配送中心认知

能力目标

通过完成本任务，你应该能够：

1. 会使用相关概念认识和区分运输和配送；
2. 理解配送环节在物流功能之间的作用和地位；
3. 能够对实施配送的结点不同进行分类。

核心能力

1. 熟悉配送活动的基本形式和典型业务；
2. 能判断和区分普通仓库和配送中心；
3. 会制定不同类型配送中心的工作流程。

思政元素

在开始学习配送的认知和配送中心认知、进出货管理的流程和业务操作之前，讨论“什么是敬业爱岗的职业素养，敬业爱岗的标准有哪些”。

“敬业”是用科学、严谨的工作态度对待自己的工作，认真负责，精益求精；“爱岗”是正确认识自身岗位工作的重要性，树立岗位荣誉感，热爱自己的岗位工作。

任务解析

任务1：配送中心作业管理

分项任务1.1　配送认知

分项任务1.2　配送中心认知

分项任务1.3　国内外配送的发展及趋势

任务导入

尊敬的读者：作为物流系统的一个子系统，配送活动在现代企业经营和社会消费中有着重要作用。配送几乎包括所有的物流功能要素，是物流活动的缩影，也是物流活动在小范围中的体现。配送中心是整个物流系统的一个缩影，集中反映了现代物流的综合效应和发展水平。配送中心作为物流的节点，利用信息技术将运输、仓储、搬运装卸、流通加工、配送等功能有机地结合起来，实现了物流的系统化、精细化运行。经济的发展要求与之相匹配的流通方式，由于社会分工更加细化、促进销售和降低物流成本等方面的要求，配送活动得以快速发展。我们必须对配送及配送中心的概念及分类具有清晰和明确的理解，对现代配送形式和发展有较全面的了解。

例如：在以下日常生活中的配送活动

问题1：从商场购买了电器，约定于当日晚6点前送到家，这属于什么物流活动？

问题2：沃尔玛每天向各个卖场进行补货，这属于什么物流活动？

问题3：在淘宝平台购物后，卖家按照服务约定委托快递公司送货，这属于什么物流活动？

问题4：在京东平台购物后，由京东物流按时送达，这属于什么物流活动？

这些物流活动的共同点是什么？做法有何不同？

在思考中，你将进入第一个认知环节：配送与配送中心认知。

配送管理实务的第一个方面：配送与配送中心认知。为了方便读者掌握配送与配送中心的概念、类别及现代配送形式，本书将此任务分为以下3个分项任务：

子任务1：配送认知；

子任务2：配送中心认知；

子任务3：国内外配送的发展及趋势。

读者可以对照能力目标，反复演练，有的放矢地依次完成各分项任务，直至完成本任务，从而获取相应的职业活动能力。

子任务 1.1 配送认知

任务提示 本分项任务将引领读者逐步熟悉配送的含义、配送与运输的区别、配送的作用和种类、配送的典型业务及工作流程、配送的基本模式，以及如何做到配送合理化。

任务先行 正确地认识和理解配送的定义和种类，熟悉配送的典型业务和工作流程，对理解配送环节作为物流系统中重要的功能要素，不管是对于整个社会经济还是物流系统本身，都具有重要的作用。同时在合理判断配送是否合理是配送决策的重要内容，也是一个需要解决的核心问题。

作为物流系统的一个子系统，配送活动在现代企业经营和社会消费中有着重要作用。配送几乎包括所有的物流功能要素，是物流活动的缩影，也是物流活动在小范围中的体现。

1.1.1 配送的含义

对于配送的研究，日本较早。日本学者将其译为“delivery”，即“提交、递交、交付、交货”的意思，但它不能准确表达配送活动的全部内容。随着配送的发展，大多数人认为应该用“distribution”，即“分配、分销”来表示。

我国 GB/T 18354-2006《物流术语》关于配送的定义：在经济合理区域范围内，根据用户要求，对物品进行拣选、包装、分割、组配等作业，并按时送达指定地点的物流活动。

包装（package/packaging），是指为在流通过程中保护产品、方便储存、销售，按一定技术方法而采用的容器、材料及辅助等的总体名称，也指为达到上述目的而采用容器、材料和辅助物的过程中施加一定技术方法等活动。

分割（cut apart），是指按订单或出库单的要求，将大的包装分解为小包装的过程。

拣选（order picking），是指按订单或出库单的要求，从储存场所选出并放置在指定地点的作业。

组配（assembly），是指配送前根据物品的流量、流向及运输工具的载质容积，组织安排物品装载的作业。

根据配送的定义，配送包含以下内容：

（1）配送的实质是送货。配送是一种送货，是一种有确定组织、确定渠道，有一套装备和管理力量、技术力量，包含订单处理、分拣理货、装载送货等流程的物流活动。

（2）配送形式趋于多样。狭义上讲，配送是一种经过中转的“末端物流”或者“二次物流”。广义上，许多人也将非中转型送货纳入配送范围，将配送外延从中转扩大到非中转，仅以“送”为标志来划分配送外延。随着电子商务的发展，实践中配送活动的外延非常广，既包括物流中转也包括产地直送。

（3）配送是“配”和“送”有机结合的形式。“配”有很强的目的性，是按照客户的具体要求进行的，“送”则是按照“配”的指令进行的物流活动。配送利用有效的分拣、配货等理货工作，使送货达到一定的规模，以利用规模优势取得较低的送货成本。但随着电子商务的发展、消费者更加追求消费体验，配送活动也可能是生产点直接到消费点的物流活动，以提高配送的时效性和良好的客户体验，例如：配餐、工厂直配。

（4）配送是“以最合理方式”的方法进行的。就配送活动本身而言，应该追求物流集约化和组织的合理化，过分强调按用户的要求，有时实际会损失双方的利益。但随着用户需求的变化和用户本身的局限，配送者必须以“要求”为据，否则就会丧失客户，这也是配送的二律背反。

◎提示板

配送和运输（transportation）的区别

配送也是将物品从一个地点向另一地点的实现空间效应的过程，但是从各方面比较，配送和运输是有很大区别的。

1. 从运输性质方面讲，配送是支线运输、区域内运输、末端运输，而运输属于干线运输。

2. 从货物性质方面讲，配送所运送的是多品种、少批量，而运输是少品种、大批量。

3. 从运输工具方面讲，配送时所使用的一般是小型货车，不超过2吨的载重量，而运输使用的是大型货车或铁路运输、水路运输等的重吨位运输工具。

4. 从管理重点方面讲，配送始终以服务优先，而运输更注重效率，以效率优先。

5. 从其附属功能方面讲，配送所附属的功能较多，主要包括装卸、保管、包装、分拣、流通加工、订单处理等，而运输只有装卸和捆包。

1.1.2 配送的作用

作为物流系统中重要的功能要素，配送活动不管是对于整个社会经济还是物流系统本身，都具有重要的作用。

（一）推行配送有利于物流运动实现合理化

配送不仅推动物流专业化、社会化，更重要的是，它能以其特有的运动形态和优势调整流通结构，使物流运动实现规模化，以规模优势取得较低的运输成本，通过配送减少了车辆的空驶，提高了运输效率和经济效益，并达到了节能减排。

（二）完善运输和整个物流系统

利用配送，可以在一定范围内，将干线、支线运输与仓储等统一起来，是干线输送过程及功能体系得以优化和完善，形成一个大范围运输与局部配送相结合的、完善的物流体系。

（三）提高末端物流的效益

以合理的配送组织形式对单个、需求量比较小的用户进行集中配送，实现规模经济，代替向不同用户分别发货的不经济运输，使得末端物流经济效益得到提高。

（四）通过集中库存使企业实现低库存或零库存

发展配送，实行集中库存，整个社会的物资库存总量必然低于各企业分散库存总量，发挥规模经济优势，降低库存成本。同时，配送有利于灵活调度，按着不同企业的需求进行调整，有利于最大限度地发挥物资的作用。

（五）简化事务，方便用户

采用配送方式时，用户只需要配送中心订货就能够达到多处采购的目的，减轻了用户的工作量和负担，节省了订货成本。

（六）提高供应保证程度

生产企业自己保持库存来维持生产，由于受到库存费用的制约，提高供应的保证程度很难，保证供应和降低库存成本存在着二律背反。采取配送方式，配送中心可以集中存货来调节企业间的供需关系，降低了企业断货、缺货、影响生产的风险。

（七）配送为电子商务的发展提供了基础和支持

电子商务的发展非常迅猛，但是完成交易则必须要有物流的配合。如果没有商品的配送，则电子商务不能发挥其方便快捷的优势。

1.1.3 配送的种类

配送作为一种现代流通组织形式，具有集商流、物流于一身的职能。根据不同的分类标准，配送服务有不同的种类，下面从配送结点、配送企业专业化程度、配送功能、配送时间和数量以及配送时间和数量等方面对配送进行分类，见表1-1、1-2、1-3、1-4、1-5。

表1-1 按实施配送的结点不同进行分类

配送类别	特点	优点	缺点	适用范围
配送中心配送	专为配送设计，有一套配套的实施配送的设施、设备和装备；实行计划配送	规模大，配送能力强、品种多、数量大	灵活性差、服务对象固定；投资高	专业性强、有固定用户的配送，如城市配送等
仓库配送	对原仓库进行改造，在保持储存保管功能的前提下增加一部分配送职能	投入资金小	规模小、专业化差	中等规模配送
商店配送	是一种销售配送形式，将商店经营的品种配齐，或代用户外订外购部分本店一般不经营的商品，和本店经营的品种配齐后送达用户	组织灵活、可以进行随机配送	组织者实力有限，配送数量小	商业或者物资的门市网点

续表

配送类别	特点	优点	缺点	适用范围
生产企业配送	直接从本企业开始向用户进行配送，不需要将产品发送到配送中心进行配送	减少中转，对不适合中转的化工产品、地方建材、地方性较强的食品等有利	品种单一，无法进行集货配送	多品种生产的生产企业

表 1-2　按照配送企业专业化程度进行分类

配送类别	特点	优点	缺点	适用范围
综合配送	在一个配送网点中组织不同专业领域的产品向用户配送	减轻用户为组织所需的全部商品进货的负担	组织时技术难度较大	形状相同或者接近的不同类产品、消费品的配送，如城市配送、区域配送
专业配送	按照产品性质和状态划分专业领域的配送	便于优化配送设施、设备，制定实用合理的配送流程，提高配送效率	不利于配送的规模化	中小杂件配送、金属材料配送、烟草行业配送、医药行业配送等

★知识链接

1. 城市配送：一般来说，城市配送是指服务于城区及城市近郊的货物配送活动，在经济合理区域内，根据客户的要求对物品进行加工、包装、分割、组配等作业，并按时送达指定地点的物流活动。城市配送其主要对象为商品，也包括部分工业品。在我国，城市配送的从业者主要包括专业物流服务商，转型搬家、货运公司，邮政和快递企业（主要从事小件、小包裹运输）等。

随着城市产业布局的调整、现代消费方式的不断升级、电子商务技术的广泛应用，以及城市工商业发展模式的日趋多元，使得小批量、多频次、时效性强的直接配送、住宅配送及“门到门”配送需求日益增长。城市配送的专业化水平提高，可以进一步解决城市快递、配送车辆进城通行、停靠和装卸作业问题，完善城市物流配送网络。

2. 区域配送：以较强的辐射能力和库存准备，向省（州）际、全国乃至国际范围的用户配送。这种配送规模较大，一般而言，用户也较大，配送批量也较大，而且，往往是配送给下一级的城市配送中心，也配送给营业所、商店、批发商和企业用户，虽然也从事零星的配送，但不是主体形式。

3. 行业配送：由于各个行业生产的产品形状差异比较大，或者行业比较特殊，必须采用一些特种设备或者专门的管理制度进行配送，逐渐形成了专门服务于某个行业的配送体系。例如：医药配送需要全程冷链，所以形成了冷藏特种车辆配送的医药物流配送；汽车配送需要特种设备进行装载运输，形成了汽车物流配送；烟草需要有一套比较严格的管理制度，形成了烟草行业物流配送。

4. 联盟配送：联盟配送是由多个物流配送企业组建的联合体，在物流配送活动的各个环节都表现出了集约化优势，物流配送联盟采用和推行的是共同配送模式。

表 1–3 按照配送功能进行分类

配送类别	特点	优点	缺点	适用范围
供应型配送	针对特定的用户，用配送方式满足这特定用户的供应需求的配送方式；配送对象确定，需求确定，服务要求也是确定的	较强的计划性，较为稳定的渠道，利于提高配送的科学性和强化管理	需要比较固定的配送对象	为特定的用户服务
销售型配送	配送企业是销售性企业，或销售企业作为销售战略一环，进行的促销型配送，或者是和电子商务网站配套的销售型配送	扩大销售数量、扩大市场占有率、更多获得销售收益	随机性较强而计划性较差	配送企业是销售性企业，或销售企业作为销售战略一环
供应销售一体化型配送	既是销售者同时又成为用户的供应代理人，起到用户供应代理人的作用	基本固定的用户和基本确定的配送产品	灵活性差，一般是同一条供应链上的用户	配送企业是供应链上的一个节点

表 1–4 按配送时间和数量的多少进行分类

配送类别	特点	优点	缺点	适用范围
定时配送	按规定的时间间隔进行配送	时间固定、易于安排工作计划、易于计划使用车辆，也易于用户安排接货	数量和品种发生较大变化时，会使配送运力出现困难	一般适用于消费配送
定量配送	按照规定的批量，在一个指定的时间范围内进行配送	数量比较固定、备货工作较为简单，运输组织容易，配送效率高	难以实现准时要求、难以对多个用户实行共同配送	有一定的仓储能力，服务水平中等的生产配送
定时定量配送	按照规定的时间和规定的数量进行配送	兼有定时配送和定量配送的优点	服务要求比较高，管理和作业难度较大，计划难度较大；成本高，难以实现共同配送、联盟配送	产品批量较大的生产制造企业和大型连锁商场的部分商品配送
定时定线路配送	根据运输路线达到站点的时间表沿着规定的运行路线进行配送	易于有计划地安排运送和接货工作，有利于配送企业实行共同配送，易于管理，成本较低	灵活性差	消费者集中的地区配送

续表

配送类别	特点	优点	缺点	适用范围
即时配送	完全按照用户提出的时间要求和商品品种、数量要求配送	灵活性高、可实现真正的零库存	对配送企业要求高、成本高	各种应急配送
准时配送（JIT配送）	按照双方协议时间，准时将货物送达	准确及时，便于实现“零库存”管理	配送成本较高	适合于生产配送

其中定时配送根据送达时限不同，又可以分为小时配、日配、快递等形式。

小时配：即接到配送要求后，1小时内将货物送达，适用于突发的个性化需求配送和应急配送。

日配：即接到配送要求后，24小时内将货物送达，是定时配送中实行较为广泛的一种。

快递：是一种快速配送方式。一般而言覆盖地区较为广泛，服务承诺期限按不同地域会有所变化，综合利用小时配和日配等在短时间内实现送达的方式，但不明确送达的时间，一般用作向社会广泛服务的方式，甚少用于企业的生产配送。

表1–5　按配送品种和数量进行分类

配送类别	特点	优点	缺点	适用范围
单品种大批量配送	单独一个品种或者几个品种就可以达到大的运输量	由于批量较大，整车运输成本较低	必须是运输能力很强的配送组织进行配送	工业配煤等
多品种小批量配送	符合现代社会的消费方式的高水平、高技术的配送方式，是发达国家大力推崇的配送方式	可以很好地满足用户的个性化需要	作业难度大，技术要求高，使用设备复杂，组织难度大，操作要求高，成本高	大多数消费品配送
配套、成套配送	一般是按照生产企业的需要，将零部件定时送达生产企业	配送组织承担了生产企业的大部分供应，使生产企业专注于生产	配送企业的专用性比较强，不利于配送企业向外发展	装配型企业的配送组织

当然还有其他配送分类，在此不再一一列举。

1.1.4　配送的典型业务及工作流程

配送业务包含了信息流动业务、实物流动业务和其他管理业务，开展信息和管理业务是为了更好开展实物流动业务，下面从实物流动角度列举典型的业务活动。

（一）配送的典型业务

1. 集货（goods consolidation）

将分散的或小批量的物品集中起来，以便进行运输、配送的作业。集货是配送的重要环节，为了满足特定客户的配送要求，有时需要把从几家甚至数十家供应商处预订的物品集中，并将要求的物品分配到指定容器和场所。

集货是配送的准备工作台或基础工作，配送的优势之一，就是可以集中客户的进行一定规模的集货。

2. 理货（tally）

在货物储存、装卸过程中，对货物的分票、计数、清理残损、签证和交接的作业。

3. 分拣（sorting）

分拣是将物品按品种、出入库先后顺序进行分门别类堆放的作业。

分拣是配送不同于其他物流形式的功能要素，也是配送成败的一项重要支持性工作。它是完善送货、支持送货的准备性工作，是配送企业在送货时进行竞争和提高自身经济效益的必然延伸。所以，也可以说分拣是送货向高级形式发展的必然要求。有了分拣，就会大大提高送货服务水平。

4. 配货（assorting）

配货是使用各种拣选取设备和传输装置，将存放的物品按客户要求分拣出来，配备齐全，送入指定发货地点。

5. 组配（assembly）

组配是配送前根据物品的流量、流向及运输工具的载质容积，组织安排物品装载的作业。在单个客户配送数量不能达到车辆的有效运载负荷时，就存在如何集中不同客户的配送货物，进行搭配装载以充分利用运能、运力的问题，这就需要配装。通过配装送货可以大大提高送货水平及降低送货成本，所以配装也是配送系统中有现代特点的功能要素，也是现代配送不同于以往送货的重要区别之一。

6. 配送运输

配送运输是末端运输、支线运输。它和一般运输形态的主要区别在于：配送运输是较短距离、较小规模、额度较高的运输形式，一般使用汽车做运输工具。由于配送客户多，一般城市交通路线又较复杂，如何组合成最佳路线、如何使配装和路线有效搭配等，是配送运输的特点，也是难度较大的工作。

7. 送达服务

将配好的货运输到客户还不算配送工作的结束，这是因为送达货和客户接货往往还会出现不协调，使配送前功尽弃。因此，要圆满地实现运到之货的移交，并有效地、方便地处理相关手续并完成结算，还应讲究卸货地点、卸货方式等。送达服务也是配送独具的特殊性。

8. 配送加工（distribution processing）

配送加工是按照配送客户的要求所进行的流通加工。配送加工这一功能要素是主要的配送增值手段，虽不具有普遍性，但往往也是有重要作用的功能要素。这是因为通过配送加工，可以大大提高客户的满意程度。配送加工是流通加工的一种，但配送加工有它不同于流通加工的特点，即配送加工一般只取决于客户要求，其加工的目的较为单一。

当然实物流中如果是批量拣货，还会有分货业务，如果出货有差错或者商品有质量问题，还会有退货处理等业务，但是它并不是每次配送都会发生，所以没有被列入典型业务中。

（二）配送的业务流程

配送作业一般都是按照配送典型业务来组织，对于大多数配送活动，有如下流程，如图 1-1 所示。

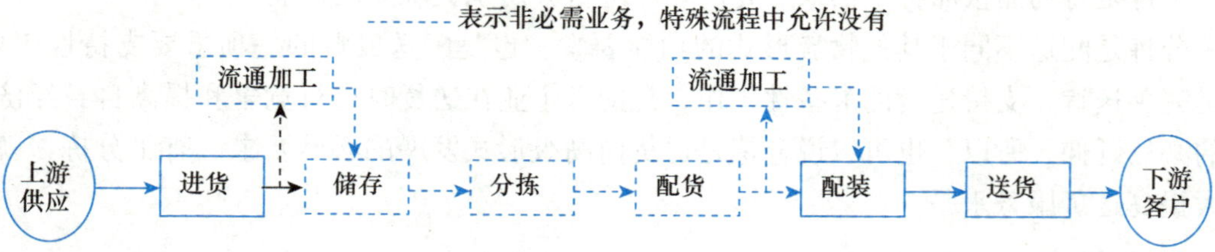

图 1-1　配送基本作业流程

对于有些配送活动而言，由于配送的商品特性和配送要求不同，可能采用的流程不尽相同，会有以下几种特殊的配送流程。

1. 无储存业务的配送流程

这种配送业务没有储存业务，进货后直接进行分拣配送，适用于一些保质期比较短或者急需的物品。例如保质期较短或者保险要求较高的食品、救灾活动中急需的物资，如图 1-2 所示。

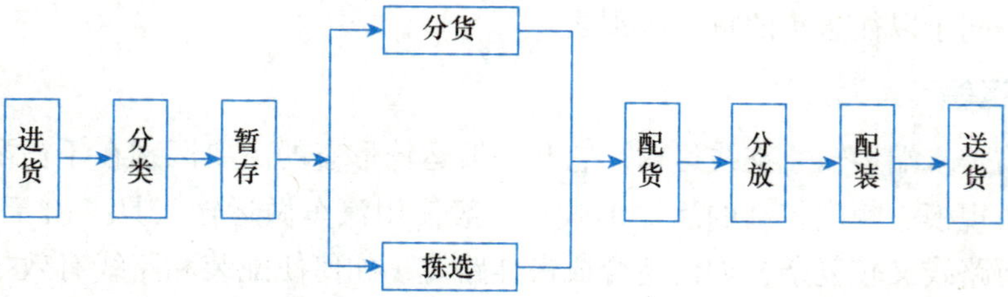

图 1-2　无储存业务的配送流程

2. 包含流通加工的配送流程

这种配送业务考虑到顾客的需要，按照顾客要求进行部分的流通加工，属于增值服务比较明显的配送业务。例如金属材料、玻璃等配送中，一般会按照用户的要求进行裁剪和加工，如图 1-3 所示。

图 1-3 加工配送型配送流程

3. 无分拣环节、配货的配送流程

虽然说分拣是配送业务的明显特征，但有些配送活动不需要分拣、配货等环节，如水泥、煤炭等以散装或者裸露方式流转，并且不适合与其他物品一起装载的物品。其配送流程十分简单，一般是进货商品批量大、品种单一，但发货时需要转换成小批量，如图1-4所示。

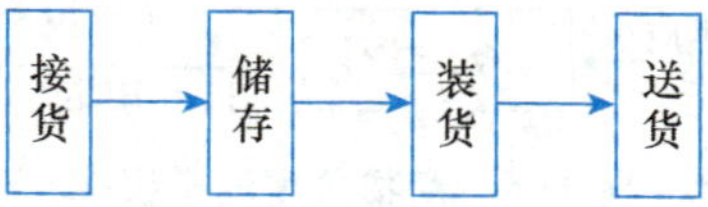

图 1-4 批量转换型配送流程

1.1.5 基本配送模式

配送模式就是从不断重复出现的配送活动中发现和抽象出来的形式上的规律，由于人们观察配送问题的角度不同，产生了对配送模式的不同认识。下面从两个方面对配送模式进行认识。

（一）按照配送主体的经营权限和服务范围划分经营模式

1. 商流、物流一体化的配送模式

这种模式又叫作配销模式。这种模式下，配送主体不仅从事商品流通的物流过程，而且将配送活动作为一种营销手段和营销策略，既参与商品所有权的让渡，又提供高效优质的物流服务。配送主体一般是商品经销企业或者生产企业的物流机构。其运作特点如图1-5 所示。

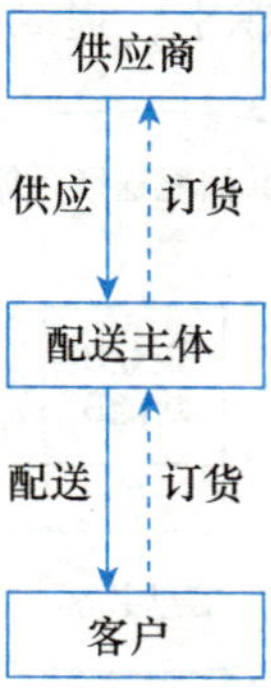

图 1-5 商流、物流一体化配送模式

2. 商物分离的配送模式

配送主体不直接参与商品的交易活动，不经销商品，只负责提供储存保管、分拣配货、流通加工、送货等相关的物流活动。业务比较单一，有利于提高专业化的物流服务水平，占用资金少，经营风险较小。其运作特点如图 1-6 所示。

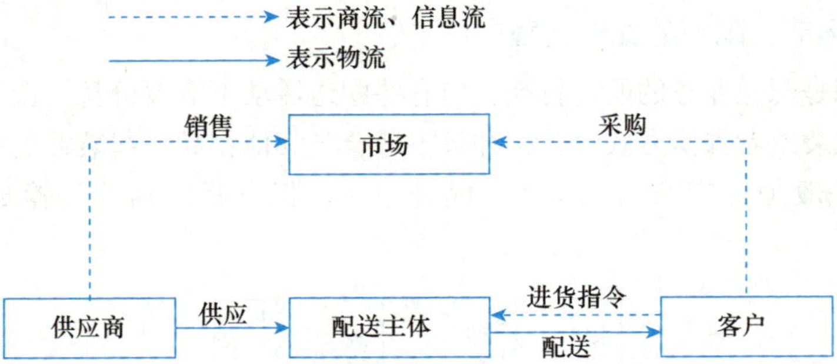

图 1-6　商物分离配送模式

（二）按照配送主体划分经营模式

1. 自营配送

自营配送模式是指企业物流配送的各个环节由企业自身筹建并组织管理，实现对企业内部及外部货物配送的模式，有利于企业产供销一体化，不足之处是可能会影响企业的核心业务。

一般而言，采用这种配送的都是规模较大的集团公司，例如：青岛海尔、沃尔玛。

2. 共同配送

我国 GB/T 18354-2006《物流术语》对共同配送（joint distribution）的定义：由多个企业联合组织实施的配送活动。

可以看出，共同配送是物流企业之间为提高配送效率及实现配送合理化而建立的一种功能互补的配送联合体。企业间通过横向联合、集约协调，以求达到求同存异和效益共享。开展共同配送要坚持功能互补、平等自愿、互惠互利、协调一致的原则。共同配送的本质是通过作业活动的规模化降低作业成本，提高物流资源的利用效率。

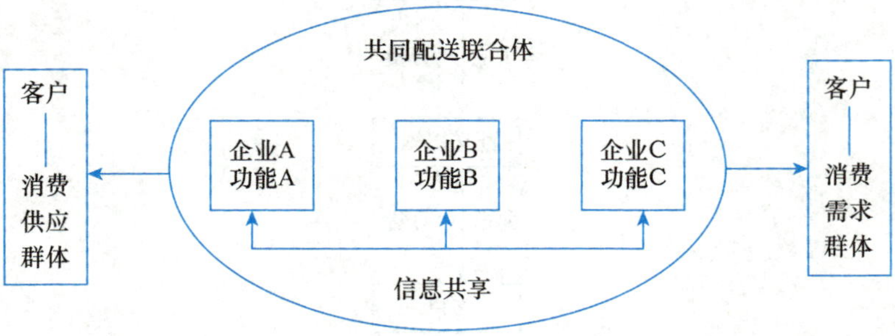

图 1-7　共同配送组织模式

共同配送是物流配送发展的总体趋势，当然，共同配送涉及很多具体的细节问题，在实施过程中难免会出现一些困难点。首先，各业种经营的商品不同，有日用百货、食品、酒类饮料、药品、服装乃至厨房用品、卫生洁具等，林林总总，不一而足。不同商品的特点不同，对配送的要求也不一样，共同配送存在一定的难度。其次，各企业的规模、商圈、客户、经营意识等方面也存在差距，往往很难协调一致。还有费用的分摊、泄露商业机密的担忧，等等。

◎提示板

共同配送的其他解释

与我国国标对于共同配送的定义不同，从服务客户的方面考虑，共同配送还有以下解释。

共同配送也称共享第三方物流服务，指多个客户联合起来共同由一个第三方物流服务公司来提供配送服务。它是在配送中心的统一计划、统一调度下展开的。

共同配送的两种运作形式：①由一个配送企业对多家用户进行配送，即由一个配送企业综合某一地区内多个用户的要求，统筹安排配送时间、次数、路线和货物数量，全面进行配送。②仅在送货环节上将多家用户待运送的货物混载于同一辆车上，然后按照用户的要求分别将货物运送到各个接货点，或者运到多家用户联合设立的配送货物接收点上。

◎扩展阅读

物流行业是一个存在显著规模经济效应的行业，只有通过不断地整合各种资源，实现高度集约化才能降低企业和社会的成本，而共同配送则是实现高度集约化的首选，也是城市冷链物流配送发展的最高阶段。以北京市场冷冻中式点心、冰激凌为例，其销售规模在北京零售终端销售市场约20个亿，需要60个供应商，约800部车开展配送，通过共同配送方式可由5家物流商用400部专业冷藏车即可完成。共同配送减少了所有车辆在零售终端排队送货的现象，既提高了终端的收货效率，又提高了物流企业的车辆使用率。通过共同配送，共享了配送线路资源，减少配送无谓的交叉行驶距离，缩短作业时间和开关门次数，在保证冷链营运标准的前提下能够使原本6%的冷链物流费用降至4%左右。

★案例阅读

京东物流实现"极速达"的4种模式

京东拥有庞大的仓储设施，其规模在全国电商行业中处于领先地位。截至2015年6月30日，京东在全国拥有7大物流中心，在全国44座城市运营166个大型仓库，拥有

4142个配送站和自提点，覆盖全国2043个区县。京东专业的配送队伍能够为消费者提供一系列专业服务，如211限时达、次日达、夜间配和3小时极速达，GIS包裹实时追踪、售后100分、快速退换货，以及家电上门安装等服务。

京东物流的配送服务分为4种模式。

1. FBP模式

FBP配送模式是一种全托管式的物流配送模式。工作流程如下图。商家与京东商城确定合作后，商家在京东商城上传店铺信息和标价并进行备货，京东商城在消费者产生订单后从仓库进行调货、打印单据，同时进行货物的配送，京东结束交易后与商家进行结算。京东商城根据消费者订单进行货物配送和开具票据，商家查看库存信息及时进行补货。从而在配送过程中减少货物运输的成本和物流配送成本。由于商家提前进行备货，京东商城能够第一时间进行货物配送，缩短配送时间，做到京东提出的"211限时达"服务。

2. LBP模式

LBP配送模式是一种无须提前备货的配送模式。商家与京东商城确定合作后，商家无须备货，只需在12小时内对订单进行包装和发货，36小时内到达京东配送中心，由京东进行货物的配送和发票的开具。京东商城与商家合作时，只提供配送和客服两项服务，减轻京东库存压力。运用LBP模式的优势在于，产生订单后，商家能够订单时间进行配货，发货相对方便。但是货物在配送时需经过京东仓库，所以运输速度有所下降，配送周期有所增加。同时，加大商家的配送运输成本，降低京东的配送效率。

3. SOPL模式

SOPL配送模式与LBP配送体系相似，在配送过程中无需提前备货，直接从商家库房发货。商家与京东商城确定合作后，商家无须备货，只需在12小时内对订单进行包装和发货，36小时内到达京东配送中心，由京东进行货物的配送。与LBP模式不同的是，SOPL模式的发票开具环节是由商家完成的，京东在整个物流过程中只发挥仅有的配送服务，其他的工作都由商家自己完成。SOPL模式的运用，一定程度上减轻京东仓储的压力，减少物流配货过程中的配货成本。与LBP模式相同，订单的生成和发货从商家开始，会影响货物的发货速度和运输时间，降低配送效率，导致客户满意度下降。

4. SOP配送模式

SOP配送模式是一种直接由商家发货的物流配送模式，京东在物流过程中不起任何作用。商家与京东商城合作，京东商城只提供可操作的后台，物流配送的工作以及后期服务全部由商家自己完成。京东商城只要求商家在订单产生12小时内进行配货发送。SOP模式的整个物流配送过程都由商家独自完成，大大降低京东商城的物流配送压力，减少配送支出和运输成本，减轻京东的库存压力。SOP模式的优势在于商家已有成型的团队同时操作京东平台。

（案例来源：物流资讯：http：//news. chinawutong. com/wlzx/wlzx/wlkx/201609/45968. html）

3. 互用配送

互用配送是几个企业为了各自的利益，以契约的方式达成某种协议，互用对方配送系统进行的配送模式，如图 1-8 所示。优点在于企业不需要投入较大的资金和人力，就可以扩大自身的配送规模和范围，但需要企业有较高的管理水平，以及与相关企业的组织协调能力。

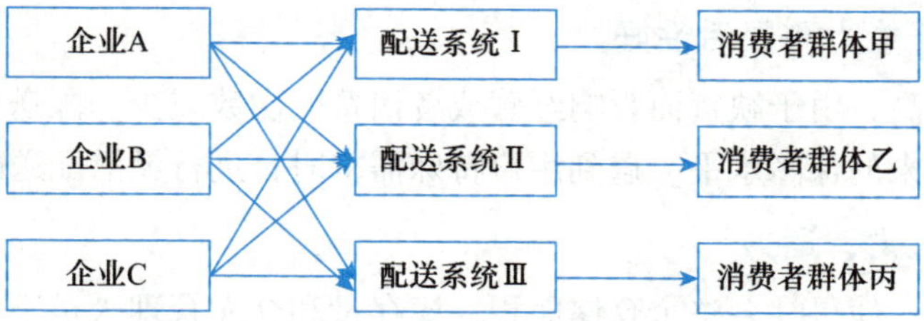

图 1-8　互用配送组织模式

4. 第三方配送

交易双方把自己需要完成的配送业务委托给第三方来完成的配送运作模式，如图 1-9 所示。随着物流发展和第三方配送体系的不断完善，第三方配送模式成为许多工商企业和电子商务配送的首选，其优点是容易实现个性化的配送和降低成本。

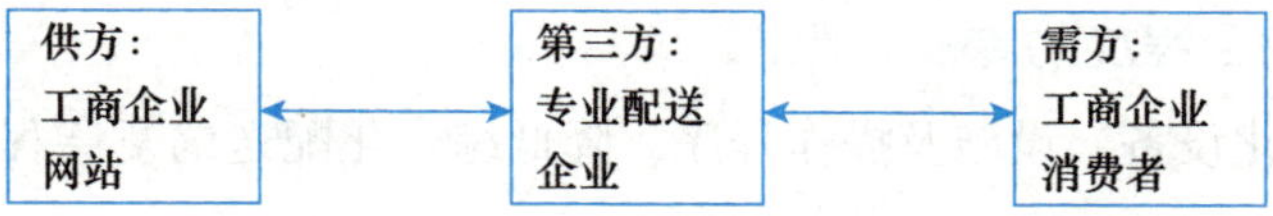

图 1-9　第三方配送组织模式

1.1.6　配送合理化

在配送业务组织中有很多的模式可供选择，企业在选择时需要结合自身的配送需求和特点，关键是要注重配送的合理化。

从整体上来讲，配送的合理化就是成本与服务均衡的思想，即以尽可能低的配送成本获得可以接受的配送服务，或者以可以接受的配送成本达到尽可能高的服务水平。

（一）配送合理化的判断标志

1. 库存总量和周转速度合理

配送中心库存数量加上各用户在实行配送后的库存量之和应该低于配送前各用户的库存量之和。当然，库存量是随着经营的变化而变化的，具体衡量时扣除因经营增长而增长的部分。

实行配送后的库存周转速度应该快于原来各用户的库存周转速度。需要说明是为了便于比较，库存都以资金计算而不以实物衡量。

2. 资金的占用和周转合理

实行配送后资金占用总量要下降，资金周转速度要加快，资金投入变得更加集中。

3. 企业经营成本较低、效益较高

对于配送企业而言，在保持配送服务水平的情况下，成本有所下降；或者服务水平略有上升的情况下成本没有升高，使成本和服务水平之间更加趋于合理化。

4. 配送的保证能力和灵活性好

配送保障程度高，由于缺货而影响经营或者消费的次数减少。配送企业的集中库存保障高于单个用户原来的保障水平。遇到用户特殊需求时，进行灵活配送的能力提高。

5. 节约社会人力、运力

通过组织配送，使得社会整个仓储面积、库存量和仓库管理人员下降，社会车辆总的使用量下降，承运量增加，车辆空驶率降低。

6. 使整个物流系统更加完善

配送必须有利于物流合理。降低了物流费用，减少了物流损失，加快了物流速度，确实起到了有效衔接的作用，并且没有增加实际的物流中转次数。

（二）配送合理化的措施

1. 推行一定综合程度的专业化配送

通过采用专业化设备、设施及操作程序，降低综合化配送的复杂程度及难度，继而取得良好的配送效果。

2. 推行加工配送

充分满足客户的个性化要求，进行配送加工活动，提高服务水平并取得较高的服务增值。

3. 推行共同配送、送取适合等配送方式的有机结合

不受固定模式的限制，灵活地选择配送方式，什么样的配送方式更加适合，就选择使用什么样的。

4. 推行准时配送系统

准时制配送对于配送企业的要求比较高，但是对于用户来说是较好的选择，有利于用户的低库存或者零库存，并且从实践来看，也是许多配送企业追求合理化的重要手段。

◎每节一练

试总结配送业务范围。

分项任务小结

完成本节任务后，请进行自我测试：请总结配送业务流程，并归纳进行配送合理化的影响因素。

子任务 1.2 配送中心认知

任务提示 本分项任务将引领读者了解配送中心的含义、配送中心的功能及特征、配送中心的分类和作业流程等。

任务先行 配送中心是整个物流系统的一个缩影，集中反映了现代物流的综合效应和发展水平。配送中心作为物流的节点，利用信息技术将运输、仓储、搬运装卸、流通加工、配送等功能有机地结合起来，实现了物流的系统化、精细化运行。配送中心是一种新兴的经营管理形态，具有满足少量多样的市场需求及降低流通成本的作用，由于建造企业的背景不同，其配送中心的功能、构成和运营方式就有很大区别，企业需要按照具体的配送需求设计及实施。

配送中心的形成和发展是物流系统化和规模化的必然结果，为了更好地满足用户在商品处理内容上、时间上和服务水平上的更高要求，必须引进先进的分拣设施和配送设备，建立正确、迅速、安全、廉价的作业体制，因此，产生了正式的配送中心。

配送中心是基于物流合理化和发展市场两个需要而发展的，是以组织配送式销售和供应，执行实物配送为主要功能的流通型物流结点。它很好地解决用户多样化需求和厂商大批量专业化生产的矛盾，因此，逐渐成为现代化物流的标志。

1.2.1 配送中心的含义

配送中心将运输的支线和干线连接起来变成了“线”，把分散的物流节点连接起来变成了“网”，可以说配送中心的出现是物流产业的一大跨越。图 1-10 展示了传统商品运输和通过配送中心的商品配送的区别。

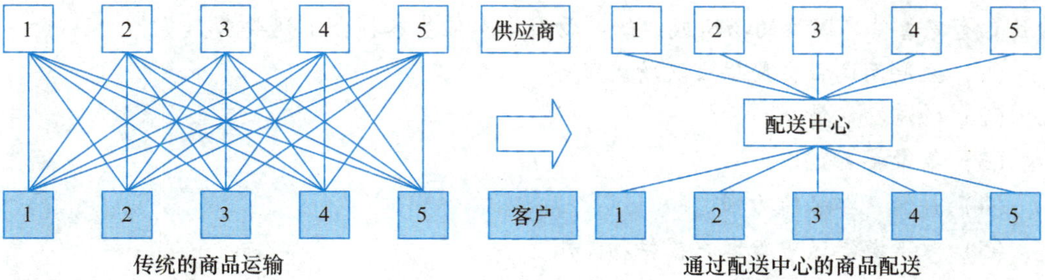

图 1-10 配送中心的产生

由图 1-10 可知，配送中心是基于降低运输成本和提高便捷性等方面的要求而产生的。它的出现减少了交叉运输，提高了运输的规模化程度，使物流活动更加有序。配送中心实际就是从事货物配备（集货、加工、分货、拣选、配货）和组织对用户的送货，以高水平实现销售和供应服务的现代流通设施。

GB/T 18354-2006《物流术语》的定义：配送中心（distribution center）是从事配送业务且具有完善信息网络的场所或组织，应基本符合下列要求：

（1）主要为特定客户或末端客户提供服务。

（2）配送功能健全。

（3）辐射范围小。

（4）提供高频率、小批量、多批次配送服务。

配送中心是从事货物配备（集货、加工、分货选货、配货）和组织对用户的送货，以高水平实现销售和供应的现代流通设施。它包含以下要点：

（1）强调了配送活动和销售与供应等经营活动的结合。

（2）配送中心的“货物配备”工作是其主要的、独特的工作，配送中心有的是完全承担送货，有的是利用社会运输企业完成送货。

（3）强调了配送中心的现代流通功能，以现代装备和工艺为基础，不但处理商流而且处理物流，是兼有商流、物流全功能的流通。

总之，配送中心就是专门从事配送业务的物流基地，是通过转运、分类、保管、流通加工和信息处理等作业，根据用户的订货要求备齐商品并能迅速、准确和廉价地进行配送的基本设施，或者是一个可以满足某些个性化需要的仓库。

当然配送中心是物流基地但不是物流中心，是可以满足个性化服务的仓库，但与保管型仓库又有很大的区别。

◎提示板

配送中心与物流中心的区别

GB/T 18354-2006《物流术语》对物流中心（logistics center）的定义：从事物流活动且具有完善信息网络的场所或组织。物流中心应基本符合下列要求：

（1）主要面向社会提供公共物流服务。

（2）物流功能健全。

（3）集聚辐射范围大。

（4）存储、吞吐能力强。

（5）对下游配送中心客户提供物流服务。

可以看出，两者辐射范围、服务对象、服务方式等方面均不同，物流中心更加强调吞吐能力和物流功能，而配送中心更加强调高频率、小批量、多批次的服务方式和配送功能。

1.2.2 配送中心的功能及特征

按照配送中心概念的描述，配送中心应该是功能齐全的为特定用户服务的组织，怎么样的功能算是齐全的呢？一般来讲，配送中心具有以下功能。

（一）配送中心的功能

配送中心作为物流据点，主要承担如下功能：

1. 采购功能

配送中心必须首先采购所要供应配送的商品，才能及时、准确无误地为其用户即生产企业或商业企业供应物资。配送中心应根据市场的供求变化情况，制订并及时调整统一的、周全的采购计划，并由专门的人员与部门组织实施。

2. 存储保管功能

储存，一是为了解决季节性货物生产计划与销售季节性的时间差问题。二是为了解决生产与消费之间的平衡问题，为保证正常配送的需要，满足用户的随机需求，在配送中心不仅应保持一定量的商品储备，而且要储存商品保管保养工作，以保证储备商品的数量，确保质量完好。

为了顺利有序地完成向用户配送商品的任务，而且为了能够更好地发挥保障生产和消费需要的作用，配送中心通常要兴建现代化的仓库并配备一定数量的仓储设备，存储一定数量的商品。某些区域性的大型配送中心和开展“代理交货”配送业务的配送中心，不但要在配送货物的过程中存储货物，而且它所存储的货物数量更大，品种更多。由于配送中心所拥有的存储货物的能力使得存储功能成为配送中心中仅次于配组功能和分送功能的一个重要功能之一。

3. 配组功能

由于每个用户企业对商品的品种、规格、型号、数量、质量送达时间和地点等要求不同，配送中心就必须按用户的要求对商品进行分拣和配组。配送中心的这一功能是其与传统的仓储企业的明显区别之一。这也是配送中心的最重要的特征之一，可以说，没有配组功能，就无所谓配送中心。

4. 分拣功能

作为物流节点的配送中心，其为数众多的客户中，彼此差别很大，不仅各自的性质不同，而且经营规模也相差径庭。因此，在订货或进货时，不同的用户对于货物的种类、规格、数量会提出不同的要求。针对这种情况，为了有效地进行配送，即为了同时向不同的用户配送多种货物，配送中心必须采取适当的方式对组织来的货物进行拣选，并且在此基础上，按照配送计划分装和配装货物。这样，配送中心就又增加了分拣货物的功能，发挥分拣中心的作用。

5. 分装功能

从配送中心的角度来看，它往往希望采用大批量的进货来降低进货价格和进货费用；但是用户企业为了降低库存、加快资金周转、减少资金占用，则往往要采用小批量进货的方法。为了满足用户的要求，即用户的小批量、多批次进货，配送中心就必须进行分装。

6. 集散功能

货物由几个公司集中到配送中心里，再进行发运或向几个公司发运。凭借其特殊的地位及拥有的各种先进的设施和设备，配送中心能够将分散在各个生产企业的产品集中到一起，然后经过分拣、配装向多家用户发运。也可以将其他公司的货物放入该配送中心来处理、发运，以提高卡车的满载率，降低费用成本。

7. 流通加工功能

配送过程中，为解决生产中大批量、少规格和消费中的小批量、多样化要求的矛盾，按照用户对货物的不同要求对商品进行分装、配装等加工活动，这也是配送中心的功能之一。

8. 送货功能

将配好的货物按到达地点或到达路线进行送货，可以租用社会运输车辆或由自己的专业运输车队送货。

9. 物流信息、汇总及传递功能

它为管理者提出更加准确、及时的配送信息，也是用户与配送中心联系的渠道。

10. 衔接功能

在生产过程中，不但是半成品还有原材料等需要从各地运来，需要仓库储存，并对生产过程中的各道工序的物资进行配送。

11. 服务功能

以顾客需要为导向，为满足顾客需要而开展配送服务。此外，配送中心还有如加工、运输、信息、管理等功能，如图 1-11 所示。每个配送中心对其中某一功能的重视程度不同，决定着该配送中心的性质，而且它的选址、房室构造、规模和设施等也随之变化。

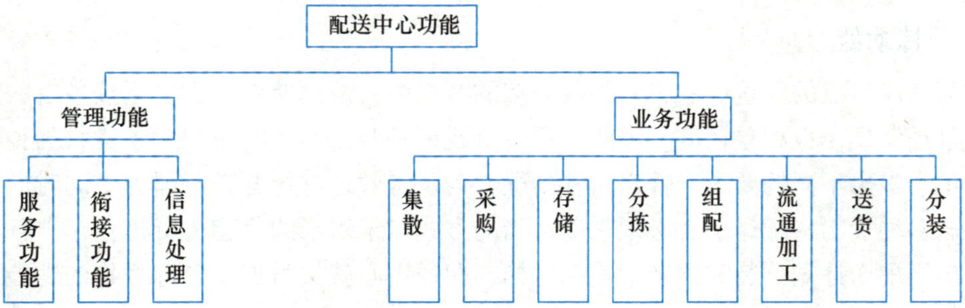

图 1-11　配送中心功能结构

配送中心的这些功能，使得配送中心作为一种物流据点形成了其鲜明的特征：

(1) 反应速度快。新型物流配送中心对上、下游物流配送需求的反应速度越来越快，前置时间越来越短。在物流信息化时代，速度就是金钱，速度就是效益，速度就是竞争力。

（2）功能集成化。在配送中心将物流与供应链的其他环节进行集成，如物流渠道与商流渠道集成、物流功能集成、物流环节与制造环节集成、物流渠道之间的集成。

（3）作业规范化、自动化。中心强调配送作业流程和运作的标准化、程式化、规范化和自动化，使复杂的作业简单化，从而大规模地提高作业的效率和效益。

（4）服务功能的外延更加丰富。强调配送服务的正确定位与完善化、系列化，除传统的配送服务外，在外延上扩展物流的市场调查与预测、订单处理、配送咨询、配送方案、库存控制策略建议、货款回收、物流教育培训等系列的服务。

（5）设施设备先进。配送中心使用大量先进的物流技术、设备为配送活动提供支撑，并且配送规模越大，配送技术、设备与管理现代化水平就越高。

1.2.3 配送中心的分类

配送中心是一种新兴的经营管理形态，具有满足少量多样的市场需求及降低流通成本的作用，但是，由于建造企业的背景不同，其配送中心的功能、构成和运营方式就有很大区别。配送中心的具体分类方式如表1-7所示。

表1-7 配送中心分类表

分类方法	配送中心类别	特点	适用对象	应用举例
按配送中心的设立者分类	制造商型配送中心	以制造商为主体，现代化、自动化程度高	大型生产企业	海尔物流中心
	批发商型配送中心	以批发商为主体、社会化程度高	大型批发企业	芬兰Sesko公司中央配送中心
	零售商型配送中心	由零售商向上整合所成立的配送中心，以零售业为主体	大型零售企业	曼彻斯特配送中心
	专业物流配送中心	以第三方物流企业（包括传统的仓储企业和运输企业）为主体，现代化程度高	大型第三方物流企业	美国RPS洛杉矶中心
按归属及服务范围	自有型配送中心	隶属于某一个企业或企业集团	通常只为本企业服务	沃尔玛配送中心
	公用型配送中心	以盈利为目的，服务范围不局限于某一企业或企业集团内部	面向社会开展后勤服务	北京食品配送中心等

续表

分类方法	配送中心类别	特点	适用对象	应用举例
按配送范围分类	城市配送中心	以城市范围为配送范围的配送中心，往往和零售经营相结合，由于运距短，反应能力强，因而从事多品种、少批量、多用户的配送较有优势	消费配送	苏宁城市配送中心
	区域配送中心	以较强的辐射能力和库存准备，向省（州）际、全国乃至国际范围的用户配送，规模大、配送批量大	供应配送（向生产企业或者下一级城市配送中心配送）	Fedex 亚洲配送中心
按配送中心的功能分类	储存型配送中心	很强的储存功能、库存量较大	买方市场下企业成品销售、买方市场下原材料采购	美国赫马克配送中心
	流通型配送中心	没有长期储存的功能，仅以暂存或随进随出的方式进行配货和送货	通过或者转运	日本阪神配送中心
	加工配送中心	以流通加工为主要业务	大多数需要简单配送加工的商品，如玻璃、钢卷	麦当劳的配送中心
按配送中心承担的流通职能分类	供应配送中心	配送的用户有限并且稳定，用户的配送要求范围也比较确定	专门为某个或某些用户（如连锁店、联合公司）组织供应	中海海外对美能达、HP 等的配送中心
	销售配送中心	执行销售的职能，以销售经营为目的，以配送为手段，配送计划性较差	生产企业为本身产品直接销售给消费者，流通企业建立配送中心以扩大销售，流通企业和生产企业联合的协作性配送	美国 Southland 圣贝纳迪诺配送中心

当然，配送中心还可以有其他分类形式，如按照按配送货物的属性可以分为食品配送中心、日用品配送中心、医药品配送中心、化妆品配送中心、家电品配送中心、电子产品配送中心、书籍产品配送中心、服饰产品配送中心、汽车零件配送中心，以及生鲜处理中心。

1.2.4 配送中心的作业流程

不同配送模式的配送中心，都会根据自身的特点和客户的特点开发出对本企业最正确的配送流程，配送中心的流程开发依据配送中心的功能，针对所需完成的功能，按照信息流引导物流的原则，一般配送中心的功能框架和作业流程如图 1-12 和 1-13 所示。

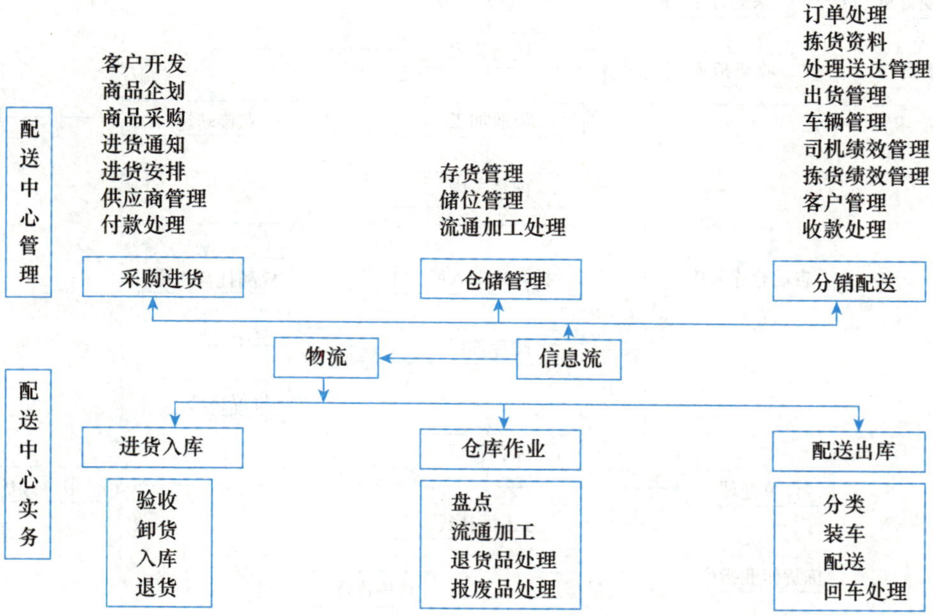

图 1-12 配送中心的功能框架

◎扩展阅读

荷兰办公快递公司的配送中心业务流程

荷兰办公快递公司是全球最大的计算机、办公家具、日常办公用品和促销品提供商，目前已经经过合并，对北美地区的 38 家办公用品配送中心进行了重组。

一、公司的基本情况

公司位于新泽西州的锡考克斯，有着绵延 3.6 千米的传送机和高速分拣机、新的仓储管理系统 WMS、固定在操作员手腕上的扫描器和支持折箱拣选的语音指令拣选系统。

自配送中心投入使用以来，公司将订单处理的精度提高到了 99.9%。由于效率的提高，公司延长了订单提交截止时间，过去想次日运达的需要在前一日 14：00 前提交订单，而现在则延长到 18：00。

二、公司的配送作业流程

1. 集货和储存作业流程

配送中心有 12 个接货门，货物抵达月台时，叉车和托板车将卡车上货物卸下来办理入库。大多数入库货物的尺寸在抵达前已经确定，这有助于 WMS 进行合理调度，最大限度地利用配送中心的存储面积。如果有新的存货单元 SKU 进入配送中心，电子测量系统会自动测量。

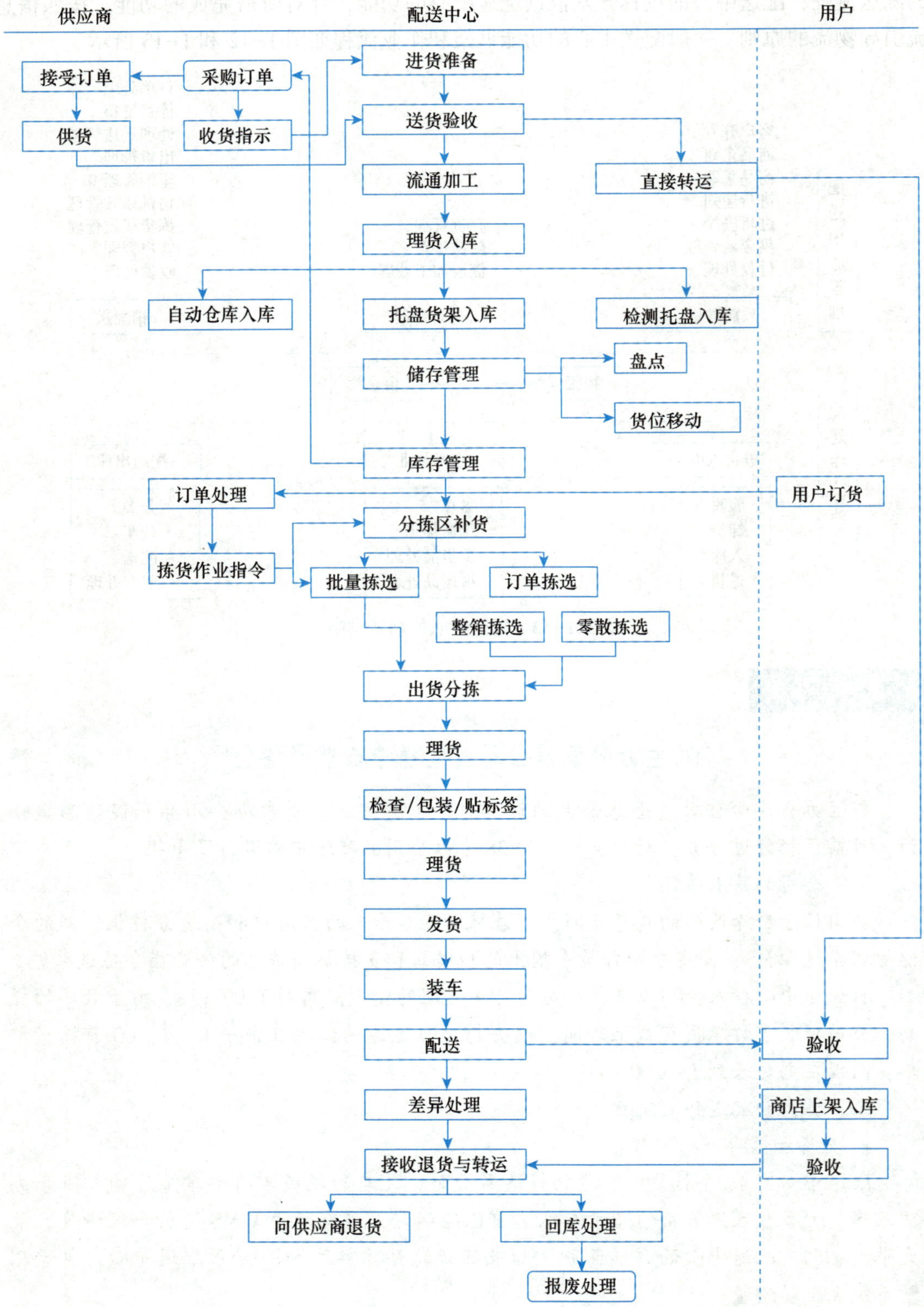

图 1-13　配送中心业务流程

流量大、流通速度快、体积大的货物（如复印纸）在配送中心底层的大宗散装区储存，不能用传送带的货物也在大宗散装区储存。

其他的整个托盘SKU在托盘式货架储存，每个托盘实现都有排定的条形码核准号，叉车拣选时，进行扫描确认进入WMS。WMS在预留的储存区为其安排一个货位，并尽可能把类似的产品放在一起。最后，叉车司机再随货架储位上的条形码进行扫描，确认托盘货物入库。

2. 分拣理货作业流程

分拣理货大多数采用“先进先出”的方式，拣选作业在配送中心里面进行。不能用传送带和体积庞大的货物直接从大宗货物存储区取出，直接进入拣选区。像办公纸这样的货物可以整托盘拣取，但在大多数情况下，是以整箱为单位拣取的。根据标签把整箱货物拣取出来，各SKU混在一起堆放在托盘上，扫描确认进入WMS，WMS引导叉车和液压托盘车操作员把货物运送到合适的拣货区入口。

大约80%的订单都少于一个整箱，需要拆箱拣选。需要拆箱拣选的货物事先被导入在多层指向流动货架上存放。通过传送设备导入32个拣选区域，接下来WMS通过语音指令拣选系统引导拣选员拣选。

3. 检查、包装和出货流程

经过拣选后，一些货物还要被输送到增值服务站贴价格标签，同时随机抽取10%的货物进入质量控制区域检验。

每单货物拣选完毕并经过检验后，被传送到包装站添加气垫衬板进行纸箱封口，最后传送到分类机，在那里与从其他区域拣选的整箱货物进行合并。高速分拣机上有45个转向器，按照运输路线的设计向配送中心的38个出货口补给货物。每组有72辆卡车在出货口等待，有辅助引导装置帮助把货物装上车。

1.2.5 配送中心管理机构和岗位设置

配送中心的管理机构和岗位设置必然要符合配送中心运行的要求，与实现其功能相呼应。尽管由于企业战略、规模、企业环境和企业文化不同，会有不同的组织结构，如直线职能制的、直线制的、事业部制的、矩阵制的。但根据现代配送企业注重柔性、注重信息管理和追求过程一体化的特点，理想的配送组织结构应该可以把完成本职工作作为支持过程的一部分，同时取得跨功能一体化效果，应该采用较先进的矩阵式管理体制，这种组织虽然有其缺陷性，但管理上更加有利于不同职能的发挥和协调，图1-14是一个典型的配送中心管理结构图。

在这种矩阵式管理的组织中，配送项目A、B、C所需配送人员在隶属上归运输、仓储等业务部门，在配送活动中根据配送项目需要从各个业务部门抽调，形成新的团队。这样各种职能之间更加容易协调，信息传递速度快，基于这种考虑，配送中心一般作业内容和岗位设置如表1-8所示。

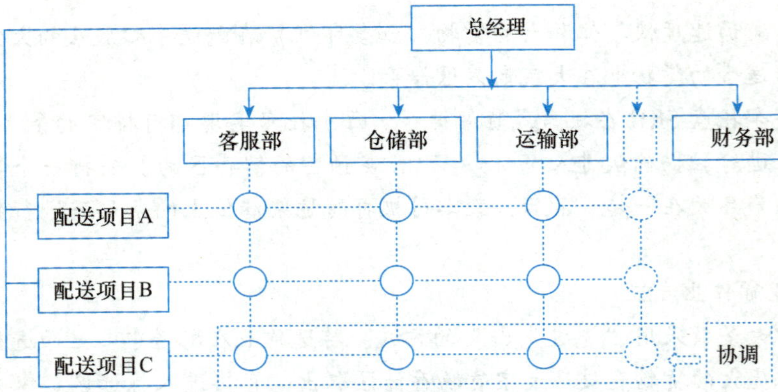

图 1-14　配送中心的矩阵式组织结构

表 1-8　配送中心作业内容及岗位设置

部门名称	作业内容	岗位	部门名称	作业内容	岗位
总经理室	管理	总经理	仓储部	仓储管理	部长
	辅助管理	总经理助理		辅助管理	仓储管理员
管理部	综合管理	部长		进出货	进货员
	财务管理	会计			出货员
	信息管理	信息管理员			警卫
业务部	业务管理	部长		理货	理货员
	订单管理	订单处理员			拣货员
	客户服务	客服代表		流通加工	流通加工员
运输部	运输管理	部长		退货处理	进货员
	商品配送	司机			退货员
		调度员			出货员
	退货载回	司机	配送项目 A	A 类配送活动	配送各岗位
		退货员	配送项目 B	B 类配送活动	配送各岗位
	回单处理	送货员	配送项目 C	C 类配送活动	配送各岗位

◎每节一练

配送中心的分类有哪些？

分项任务小结

完成本分项任务后，请进行自我测试：归纳配送中心的一般作业流程。

子任务 1.3　国内外配送的发展及趋势

任务提示　本分项任务将引领读者了解国内外配送的发展及趋势。

任务先行　经济的发展要求与之相匹配的流通方式，由于社会分工更加细化、促进销售和降低物流成本等方面的要求，配送活动得以快速发展。配送是伴随着生产的不断发展而发展起来的，在国内外，它的发展经历了不同的阶段。随着信息技术的日新月异，再加上经济发展的客观要求，配送得到了充分发展，特别是信息化发展使得电子商务物流大行其道，借助先进的信息技术，配送得到了大力的发展。

1.3.1　国外配送的发展

在国外，它的发展大体上经历了三个阶段，即萌芽阶段、发育阶段和成熟阶段。

（一）萌芽阶段的配送

市场营销活动中，为了更好地促进销售，进行送货活动，那时送货是销售过程的一个附加活动。

为了减少交叉运输等活动，增强规模效益，开始建设配送中心进行有组织的配送，从而形成了现代意义上的配送活动。20 世纪 60 年代初期，物流活动中的一般性送货开始向备货、送货一体化方向转化。

（二）发育阶段的配送

20 世纪 60 年代末期，随着经济的发展，货物运输量急剧增加，商品市场竞争日趋激烈，配送在一些发达国家得到迅速发展。这个时期，欧美一些实业家相继调整了仓库结构，组织或者设立了配送组织，普遍开展了货物配装、配载及送货上门活动。从配送形式和配送组织上看，这个时期曾实行“共同配送”，并建立了配送体系。

（三）成熟阶段的配送

日本于 20 世纪 60 年代初学习美国经验之后，配送得到了大力的发展，国家的重视程度、基础设施和发展水平等方面丝毫不亚于欧美等国。诸如配送中心、流通加工以及物流信息等方面还独具特色。伴随着美国、日本等国先后出台了相关的法规，进一步促进了配送的发展。例如，美国 1980 年颁布的《汽车承运人规章制度改革和现代化法案》，日本 1997 年颁布的《综合物流施政大纲》等，都对配送发展起到了巨大的推动作用。

在 20 世纪 80 年代，伴随着配送区域的进一步扩大、配送技术和手段更加先进、集约化程度明显提高、方式更加多样，以及配送网络信息化等特征的出现，配送活动已经演化为广泛的、以高新技术和信息化为支撑的系列化、多功能的供货活动，也标志着配送的逐步成熟。

1.3.2 我国配送的发展

20 世纪 90 年代前，由于受计划经济的影响，我国物流社会化程度低，物流管理机构呈多元化。这种分散的多元化流通的集约化经营优势难以发挥，规模经营、规模效益难以实现，设施利用率低，布局不合理，重复建设，资金浪费严重。

随着经济的发展，物流、配送等理念逐渐在我国得以重视和发展，配送在我国的产生发展也经历了三个阶段。

（一）形成阶段

20 世纪 70 年代末 80 年代初，我国一些大中型城市的物资部门为了解决平板利用率低的问题，在一个城市设置一个或几个集中区域或一个流通中心，按照货单配货、送货，实行集中库存、提高效率的流通方式。可以将此看作我国配送的雏形。

（二）发展阶段

20 世纪 80 年代中后期，随着我国生产资料市场的开放搞活，物资流通格局发生了很大变化，市场竞争日趋激烈。物资企业为了自身的发展，提高市场占有率，广泛开展物资配送业务，如天津储运公司唐家口仓库的“定时定量配送”，石家庄市物资局定时、定点、定量、送货上门“三定一送”。这个时期是对配送从自发运用到自觉运用的发展阶段。

（三）相对成熟阶段

20 世纪 90 年代后，随着我国市场经济体制的逐步建立，我国很多城市的物资部门建立了配送中心，配送得到了大力发展。在政策上，1992 年国家提出《关于商品物流（配送）中心发展建设的意见》，并在上海、广州确定了试点企业；1996 年，当时的国内贸易部又发出了《关于加强商业物流配送中心发展建设工作的通知》，提出了建设物流配送中心的指导思想和原则，并对配送中心的发展建设提出了总体构想。在宏观政策的指导下，一批服务于区域配送和城市配送的物流配送中心逐渐建设，物流整体水平得到了提高，这标志着我国物流配送已经进入一个相对成熟的阶段。

◎扩展阅读

我国连锁商业配送的发展

随着连锁商业的发展，配送中心的建设受到重视，特别是连锁企业自建配送中心的积极性很高。目前全国有 700 多家连锁公司，较大型的连锁公司已在建设自己的配送中心，一些店铺数量少、规模不大的小型连锁企业也得筹建配送中心，以期实现 100%的商品由自己的配送中心配送。据不完全统计，目前全国共有各种类型的配送中心 1000 多家，以上海和广东数量居多。此外，日本、美国、英国等国家的许多企业在我国的北京、上海、南京等地也建有物流配送中心。根据掌握的资料，对目前国内物流配送的情况分析的结论是：它们大都跨越了简单送货上门的阶段，基本上属于真正意义上的物流配送，处于发展的初级阶段，因此在经营中还存在着种种弊端和问题。令人可喜的是，国家有关部门已认识到这些问题，正从宏观上引导我国配送业朝着信息化、现代化、社会化的新型方向发展，一些政府官员、企业界、理论界人士也在共同进行着这方面的探讨，并已开始实践。

1.3.3 国内外配送的发展趋势

20世纪80年代，消费开始主导各国经济，消费者是“上帝”的说法被世人公认。企业由原来的注重生产转为注重销售，又由注重销售转向注重消费者。用户第一，客户至上，“上帝”的多样化需求和个性化消费，如何为消费者提供全方位的物流服务，给物流又增添了新的难度，也给配送提供了千载难逢的发展机遇。

随着高新技术的发展，配送已经演变成为以高新技术手段（特别是信息化技术）的系列化、多功能的供货活动。配送的集约化程度明显提高，配送方式日趋多样化，如“共同配送”“JIT配送”“电子商务配送”“联盟配送”。

如何整合社会资源以提升物流作业的效率、降低物流成本，已成为目前商业自动化目标中最关键的话题之一。就配送发展的总体来说，配送活动更加专业化、信息化，强调低成本高质量运行。根据不同行业和物流发展水平，演变出不同的、适合经济发展的配送类型。例如随着降低成本的要求，进一步深化和创新共同配送、发展联盟配送；随着专业化配送的要求，进一步发展行业配送；随着消费型城市的发展，会促进同城配送的发展；随着电子商务的发展，电子商务下的各种配送方式得以大力发展；随着配送企业向大型化、规模化发展，会促使区域配送等配送方式进一步发展。

伴随着经济高速增长和国家对物流业的高度重视，配送得以快速发展，特别是结合敏捷制造和电子商务，各种配送形式得以产生并得到了长足的发展。国民经济的迅速发展和人民生活水平的提高，消费者的需求日益向精细化、个性化方向发展。制造商为了满足大众的需求纷纷采用多样少量的生产方式，相应地，类似JIT配送的高频、少量的配送方式也随之产生。追求个性化消费的流通必然强调配送的作用，城市配送、行业配送等配送形式也将得到进一步发展。随着环境保护要求越来越高，汽车运输的发展受到了一些方面的制约，配送活动更加追求社会效益和附加价值，使得配送方式有了一些新发展，城市配送工程的发展有了长足的研究和发展。

总体上看，经过几十年的发展，配送方式和手段有以下发展趋势：

（一）商流与物流越来越紧密地结合或者更彻底地分离

本质上讲，配送是一种商业形式。从商流的角度来看，物流是商物分离的产物，而配送则是商物合一的产物。虽然在具体实施时，所有的作业活动是以商流、物流分离形式出现的，但是从配送的发展趋势看，商流与物流越来越紧密地结合是配送职能整体化的表现。

同时，随着电子商务的发展，要求物流跟商流更加彻底分离，以提高配送效率。表现出来的形式是两个不同的方向，在综合配送中往往商物紧密结合，在电子商务等环境下商物又彻底得分离。

（二）配送组织的社会化、共同化、网络化程度高

配送初期，以单独的配送企业为主体，为了满足用户的需求，出现了配送车辆利用率低、不同配送企业间交叉配送、交通紧张等不合理现象。通过一定的发展，为了提高配送效率，企业必然会使用社会车辆或者加强相互的协调合作，以获取更大的利益。

同时随着企业市场竞争的需要，大型企业在其经营区域内开始配置配送网络，在它的整个经营区域内形成配送网络体系，形成总部配送中心、区域配送中心和城市配送中心的三级甚至更多级的配送网络，进行立体配送。

◎扩展阅读

网络化的北京快行线冷链物流

快行线食品物流有限公司，位于北京市大兴区西红门镇，拥有0℃~5℃保鲜库6300立方米，−22℃冷藏库52500立方米，常温库17000平方米；冷库库区净高9米，采用4层国际标准货架，总储位6460个托盘。全封闭出入货理货区1320平方米，具备为生产厂家、供货商进行速冻食品存储、分拣、配送等现代化物流功能，年配送量可达1100万箱。2009年快行线启动了全国冷链物流业务整合战略，整合全国速冻食品商流企业，将物流从商贸中剥离，成立物流企业，由北京快行线食品物流有限公司进行控股，统一使用企业名称、LOGO、信息系统、服务标准、营销宣传等，为全国各地的冷链食品生产厂家、供货商、零售商对其销售渠道进行冷链商品配送。网络遍及北京、沈阳、济南、青岛、烟台、厦门、南昌、广州、深圳、南宁、武汉、西安、重庆、成都、长沙、太原、哈尔滨、石家庄、昆明、贵州、上海、南京等23个城市的30000多家超市；在全国拥有冷库50000多平方米，城市配送专用冷藏货运车辆500余部；服务于湾仔码头、龙凤、全佳每食、哈根达斯、八喜、蒙牛、馄饨侯等20余家业内优秀企业，承做沃尔玛华北区生鲜配送中心所有业务。实现“今日订单次日达”，加急订单可在4小时内送达。

快行线食品物流有限公司采用统一服务标准，使冷链商品在全国23个城市的30000多家卖场、超市、酒店等终端实现“今日订单次日达”，加急订单可在4小时内送达。为客户提供从本地冷库至超市配送中心、经销商、集散地等异地冷酷的大宗货物运输服务。快行线食品物流有限公司通过领先、专业的WMS/TMS信息系统及GPS跟踪、温度实时监控系统等信息化控制手段，实现产供销一体化，缩短订货周期、提高供应链水平。对物流运作模式进行规划、实施和执行，不断优化再造客户的业务流程，强调供应链的集成化管理及增值服务，为客户提供一切商务活动的物流支持和物流咨询服务。

在城市冷链配送系统建设方面，快行线食品物流有限公司提出了使用加强不同企业间相互的协调合作的共同配送模式与夜间门店收货的方式，解决不同配送企业间交叉配送、交通紧张等问题，提高了配送效率。

（三）配送规模化、区域扩大化

随着交通运输条件的改善，配送已经不限于一个城市或者某一个经济圈。城市配送、区域配送的辐射范围都比原来大，形成省际、经济圈之间甚至全国范围的配送。如三九药业的全国配送、汽车行业的全国配送。

（四）配送方式多样化、经营个性化

由于流通过程、流通对向及流通手段复杂，在各自领域出现了多种多样经过优化的配送组织方式。例如：快递配送的快速增长、准时供应配送、分销配送，特别是快递配送近些年异军突起，满足了人们个性化的要求。

◎扩展阅读

个性化经营的配送中心

全美第二大批发配送中心美国加州食品配送中心，对需要商品配送的单位实行会员制。各会员因规模大小不同、所需商品配送量的不同，而向中心交纳不同的会员费，会员店在日常交易中与其他店一样，不享受任何特殊的待遇，但可以参加配送中心的定期利润处理。当配送中心获得利润时，采取分红的形式，将部分利润分给会员店。会员店分得红利的多少，将视在配送中心的送货量和交易额的多少而定，多者多分红。

（五）配送运输的专业化

随着配送的发展，大量集装箱车和专用车辆投入运营，形成了综合配送和专业配送分别使用不同的车辆，促进了配送运输效率的提高。还有一些特殊需要的配送，如食品和药品的配送，为了保证质量和安全，要求全程冷链和监控，这些都明显体现了专业化的特征。

（六）配送服务的信息化

随着信息技术的发展，物流企业都在开发和使用管理信息系统。RFID、条码、红外感应等识读技术的广泛使用，特别是随着物联网技术在物流领域的逐步应用，更加便于物品的感知和监控。配送软件的使用将更加方便配送线路的安排等。配送运作速度、准确性和可视化程度都将得到极大提高。配送中心将这些技术运用于配送的全过程，安装在每台叉车、牵引车、托盘车上，从而大大减少了人员的开支，提高了工作效率和准确率，保证了配送的速度。配送中心在配送中多使用 GPS 技术来指挥调度每一台在公路上运行的车辆，并且各个配送中心统一接受总部指令，运用数学模型软件决定配送的最优路径。完善的计算机管理系统为企业降低了成本，提高了效率。

（七）物流配送管理法制化

宏观上，要有健全的法规、制度和规则；微观上，新型物流配送企业要依法办事，按章行事。随着配送的发展，相关的法律法规和制度规则将更加健全。现在存在于配送领域

被默认的不利于消费者的行规将被清理，本着权利和义务对等的原则，将代之以更加规范的制度。

◎扩展阅读

各具特色的配送中心

一、直属运输型配送中心

在欧美一些国家，直属运输业配送中心的主要业务活动是以货物运输为主，它围绕着运输而进行货物配送。其特点是运输能力较强，可调动的运输设备（运输车辆）比较多。但是，并不是所有的运输车辆都由配送中心自备。有些配送中心本身拥有的运输设备很少，它们向用户配送货物或运送货物主要是依靠租用社会上众多运输公司的车辆来完成的。

属于运输业范围的配送中心，其代表组织主要有 RPS 洛杉矶中心、英联邦政府运输公司货物集配中心、ASC 公司斯德哥尔摩货运站等。

二、批发型配送中心

属于批发业配送中心的代表性组织有以下几个。

（一）芬兰 Sesko 公司中央配送中心

中央配送中心利用计算机处理订货和交货事宜。其程序大致如下：零店用电话或便携式终端计算机向 Sesko 公司设在地方的分店提出订货要求；分店用电脑将用户的订货数量等信息发送至公司本部；订货数据经计算机中心处理以后，传输给地方仓库或中央仓库；地方或中央仓库按照得到的信息和指令分拣商品；（夜间）用卡车从中央仓库向地区仓库发运货物；通过各地区仓库向各用户发送（配送）商品。

（二）Main Street 哥伦布配送中心

Main Street 公司是专营服装和鞋子等商品的大型联合企业，它设有 21 家商店和 1 个名叫哥伦布的配送中心。

配送中心的面积是 1.1 万平方米（12 万平方英尺），由 3 部分组成：

1. 设立在中央位置的以纸盒为货物包装单位的商品中心验货场所；

2. 设在商品中心一侧的商品分拣区（配置 2 台分拣“挂架商品”的分拣机和分拣毛衣、运动衫等服装的分拣设备）；

3. 设在另一侧的出货场所，此处配置单元分拣机 1 台（即按照商店种类分拣货物的设备）。

此外，还配备着长 2~30 米的 3 层结构的流动货架。

（三）瑞典 lCA 公司西南配送中心

瑞典 LCA 公司西南配送中心的任务是向瑞典西南部的 240 家商店配送食品和日用品。

（四）美国 Super Rite 食品公司哈里斯堡配送中心

哈里斯堡配送中心的特点是：库存能力强，配送规模大，库存能力可达 4.8 万托盘，每周出库的食品数量为 80 万箱，商品周转速度是 20 次/年。

哈里斯堡配送中心向零售店配送商品的时间依用户的要求而定。通常，对食品杂货店每周配送 3 次商品；配送日用品，每周 4 次；对零售店，在订货的当天夜间送货或订货的次日配送。

三、零售型配送中心

零售业配送中心隶属于（商品）零售公司，既为提供物流服务的组织，同时又属商品销售（零售）中心。其代表组织主要有：

（一）美国 JCPenny 曼彻斯特配送中心

曼彻斯特配送中心经营的商品主要有服装、装饰品、日杂品、家具、家电等。

曼彻斯特配送中心的作业效率很高。从接受订货到配送货物仅需 24~48 小时。

（二）美国 Southland 圣贝纳迪诺配送中心

圣贝纳迪诺配送中心的最大特点是：建有高水平的计算机控制系统和保持着较高的作业效率。

（三）英国 Waitrose 伯克舍布鲁内卢配送中心

伯克舍布鲁内卢配送中心是由事务所、生鲜食品中心和干货中心组成的。

四、汽车制造业配送中心

自从日本汽车打入欧洲和美国市场以后，日本汽车配件的供应和需求开始不断增加。于是，在美、法、英等国家先后建立起了许多供应日本汽车配件的组织——汽车配件中心。

从职能上看，这些称作配件中心的组织，既负责向用户供应和销售汽车配件，同时，也从事货物（配件）的储存、分拣、输送等物流活动。向用户提供系列化的后勤服务，起着配送中心的作用。下面，我们仅介绍两个这样的物流组织。

（一）德国 Mazda Motor 配件中心

特点：德国 Mazda Motor 配件中心的特点是：经营规模比较大，设备先进且数量较多。在这个配件中心内部，共配置了 17 台能吊装各种大型配件和小型配件的塔式起重机，10 台运输配件的自动化机械（A. C. V 型运输机）和各式分拣设备。此外，在中心内部还建立了使用光导传送技术的新的库存管理系统，使分拣出的配件能及时出库。

运作：配件中心主要利用各种机械来进行配件的入库和出库作业。其运作过程是：在盛装配件的容器上贴有标明入库位置的条形码，当升降机（或运输机械）吊运的货物所到架位正好与条形码读出要求相符合时，便按指令将货物送入货架。出库作业与入库作业类似，也利用条形码技术和光导装置。

（二）美国 Suzuki Motor 洛杉矶配件中心

运作：在洛杉矶汽车配件中心，货物入库和出库同样进行自动化控制。

做法：货物被运送上入库货台以后，由计算机打出货物（入库）定位的指示单（指示单贴在托盘上，上面打印着收货码），经条形码读出器识别后，自动将货物送入货架储存（其中小配件是利用单向转动货架储存）。小型配件出库时，先用条形码读出器扫描货签，确定被拣选货物；然后，用机电系统自动控制存有被拣选货物的货架，令其转动。与此同时，盛货箱被传送机（带）送至转动货架的出口处，应拣选的货物（小配件）会自动拣入箱中。大型配件出库时，拣选货物采用多级转动货架操作，这种货架有200个存货空间。大型配件同样是依据订单拣货、装箱和送货。

五、代理服务型配送中心

德国Dextra公司配送中心属于代理服务型配送中心，其基本功能与业务流程如下：

主要功能：按委托方要求从工厂接收货物，对货物进行分拣、配装后将货物送到用户手中。

特点：这种属于纯粹代理性的物流服务业。

运作：Dexrta公司配送中心配备着许多先进的物流设备，共有升降机8台、自动分拣机2台、接货运输机8台、记录入库的终端机8台。

做法：以托盘为装载单元的货物进货后，先用叉车从装载体上搬运到通往自动化仓库的传送带上；在仓库收货台上，按照货主所属分别填写收货卡片，并将卡片贴到托盘上；同时贴上条形码，自动入库。经过分拣的货物出库时，直接装上托盘，并用塑料薄膜封装，然后装车，直接发送到零售店。

◎每日一练

试分析现代配送的特征。

分项任务小结

完成本分项任务后，请进行自我测试：你对现代配送发展趋势有所了解吗？

任务小结

建立物流配送中心应当以国情、区域特点、行业特色及服务对象范围为基本出发点，以此开始市场调研与决策配送中心的规模、结构、服务范围、经营特点等。这一点特别值得当前我们高速发展的物流配送中心借鉴。

欧美发达国家配送中心的实践中，依托本国国情，表现出如下特点：配送中心种类繁多；配送中心硬件设施先进；配送中心的服务对象和服务范围比较明确，且相对集中，这样做市场定位准确，便于目标客户识别，有利于企业提高市场占有率；配送中心大多具有较大的规模，易实现集约化经营，形成规模经营带来的经济效益，代表了现代物流配送中心发展的方向。

- 核心技能与概念

配送（distribution）：在经济合理区域范围内，根据用户要求，对物品进行拣选、包装、分割、组配等作业，并按时送达指定地点的物流活动。

配送中心（distribution center）：从事配送业务且具有完善信息网络的场所或组织，应基本符合下列要求：

（1）主要为特定客户或末端客户提供服务。

（2）配送功能健全。
（3）辐射范围小。
（4）提供高频率、小批量、多批次配送服务。
共同配送（joint distribution）：由多个企业联合组织实施的配送活动。

- 课堂讨论

（1）配送和配送中心的概念。
（2）配送中心的分类和适用范围。
（3）不同配送中心的特征。
（4）配送中心的发展趋势。

业务技能自测

一、填空题

1. 配送是指在____________范围内，根据用户要求，对物品进行________________等作业，并__________________的物流活动。

2. 配送是一种__________形式，是一种_______________或者“二次物流”。

3. 按照配送功能分，配送可分为____________、______________和______________。

4. 配送的主要业务有____。

5. 按照功能，典型的配送模式主要有___________________________________。

6. 配送中心应该符合___________________、配送功能健全、___________________、辐射范围小等特点。

7. 配送中心的主要功能有：____。

8. 配送中心的组织结构一般为__________、直线制、______________和矩阵制。

二、选择题

1. 以下（　　）是配送中心区别于传统仓库的显著特点。
   A. 以储存为主，配送为辅　　B. 以配送为主，储存为辅
   C. 储存与配送并重　　D. 以上答案均不对

2. 划分城市配送中心与区域配送中心的标准是（　　）。
   A. 配送品种　　B. 物流功能
   C. 配送地域范围　　C. 服务性质

3. 一些配送企业配送的货物主要是原材料、半成品等，它们的服务对象主要是生产企业和大型商业组织，那么这种配送企业是（　　）。
   A. 供应型配送中心　　B. 零售型配送中心
   C. 储存型配送中心　　D. 批发型配送中心

4. 配送包括以下要素（　　）。
   A. 集货　　B. 分拣
   C. 配货　　D. 配送加工　　E. 配装

5. 以下属于配送中心基本功能的是（　　）。

A. 客户服务管理功能　　B. 流通加工功能

C. 货物分拣功能　　D. 货品组配功能

E. 运输服务管理

6. 以下不属于配送中心特征的是（　　）。

A. 反应速度快　　B. 功能集成化

C. 设施设备先进　　D. 辐射范围大

7. 对于配送产生与发展，表述正确的是（　　）。

A. 配送主要是市场营销的需要，这就是配送的萌芽

B. 配送是物流组织的需要，这可以看作配送的萌芽

C. 现代化配送中心的建设，是配送成熟的标志

D. 配送中心替代传统仓库，是配送成熟的标志

三、实践应用题

美国得克萨斯州的沃斯堡孟买家具及配件公司，近来想要成立一家服务于成千上万家零售店和网上商店的批发分公司，原计划利用其原有的物流网络来组织新的商业物流。但是孟买公司的物流副总裁很快就意识到：孟买批发分公司要想成功，就必须采用全新的物流方式。因为孟买公司的配送中心的设计是专门符合家具的存储和分拣配送的，而新成立的批发分公司所销售产品的性质和零售渠道和家具是完全不同的，他们必须要有能力履行位于不同地方的成千上万个客户的订单。由于服务的集约化及运量的不同，他们几乎需要使用所有的运输方式，很多客户同时还要求采用特殊的条码和标签。

由于孟买配送中心初期并不具有灵活处理订单的能力，因此，他们打算寻求物流业务外包，但是新的批发分公司刚刚起步，未来发展如何还不能确定，因此与第三方物流公司签订长期的个体租用合同对其来说是一种冒险，因此孟买公司的总裁说："在我们不知道业务会做到多大时，我们需要更多的柔性。"于是综合各方面的因素，共同配送成为孟买批发分公司的首选。当年10月，孟买批发分公司选择了USCO物流公司作为其物流服务商，共享其物流设施。他们之间的协议是一月一签约，并且是采用按件计费的收费方式。这样使得孟买批发分公司避免了支付人工、设备和设施等高额的管理费用，这同样给孟买公司更大的发展空间，并为他们的服务能力带来了更大的柔性。

随着客户订单的快速增长，对于不同客户订单的自动处理能力对于孟买公司的成功至关重要。而该能力恰恰是孟买公司的物流系统所不具备的，因此孟买批发分公司依靠USCO物流公司来帮助公司实现订单履行程序的自动化，并提供帮助该公司建立为顾客定制的条形码和标签的技术支持。孟买批发分公司同样也把公司所有的外向运输交给了USCO物流公司，这在一定程度上要比孟买公司自己与运输公司谈判签约所付的运费要低。

孟买公司物流经理相信：共同配送与高的交付率和订单履行能力将帮助孟买公司为客户提供优于其竞争对手的服务，更重要的是，这种更具竞争力的优势将帮助孟买批发分公司树立良好的服务品牌。

根据以上案例，回答问题：

（1）沃斯堡孟买公司为什么要采用共同配送的配送服务模式？

（2）如果孟买公司的业务量进一步增长，它应该做出怎样的配送安排？

任务 2 配送中心规划与设计

能力目标

通过完成本任务，你应该能够：

1. 进行单中心和多中心选址；
2. 分析配送中心工作流程；
3. 为不同的作业区域计划合理的面积；
4. 进行物流机械设备的选型；
5. 使用建模软件进行配送中心仿真建模。

核心能力

1. 掌握配送中心选址的方法；
2. 明确配送中心平面布置的程序；
3. 配送中心的设备布置方法；
4. 根据需求建立配送中心模型。

思政元素

让学生学会用科学的专业方法做好配送中心的规划，实现低成本运营、高效益回报，融入经济高质量发展知识，牢记专业知识要用在提升质量上，用在国家发展需要的地方。

任务解析

任务2：配送中心规划与设计

分项任务2.1　配送中心的选址

分项任务2.2　配送中心平面布置规划与设计

分项任务2.3　配送中心设备配置规划与设计

分项任务2.4　配送中心仿真建模

任务导入

尊敬的读者：配送中心的产生和发展是物流活动系统化和规模化的必然趋势。配送中心是现代物流系统中的重要物流节点，配送中心主要从事货物的配备，并组织对用户的送货，高水平地实现配和送的有机结合。通过配送中心，可以很好解决用户多样化需求与上游生产商等供货商的大批量、专业化配给之间的矛盾。配送中心的规划、建设、布局和运营在物流系统中起着举足轻重的作用。我们必须对配送中心的选址方法、配送中心平面布局和设备配置方法等有深刻的学习和理解。

接下来，你将进入一个新的业务操作环节：配送中心规划与设计。

配送管理实务的第二个方面：配送中心规划与设计。为了方便读者掌握有关配送中心规划与设计的方法和策略，本书将此任务分为 4 个分项任务：

子任务 1：配送中心的选址；

子任务 2：配送中心平面布置规划与设计；

子任务 3：配送中心设备配置规划与设计；

子任务 4：配送中心仿真建模。

读者可以对照能力目标，反复演练，有的放矢地依次完成各分项任务，直至完成本任务，从而获取相应的职业活动能力。

子任务 2.1　配送中心的选址

任务提示　本分项任务将引领读者逐步熟悉配送中心的选址过程，在一个具有若干供应点及若干需求点的经济区域内，选择一个地址来设置物流配送中心。

任务先行 合适备选地址的确定是物流配送中心规划中非常关键的一步，因为配送中心的组织结构如有不善、规章制度如有不妥还可研究，重新改组或调整即可，而一旦选址失误，或注定失败，或增加成本。配送中心位置的选择，将显著影响实际营运的效率与成本，以及日后中心规模的扩充与发展，是关系到配送中心生存发展的百年大计，必须认真对待。

2.1.1 配送中心选址的原则

1. 适应性原则

配送中心的选址必须与区域经济发展特征和主产品特征相适应，与国家物流资源分布和需求分布相适应，与国家及地区经济发展方针、政策相适应，与国民经济和社会发展相适应。

2. 协调性原则

配送中心的选址要将国家乃至国际的物流网络作为一个大系统来考虑，要确立自身在网络中的位置，与整个系统相协调。同时配送中心的设施设备，要与物流作业生产力、技术水平等方面相互协调、一致。

3. 经济性原则

配送中心发展过程中产生的费用主要包括建设费用及经营费用两个部分，其中与选址相关的主要是前者。建设费用涉及面广，一次性投入较大，比如规划、设计费用、基本建设材料费用、设施与设备的选择与安装费用、人工费用。配送中心的选址定在市区还是郊区，其未来物流辅助设施的建设规模及建设费用、物流运输费用等是不同的，配送中心选址应当遵循总费用最低的经济性原则。

4. 战略性原则

配送中心的建设是一项长期投资，所以，选址应具有战略眼光。一是要考虑全局，二是要考虑长远。局部要服从全局，目前利益要服从长远利益，既要考虑目前的实际需要，又要考虑日后发展的可能。

2.1.2 配送中心选址所考虑的因素

根据国家物流师职业资格培训教材，配送中心选址应考虑以下几个方面的因素：

(1) 社会经济因素：包括交通运输、产业布局、货物流向、人力资源、政策法规等；

(2) 自然环境因素：包括气象、地址、水文、地形；

(3) 经营环境因素：包括客户分布、供应商分布、商品特性、物流费用、服务水平。

2.1.3 配送中心选址的程序和步骤

配送中心是根据物流业务要求而建设的，根据交通状况、土地可得性、物流量、上下游客户分布等资料进行选址。选址时首先通过定性分析列出备选的区域，然后根据定量计算优化进行最终选择。

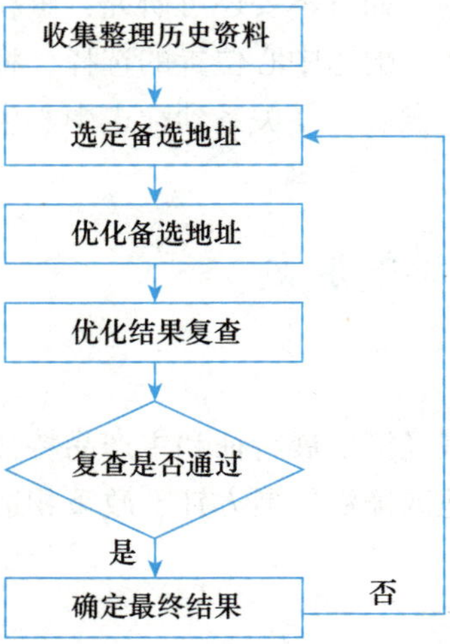

图 2-1　配送中心选址步骤

2.1.4　配送中心选址的方法

影响配送中心选址的各种因素很多，关系复杂，因此，必须对拟选地址进行仔细评估。选择配送中心地址有单一设施的选址和多设施的选址，如图 2-2、2-3 所示。

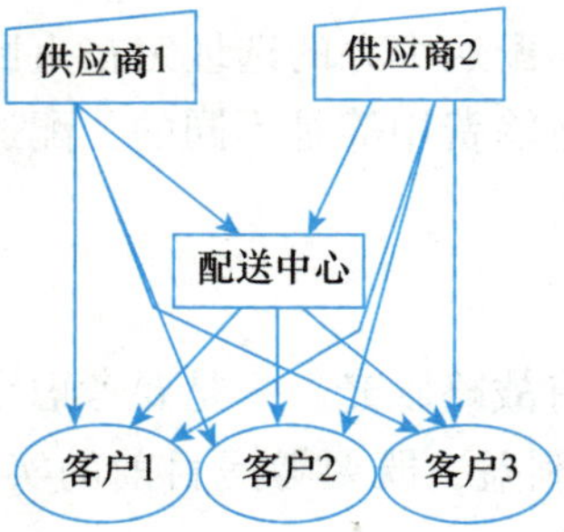

图 2-2　单一中心配送网络示意图

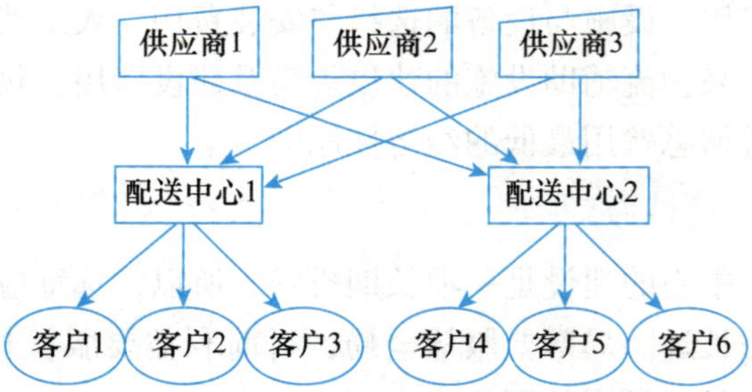

图 2-3　多中心配送网络示意图

1. 单设施选址方法

重心法是研究单个物流配送中心选址的常用方法，这种方法将物流系统中的需求点和资源点看成是分布在某一平面范围内的物流系统，各点的需求量和资源量分别看成是物体的重量，物体系统的重心作为物流网点的最佳设置点。重心法在仓储中心选址（仓储管理实务）中已经讲过，在此不再赘述。

重心法的缺点：首先，一般此法是根据可变成本来进行选址的，没有区分在不同地点物流配送中心或网点所需资本成本的差异；其次，该方法假设运费随距离呈线性变化，而实际生活中运费常常随距离增大而递减；另外，配送中心和其他网络节点之间的路线通常假定为直线，且被选地址是连续的，这都不符合实际情况，例如选出的最佳配送中心地点可能正好坐落在一个湖的中央。所以这种方法更多的不是用于确定最佳位置，而是用于剔除一些不合适的备选方案。

重心法选址模型中配送中心与其他网络结点之间的路线通常假定为直线。实际上这样的情况很少，因为运输是在一定的公路网络、在既有的铁路系统中或在环绕的城市街道网络内进行的。为了使选址更符合实际情况、更加准确，我们可以在模型中引入一个比例因子把直线距离转化为近似的公路、铁路或其他运输网络的里程。例如，计算出的直线距离加上21%得到公路直达线路里程，加上24%得到铁路里程。如果是城市街道，则使用41%的因子。

2. 多设施选址方法

多设施选址问题对大多数企业更为重要，常用的此类方法有：

（1）鲍摩-瓦尔夫模型。

①约束条件：

a）所有客户的需求必须得到满足；

b）不能超过进货方向的供给能力；

c）物流节点的进出量相等。

②符号和参数定义：

C_{ki}—— 从工厂 k 到配送中心 i，每单位运量的运费；

h_{ij}—— 从配送中心 i 向用户 j 发送单位运量的发送费；

C_{ijk}—— 从工厂 k 通过配送中心 i 向用户 j 发送单位运量的运费；

X_{ijk}—— 从工厂 k 通过配送中心 i 向用户 j 运送的货量；

W_i—— 通过配送中心 i 的运量，即 $W_i = \sum_{j,k} X_{ijk}$；

ν_i—— 配送中心 i 单位运量的可变费用；

F_i—— 配送中心 i 的固定费用。

③总费用函数为：

$$f(X_{ijk}) = \sum_{i,j,k} (c_{ki} + h_{ij}) X_{ijk} + \sum_i \nu_i (W_i)^\theta + \sum_i F_i r(W_i)$$

式中，$0 < \theta < 1$，$r(W_i) = \begin{cases} 0(W_i = 0) \\ 1(W_i > 0) \end{cases}$

总费用函数 $f(X_{ijk})$ 的第一项是运费和发送费，第二项是配送中心的可变费用，第三项是配送中心的固定费用。

此模型的计算方法是首先给出费用的初始值，然后求出初始解，之后进行迭代计算，使其逐步接近最小费用。

（2）CFLP 模型（capacitated facility location problem）。

CFLP 方法是一种启发式方法。启发式方法与最优化方法的最大不同是它不是精确式算法，不能保证给出的解决方案是最优的，但只要处理得当，获得的可行解与最优解是非常接近的。而且启发式算法相对其他方法，计算简单、求解速度快、实用性强。

①CFLP 方法的应用环境。

当配送中心的能力有限制，而且用户的地址和需求量以及设置多个配送中心的数目均已确定的情况下，可采用 CFLP 法，从配送中心的备选地址中选出总费用最小的由多个配送中心（假设有 m 个）组成的物流系统。

②CFLP 方法工作步骤。

a）初选配送中心地点。通过定性分析，根据配送中心的配送能力和用户需求分布情况，合理地确定配送中心的数目及其设置地点，以此作为初始方案。这一步骤很重要，因为它将直接影响整个计算的收敛速度。

b）确定各暂定的配送中心的供应范围。设暂定的配送中心有 k 个，分别为 S_1，S_2，…，S_k；用户有 n 个；从配送中心 S_i 到用户 j 地的单位运输费用为 h_{s_ij}；以运输费用 U 为最低目标；则可构建运输问题模型为：

$$\min U = \sum_{i=1}^{k} \sum_{j1}^{n} h_{s_ij} X_{s_ij}$$

$$\sum_{i=1}^{k} X_{s_ij} \geqslant D_j,\ j = 1,\ 2,\ \cdots,\ n$$

$$x_{s_ij} \geqslant 0,\ i = 1,\ 2,\ \cdots,\ n$$

式中：x_{s_ij}—— 配送中心 S_i 到用户 j 的运输量；

M_{s_i}—— 配送中心 S_i 的容量；

D_j—— 用户 j 的需求量。

解以上运输问题，就可以求得各暂定配送中心的供应范围。这可表述为如下用户集合：

$$N_i = \{i:\ X_{S_ij} \neq 0\},\ i = 1,\ 2,\ \cdots,\ k$$

c）在以上配送范围内，移动配送中心到其他备选地点，可求改进方案。设在原定配送中心 S_i 的配送范围 N_i，除 S_i 之外，可做配送中心备选地点的还有 L_i 个，在这些地点设置配送中心的固定费用分别为 F_{t_l}，其中 $t_l \in L_i$，则以 t_i 为新的配送中心时，N_i 内的总为用为：

$$\mu'_{t_{ll}} = \min_{t_l \in L_i} \{\mu_{t_l}\}$$

若 $\mu'_{t_{ll}} \leqslant \mu_{s_i}$，则令 $S'_i = t'_l$；否则令 $S'_i = S_i$。对所有 k 个区域重复上述过程，得到新的配送中心的集合 $\{S'_i\}_{i=1}^{k}$。

d）比较新、旧配送汇总新集合的总费用。若前者大于或等于后者，说明已经得到了所要求的解，可停止计算。如前者小于后者，说明新得到的配送中心地点可使总费用下降，通过改善配送中心的供应范围，还可能会进一步降低总费用。为了实现这一目的，用新的配送系统代替原有的系统，重复步骤②至④，直到总费用不能再下降位置。

除此之外，还有很多模型能够用来选址。这些模型之所以如此受欢迎，其主要原因是：它们提供了解决企业管理中重大问题的决策依据；它们强大有效，可以多次重复用于各种形式的物流网络设计，且能提供规划所需的细节；适用模型的成本不高，因而使用带来的收益远远超出其应用成本；模型要求的数据信息在大多数企业很容易获得。

另外，不同的方法体现现实情况的程度、计算的速度和难度、得出最优解的能力各不相同。没有任何模型具有某一选址问题所希望的所有特点，也不可能由模型的解直接导出最终决策，管理者也不能只把选址问题委托给分析人员就高枕无忧了。因此，我们更希望这些模型可以提供指导性解决方案供决策者使用。

3. 配送中心选址的技巧

配送中心的选址应遵循选址基本步骤，但类型不同的配送中心在进行选址决策时差异较大，下面是集中配送中心在选址时的需要注意事项：

（1）不同类型配送中心选址时的主要事项：

①转运型配送中心。以商品转运、短期储存为主，商品周转速度快，大多采用多式联运方式转运，因此，转运型配送中心应设置在市郊交通枢纽地段。

②储存型配送中心。以储存商品为主，商品储存时间长，商品进出形式多为大批大量，一般应设置在城市郊区的地段，且具备直接而方便的水陆运输条件。

（2）经营不同商品的配送中心选址时的注意事项：

①果品蔬菜配送中心。应选择入城干道处，以免运输距离过长，商品损耗多大。

②冷藏品配送中心。常选择在屠宰厂、加工厂、毛皮处理厂等附近。

③建筑材料配送中心。通常建筑材料配送中心的物流量大、占地多，可能会产生某些环境污染问题，应选择在城市边缘交通运输干线附近。

④燃料配送中心。石油、煤炭等燃料的配送中心应以安全为重，一旦发生事故，危害性很大，因此适宜选择城郊的独立地段。

◎每节一练

试着总结影响配送中心选址的因素有哪些。

分项任务小结

完成本分项任务后，请进行自我测试：请针对不同功能的配送中心归纳配送中心的选址影响要素。

子任务 2.2 配送中心平面布置规划与设计

任务提示 本分项任务将引领读者掌握配送中心平面布置规划与设计的流程与方法。

任务先行 物流配送中心是现代物流网络中的一个重要节点。这一节点不仅执行一般的物流职能，而且越来越多地执行指挥调度、信息处理、作业优化等神经中枢的职能，是整个物流网络的灵魂所在。设施优化布局是一个应用非常广泛的问题，需要根据物流作业量和作业流程来确定各设施间的相关程度。布局内容包括仓库布置、工厂部布置、配送中心内部布置等。学习本节任务将帮助读者掌握物流配送中心内部布局的规划内容与方法、物流配送中心的区域布置规划、布局方法介绍、仓库内部布局和方案评估等内容。

★案例阅读

日日顺：行业首个“黑灯”大件智能无人仓
——无人仓作业区域划分及功能

当前，我国物流业正处于转型升级的关键时期，行业逐步向降本增效，高质量、高效益方向转变。就物流行业而言，行业内对大件、大家电物流的行业标准模式为平面仓、高架仓配合信息化系统（传统 WMS），操作办法为人工+机械（夹抱车、叉车）的处理办法，库内策略管理为人工分析，系统配置形式，无人工智能要素，无法实现自主迭代、自主升级、产品预测。传统的仓库占比高，仓库自动化水平低，作业效率不高致使库存周转率低；其次货物装卸搬运上的人力成本逐年增加，人力搬运造成的货损率较高。

为此日日顺物流发挥技术引领优势、强化物联网模式优势，完成数字化全球供应链产业布局，以思想、方法、技术、装备及系统集成的全链创新，促进物流科技发展，在助力增强物流服务业新旧动能转化的同时，也对服务经济高质量发展起着重要推动作用。

日日顺物流依托先进的管理理念和物流技术，以数字化为驱动力，在大件物流智能化上先行先试，获得众多荣誉：如曾入选十大“国家智能化仓储物流示范基地”；牵头承担科技部国家重点研发计划——“智慧物流管理与智能服务关键技术”项目等。目前，日日顺物流在全国拥有 15 大发运基地、136 个智慧物流仓、6000 多个网点、3300 条干线班车线路、10000 余条区域配送线路、10 万辆车小微、20 万场景服务师。日日顺物流先后在山东青岛、浙江杭州、广东佛山、山东胶州等地建立了众多不同类型的智能仓，此次大件物流首个智能无人仓的启用，再次凸显出日日顺物流在行业的影响力。

位于即墨物流园的智能无人仓，定位于连接产业端到用户端的全流程、全场景区域配送中心，是日日顺物流基于新基建背景在科技化、数字化、场景化方面深度探索的成果，通过 5G、人工智能技术及智能装备的集中应用，打通前端用户和后端工厂的全流程、全场景，为用户提供定制化的场景物流服务解决方案。所处理的 SKU 数量超过 10000 个，覆盖海尔、海信、小米、格力等绝大部分家电品牌，实现全品类大家电的存储、拣选、发货无人化。

整个无人仓主要分为四大作业区域，分别为入库扫描区、自动化立体存储区、拆零拣选区、备货（发货暂存）区。

其中，自动化立体存储区位于整个建筑的左后侧，采用堆垛机实现智能存储，仓库面积 10000 平方米，货架高 22 米，配备 16 台高速堆垛机，总存储货位（托盘位）13800 个，可以存放超过 14 万台大家电产品。

入库扫描区和拆零拣选区位于自动化立体存储区外侧，即整个建筑左前侧。入库扫描区位于一楼，共有 5 条入库输送线，其中 4 条伸缩皮带机用于普通大家电产品的入库作业，另一条为智能电视机产品专用入库线。配备有全景智能扫描站（DWS）、码垛关节机器人等智能装备。

拆零拣选区位于二楼，进一步划分为夹抱分拣区、吸盘分拣区、电视机分拣区三大作业区域。其中，夹抱分拣区配备两组夹抱龙门拣选机器人，针对冰箱等大型或较重的家电产品（100千克以内）；吸盘分拣区配备两组吸盘龙门拣选机器人，针对中小型家电产品（80千克以内）；电视机分拣区采用定制化解决方案，配备专用的吸盘龙门机器人及专用托盘。与龙门拣选机器人配合的还有载重量为1吨的重型AGV。

备货区位于建筑右侧，地面设有500个托盘存储位，可以满足40辆车的发货需求。目前备货区上部空间将根据业务发展所需进行扩展，备货区主要作业设备为AGV。

该仓主要服务于C端消费者，主要作业分为入库上架、拆零拣选、备货出库几部分。

1. 入库上架：精准高效的全景扫描+机器人码垛

通常来说，商家根据销售预测完成备货计划，提前送货入库。当货车到达月台后，家电商品被人工卸至可以延伸到货车车厢的入库伸缩皮带机上（电视机产品卸至专用入库通道），商品随即经过全景智能扫描站（两条伸缩皮带机共用一套DWS系统），系统快速、准确地获取商品的重量、长宽高等信息，并根据这些信息将货物分配到相应的关节机器人工作站，关节机器人根据该信息进行垛型计算并码垛。

关节机器人具备混合码垛功能，但为了进一步提高效率，系统目前主要将同类型商品送至码垛站，当出现不同类型商品时，系统会安排其在环形输送线上进行缓存等待，当商品在系统内匹配完成后，再一起送至关节机器人进行码垛。码垛完毕后自动贴标并扫描，随后整托盘经输送线进入自动化立体仓库存储。自动立体库堆垛机利用激光导航和条形码导航完成托盘上下架作业，精准选择货物装卸；并可通过大数据对订单和库存进行预测，根据预测结果对库区进行冷热区的精细化调整，实现密集存储的同时最大限度地挖掘空间存储能力。

2. 拆零拣选：龙门拣选机器人首次应用

当消费者下单后，前端销售系统会将订单信息发送至无人仓WMS系统，无人仓根据订单信息和用户预约的时间进行拣选出库及配送。当WMS系统下达出库任务后，堆垛机从指定存储位将托盘下架，托盘经输送线被输送至二楼拣选区的不同分拣区域（如冰箱等大型家电产品将送至夹抱分拣区；空调等中小型产品则送至吸盘分拣区；电视机产品送至专门的分拣区域），由扫描系统进行扫描复核，确认所需拣选商品正确后，龙门拣选机器人自动将带有收货地址等用户信息的条码粘贴在商品上，并将货物移至托盘。

拆零拣选历来是仓库的重点作业环节，此次龙门拣选机器人的引入，成为无人仓的亮点之一。龙门拣选机器人根据物流订单，运用机器视觉可以快速找到目标货物并通过夹抱或者吸取的方式精准投放到对应的托盘，作业不超过20秒，距离误差不超过5毫米。

3. 备货出库：AGV全程助力

当龙门拣选机器人拣选完毕，信息反馈至系统，系统调度AGV前来搬运。二楼分拣区AGV将托盘货物送至智能提升梯，由其将货物运至一楼备货区。此时二楼AGV任务完成，开始等待新的系统指令。托盘货物自智能提升梯运出后，经扫描确认后信息传回系统，系统调度一楼备货区的AGV将托盘货物送至指定暂存货位。AGV采用激光导引技术，通过空间建模进行场地内空间定位，并在所有路线中快速选择最优路径作业，以及自动避障和路径优化更改。

当货车到达后，系统调度 AGV 按照“先卸后装”的原则，将托盘货物运至出库月台，最后装车发运。

思考：配送中心各区域的功能是如何划分的？

案例来源：中国物流与采购网（http：//www. chinawuliu. com. cn/xsyj/202104/14/546225. shtml）

2. 2. 1　配送中心平面布置规划流程

配送中心区域布置首先必须从收集基本资料出发，主要包括流量、流向、商品品类、交通状况、客户分布、供应商基本信息等。基本资料收集完成后，对资料进行分析和准备，结合大致确定好的配送中心区域后，通过对供应链上下游相关活动的分析、配送中心内作业分析，做出配送中心总平面布置并根据约束条件不断进行优化，形成不同的选址建设方案，交由决策部门做出最终决策。规划设计流程如图 2-4 所示。

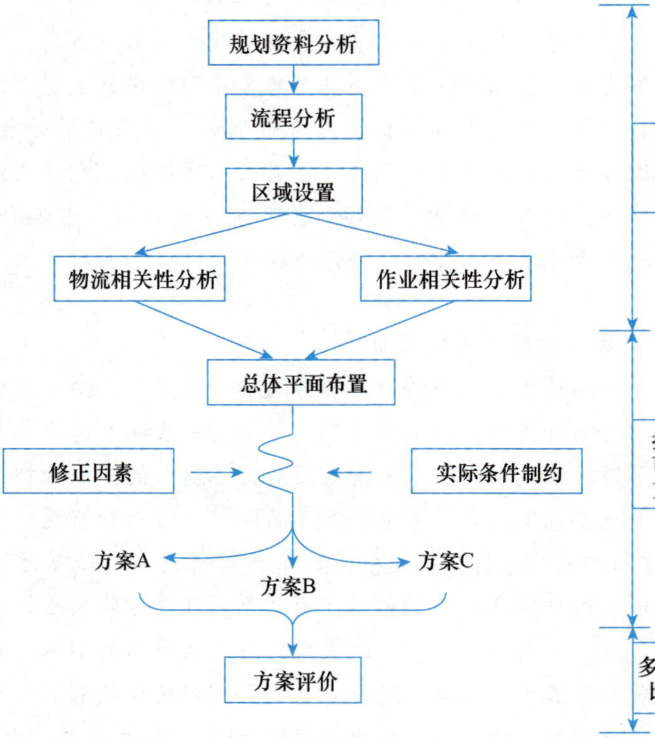

图 2-4　物流配送中心平面布置的一般程序

2. 2. 2　配送中心规划与设计资料的分析

1. 配送中心的规划要素

配送中心的规划要素就是影响配送中心系统规划的基础数据和背景资料，是配送中心规划的依据，主要包括以下几个方面（图 2-5）。

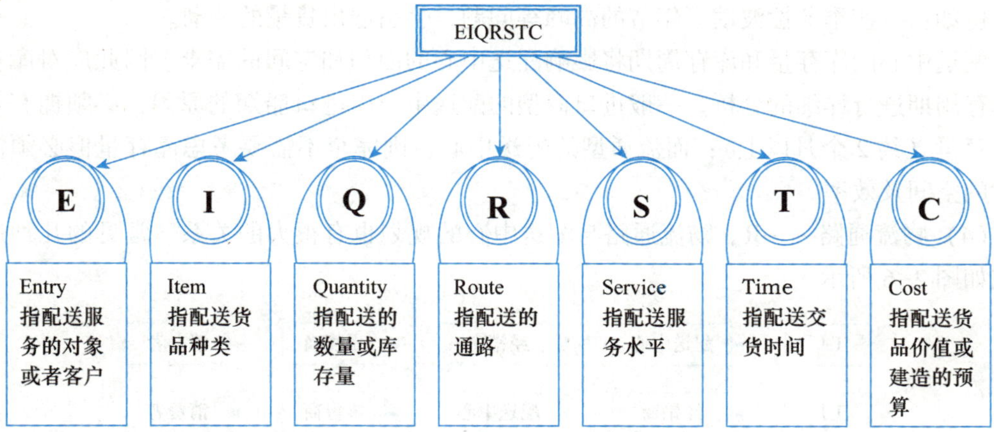

图 2-5 EIQRSTC 规划要素分析

(1) 配送的对象或客户——E。配送中心的服务对象或客户不同，配送中心的订单形态和出货形态就会有很大不同。例如：为生产线提供 JIT 配送服务的配送中心和为分销商提供服务的配送中心，其分拣作业的计划、订单传输方式、配送过程的组织有很大的区别；而同是销售领域的配送中心，面向批发商的配送和面向零售商的配送，其出货量的多少和出货的形态也有很大不同。

表 2-1 为零售商型配送中心的配送对象分析。零售商型的配送中心，其配送的对象可能是批发店、超市及便利商店，批发店的订货单位通常为托盘或箱；超市的订货单位通常为箱（占 60%）；而便利店的订货单位多数为单品（70%）；因此我们在规划前首先应该分析配送客户的情况，以便决定配送中心的出货形态和特征。

表 2-1 零售商型配送中心的配送对象分析

	批发店	超市	便利店
P->P	40%	10%	
P->C	60%	60%	30%
C->B		30%	70%

注：P 为托盘（pallet）；C 为箱（case）；B 为单品（board case）

(2) 配送的货品种类——I。在配送中心所处理的货品品项数差异性非常大，多则上万种以上，如书籍、医药及汽车零件等配送中心；少则数百种甚至数十种，如制造商型的配送中心；由于品项数的不同，其复杂性与困难性也有所不同。

另外在配送中心所处理的货品种类不同，其特性也完全不同。如目前比较常见的配送货品有食品、日用品、药品、家电品、服装、化妆品、汽车零件及书籍等。它们有各自的特性，对配送中心的厂房硬件及物流设备的选择也就有所不同。例如：食品及日用品的进出货量较大，服装的种类较多，家电货物的尺寸较大。

(3) 货品的配送数量或库存量——Q。包含配送中心的出货数量和配送中心的库存量。

货品出货数量的多少和随时间的变化趋势会直接影响配送中心的作业能力和设备的配

置。例如：一些季节性波动、年节的高峰等问题，会引起出货量的变动。

配送中心的库存量和库存周期将影响配送中心的面积和空间的需求。因此应对库存量和库存周期进行详细的分析。一般进口商型的配送中心因进口船期的原因，必须拥有较长的库存量（约2个月以上）；而流通型的配送中心，则完全不需要考虑库存量但必须注意分货的空间及效率。

（4）物流通路——R。物流通路与配送中心的规划也有很大的关系。常见的几种通路模式如图2-6所示。

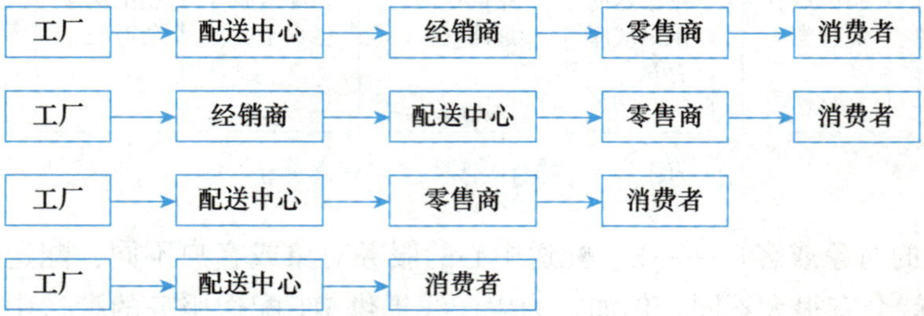

图2-6　常见物流通路模式

在规划配送中心前，必须了解物流通路的类型，然后根据配送中心在物流通路中的位置和上下游客户的特点进行规划，才不会造成失败的案例。

（5）物流的服务水平——S。一般企业建设配送中心的一个重要的目的就是提高企业的物流服务水平，但物流服务水平的高低与物流成本成正比，物流服务品质愈高则其成本也愈高。原则上物流的服务水准，应该是合理的物流成本下的服务品质，也就是物流成本不会比竞争对手高，而物流的服务水准比他高一点即可。

（6）物流的交货时间——T。在物流服务品质中物流的交货时间非常重要，因为交货时间太长或不准时都会严重影响零售商的业务，因此交货时间的长短与守时成为物流业者重要评估项目。

所谓物流的交货时间是指从客户下订单开始，订单处理、库存检查、理货、流通加工、装车及卡车配送到达客户手上的这一段时间称为物流的交货时间；物流的交货时间依厂商的服务水准的不同，可分为2小时、12小时、24小时、2天、3天、1星期送达等几种。同样的物流的交货时间愈短则其成本也会愈高，因此最好的水准为12～24小时，稍微比竞争对手好一点，但成本又不会增加。

（7）配送货品的价值或建造的预算——C。在配送中心规划时除了考虑以上的基本要素外，还应研究配送货品的价值和建造预算。

首先，配送货品的价值与物流成本有很密切的关系。在计算物流的成本时，往往会计算它所占货品的比例，如比例低，客户比较能够负担得起；如比例高，客户恐怕承受不起。

另外，配送中心的建造费用预算会直接影响配送中心的规模和自动化水准，没有足够的建设投资，所有理想的规划都是无法实现的。

2. 现行与未来规划资料的收集

（1）现行作业环境资料的搜集：基本营运资料、商品资料、订单资料、物品特性资料、销售资料、作业流程、事务流程与使用单据、厂房设施资料、人力与作业工时资料、物料搬运资料、供货厂商资料、配送据点与分布等。

（2）未来规划需求资料的搜集：营运策略与中长程发展计划、商品未来需求预测资料、品项数量的变动趋势、可能的预定厂址与面积、作业实施限制与范围、附属功能的需求、预算范围与经营模式、时程限制、预期工作时数与人力、未来扩充的需求。

3. 资料的分析

（1）物品特性分析——以划分不同的储存和作业区域。物品特性是对货物进行分类储存的重要参考因素。例如：按储存保管特性可分为干货区、冷冻区及冷藏区；按货物重量可分为重物区、轻物区；按货物价值可分出贵重物品区及一般物品区。因此配送中心规划时首先需要对货物进行物品特性分析，以划分不同的储存和作业区域。

（2）储运单位分析——以确定储存、搬运和拣取设备。就是考察配送中心各个主要作业（进货、拣货、出货）环节的基本储运单位。一般配送中心的储运单位包括 P-托盘、C-箱子和 B-单品，而不同的储运单位，其配备的储存和搬运设备也不同。因此掌握物流过程中的单位转换相当重要，需要将这些包装单位（P、C、B）进行分析，即所谓的 PCB 分析。

（3）订单变动趋势分析——以确定设施规模和扩充弹性。配送中心配送能力的规划目标，需利用过去的经验值来预估未来趋势的变化。因此在配送中心的规划时，首先须针对历史销售资料或出货资料进行分析，以了解出货量的变化特征与规律。常见的变动趋势分析及应用见表 2-2 所示。

表 2-2 常见配送中心货量变动趋势分析及应用

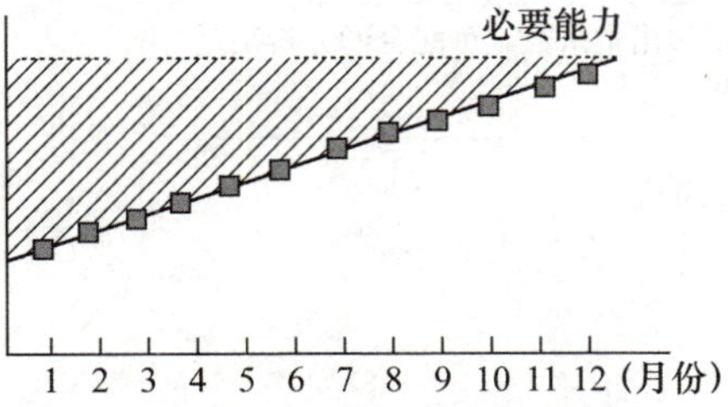	长期趋势有持续递增的趋向，应配合年周期的成长趋势加以判断	规划时应以中期的需求量为规模依据，若需考虑长期递增的需求，则可预留空间或考虑设备扩充的弹性，以分阶段投资方式进行设置。
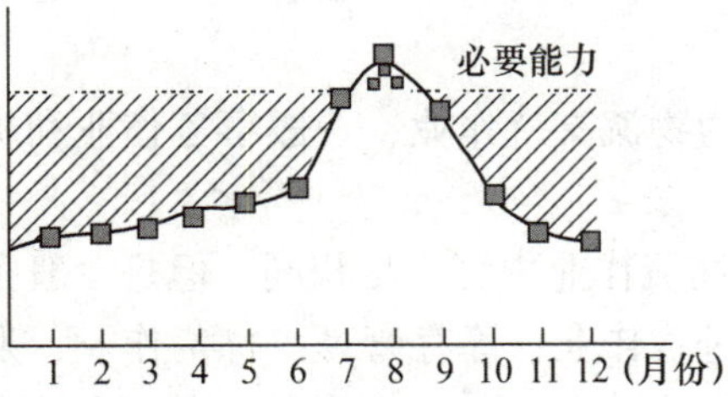	有季节性变动的明显趋势	如季节变动的差距超过 3 倍以上，可考虑以部分外包或租用设备的方式，以避免设施过多投资造成平时的闲置；另外在淡季时应争取互补性货品业务，以增加仓储设施利用率。

（续表）

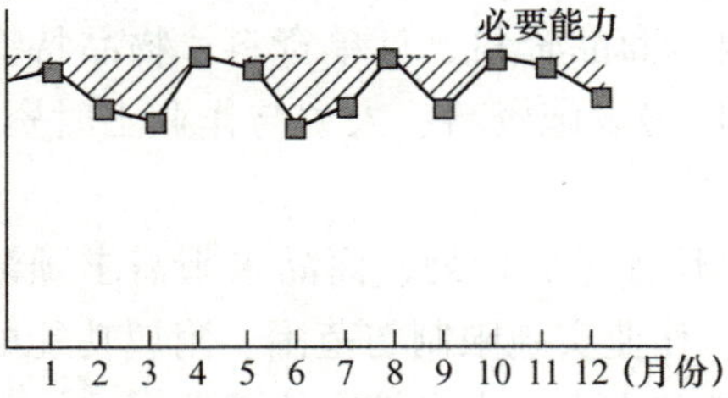	有以一季为单位的周期性变动趋势	如果高低峰差距不大且周期较短，可按周期变动内的最大值规划，后续资料分析可缩至某一周期为单位，以简化分析作业量。
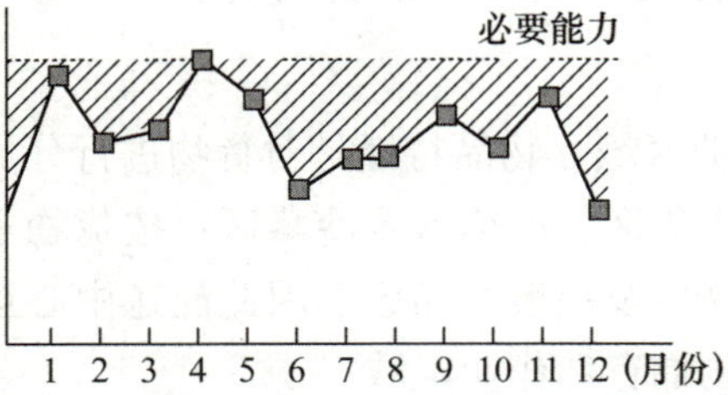	无明显规则的变动趋势	这样的系统较难规划，宜规划通用型的设施，以增加运用弹性；仓储货位也以易调整、易扩充为宜，以应付可能突增的作业需求量。

（4）EIQ 分析——以确定单品的管理方式和货区规划。EIQ 分析就是利用“E”“I”“Q”这三个关键要素，来研究配送中心的需求特性，为配送中心提供规划依据，分析内容和作用如图 2-7 所示。

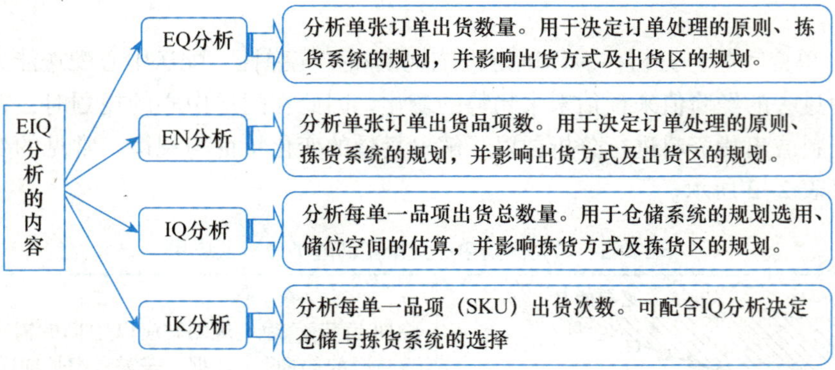

图 2-7　EIQ 分析的内容

2.2.3　配送中心作业流程规划

1. 配送中心作业流程

配送中心每天要进行大批量的作业，主要可分为物流支持作业、一般事务作业和决策支援作业。

（1）物流支持作业。虽然不同配送中心具体的物流作业内容不尽相同，但是一般主要包括订单处理、订单维护、发货作业、采购作业、进货作业、库存管理、拣货作业、发货作业、运输配送作业等环节。如图 2-8，物流支持作业种类多、工作量大，可以说是配送中心作业的主体内容。

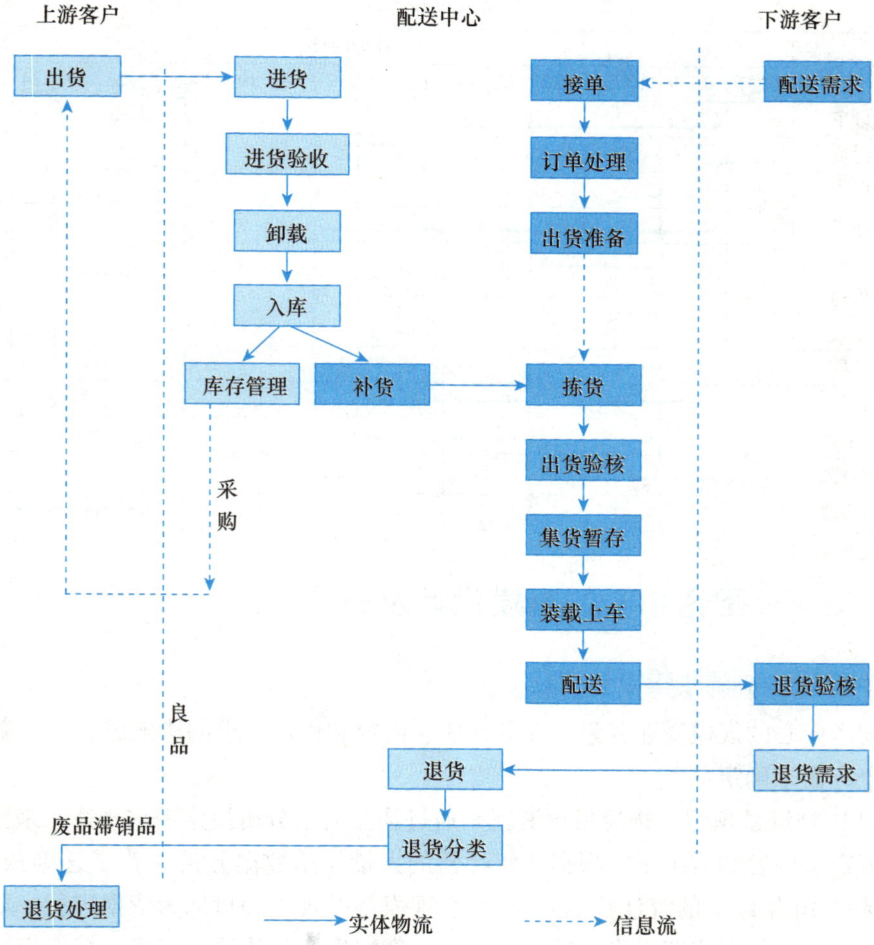

图 2-8 配送中心作业流程

(2) 一般事务作业。除了物流支持作业，一个配送中心若要进行正常运转，还要进行财务会计作业、人事薪金作业、常务管理作业等一般事务性作业。

(3) 决策支援作业。出于对配送中心长远发展的需要，还要对其运作成本、经济效益进行分析，并对关系园区发展的重大问题进行决策。

2. 配送中心作业时序分析

在配送中心规划过程中，除了对作业内容进行分解，还必须了解作业的时间分布，这样才能进行更有效的配送作业管理。表 2-3 是某配送中心一天内各项作业的时间段分布情况。

表 2-3　某配送中心一天内的作业时序分析

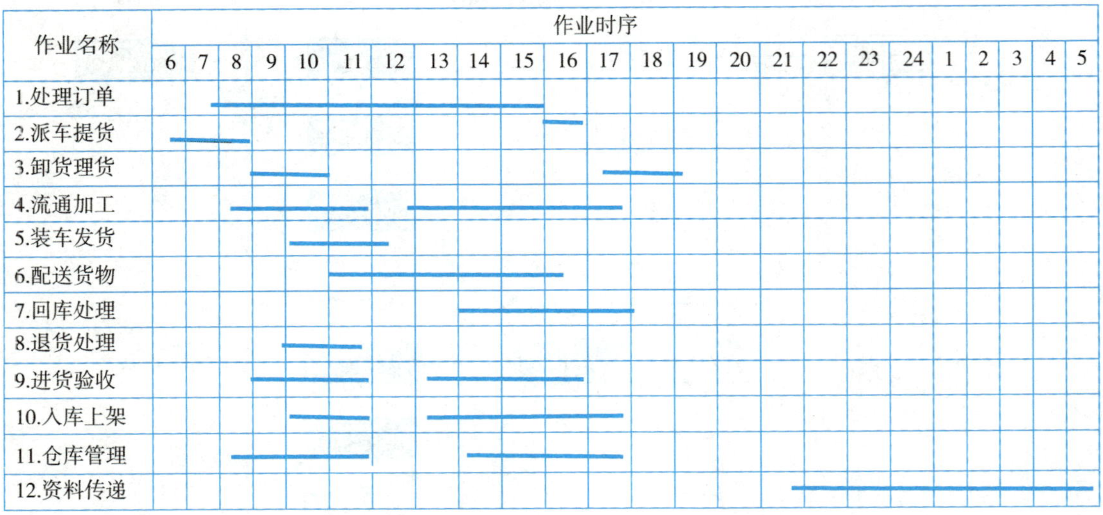

2.2.4　配送中心的规模设计及布局

1. 配送中心的规模设计

配送中心的规模受业务量、业务性质、内容和作业要求的影响较大，一般要求根据以下几个方面来确定：

（1）物流量预测。物流量预测就是通过物流需求分析摸索需求规律，来预测客户今后的物流需求内容和需求量，根据历年经营的大量原始数据分析（为了达到预测的有效性，一般选择 10 年以上的统计数据），以该企业发展的规划和目标为依据进行。要考虑商品库存的周转率、最大库存水平，通常以备齐全部配送商品品种为前提，根据商品数量品种的 ABC 分类，A 类商品备齐率为 100%，B 类商品备齐率为 95%，C 类商品备齐率为 90%，由此确定配送中心的平均储存量和最高储存量。

（2）确定单位面积定额。根据经验单位面积的作业量大致为：

保管设施：0.7～1 吨/平方米

处理货物的其他设施：0.2～0.3 吨/平方米

一般辅助生产建筑面积为配送中心作业面积的 5%～8%，办公室占地面积为 5～6 平方米/人，考虑复印机、电脑、保险柜、保管料架等占地面积应该为 12 平方米/人。我国原有的仓库规划基本上都是行政办公等附属设施仅占有配送中心作业面积的 5%，参照发达国家的标准，在新建配送中心应该上调到 15%左右则更加符合以人为本的原则，增加工作的舒适性。

另外需要说明的是，配送中心的作业不像工厂的作业那样明确划分，往往一些区域或者设施是兼用的，只用理论计算无法解决所有的问题。要科学确定方案，还需要听取现场工作者的意见，研究实际情况进行修正，才能确定最终的方案。

（3）配送中心的布局分析。估算完配送中心各个区域的大小后，实际上只是理论计算值，在实践中还需要按照各个作业区域的作业关系来决定各区的大小和设备的摆放位置，需要处理以下几个问题：

①将类似的货物进行分组，对不同的商品种类按照出、入库的顺序进行整理，做出种类 P 和每日作业量 Q 曲线图并确定 A、B、C、D 商品群。

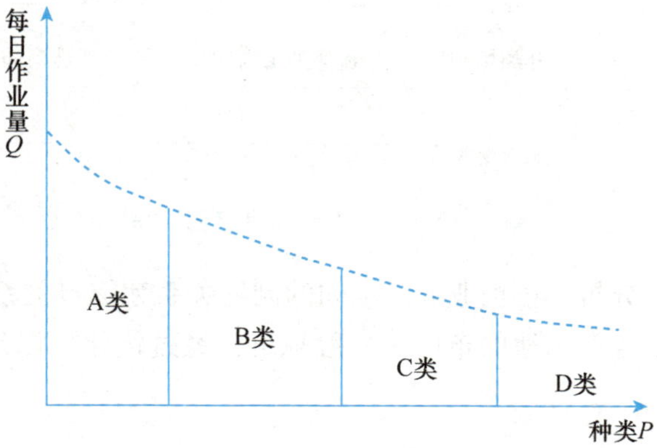

图 2-9　P-Q 曲线图

②确定不同类别商品的作业量，制订配送中心各类商品作业流程的基本计划。

表 2-4　配送中心各类商品作业流程的基本计划

作业类别 / 商品类别	A	B	C	D	…
入库	1	1	1	1	
验收	2	2	2	2	
分类	3	4	4		
流通加工			3		
保管		3			
特殊作业				3	
配送	4	5	5	4	

注：1、2、3、4、5 表示流程顺序

③按照作业量的大小划分出少品种、大数量、流通快的商品群作为 A 类，然后确认 A 类商品群所有类别商品的作业线路图；同样划分出品种多、数量少的商品群作为 D 类；其余商品作为 B、C 类。同样确定 B、C、D 三类商品群的各类商品的作业线路，将以上商品的作业线路加以统计，计入作业线路的货物数量比率。确定配送中心内商品流程的比率，也就是说，哪些商品需要流通加工、分拣分类，哪些不需要，商品线售后的工作是什么。

具体做法如图 2-10 所示。

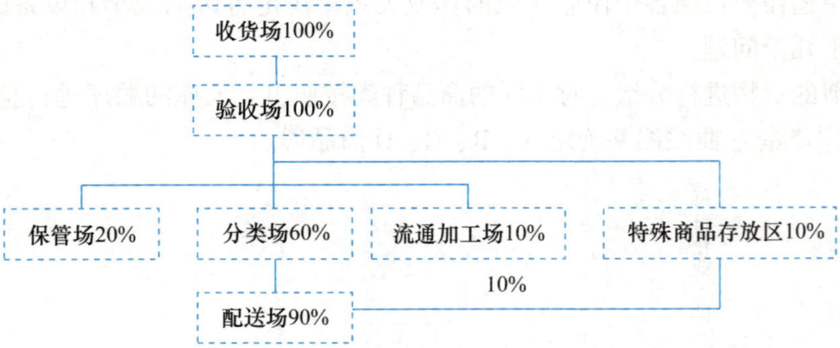

图 2-10 配送中心商品流程比率

④进行业务关联性分析，根据业务活动间的制约关系和衔接关系，包括实物流的制约和信息流的制约，确定各个场地的布局，一般来讲，经过优化可以形成如图 2-11 所示的线路图。

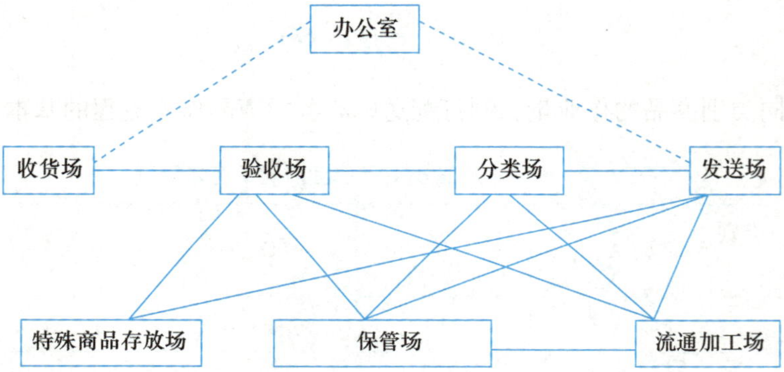

图 2-11 商品流程与设施配置相关的线路图

（4）配送中心的设备配置分析。

①配送中心的主要设备。配送中心的设备种类很多，主要有货架系统，如普通货架、悬臂式货架、托盘货架、移动式货架、重力式货架、旋转式货架等；搬运输送设备，如叉车、起重机、自动导引车、堆垛机巷道式堆垛起重机、输送机、光电拣选车；计量检验设备，如电子收获系统、电子秤；自动分拣设备；库用集装单元和集装器具，如托盘、集装袋；计算机控制系统等。

②设备配置的原则。合理性原原则。机械化系统可以大大地改善劳动条件，减轻劳动强度，增强安全作业，提高作业效益和效率；设备先进程度、数量多少要以适用为主，使设备性能满足系统要求，以保证设备充分利用，防止设备闲置浪费；注意集成化与配套使用，如果设备之间不配套，不仅不能充分发挥设备的效能，而且经济上可能造成很大的浪费。

系统运作的快速性、及时性、准确性和经济性原则。合理利用物流技术及其装备，以最低的物流成本，提供高效，优质的服务，是赢得持久竞争优势的关键。顾客对不同产品的购买在时间要求上也有所不同。这对物流技术及其装备提出了更高的要求，要求其快速、及时、准确、经济地把物料或货物运送到指定场所。为了保证物流速度，就需要合理配置物流设备，广泛应用现代化物流设备。准确性要求在仓储、运输、搬运过程中确保物流技术及其装备可靠、安全，防止由于物流设备的故障造成货物损坏、丢失。经济性是在完成一定任务的条件下，投入的装备最佳，即最能发挥设备的功能，消耗费用最低。

工器具和设备的标准化原则。采用标准化物流技术及其装备、器具，可以降低设备和器具的购置和管理费用，提高作业的机械化水平，提高配送系统效率和经济效益。特别是选用标准化集装单元器具，有利于搬运、装卸、储存作业的统一化和设施设备的充分利用。

较强的灵活性、适应性原则。采用的物流技术及其装备应能适应各种不同物流环境、物流任务和实际应用的需求，应满足使用方便、符合人体工程学原理等要求。

充分利用空间。利用有效的空间，进行物流作业，如架空布置的悬挂输送机、立体库、梁式起重机、高层货架；使用托盘和集装箱进行堆垛，向空中发展，这样可减少占地面积，提高土地利用率，充分利用空间。

减少人力搬运。从人机工作特点来看，有些地方还需要人搬运，但要尽量减少体力搬运，减少人员步行距离，减少弯腰的搬运作业。

（5）配送中心的占地面积确定。这里所讲的占地面积指的是实用面积，一般来讲有三种面积，即建筑面积、实用面积和有效面积。其中有效面积指的是作业区面积，实用面积指的是包括办公区和附属设施区的面积，建筑面积指的是实用面积加上墙壁等所占面积之和，一般由实用面积除以建筑系数而得到。下面以定额法为例计算配送中心的面积。

某配送中心预测每日处理货物 100 吨（入库 50 吨、出库 50 吨）、仓库经常储备为 7 天（10 吨/日）规模配送中心为例计算配送中心的使用面积。

表 2-5 设施面积计算表

序号	设施名称	每日作业量（吨）	单位面积作业量（吨/平方米）	设施面积（平方米）
1	收货场	50	0.2	250
2	验收场	50	收货场兼	
3	分类场	30	0.2	150
4	保管场	70	1.0	70
5	流通加工场	5	0.2	25
6	特殊商品存放场	5	0.2	25
7	发送场	50	0.2	250
8	办公室			77
9	附属设施区			46
合计				893

注：其中办公室按照作业区面积的 10%，附属设施区按照作业区面积的 6%计算。

如果要计算建筑面积，单层的话直接÷建筑系数即可；如果是多层则需要进一步计算。

（6）配送中心总体布局。目前规划建设的配送中心中，由于考虑到众多因素，配送中心建设基本的区域布置如图 2-12 所示。

2. 配送中心作业区域设置规划

（1）配送中心作业区域分类（表 2-6）。

表 2-6　配送中心作业区域类别

分类	举例
物流作业区	进货区、理货区、仓储区、出货区
辅助作业去	办公室、计算机室管理或行政性辅助区域
建筑外围区	园区大门、出入道路、停车场

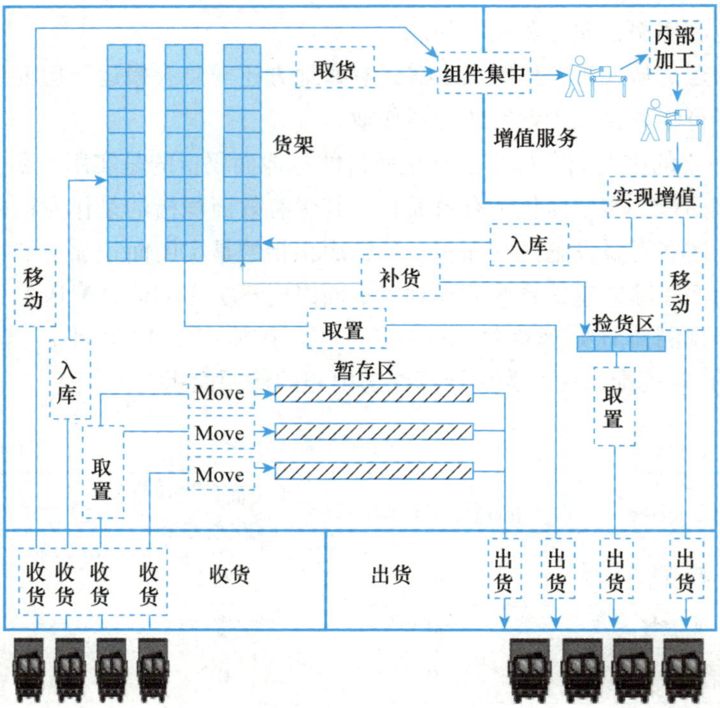

图 2-12　配送中心内部区域布置

（2）作业区域功能规划（表 2-7）。

表 2-7　主要作业区域的功能规划

项目	作业区域	作业功能	功能规划
1	车辆进货	物品运至配送中心	进货口或进发货口
2	进货卸载	物品由运输车辆卸下	卸货平台或装卸货平台
3	点收理货	进货物品清点数量，检验品质	暂存区或理货区
4	入库	物品搬运至仓储区储存	储存区或拣货区

续表

项目	作业区域	作业功能	功能规划
5	订单拣取	根据订单内容拣取物品	储存区或拣货区
6	流通加工	根据客户需求处理物品	分拣区、集货区或发货暂存区
7	发货点收	确认发货物品的品项、数量	集货区或发货暂存区
8	发货装载	发货物品装到配送车辆上	装货平台或装卸货平台
9	货物运送	车辆离开配送中心进行配送	发货口或进发货口
10	退货	客户退回货物	进货口或退货卸货区
11	退货责任确认	退货原因及物品的检查	退货处理区或办公区
12	退货物品处理	退货的物品的处理作业	退货处理区或其他储存区
13	退货后换货	客户换货或补货处理作业	办公区
14	拆箱	根据单品拣货需求进行拆箱	散装见获取或流通加工区
15	裹包	按客户需求将物品重新包装	流通加工区或集货区
16	发货物品称重	物品的称重作业	称重作业区和发货暂存区
17	应贴条码文字	按客户需求贴条码	流通加工去或分拣区
18	应贴标签	按客户需求印刷、贴附标签	流通加工区或分拣区
19	车辆出入管制	进发货车辆的管制作业	厂区大门
20	非装卸车辆停泊	非作业车辆的停泊	停车场或临时停车位
21	废料回收处理	对作业产生的废物进行处理	废料暂存区或废料处理区
22	定期盘点	定期对物品进行盘点	储存区和拣货区
23	移仓和储位调整	库区调整和移仓作业	库存区与调拨仓储区
24	电气设备的使用	电气设备的安装与使用	变电室、配电室和话交费换
25	消防设备的使用	安装与使用	安全警报管制室
26	会议及培训活动	会议与内部人员的培训活动	培训室
27	资料管理	公文文件与资料档案的管理	档案室、收发室
28	计算机系统使用	计算机系统的操作与处理	计算机室和档案室
29	员工饮食	提供员工用餐的场所	餐厅、厨房
30	急救医疗	紧急伤害的救助活动	医务室
31	警卫执勤	门卫、警卫站岗值勤活动	保卫室

（3）区域的能力规划。在确定作业区之后，根据其功能设定，进行作业能力的规划，特别是仓储区和拣货区。我们就以仓储区为例，讲述如何进行储运能力的规划。

配送中心仓储储存能力的规划方法主要有两种：周转率估计法、商品送货频率估计法。

①周转率估计法，是方便快速的初估方法，虽然这种方法计算不太精确，但适合于初步规划和储存能力的概算。步骤如下：

a）计算年周转量，把配送中心各项进出产品单元换算成相同各单位的储存总量，也就是物流配送中心的年运转量。这种单位是现在或以后规划的仓储作业的基本单位。

b）估计周转次数，就是估计未来配送中心仓储货物的周转率。周转率主要由产品特性、需求状况决定。在设立配送中心时，应根据经营物品的特性、价值、利润、缺货成本等因素来确定仓储区的周转次数。

c）计算仓容量，就是用年周转量除以周转次数得出。

d）计算安全系数，即估计仓储运转的变化弹性，用估算的仓容量×安全系数即可得出规划仓容量，这就可以使用高峰期的高运转量要求。一般安全性系数不宜取太高，否则会增加投资费用，浪费仓储空间。

②商品送货频率估计法。在能够收集到各产品的年出运量和工作天数的情况下，可采用此方法进行仓储量的估算。估算过程如下：

a）计算年运转量。

b）估计工作天数。有两个基准，一为年工作天数，二为各产品的实际发货天数。

c）计算平均发货日的出运量，可用产品的年运转量÷年发货天数求得。

d）估计供货厂商的送货频率。

e）估算仓容量：仓容量 = 平均日出运量 × 送货频率。

f）估计安全系数。

g）计算规划仓容量：规划仓容量 = 平均日储存量 × 安全系数。

2.2.5 配送中心作业区域平面布置规划

1. 活动相关性分析

（1）活动关系种类。

各类作业区域之间存在的活动关系主要有四种：

a）程序上的关系：因物料流、信息流而建立的关系，如人员往返接触的程度。

b）组织上的关系：如同一部门的。

c）功能上的关系：区域间因功能需要形成的关系，如相同功能的区域。

d）环境上的关系：因操作环境、安全考虑上需保持的关系。

各区域之间的相关性判别主要参考以下因素：

a）是否使用共同的原始记录。

b）有无共用人员。

c）有无公用场地空间。

d）人员接触频繁程度。

e）文件交流频繁程度。

f）作业流程是否连续。

g）有无做类似的工作。

h）有无公用设备。

i）组织管理上的关系。

j）其他。

(2) 活动相关性分析的方法。

根据相关性要素，可以对任意两种活动的按照相关性参考要素进行评价，并给出相应的级别，如图 2-13 所示，也可以整理成相关性分析表，如表 2-8 所示。

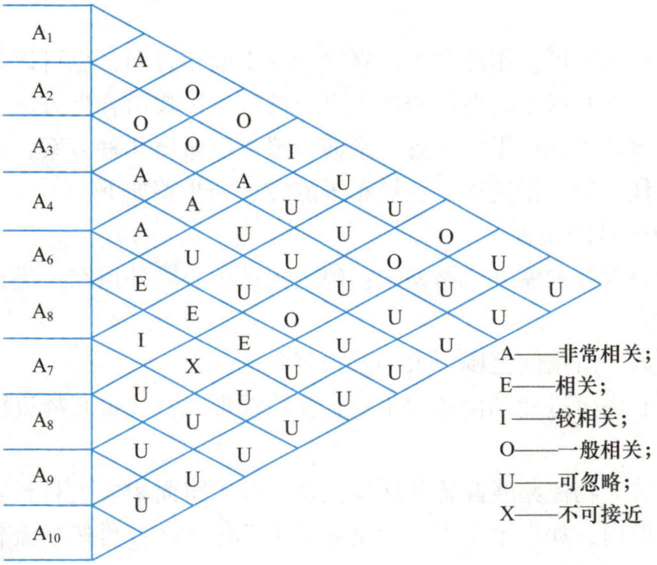

图 2-13 活动相关性分析图

表 2-8 活动相关性分析表

物流活动	A 级	E 级	I 级	O 级	U 级	X 级
A_1	A_2		A_5	A_3，A_4，A_8	A_6，A_7，A_9	
A_2	A_1，A_5			A_3，A_4，A_8	A_6，A_7，A_9，A_{10}	
A_3	A_4，A_5			A_1，A_2	A_6，A_7，A_8，A_9，A_{10}	
A_4	A_3，A_5			A_1，A_2，A_8	A_6，A_7，A_9，A_{10}	
A_5	A_2，A_3，A_4	A_6，A_7，A_8	A_1		A_9，A_{10}	
A_6		A_5	A_7		A_1，A_2，A_3，A_4，A_9，A_{10}	A_8
A_7		A_5	A_6		A_1，A_2，A_3，A_4，A_8，A_9，A_{10}	
A_8		A_5		A_1，A_2，A_4	A_3，A_7，A_9，A_{10}	A_6
A_9					A_1，A_2，A_3，A_4，A_5,A_6，A_7，A_8，A_{10}	
A_{10}					A_1，A_2，A_3，A_4，A，A_5,A_6，A_7，A_9	

一般相关程度高的区域在布置时应尽量紧邻或接近，如出货区与称重区，而且相关程度低的区域则不宜接近。在规划过程中应由规划设计者根据使用单位或企业经营者的意见，进行综合分析和判断。

2. 区域位置的布置

配送中心的区域布置方法有两种，即流程性布置法和活动相关性布置法。流程性布置法是根据物流移动路线和物流相关表作为布置的主要依据，适用于物流作业区域的布置；活动相关性布置法是根据各区域的综合相关表进行区域布置，一般用于整个配送中心或辅助性区域的布置。

配送中心的区域布置可以用绘图方法直接绘成平面布置图，也可以将各功能区域按面积制成相应的卡片，在配送中心总面积图上进行摆放，以找出合理方案；还可以采用计算机辅助平面区域布置技术进行平面布置。平面布置可以做出几种方案，最后通过综合比较和评价选择一个最佳方案。配送中心区域布置的方法和步骤如下：

（1）物流作业区域的布置。

①确定配送中心对外的联外道路型式：确定配送中心联外道路、进出口方位及厂区配置型式。

②确定配送中心厂房空间范围、大小及长宽比例。

③确定配送中心内由进货到出货的主要物流路线形式：决定其物流模式，如 U 形、双排形。

④按物流相关表和物流路线配置各区域位置：首先将面积较大且长宽比例不易变动的区域先置入建筑平面内，如自动仓库、分类输送机等作业区；再按物流相关表中物流相关强度的大小安排其他区域的布置。

（2）行政活动区域的设置。这些区域与物流作业区之间无直接流程性的关系，因此适合以关系型的布置模式作为区域布置的规划方法。一方面可同物流作业区视为一个整体，通过分析相关活动关系来确定相邻与否的程度，另一方面也可同分离开的独立物流作业区之间进行活动相关性分析，进而确定各区域的分布。一般情况下，配送中心行政办公区均采用集中式布置，并与物流仓储区分隔，但也应进行合理的配置。

（3）建筑外围区域的配置。建筑内的相关区域布置完成后，还需对建筑外围的相关区域进行规划设计。在规划建筑外围区域布置时，特别要注意未来可能的扩充方向及经营规模变动等因素，以保留适当的变动弹性。

在通常情况下，是按照上述顺序进行区域布置的。如果在实际道路形式、大门位置等条件已有初步方案或已确定的情况下，也可由后向前进行规划，即先规划建筑外围区域，再进行物流作业区域及辅助作业区域的规划，这样可以更好地适应实际的地理区位限制，并且减少不必要的修正调整工作。

（4）确定各种布置组合。根据活动相关表（或图），探讨各种可能的区域布置组合。

根据以上方法，可以逐步完成各区域的概略配置。然后再将各区域的面积置入各区相对位置，并做适当调整，减少区域重叠或空隙，就可得到面积相关配置图。最后经由调整部分作业区域的面积或长宽比例后，即得到作业区域配置图（图 2-14）。

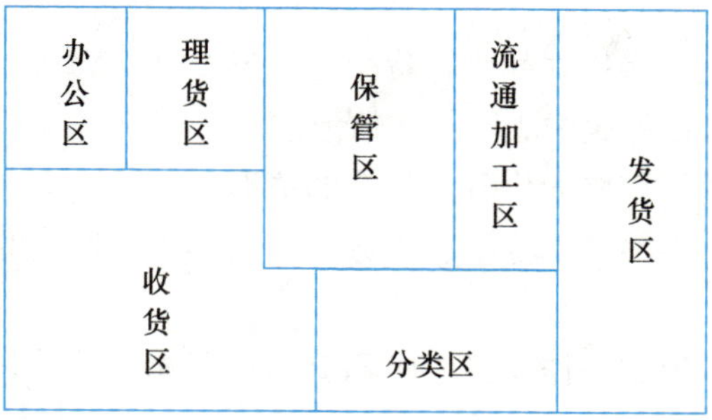

图 2-14 平面布置得初步方案示例

3. 活动流程动线分析

在区域位置布置阶段，还没有进行设备的选用设计，但是按物流特性和作业流程已经对设备的种类有了大致的要求。活动流程的动线分析就是根据这些设备性能逐一分析区域内和各区域之间的物流动线是否流畅。

（1）物流动线的类型。配送中心的物流路线类型有如下几种，如图 2-15 所示。

序号	作业区域间的物流路线类型	
1	直线式	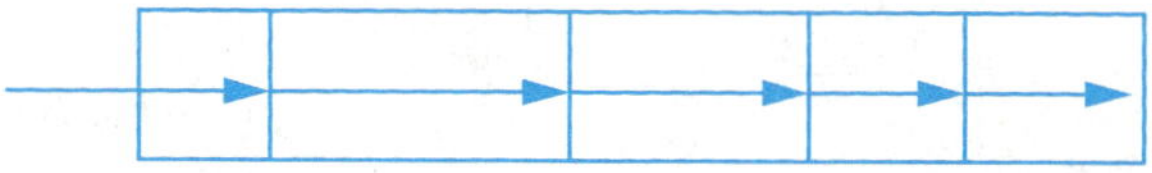
2	双直线式	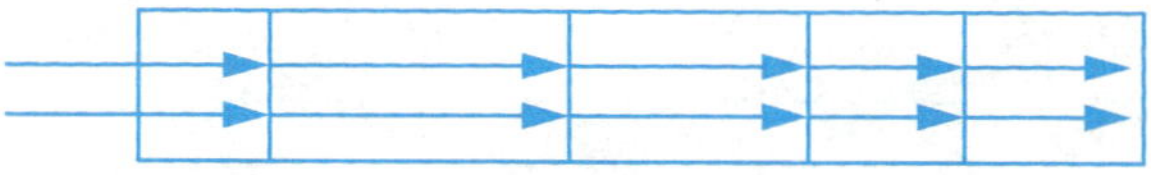
3	锯齿型或S型	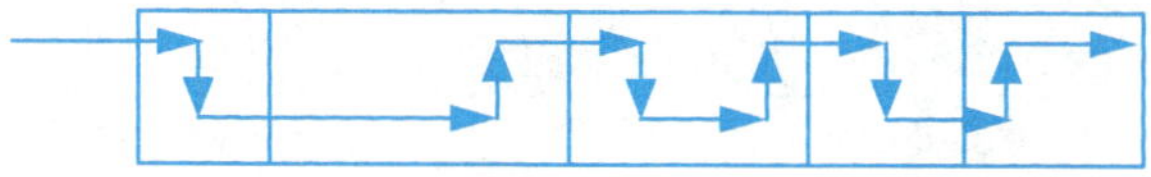
4	U型	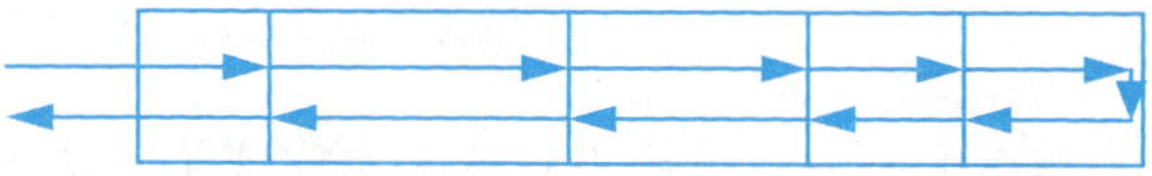
5	分流型	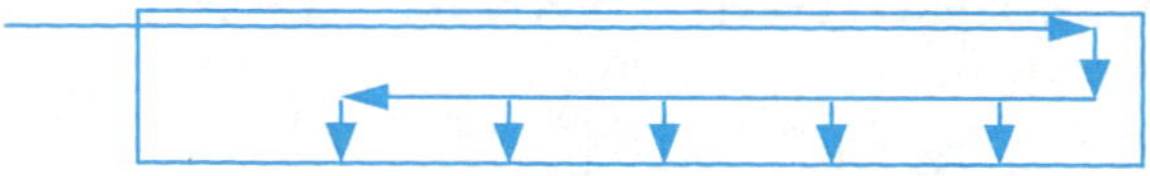
6	集中型	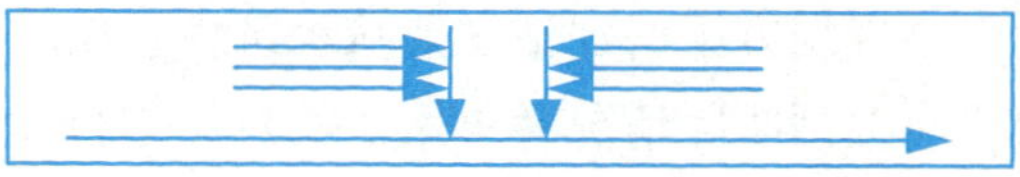

图 2-15 物流动线的类型

①直线式：适于出入口在配送中心两侧，作业流程简单、规模小的配送中心。

②双直线式：适于出入口在配送中心两侧，有两种相似出货形态或作业需求的作业

流程。

③锯齿型或S型：适于多排并列库存货架的情形。

④U型：适于出入口在配送中心同侧的情形。

⑤分流型：适于因批量拣取而作分流作业的情形。

⑥集中型：因出区特性将订单分割，先分区拣取再集货作业的情形。

（2）动线分析步骤。

①根据装卸货的出入形式、作业区域内物流动线形式，以及各区域相对位置，设计厂房内的主要通道。

②规划物流设备的方向。规划过程中需要考虑作业空间和区域内的通道情况。

③分析各区域之间物流动线形式，绘制物流动线图，如图2-16所示，进一步研究物流动线的合理性和流畅性。

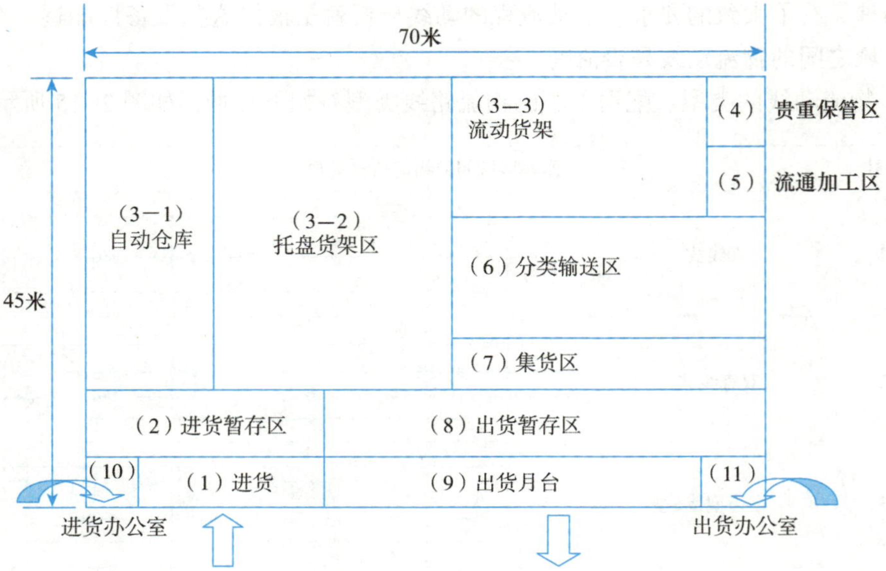

图2-16　结合物流动线的配送中心平面规划

到此，物流配送中心布局规划就基本完成了。这个规划否可行、是否合理、是否科学、是否符合实际，还要组织有关专家及决策层进行评估。

2.2.6　规划方案评价

配送中心规划方案的评估主要从经济性、技术性、系统作业这几个方面进行，而具体评估的项目应根据实际情况及决策层的意见进行设定。

主要评估方法有优缺点列举法、因素分析法、权值分析法、成本比较法等。

1. 优缺点列举法

优缺点列举法只是将每个方案的配置图、物流动线、搬运距离、扩充弹性等相关优缺点分别列举互相比较。这种方法简单且节省时间，但不具说服力，常用于概略方案初步选择阶段。有时为了使本方法更趋准确，可对优点的重要性及缺点的严重性进一步讨论甚至用数值表示。

2. 因素分析法

因素分析法是列出将规划案所要完成的重要事项——目标因素，并用权术来表示各因素重要程度，权数比重可采百分比值或分数数值，其他每个因素再与这个因素做比较，进而分别决定其权数值。接着，再逐一用每一个因素来评估各个方案，并决定每一方案各因素的评分数值，当各评估因素逐一评估完成后，再将因素权重与评估数值相乘合计后，选出最佳方案。

3. 权值分析法（value analysis）

权值分析法是一种更详细的评估方法，通过比较许多彼此互相独立的评估因素（criteria）、不同的因素层级（dimensions），并将主观、客观的因素都列入进行比较，得出最佳方案。

4. 成本比较法

成本比较法以投入成本比较或经济效益分析等量化数据进行分析，是最具实质评估参考价值的方案评估方法。

◎每节一练

配送中心作业区平面布置的原则是什么？

分项任务小结

完成本分项任务后，请进行自我测试：影响配送中心各区域面积的影响因素有哪些？

子任务 2.3　配送中心设备配置规划与设计

任务提示　本分项任务将引领读者了解配送中心设备配置规划与设计方法。

任务先行　配送中心设备的配置方案应在配送中心的总体规划与设计阶段就应该大体确定，这样才能进行平面布置和规划。在设备配置的环节，主要任务是选择最合适的制造商，获得高质量、低价格的设备。

★案例阅读

日日顺：行业首个“黑灯”大件智能无人仓

——大件物流出入库装卸搬运设备应用

大件物流出入库装卸搬运劳动强度大、人工效率低、操作不规范。针对行业痛点，即墨智能无人仓应用的关节机器人可以配合 3D 与 2D 视觉实现场景实时定位，辅助货物辨识定位，可自主控制路线优化，路线变更，自主壁障，可实现内部碰撞检测、轨迹规划、逻辑检查等多种算法控制，无需担心场景多变、碰撞、奇异点等多种情况出现，达成效率最优、运行安全。关节机器人替代人工，提升入库码垛效率4倍，自动码垛，垛形可控、误差为零，同时，机械手可以长时间作业，效率稳定，单台机器人最大可以处理450千克重的货物。

传统出库作业，无法进行非标大件的自动混码，只能由人工凭经验码盘；人工分拣容易出错，存在货物丢失问题；人工分拣费时费力，易出现货物损伤情况等问题。

龙门拣选机械手自动控制系统+3D机器视觉识别+定制治具实现行业首例非标大件货物的混码场景。智能拣选（运用3D相机，提取托盘货物位置，输送坐标给龙门实现自动拣选）、智能贴标（配套贴标机，由WCS系统控制，实现自动贴标）、智能混码（根据不同货物SKU信息，由系统自动生成相应空间位置信息，自动实现非标大件混码场景下的托盘最大空间利用）。龙门拣选机械手的应用使货损率降为0，拣货效率提升100%、拣货准确率100%。

除了上述智能设备的首次引入，80台承重1吨的AGV的集中调度控制，16台全自动上下架堆垛机也是无人仓的主力设备。AGV地面控制系统接收指令后可以对AGV进行自由调度和任务分配，接收到指令的AGV再通过算法控制和监控平台计算任务最优路径，实现路径的实时优化、变更及避障，保证运输效率与安全。值得一提的是，考虑到无人仓内偶尔会有设备维护人员进入，AGV识别到障碍时还会温馨地进行语音提示，避免事故。

针对传统托盘上下架：平前移式叉车搬运，浪费人力，操作复杂度高，效率极低；传统机械叉车作业高度限制，导致货架高度低，仓库存储利用率低；传统订单/库存管理：账务管理，无预测，无冷热区划分，仓内作业效率低等库存问题。

即墨智能无人仓运用自动立体库堆垛机，通过激光导航和条形码导航完成托盘自动上下架，同时，通过大数据分析对订单和库存进行预测，倒逼营销及时调整，并根据预测结果对库区进行冷热区调整。此外，该设备在实现无人化，节省人力，上下架速度较机械作业提升4～5倍的同时，可操作20～30米立库，存储利用率可提升4～5倍，订单预测驱动冷热区管理，也使库内作业效率因冷热区库存调整提升50%；

智能无人仓能够在黑灯环境下实现24小时不间断作业，除了依靠上述智能设备外，还拥有一颗“智慧大脑”——中央控制系统。为解决传统仓配资源固定，无法根据所需智能调配，造成资源不足或浪费的情况；无法确定全流程具体配送节点的短板，用户体验差；对于仓库没有完整的评估机制与改善指引等问题。

2.3.1 配送中心设备配置原则

进行设备配置规划与设计应该从以下几个方面着手：

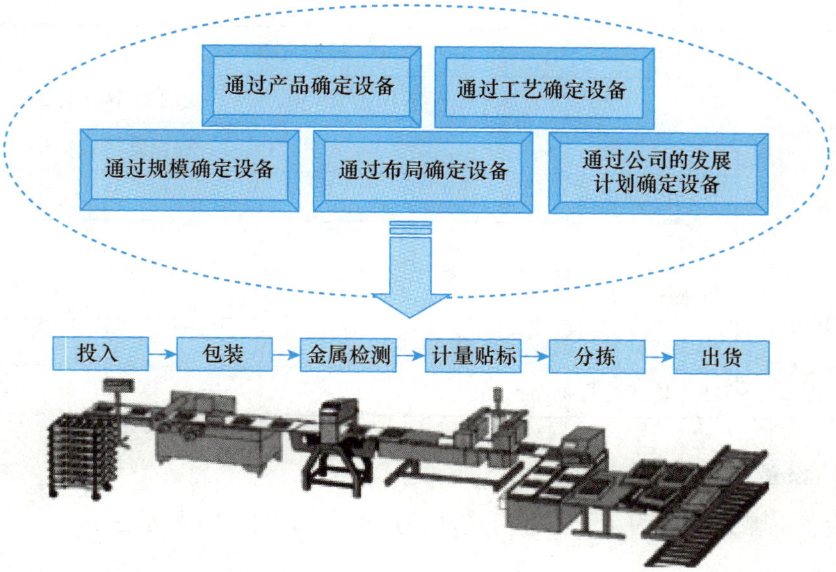

图 2-17　配送中心设备配置的确定依据

2.3.2　配送中心设备的类型

1. 储存设备

储存设备种类很多，储存物品的形状、体积、重量、包装等特性不同，使用的储存方式也不同。储存设备按储存单位不同，可分为托盘、容器、单品及其他四大类，具体储存设备体系如表 2-9 所示。

表 2-9　储存设备体系

<table>
<tr><td rowspan="11">储存设备</td><td rowspan="6">托盘</td><td colspan="2">托盘货架</td></tr>
<tr><td colspan="2">驶入式/驶出式货架</td></tr>
<tr><td colspan="2">流动式货架</td></tr>
<tr><td colspan="2">移动式货架</td></tr>
<tr><td colspan="2">后推式货架</td></tr>
<tr><td colspan="2">单元负载立体自动仓储</td></tr>
<tr><td rowspan="5">容器</td><td colspan="2">流动式货架</td></tr>
<tr><td colspan="2">轻型货架</td></tr>
<tr><td rowspan="2">旋转式货架</td><td>水平旋转式货架</td></tr>
<tr><td>垂直旋转式货架</td></tr>
<tr><td colspan="2">轻负载立体自动仓储</td></tr>
</table>

续表

<table>
<tr><td rowspan="8">储存设备</td><td rowspan="3">单品</td><td colspan="2">轻型货架</td></tr>
<tr><td rowspan="2">旋转式货架</td><td>水平旋转式货架</td></tr>
<tr><td>垂直旋转式货架</td></tr>
<tr><td rowspan="5">其他</td><td colspan="2">自动拣货系统</td></tr>
<tr><td colspan="2">悬臂式货架</td></tr>
<tr><td colspan="2">可携带式货架</td></tr>
<tr><td colspan="2">积层式货架（阁楼式货架）</td></tr>
<tr><td colspan="2">特殊货架（根据特殊需求设计）</td></tr>
</table>

2. 搬运设备

搬运设备以搬运车辆为主，具体分类和适用场合如表 2-10 所示。

表 2-10　搬运设备按动力分类

类型	举例	适用场合	优点	缺点
手动	手动搬运车	短距离的水平搬运、低频率低高度升降	占地少、灵活	效率低、费力
电动	电瓶叉车	室内作业	清洁、噪音小	价格高、充电时间长
内燃	液化气叉车 柴油叉车	室外作业、大吨位作业	适合恶劣环境、补充燃料时间短	噪音大、污染大

表 2-11　搬运设备按动力分类

类型	举例	适用场合
搬运	电瓶叉车、手动叉车	水平搬运、堆垛
堆垛	平衡重力式叉车 前移式叉车	堆垛、水平搬运
拣选	拣选车	低位、高位拣选

3. 输送设备

主要类型有无动力式输送机、辊子输送机、带式输送机、链式输送机、垂直输送机、分拣输送系统等。

物流设备规划与选择最重要前提：最好的设备不见得最适合作业需求，但是，最适合作业需求的设备就是最好的；物流设备规划与选择的重要依据是物流配送中心单元负载单位和储运作业单位。

物流配送中心储存商品种类多达数十万种，每种商品的发货量、储存方式、拣取单位和包装形式都不一样。为此，必须根据储存单位和拣取单位来区分商品，依据出入库量大小进行分类，以便选择适当的储存设备和提高作业效率。

4. 储存设备选型

一般在选择储存设备时主要考虑经济性和效率及其他综合因素。选型考虑要素包括物品特性、存取性、出入库量、搬运设备、厂房结构等，如图 2-18 所示。

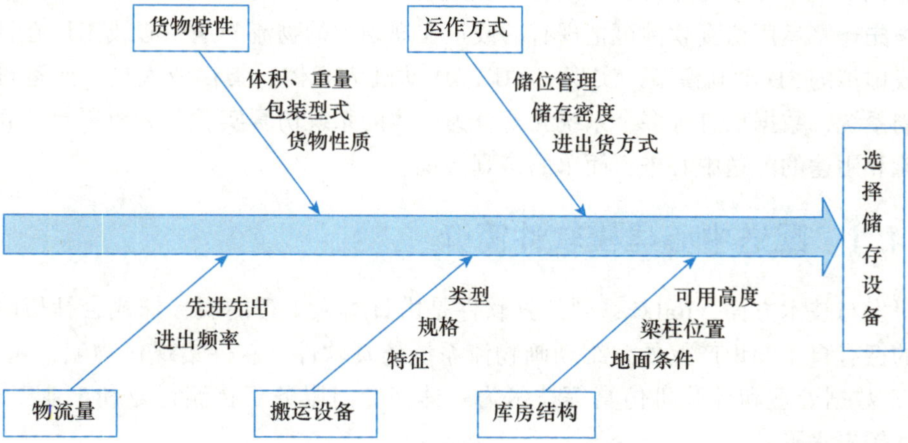

图 2-18 选择储存设备的考虑要素

5. 搬运设备选型

选型考虑要素：

①物料的特征：如易燃货物、易损货物；

②运动方式：水平运动、垂直运用；

③设备的技术性能：能否胜任工作；

④经济因素：成本、性价比；

⑤能耗：是否符合电力供应情况；

⑥备件、维修和存放方式（托盘、箱器）及搬运频率。

6. 输送设备的选型

选型考虑的要素：

①物品的特性（尺寸、重量、表面特性、包装方式、重心等）；

②与现有作业设备做最好的配合；

③环境条件；

④维护的需求。

◎每节一练

试分析各类型设备的选型要素？

分项任务小结

完成本分项任务后，请进行自我测试：你是否掌握了各类型设备的选型要素？

子任务 2.4　配送中心仿真建模

任务提示　本分项任务将引领读者认识配送中心的仿真建模工具及工具的使用方法。

任务先行　运用仿真软件可把现有的或正在规划中的物流配送中心或工厂在计算机系统中建成虚拟的 3D 动画模型，实现一种以 3D 动画为载体，集作业人员、搬运设备、货物、控制系统、数据信息等多个系统元素合为一体的系统仿真实验与分析平台，直观地对不同功能和用途的配送中心进行简单的仿真实现。

2. 4. 1　配送中心建模软件简介

从研发与技术方面，RaLC 系列仿真软件是由日本人工智能服务株式会社历时多年独立开发的拥有自主知识产权的三维动画物流系统仿真软件。软件集现代物流、人工智能、3D 图像、数据处理和计算机仿真等技术为一体，专门服务于物流行业和工业工程领域，处于国际领先水平。

从功能与特点方面，RaLC 系列仿真软件采用模块化设计理念与视窗化操作方式，功能模块可直接拖放使用，对使用者的计算机能力要求不太高，在短时间内就能熟练掌握运用。软件具有操作简单、易学易用、快速建模、专业实用、性价比高等特点。

从应用与价值方面，RaLC 系列仿真软件专门面向物流业和制造业，注重系统数据分析，提供直观分析结果，以创作利润和产业化为根本目标。运用 RaLC 系列仿真软件可把现有的或正在规划中的物流配送中心或工厂在计算机系统中建成虚拟的 3D 动画模型，实现一种以 3D 动画为载体，集作业人员、搬运设备、货物、控制系统、数据信息等多个系统元素合为一体的系统仿真实验与分析平台，3D 动画系统仿真模型具体、形象、生动，可非常真实地表现整个物流系统，为物流中心或工厂的规划设计和管理改善提供科学有效的可视化手段。

2. 4. 2　仿真建模的学习目标

能针对物流设计规划的基本概念，独立搭建简单直观的三维可视化系统演示模型；并能通过对设备的比较选型、场地的规划设计、作业流程的优化，提高对于物流规划设计的认识，加深理解。在学习中还应该注意以下几点：

1. 培养学习兴趣

想要学好 RaLC 仿真软件，首先一定要培养自己学习软件的兴趣。兴趣是激发我们学习积极性的动力，也是激发创造力的必要条件，因此在学习时，我们一定要让自己对仿真软件产生学习的兴趣，只有对自己所学的知识真正热爱，我们才能学好这一知识。另外我们在空余时间，完全可以根据书上内容在电脑上多多练习、多多锻炼。只有这样，我们才能让自己在各个方面各个层次都能够得到发展并且不断提高自己、充实自己。

2. 注意学习方式

在学习 RaLC 软件时，一定要有正确的学习方式。在平时应该积极主动地去学习研究 RaLC 系列软件。将被动消极的“要我学”方式转变为主动积极的“我要学”方式。

3. 养成良好的学习习惯

在学习 RaLC 软件的过程中，要养成认真思考的学习习惯。这样才有利于提高学习质量，有利于培养人的能力，尤其是有利于增强人的发现和创造能力。认真思考的学习习惯是学生比较高级的修养。在平时还应具备发现问题和解决问题的能力。养成良好的习惯，让我们潜在的能量都能得到极致的发挥。

4. 培养动手建模的能力

利用 RaLC 系列软件建模起步初期要经常自己动手建立模型，在具体设计时不要拘泥于固定的思维方式，遇到问题要多想几种解决方案。这就需要和别人多交流，个人的思维方式不同，通过交流可不断吸收别人的长处，丰富实践，提高自身水平。亲自动手进行设计是创造性思维应用的体现，也是培养逻辑思维的好方法。要灵活应用软件，学会举一反三。还要多加练习，达到熟练掌握 RaLC 软件的目的。

2.4.3 仿真建模的实训内容

我们将实训内容分为 4 个部分，由浅至深地进行配送中心仿真建模的设计，具体实训内容如下：

1. 实训一：通过型物流中心的模型构筑

通过型物流中心是指进货后不经入库储存直接按店铺分类后出货的物流中心。通过通过型物流中心的例子来学习利用部件生成器、传送带（直线、分流、弯曲）、部件消灭器、作业员、笼车等来构筑模型的方法。

模型的解说。下面要做成使 4 种商品从投放口开始在传送带上流动，在分流点根据商品种类进行分门别类，使其按不同分流口流出，然后作业员把商品装入笼车的模型。如图 2-19 所示。

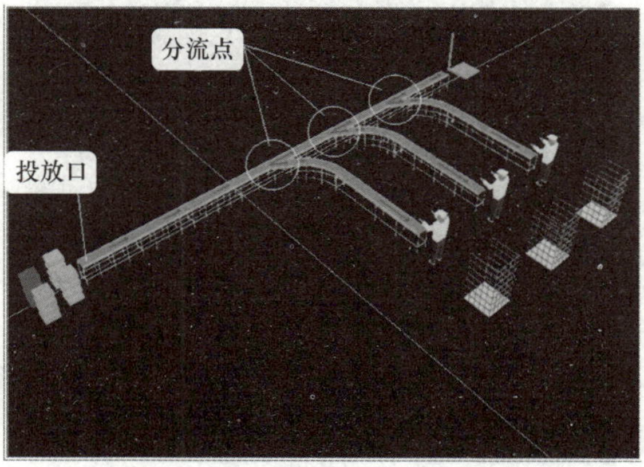

图 2-19 通过型物流中心的模型

2. 实训二：仓储型物流中心模型

仓储型物流中心是指将进货的商品临时保存在仓库中，然后根据需要出库的物流中心。本节实训将以仓储型物流中心的模型为例，学习包括在前文使用过的设备及自动立体仓库、装货中转站、卸货中转站、传送带（直角、合流）、机器人、托盘供给器等设备来建立模型的方法，以及关于这些设备的设定方法。

模型的解说。下面要建立在前文做成的模型的基础上增加具有自动立体仓库功能的出货传送线的模型。从 3 处投入口进来的 4 种商品沿传送带流动，在合流点合流的商品在装货中转站由机器人堆放在托盘上，托盘经入库口被送入自动立体仓库。存储在自动立体仓库中的托盘经出库口出库，在卸货中转站由作业员将商品卸下投放到分流线上，如图 2-20 所示。

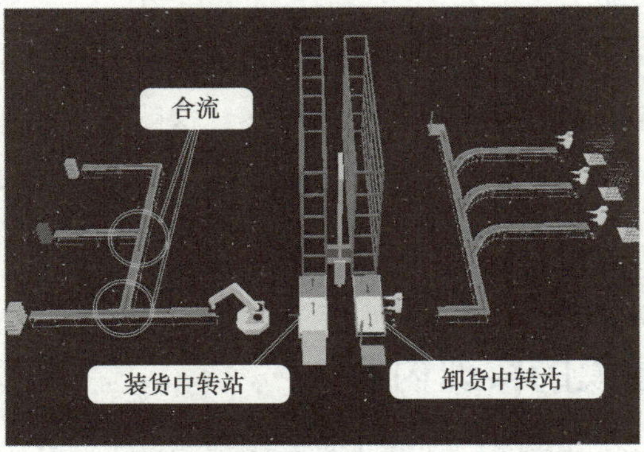

图 2-20　仓储型物流中心模型

3. 实训三：复合型物流中心的模型 I

复合型物流中心是指用各种各样的物流机械设备建设的大型物流中心。本节实训将以复合型物流中心模型为例，学习如何用包括在前文利用过的各种设备及滑车铁轨、智能导向物、叉车等来建立模型的方法，以及关于这些设备的设定方法。

模型的解说。下面将要做由装货机器人将传送过来的 4 种货物堆放到托盘后，装货托盘由滑车铁轨向 3 个自动立体仓库分送，并且将从自动立体仓库出库的托盘由滑车铁轨向出货场地搬送，再由叉车向出货口搬运的货物的模型，如图 2-21 所示。

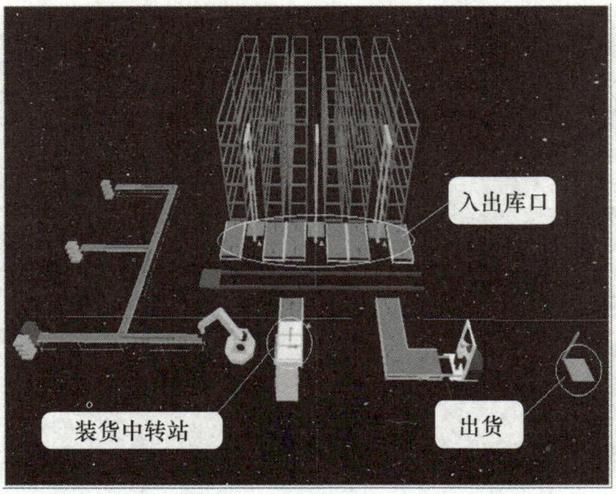

图 2-21　复合型物流中心的模型 I

4. 实训四：复合型物流中心的模型Ⅱ

模型Ⅱ是在实训三做成的复合型物流中心的基础上，加入卸货和出货部分的2层物流中心。本节实训将以复合型物流中心模型Ⅱ为例，学习如何用包括在前文利用过的各种设备，以及轨道、卸货中转站、左曲传送带、智能作业员等建立模型的方法。

模型的解说。下面要做成的模型概要是轨道上的平板车把从自动立体仓库第2层部分出库的托盘搬送到指定的出口，并把作业员在卸货中转站卸货后的空托盘再运回仓库。卸下的货物在分流点根据其目的地被分流后作业员将其装入对应的笼车内，如图2-22所示。

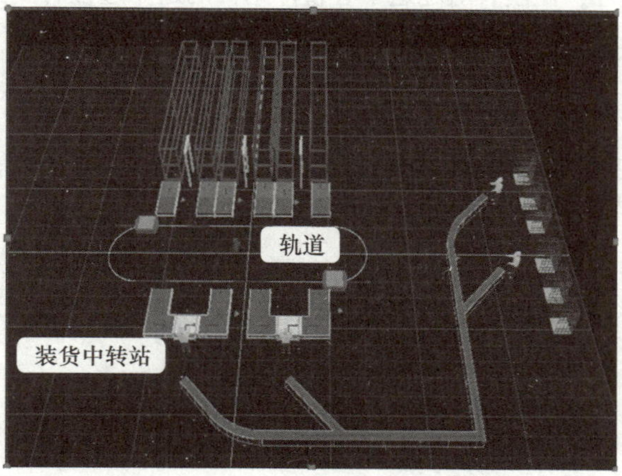

图2-22　复合型物流中心的模型Ⅱ

◎每节一练

熟练掌握建模工具的操作方法？

分项任务小结

完成本分项任务后，请进行自我测试：你是否已经掌握了工具的使用？

任务小结

配送中心是现代物流的重要组成部分，其上游是制造商，下游是用户，它在整个物流系统中起着承上启下的作用。选择合理的配送中心地址可以有效地节约费用，促进生产和消费两种流量的协调与配合，保证物流系统的高效和平衡发展。配送中心选址应考虑：社会经济因素、自然环境因素、经营环境因素等，根据物流业务要求、交通状况、土地可得性、物流量、上下游客户分布等资料进行选址。配送中心的选址方法包括单设施选址方法及多设施选址方法。配送中心的选址应遵循选址基本步骤，但类型不同的配送中心在进行选址决策时差异较大，应根据具体要求区别对待。

配送中心平面及设施布局规划合理性程度对配送中心的配送效率有着极其深刻的影响。据有关部门统计，配送中心的卸货、取货、分拣等各个作业时间占总时间的40%，剩余的 60%的时间则是配送中心作业人员的移动时间，过长的移动时间极大地限制了配送中心运作效率，增加了现代物流的运作成本。因此，合理设置配送中心平面及设施布局对配送中心来说至关重要。配送中心平面布局规划的合理性影响着配送中心的空间利用率、配送效率、配送成本等诸多方面。因此，改善配送中心设施布局规划，已经成为配送中心提高效率、降低成本的重要手段。

在学习了配送中心的选址及整体布局之后，读者应该对配送中心的整体结构和优化方法有了初步的认识，利用仿真建模工具可以为读者具体、形象、生动地展现配送中心的工作过程，实践布局积设备的合理性，让读者对配送中心整体结构的运作过程有更深层次的理解。

• 课堂讨论

1. 配送中心选址和仓库选址之间的区别和联系。
2. 多配送中心的选址方法有哪些？
3. 配送中心的区域规划有哪些部分？

业务技能自测

一、判断题

1. 配送中心配送商品的类型通常在配送中心规划时须与配送中心的功能结合在一起考虑。（ ）

2. 配送中心的服务对象所形成的区域是选择任意一种配送中心区位的前提和基础。（ ）

3. 配送中心建设规模越小，经营能力越强，其辐射范围越广，服务范围也就越大。（ ）

4. 由于配送中心是综合性、地域性、大批量的物资物理位移集中地，所以一般配送中心的投资规模、建设规模比较大，社会效益巨大，投资回报率高，见效快。（ ）

5. 物流本身是一种服务性活动，配送是多种物流功能的整合，而且是直接面对用户关键环节。（ ）

6. 配送中心就是物流中心。（ ）

7. 配送中心一定是以城市范围为配送范围的配送中心。（ ）

8. 配送中心的分拣、配货、配送功能与装卸功能密不可分。（ ）

9. 备货是配送的基础性工作。（ ）

10. 设计配送中心时不需要进行物流分析。（ ）

11. 区域配送中心的服务范围一般小于城市配送中心。（ ）

12. 为了保证配送中心内车辆行驶秩序井然，一般采用单向行驶、分门出入的原则。（ ）

13. 配送中心规划与配送中心设计是一回事，它们的理论依据相同，基本方法相似。（ ）

14. 配送中心辅助区域的平面布置应采用流程性布置法。（　　）

二、选择题

1. 分拣设备按自动化程度，可以分为人工拣选设备和（　　）两种。
   A. 自动分拣设备　　B. 半自动化分拣设备
   C. 多人拣选设备　　D. 机器人
2. 下列哪些货架不保证货物先入先出（　　）。
   A. 重力式货架　　B. 移动式货架
   C. 托盘货架　　D. 驶入式货架
3. 配送中心地址（　　）的选择必须从配送中心的综合效益出发，既要有利于上游的采购、进货，也要有利于对下游各分配送中心、专卖店、连锁店和最终顾客的配送。
   A. 服务场所　　B. 组织
   C. 位置　　D. 企业
4. 配送中心在所取定的选址点进行建设时，必须研究并判断选址的（　　）条件。
   A. 指导　　B. 障碍
   C. 衔接　　D. 控制
5. 划分城市与区域配送中心的标准是（　　）。
   A. 配送品种　　B. 物流功能
   C. 配送地域范围　　D. 服务性质
6. 下列哪项不属于配送中心的主要功能（　　）。
   A. 储存功能　　B. 分拣功能
   C. 配送功能　　D. 计划功能
7. 配送中心有多项基本作业，下列哪项作业不是所有配送中心都有的作业（　　）。
   A. 存储　　B. 分拣
   C. 进货　　D. 送货
8. 配送中心设计的第一个阶段是（　　）。
   A. 定位　　B. 物流分析
   C. 规模设计　　D. 结构设计
9. 进行配送中心规模设计时应根据（　　）确定其总体规模。
   A. 业务量　　B. 业务种类
   C. 业务要求　　D. 成本
10. 配送中心的设计目标有（　　）。
    A. 降低库存水平　　B. 降低物流成本
    C. 缩短物流作业周期　　D. 降低物流作业差错率
    E. 提高客户服务水平
11. 配送中心的设计原则有（　　）。
    A. 系统原则　　B. 价值原则
    C. 发展原则　　D. 工艺、设备、管理科学化原则

12. 配送中心选址的主要影响因素（　　）。
A. 交通运输　B. 土地条件　C. 周边环境
D. 劳动力　E. 客户分布
13. 一般来讲，大型配送中心内部平面一般被分为若干功能区块，如（　　）。
A. 进货区　B. 分拣配货区　C. 存储区　D. 订货区
14. 配送中心内部的设备主要分为以下（　　）几大类。
A. 存储设备　B. 搬运设备　C. 分拣设备　D. 配送设备
15. 配送中心组织结构规划应遵循的原则是（　　）。
A. 分工明晰原则　B. 统一指挥原则
C. 权责对等原则　D. 模仿照搬原则
16. 配送中心的宏观布局一般可分为以下（　　）形式。
A. 轴心辐射型　B. 扇形辐射型
C. 双向辐射型　D. 对称型
17. 下列哪些货架可以实现“先进先出”?（　　）。
A. 驶入式货架　B. 驶出驶入式货架
C. 重力式货架　D. 移动式货架
18. 配送中心的主要作业环节包括（　　）。
A. 库存管理　B. 补货及拣货
C. 流通加工　D. 配送
19. 下面（　　）不属于 EIQ 分析的要素。
A. 货物配送交货的时间　B. 配送货物的种类
C. 货物的配送数量或库存量　D. 配送的对象或客户
20. 适合于订单分割后，先分区拣取再进行集货作业情形的物流动线形式为（　　）。
A. 集中式　B. 分流式　C. 直线式　C. 锯齿型

三、简答题

1. 配送中心怎样才能选到最佳位置?
2. 如何布置配送中心的内部?
3. 配送中心的特征。
4. 配送中心的基本业务流程。
5. 配送中心选址应该注意哪些问题?

四、实践题

家乐福是如何选址的

根据经典的零售学理论，一个大卖场的选址需要经过几个方面的测算：第一，商圈里的人口消费能力。需要对这些地区进行进一步的细化，计算这片区域内各个小区的详尽的人口规模和特征，计算不同区域内人口的数量和密度、年龄分布、文化水平、职业分布、人均可支配收入等指标。家乐福的做法还会更细致一些，根据这些小区的远近程度和居民可支配的收入，在划定重要的销售区域和普通的销售区域。第二，需要研究这片区域内的城市交通和周边的商圈的竞争情况。设在上海的大卖场都非常聪明，例如，家乐福古北店周围的公交线路不多，家乐福就干脆自己租用公交车在一些固定的小区穿行，方便这些离得较远的小区居民上门一次性购齐一周的生活用品。

当然未来潜在的销售区域会受到很多竞争对手的挤压，所以家乐福也会将未来所有的竞争对手计算进去。

家乐福自己的一份资料指出，有60%的顾客在34岁以下，70%是女性，有28%的人步行，45%通过公共汽车而来。所以很明显，大卖场可以依据这些目标顾客的信息来微调自己的商品线。能体现家乐福用心的是，家乐福在上海的每家店都有小小的不同。在虹桥店，因为周围的高收入群体和外国侨民比较多，其中外国侨民占家乐福消费群体的40%，所以虹桥店里的外国商品特别多。南方商场的家乐福因为周围的居住小区比较分散，在商场里开了一家电影院和麦当劳，增加自己吸引较远人群的力度。青岛的家乐福做得更到位，因为有15%的顾客是韩国人，所以干脆做了许多韩文招牌。

阅读材料，回答以下问题：

通过上述案例，你认为家乐福的选址主要考虑到了哪些因素？

实训操作

实训项目一：设计出配送中心平面规划图

1. 实训情境

（1）走访2~3家知名的配送中心，教师带着学生去参观学习。

（2）调查以小组为单位，根据班级情况每组5~10人，设1名组长。

（3）了解配送中心各个部门的岗位设置和运作。

（4）调查之前，进行相关资料的收集并做好知识准备。

2. 实训任务

（1）学生到当地有代表性的配送中心见习。

（2）在配送中心见习以小组为单位进行调研，对配送中心的运作模式做总结，并进行书面调查报告。

（3）通过实训，学生学习配送中心的规划流程，掌握相关知识，能够熟练设计配送流程，能够对配送中心作业区域进行规划。

3. 实训考核

（1）对学生的实训结果给予考核，有利于激发学生的积极性。同时，通过考核找出实训过程中的不足并提出改进办法，有利于知识的总结和掌握。

（2）设计出配送中心平面规划图。

（3）每位学生的成绩由两部分组成：课堂讨论成绩（30%）和总结成绩（70%）。

实训项目二：根据要求设计一个配送中心模型并在乐龙软件中完成

1. 实训情境

建立综合型双层仿真配送中心，完成货品出入库。

2. 实训任务

（1）总结章节内仿真建模任务，分解出入库建模各功能区域，注意各功能模块连接方法。

（2）根据指导教师要求，实现配送中心区域布局并实现功能。

（3）第一层与第二层使用不同的出入库部件。

3. 实训考核

（1）对学生的实训结果给予考核，有利于激发学生的积极性。同时，通过考核找出实训过程中的不足并提出改进办法，有利于知识的总结和掌握。

（2）每位学生的成绩由两部分组成：实训基本成绩（80%）和附加成绩（20%）。基本成绩包括设计出配送中心仿真模型，能实现基本功能，不发生错误。附加成绩包括若学生在实训过程中兼顾节约性与流畅性原则，可适当加分。

4. 实训任务示例

（1）实训要求：

①一层：四种货物入库，货物编码自行编制，共设置三组立库，使用转车轨道实现出入库，从一层左右两边分别入库，中间出库，出库时不分拣，只消灭。

②二层：不入库，只出库，使用铁轨滑车实现出库，设置一个卸货平台进行出库分拣，传送带设置为：其中两种货物使用一个分流口，各进入前两个笼车，后两种货物各使用一个分流口各进入一个笼车。

（2）实训部件示例：

根据需要选择立库、转车轨道、装货平台、卸货平台、部件生成器、部件消灭器、铁轨滑车、各类传送带、笼车、平板车等。

任务 3 配送中心作业管理

能力目标

通过完成本任务，你应该能够：

1. 了解和熟悉配送中心作业内容；
2. 掌握配送中心作业的流程；
3. 掌握配送中心的进货作业；
4. 掌握配送中心的订单处理作业；
5. 掌握配送中心的拣货及补货作业；
6. 掌握配送中心的配送作业；
7. 掌握配送中心的流通加工作业。

核心能力

1. 熟悉配送活动的基本形式和典型业务；
2. 能判断和区分普通仓库和配送中心；
3. 会制定不同类型配送中心的工作流程。

思政元素

从问题入手，系统地考虑配送作业流程，增强学生以问题为导向的意识，提供其全面协调能力，进一步提升学生的创新能力和沟通能力。

任务解析

任务3：配送中心作业管理

分项任务3.1　配送中心作业流程

↓

分项任务3.2　配送中心进货作业

↓

分项任务3.3　配送中心订单处理作业

↓

分项任务3.4　配送中心拣选及补货作业

↓

分项任务3.5　配送中心配货作业

↓

分项任务3.6　配送中心送货及退货作业

↓

分项任务3.7　配送中心加工作业

任务导入

尊敬的读者：配送中心的作用在于“化零为整”和“化整为零”，使得物品迅速流转。配送中心的基本作业流程包括订单管理、进货作业、分拣及补货作业、配装作业、送货及退货作业/流通加工作业等。随着现代配送的需求由“大批量、少批次、长周期”逐步转变为“小批量，多批次，短周期”，配送活动的关键在于：通过降低库存水平，减少库存商品占用的流动资金，减少为这部分占压资金支付的利息和机会损失，降低商品滞销压库的风险。通过减少配送中心的库存量，加快资金周转流动，优化整体库存水平，提高送货车辆的实载率，从而降低送货发生的费用。因此配送中心的作业流程要便于实现以下两个目标：

（1）降低企业的物流总成本；

（2）缩短补货时间，提供更好的服务。

广东时捷物流——零售物流自动化分拣系统

广东时捷物流有限公司是一家为客户提供集物流规划、物流管理、综合服务为一体的第三方物流企业。目前配送网络覆盖广东全省，辐射华南、西南地区，业务涵盖便利店、生产制造业和分销行业、汽车零配件、家具电器等多个领域。公司为“中国便利店之王”、全国最大规模的便利店连锁企业——“美宜佳”承担广东全省常温商品的物流服务保障。广东莞茶山镇投建时捷茶山物流中心，采用了自动化立体仓库、高速分拣输送线、电子标签拣货系统等物流设备，并在FLUX WMS智能引擎统一指挥下，目前实现日均达20多万箱的分拣发货能力。

该项目是国内建设难度最大的零售业物流项目之一，由于业务体量较大，且项目对效率的要求极高，加上是国内同类业态首个使用众多自动化设备，作业的动态平衡成为最大难点。例如：整件拣选在3个区域进行，最后汇流到主线由分拣机进行分拣，每个拣选区域效率不同，即每个汇流口的流量是动态且不平均的，需要极高的软件的控制调度能力和软硬件协同能力。再如，由于拣选作业人员的效率不同，WMS下发给各拣货站台的补货任务，需要实时的、动态的且是不平均的，才能发挥出最大效率。

作为国内零售行业信息化程度和运作效率最高的大型物流中心之一，时捷茶山物流中心配备了先进的自动化物流设备，主要包括一座有2万多个托盘货位的自动立体仓库ASRS，库内的16台堆垛机全部采用瑞仕格欧洲进口产品；完善的整箱和拆零拣选系统，配备长达3000米的箱式输送线，分拣能力高达每小时17000个纸箱和6000个周转箱的高速分拣系统。

1. 整件商品的存储和拣选ASRS应用

项目集成一座近2万个托盘货位的自动化立体（ASRS）仓库，库内的16台堆垛机全部采用瑞仕格欧洲进口产品，采用多层存放货物的高架仓库系统。在存储上，组合应用了A/B/C分类，收货区就近，重货在下轻货在上，同批号库存巷道均衡分布和堆垛机作业负载均衡等算法规则，做到ASRS在存储空间利用率和作业效率上最合理的使用。

FLUX WMS结合运输调度计划、分拣口箱量均衡、波次平衡、新店铺货等因素，进行门店订单的切分。对于波次内不同门店对某类商品的需求量进行提总，对于放满整托盘的拣选任务由堆垛机设备完成拣选。单个门店需求量满整托盘的，直接通过单独的出口送到集货区。对于波次内门店提总量不满整托盘的订单需求的，在尾盘拣选区采用分区批量打印拣货标签、电子标签拣货确认的作业方法。WMS以作业路径最短作为拣货任务调度的准则，对拣选位的库存进行实时监控，及时触发补货任务。

物流中心还应用了两条高速滑块式分拣线作业，为了保证波次作业切换（清线）时间最短，WMS在分拣口分配上以任务均衡为基本原则。结合对A/B/C三类商品三个区域的合理规划及WMS系统的优化调度算法，使得整件拣选达到了近17000箱/小时的拣选能力。

2. 整件商品播种和集货

通过分拣口出线的箱子标签上清晰地标明了每个箱子对应的门店和分货库位，分拣口作业人员按照标签的指示将箱子播种到各个分货位的笼车里。WMS 根据箱子数量计算每家门店所需的笼车数。在播种完成的分拣口，作业人员按照标签的指示完成笼车集货任务。物流中心规划了 3 万多个集货位，按照 TMS 运输调度的计划对集货位进行循环使用。

3. 拆零商品电子标签拣选

对于拆零货物，在拆零拣货区采用流利式货架、一对一电子标签拣选流水线，以保证拣货效率和准确率，并减少作业人员。物流中心每天需要完成高达几十万次的拆零拣选。目前，可以做到大约 7 秒完成一个门店全部订单商品的拆零拣选作业。

4. FLUX TMS 集中调度，全流程管控

物流中心完成分拣的订单，在 FLUX TMS 的统一调度下，实现 600 多台营运车辆管理、路线规划、装车配载、在途跟踪、门店签收和回单管理等全流程的管控，物流中心日均吞吐量约 4800 吨/天。

茶山物流中心的建成，不仅更好地支撑了美宜佳业务的快速扩张，也给企业带来良好的效益。

(1) ASRS 提高了空间利用率，大幅增加了仓库容量

相对以往平库分仓的模式，支撑同等业务量需要开设 4 个平面分仓，使用 ASRS 大幅增加了仓库容量，节省土地资源 46%，仓库空间利用率提升 55%。

(2) 降低作业难度与人工成本，提高准确率

自动化物流系统实现了整件货物动态拣选与自动补货，减少了人员行走距离，劳动强度大大降低，降低了人员的作业难度，提高了作业效率，同时也对人员体能要求相应降低，从而减少了对人力的依赖；减少人员及劳动力 35%，人员流失率降低 50%。整件拣选从摘果式改为播种式，作业准确率也提高了。

(3) 提升企业核心竞争力，树立良好的名牌形象

自动化物流设备系统的引用，是运用物流技术的再度升级，不仅提升了企业的核心竞争能力，为其今后拓展新业务、服务新客户树立良好的企业形象。

思考题：时捷茶山物流中心是什么类型的物流中心，它的功能有哪些？

配送管理实务的第三个方面：配送中心作业管理。为了方便读者掌握配送中心作业的内容和流程，本书将此任务分为 7 个分项任务：

子任务 1：配送中心作业流程；

子任务 2：配送中心进货作业；

子任务 3：配送中心订单处理作业；

子任务 4：配送中心拣选及补货作业；

子任务 5：配送中心配货作业；

子任务 6：配送中心送货及退货作业；

子任务 7：配送中心加工作业。

读者可以对照能力目标，反复演练，有的放矢地依次完成各分项任务，直至完成本任务，从而获取相应的职业活动能力。

子任务 3.1 配送中心作业流程内容

任务提示 本分项任务将引领读者逐步熟悉配送作业的含义，配送作业的具体内容，配送中心业务流程内容等。

任务先行 正确地认识和理解配送作业的定义和内容，配送作业是配送中心运作的核心内容，其作业流程的合理性、作业效率的高低都会直接影响整个物流系统的正常运行。

3.1.1 配送作业

1. 概念

配送作业是按照客户需求，将货物进行分拣、重新包装、贴标签、配货、配装等物流活动，按时按量发送到指定地点的过程。

配送作业是配送中心运作的核心内容，其作业流程的合理性、作业效率的高低都会直接影响整个物流系统的正常运行。

2. 配送作业的具体内容

配送作业的具体内容包括订单处理、进货、搬运装卸、储存、加工、拣选、包装、配装、送货、送达服务等作业项目，它们之间衔接紧密、环环相扣，整个过程既包括实体物流，又包括信息流，同时还包括资金流。

3. 配送作业流程图

配送中心的主要活动是订货、进货、发货、仓储、订单拣货和配送作业。首先确定配送中心主要活动及其程序之后，才能规划设计。有的配送中心还要进行流通加工、贴标签和包装等作业。当有退货作业时，还要进行退货品的分类、保管和退回等作业，如图3-1所示。流程中的每一步都要准确、及时，并且具备可跟踪性、可控制性和可协调性。

3.1.2 配送中心业务流程内容

1. 进货

进货就是配送中心根据客户的需要，为配送业务的顺利实施，而从事的组织商品货源和进行商品存储的一系列活动。

进货是配送的准备工作或基础工作，它是配送的基础环节，又是决定配送成败与否、规模大小的最基础环节。同时，也是决定配送效益高低的关键环节。

2. 订单处理

从接到客户订单开始到着手准备拣货之间的作业阶段，被称为订单处理。订单处理是与客户直接沟通的作业阶段，对后续的拣选作业、调度和配送产生直接影响，是其他各项作业的基础。

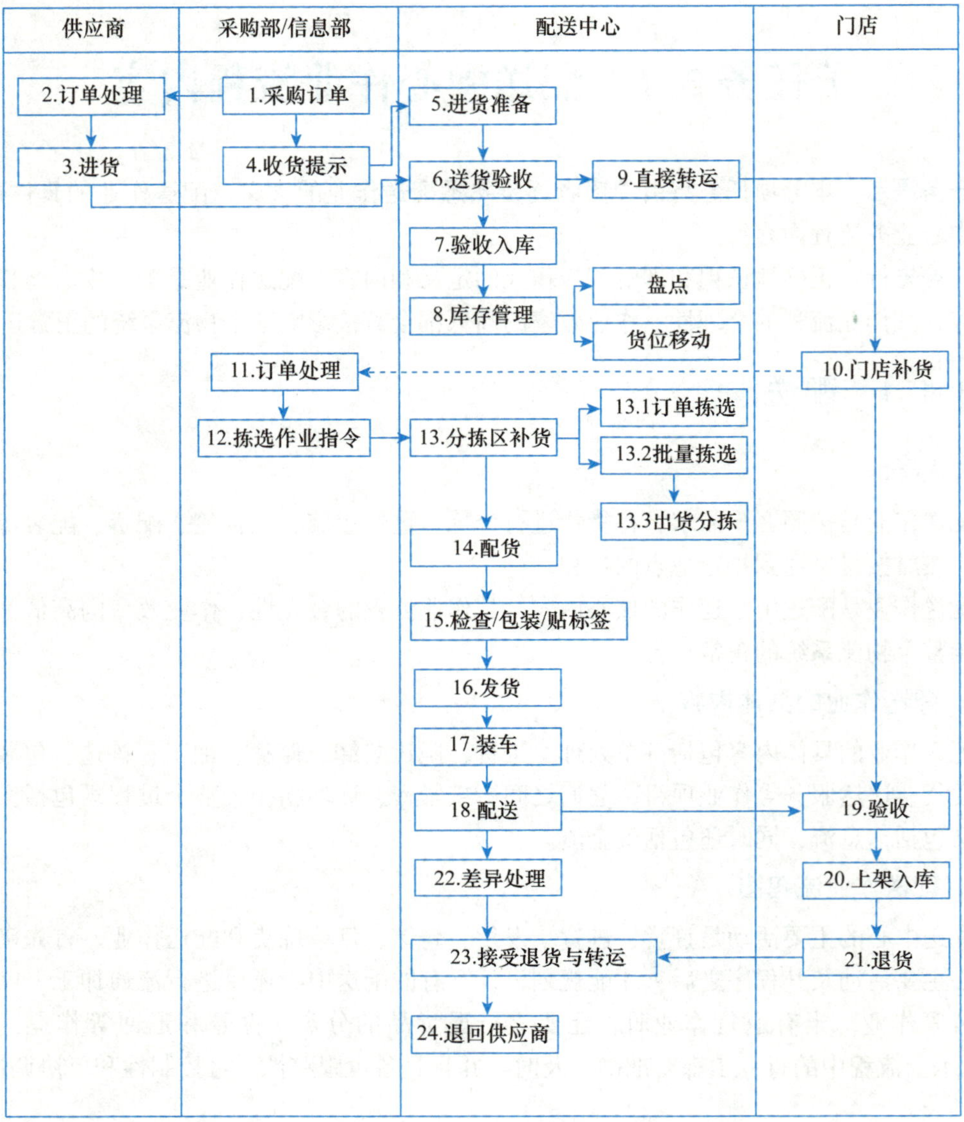

图 3–1　配送中心作业流程图

订单是配送中心开展配送业务的依据，配送中心接到客户订单以后需要对订单加以处理，据以安排分拣、补货、配货、送货等作业环节。

订单处理方式：人工处理和计算机处理。目前主要采用计算机处理方式。

3. 拣货

拣货作业是依据顾客的订货要求或配送中心的送货计划，迅速、准确地将商品向从其储位或其他区域拣取出来，并按一定的方式进行分类、集中，等待配装送货的作业过程。

拣货过程是配送不同于一般形式的送货以及其他物流形式的重要的功能要素，是整个配送中心作业系统的核心工序。

拣货作业的种类：按分拣的手段不同，可分为人工分拣、机械分拣和自动分拣三大类。

4. 补货

补货是库存管理中的一项重要的内容，根据以往的经验，或者相关的统计技术方法，或者计算机系统的帮助确定的最优库存水平和最优订购量，并根据所确定的最优库存水平和最优订购量，在库存低于最优库存水平时发出存货再订购指令，以确保存货中的每一种产品都在目标服务水平下达到最优库存水平。

补货作业的目的是保证拣货区有货可拣，是保证充足货源的基础。补货通常是以托盘为单位，从货物保管区将货品移到拣货区的作业过程。

5. 配货

配送中心为了顺利、有序、方便地向客户发送商品，对组织来的各种货物进行整理，并依据订单要求进行组合的过程。配货也就是指使用各种拣选设备和传输装置，将存放的货物，按客户的要求分拣出来，配备齐全，送入指定发货区。

配货作业与拣货作业不可分割，二者构成了一项完整的作业。通过分拣配货可达到按客户要求进行高水平送货的目的。

6. 送货

配送业务中的送货作业包含将货物装车并实际配送，而达到这些作业则需要事先规划配送区域的划分或配送线路的安排，由配送路线选用的先后次序来决定商品装车顺序，并在商品配送途中进行商品跟踪、控制，制定配送途中意外状况及送货后文件的处理办法。

送货通常是一种短距离、小批量、高频率的运输形式。它以服务为目标，以尽可能满足客户需求为宗旨。

7. 流通加工

流通加工是配送的前沿，它是衔接储存与末端运输的关键环节。流通加工是指物品在从生产领域向消费领域流动的过程中，流通主体（即流通当事人）为了完善流通服务功能，为了促进销售、维护产品质量和提高物流效率而开展的一项活动。

流通加工的目的：

（1）适应多样化客户的需求；

（2）提高商品的附加值；

（3）规避风险，推进物流系统化。

不同的货物，流通加工的内容是不一样的。

8. 退货

退货或换货在经营物流业中不可避免，但尽量减少，因为退货或换货的处理，只会大幅增加物流成本，减少利润。发生退货或换货的主要原因包括瑕疵品回收、搬运中的损坏、商品送错退回、商品过期退回等。

◎每节一练

试总结配送作业的内容及包含的业务范围。

分项任务小结

完成本分项任务后，请进行自我测试：请按照配送中心的业务流程自己画出合理的配送业务流程图并归纳可能影响配送中心作业的因素。

子任务 3.2 配送中心进货作业

任务提示 本分项任务将引领读者了解配送中心进货作业的内容及流程，进货作业应注意的事项等。

任务先行 进货作业是配送作业的首要环节。为了让后续作业准确而快速地进行，并使货物品质及作业水准得到妥善维持，良好的货物编号及货位安排等工作是非常重要的，到达配送中心的商品，经验收确认后，应将有关入库信息及时准确地登入库存商品信息管理系统，以便及时更新库存商品的有关数据。货物信息登录的目的在于为后续作业环节提供管理和控制的依据。此外，对于作业辅助信息也要进行搜集与处理。

3.2.1 进货作业基本流程

进货作业包括接货、卸货、验收入库，然后将有关信息书面化等一系列工作。进货作业的基本流程如图 3-2 所示。在其流程安排中，应注意以下事项：

（1）应多利用配送车司机卸货，以减少公司作业人员和避免卸货作业的拖延。

（2）尽可能将多样活动集中在同一工作站，以节省必要的空间。

（3）尽量避开进货高峰期，并依据相关性安排活动，以达到距离最小化。

（4）详细记录进货资料，以备后续存取核查。

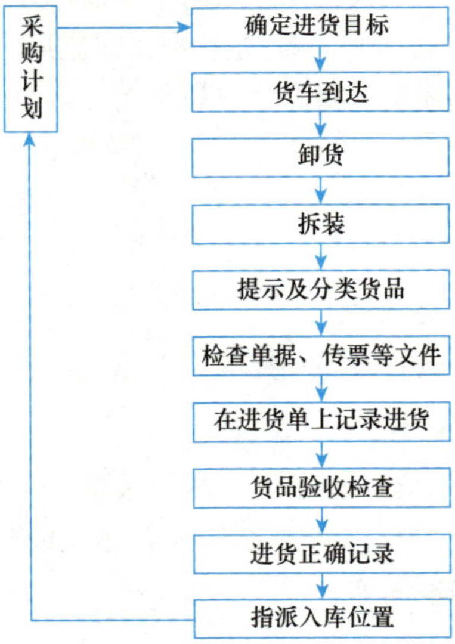

图 3-2 进货作业流程

3.2.2 货物编码

进货作业是配送作业的首要环节。为了让后续作业准确而快速地进行，并使货物品质及作业水准得到妥善维持，在进货阶段对货物进行有效的编码是一项十分重要的内容。编码结构应尽量简单，长度尽量短，一方面便于记忆，另一方面可以节省机器存储空间，减少代码处理中的差错，提高信息处理效率。常用的编码方法如下：

（1）顺序码；

（2）数字分段码；

（3）分组编码；

（4）实际意义编码；

（5）后数位编码；

（6）暗示编码。

3.2.3 货物分类

货物分类是将多品种货物按其性质或其他条件逐次区别，分别归入不同的货物类别，并进行有系统的排列，以提高作业效率。

在实际操作中，对品项较多的分类储存，可分为两个阶段、上下两层输送同时进行。

（1）由条码读取机读取箱子上的物流条码，依照品项做出第一次分类，再决定归属上层或下层的存储输送线。

（2）上、下层的条码读取机再次读取条码，并将箱子按不同的品项，分门别类到各储存线上。

（3）在每条储存线的切离端，箱子堆满一只托盘后，一长串货物即被分离出来；当箱子组合装满一层托盘时，就被送入中心部（利用推杆，使其排列整齐），之后，箱子在托盘上一层层地堆叠，堆到预先设定的层数后完成分类。

（4）操作员用叉式堆高机将分好类的货物依类运送到储存场所。

3.2.4 货物验收检查

货物验收检查是对商品质与量的控制，采用“三核对”和“全核对”相结合的方式。“三核对”是指商品条码，件数，包装上品名、规格、细数方面内容的核对；“全核对”是指对于品种繁多的小商品，以单对货，核对所有项目，即品名、规格、颜色、等级等，才能保证单货相符、准确无误。货物验收是对产品的质量和数量进行检查的工作。其验收标准及内容如下。

1. 货品验收的标准

确认货品是否符合预定的标准。可以依据的标准：

（1）采购合同或订购单所规定的条件。

（2）采购谈判时合格样品。

(3) 采购合同中的规格或图解。

(4) 各种产品的国家质量标准。

2. 验收差异的作业处理

对验收产生差异的产品可采取以下的处理方式，如表 3-1 所示。

表 3-1 商品验收作业常见问题处理

常见问题处理	数量溢余	数量短缺	品质不合格	包装不合格	规格不合格	单据与实物不符
通知供应商	√	√			√	√
按实数签收		√				
维修整理			√	√		
查询等候处理	√				√	√
改单签收	√				√	√
拒绝签收	√		√	√	√	√
退单、退货	√		√	√	√	√

3. 货品验收的作业内容

(1) 质量验收：配送中心对入库商品进行质量检验的目的是查明入库商品的质量情况，发现问题，分清责任，确保入库商品符合订货要求。

(2) 包装检验：包装检验目的是保证商品正常的储运条件。检验标准：国家颁布的包装标准，购销合同和订单对包装规格的要求。

具体作业内容：

a) 包装是否安全；

b) 包装标志和标识是否符合标准；

c) 包装材料的质量状况。

(3) 数量验收：入库商品必须按不同供应商或不同类型初步整理查点大数后，必须依据订单和送货单的商品名称、规格、包装细数等对商品数量进行验收，以确保准确无误。

3.2.5 货物入库信息的处理

到达配送中心的商品，经验收确认后，必须填写“验收单”，并将有关入库信息及时准确地登入库存商品信息管理系统，以便及时更新库存商品的有关数据。货物信息登录的目的在于为后续作业环节提供管理和控制的依据。此外，对于作业辅助信息也要进行搜集与处理。

◎每节一练

配送进货作业的业务流程有哪些？

分项任务小结

完成本分项任务后，请进行自我测试：配送进货作业的质量对整个配送作业的影响。

子任务 3.3 订单处理作业

任务提示 本分项任务将引领读者了解订单处理作业的含义、订单处理作业流程、订单处理作业管理等内容。

任务先行 订单处理作业是实现企业顾客服务目标最重要的环节之一，是配送服务质量得以保证的根本。改善订单处理过程，缩短订单处理周期，提高订单满足率和供货的准确率，提供订单处理全程信息跟踪，可大大提高顾客服务水平与顾客满意度，同时降低库存水平和配送总成本，使配送中心获得竞争优势。

★物流聚焦

订单处理：物流高手的制胜法宝

在物流领域，顶级高手与平庸之辈的差距就在于订单处理。这是人们在多年的物流实践当中得出的一个结论。

萨姆森–帕卡德公司是生产各种规格工业用软管接头及阀门的企业，每天处理 50 份订单，每份订单处理周期 15～25 天。其中订单处理时间为 4～8 天，生产备货的时间为 11～17 天。由于订单处理时间过长，客户经常抱怨。公司通过改变订单处理流程，减少订单处理时间，缩短 25%的订单处理周期，使客户感到满意。公司也因此使客户更加依赖公司的物流服务，巩固了其在行业中的地位。

连锁型便利超市“7–11”每家店铺的大部分空间主要用于销售，货架上的产品必需频繁补货，才能使店铺经营的商品对客户来说方便可得。为应对 7800 家巨大的店铺群集补货，其做法是店铺补货人员在每天规定的时间用便携电子订单录入器，读取货架上的商品余量信息，对照库存清单和订货指南，键入所需每种商品数量信息。该补货信息传输到地区配送中心后，中心的电子订单处理系统马上将补货信息转换成发货指令，从而完成频繁的补货作业。“7–11”先进的电子订单处理系统，使其在行业竞争中长期立于不败之地。

联邦快递公司订单处理是用条形码给每份货运单据加编号，以便能在运送过程中用条形码扫描器方便、快速地读取信息，进行卸货、装货、转运发货作业。公司的电子订单处理系统，能事先对发货路线安排、交货日期计划及客户提货等方面进行全面规划，这也正是联邦快递的核心竞争力所在。

所以，订单处理“高手制胜”的精髓在于能满足当今世界以时间、速度和可靠性为主要衡量标准的客户服务水平，同时提高企业竞争力。那么如何有效、正确地接单，并简化接单作业？如何对大量而繁杂的订货信息进行高效分类与汇总？如何掌握订单进度，使后续配送作业有序、正确地开展？本任务将解决这些问题！

3.3.1 订单处理作业概述

1. 订单处理作业的含义

配送中心与其他经济实体一样，具有明确的经营目标和服务对象。在配送中心规划建设与开展配送活动之前，必须根据订单信息，对顾客分布、商品特性及品种数量、送货频率等进行分析，以确定所要配送货物的种类、规格、数量和配送时间等。因此，订单是配送中心开展配送业务的依据，订单处理则是配送中心组织、调度的前提，是其他各项作业的基础，同时又贯穿配送业务的始终，是关键的核心业务。如图 3-3 所示，订单处理既是配送中心作业的开端，也是整个信息流作业的起点。订单处理不仅把上下游企业紧密地联系在一起，而且处理输出的各种信息指导着配送中心内部的采购管理、库存管理和储存、拣货、分类集中、流通加工、配货核查、出库配装、送货及货物的交接等各项作业有序高效地展开，实现配送服务的“7R”要求。

订单处理（order processing）：有关客户和订单的资料确认、存货查询和单证处理等活动。见《中华人民共和国国家标准物流术语》（GB/T 22126-2008）。详细指从接到客户订货开始到准备着手拣货为止的作业阶段，对客户订单进行品项数量、交货日期、客户信用度、订单金额、加工包装、订单号码、客户档案、配送货方法和订单资料输出等一系列的技术工作。

订单处理可通过人工或计算机信息处理系统来完成，人工处理比较具有弹性，但只适合少量的订单，一旦订单数量稍多处理将变得缓慢且容易出错，而计算机处理不但速度快而且成本低，差错极少，适合大量的订单。

配送中心订单处理模式通常为订单准备、订单传递、订单登录、按订单供货、订单处理状态追踪，如图 3-3 所示。

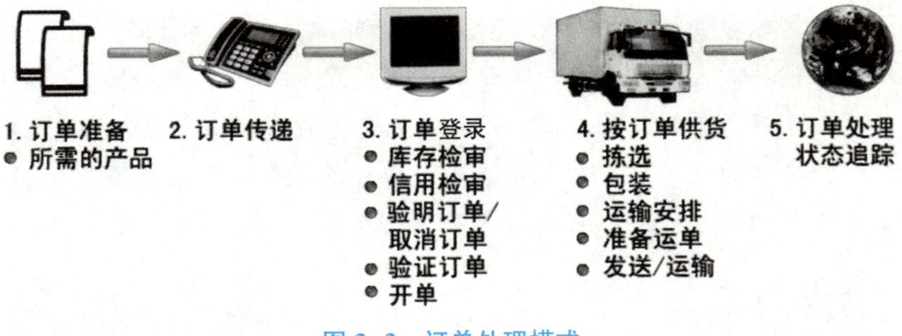

图 3-3 订单处理模式

2. 订单内容

（1）订单内容。

为了提高订单信息处理速度，订单内容的设计要实用简洁，减少重复。一般可把订单档分为订单表头档和订单明细档，如图 3-4 所示，分别记录订单整体性信息、订货品项的详细信息，当客户订单被分割或汇总处理时两者之间可借助关键信息来连接，如订单号。各配送中心可根据订单处理系统的要求自行设计内容与格式，如表3-2订单示例。

订单表头档
· 订单号
订货日期
客户代号
客户名称
客户采购单号
送货日期
送货地址
配送批次
付款方式
业务员号
配送要求
订单型态
备注

订单详细档
· 订单号
商品代码
商品名称
商品规格
商品单价
订购数量
订购单位
金额
折扣
交易类别

图 3-4 订单内容

表 3-2 某客户订单

NO：××××018

订货单位：华润万家超市××店					电话：×××××××××××			
地址：××市××区××街 111 号					订货日期：2010 年 6 月 18 日			
序号	品名	规格	数量	重量	体积厘米（长×宽×高）	单价（元）	总价（元）	备注
1	福光柴鸡蛋	60 枚礼盒	20 箱	3 千克	30×18×15	55	1100	
2	蒙牛酸牛奶	18 袋百利包	10 箱					
3	金龙鱼色拉油	4 桶，5 升	25 箱					
…	……							
合计								
交货日期：2010 年 6 月 19 日下午 4：30 前								
交货地点：								
订单形态：□一般交易 □现销式交易 □间接交易 □合约交易 □寄库交易 □其他								
加工包装：								
配送方式：□送货 □自提 □其他								
用户信用：□一级 □二级 □三级 □四级 □五级								
付款方式：								
特殊要求：								

制单： 审核：

（2）订单相关档案资料。

另外，在处理订单数据时，可能需要用到某些相关资料，如表 3-3 所示，才能使整个订单处理作业一体化。

表 3-3　订单相关档案资料说明表

序号	相关档案资料	说明
1	客户资料	实用完整客户资料，能为配送中心对市场预测做出正确分析，能对配送过程中出现的问题及时处理，提高工作效率与服务水平。
2	物品资料	替代性物品、物品价格结构、最小订货单位、单位换算、物品单位体积及物流单位重量等资料。
3	库存资料	已采购未入库资料、可分配量、已分配量等资料。
4	促销信息	赠品、兑换券、价格/数量折扣等信息。
5	客户寄存资料	客户因促销期间大量订购但先寄放在出库中，还未出货的资料。
6	流通加工资料	客户要求分装、重新包装（如礼盒），或赠品的包装等资料。
7	客户应收账款资料	

3.3.2　订单处理作业流程

有专家称 20 世纪 60 年代企业靠成本取胜，80 年代靠质量取胜，21 世纪则靠速度取胜，这里的速度指对订单的反应速度，即订货周期（从客户发出订单到客户收到货物的时间 GB/T 22126-2008）。也称为订单处理周期，客户希望订货周期短而且稳定，从而降低自己经营的风险与成本。国外研究机构的调研结果表明，与订单准备、订单传输、订单录入、订单履行相关的物流活动占到整个订单处理周期的 50%～70%。所以，配送中心要认真管理订单处理作业过程中的各项活动，才能通过快速而获得竞争优势。订单处理作业的流程如图 3-5 所示，包括接受客户订单、客户订单确认、建立客户档案、存货查询与分配、拣货顺序确定与拣货时间计算、缺货处理、订单资料处理输出等主要环节。

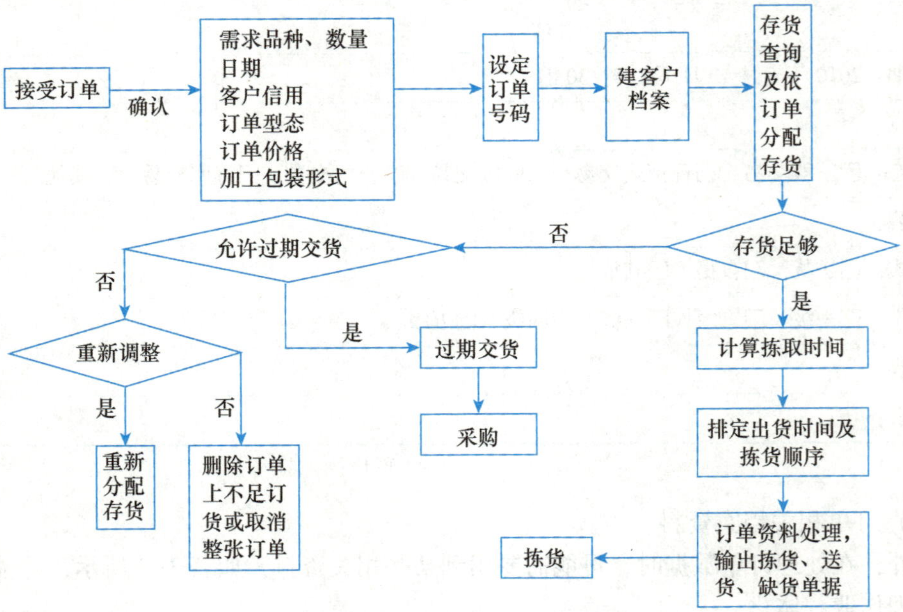

图 3-5　订单处理作业流程

1. 接受客户订单

接单为订单处理作业的第一步骤，配送中心接受客户订货的方式主要有传统订货方式和电子订货方式两大类。随着流通环境及科技的发展，接受客户订货的方式也逐渐由传统的人工下单、接单，演变为计算机间直接送收订货信息的电子订货方式。

（1）传统订货方式。

表 3-4 传统订货方式表

传统订货方式	具体操作
1. 厂商补货	供应商将商品放在车上，一家家去送货，缺多少补多少。周转率较快或新上市的商品较常使用。
2. 厂商巡货、隔日送货	供应商派巡货人员前一天先至各客户处寻查需补充的货品，隔天再进行补货。
3. 电话口头订货	订货人员将商品名称及数量，以电话口述方式向厂商订货。
4. 传真订货	客户将缺货资料整理成书面资料，利用传真机传给厂商。
5. 邮寄订单	客户将订货表单或订货磁片邮寄给供应商。
6. 客户自行取货	客户自行到供应商处看货、取货，此种方式多为以往传统杂货店因地域较近所采用。
7. 业务员跑单接单	业务员至各客户处推销产品，而后将订单带回或紧急时以电话先联络公司通知客户订单。

总结：不管利用上述何种方式订货，都需要记录和建档工作，如图 3-6 所示，欲完成这些工作需人工输入资料而且经常重复输入、传票重复填写，并且在输入输出过程中经常造成时间耽误及产生错误，造成无谓的浪费。尤其现今客户更趋向于多品种、小批量、高频度的订货，且要求快速、准确无误地配送，传统订货方式已逐渐无法应付客户的需求。

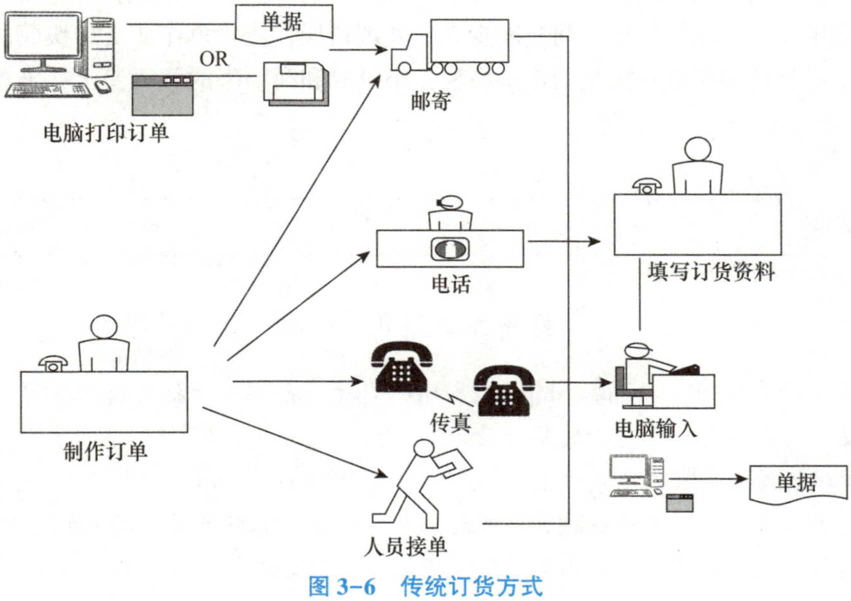

图 3-6 传统订货方式

（2）电子订货方式。电子订货，通过电子传递方式取代传统人工书写、输入、传送的订货方式，即将订货资料转为电子资料形式，再由通信网络传送进行订货。此系统即称电子订货系统（electronic order system-EOS 不同组织间利用通信网络和终端设备进行订货作业与订货信息交换的系统）。做法可分为三种，如表 3-5 所示。

表 3-5　电子订货方式表

电子订货方式	1. 订货簿或货架标签配合手持终端机及扫描器	2. POS（point of Sale 销售时点管理系统）	3. 订货应用系统
		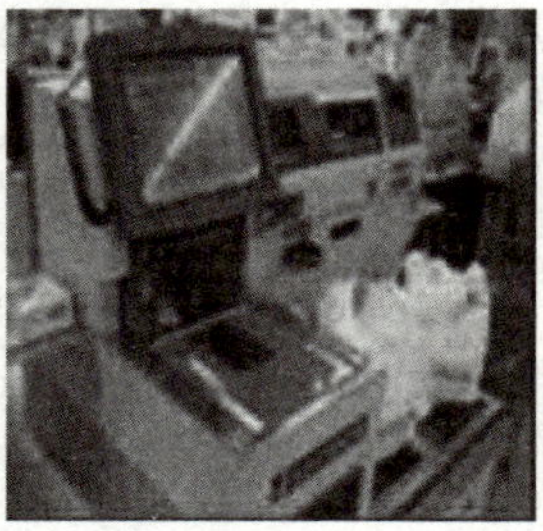	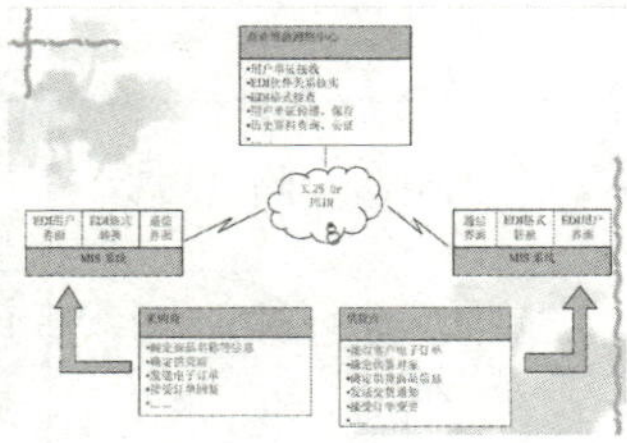
具体操作	订货人员携带订货簿及手持终端（H. T-handy terminal）及扫描器巡视货架，若发现商品缺货则用扫描器扫描订货簿或货架上的商品标签，再输入订货数量，利用计算机将订货资料传给总公司或供应商。	客户设定安全存量，每当销售一笔商品时，计算机自动扣除该商品库存，当库存低于安全存量时，即自动产生订货资料，将此订货资料确认后即可透过信息网路传给总公司或供应商。	客户信息系统里若有订单处理系统，可将应用系统产生的订货资料，经由特定软件转换功能转成与供应商约定的共通格式，在约定时间里将资料传送出去。

总结： 经应用实践，电子订货对销售零售业来说：下单快速、正确和简便；商品库存适量化，只订购所需数量，可分多次下单；完全适应多品种、小批量和高频率的订货方式；缩短交货时间，减少因交货出错的缺货概率和减少进货、验货作业。对于供应商而言：简化接单作业，缩短接单时间，减少人工处理错误，使接单作业更加快捷、正确和简便；减少了退货处理作业；满足用户多品种、小批量和高频率的订货要求；缩短交货的前置时间。

★知识链接

预先发货清单 ASN

预先发货清单 ASN（advance shipping notice）：生产厂家或者批发商在发货时利用电子通信网络提前向零售商传送货物的明细清单。

如沃尔玛的供应商在发货前向其传送 ASN。这样，沃尔玛事前可做好进货准备工作，省去数据的输入作业。沃尔玛在接收货物时，用扫描器读取包装箱上的物流条码，把扫描读取的信息与预先储存在计算机内的进货清单核对，判断到货和进货清单是否一致，使商品检验作业效率化。同时利用电子支付系统向供应商支付货款。在此基础上，只要把 ASN 数据和 POS 数据比较，就能迅速知道商品库存的信息。这样做，不仅为沃尔玛节约了大量事务性作业成本，而且能压缩库存，提高商品周转率。

2. 客户订单确认

（1）确认货物名称、数量及日期。订单资料的基本检查。尤其当要求送货时间有问题或出货已延迟时，更需要再与客户确认一下订单内容或更正期望运送时间。

（2）确认客户信用。查核客户的财务状况，确定其是否有能力支付该件订单的账款，其做法多是检查客户的应收账款是否已超过其信用额度。可通过输入客户代号（名称）、订购货品资料二种途径进行查询。

（3）确认订单形态。配送中心面对众多的交易对象，由于客户的不同需求，其做法也有所不同，反映到接受订货业务上，则具有多种的订单交易形态及相应的处理方式，如表 3-6 所示。

（4）确认订货价格。

表 3-6 订单形态与处理方式说明

订单类别	含义	具体处理方法
一般交易订单（常见订单）	接单后按正常的作业程序拣货、出货、配送、收款结账的订单。	接单后，将资料输入订单处理系统，按正常的订单处理程序处理，资料处理完后进行拣货、出货、配送、收款结账等作业。
现销式交易订单	与客户当场直接交易、直接给货的交易订单。	订单资料输入前就已把货物交给了客户，故订单资料不需再参与拣货、出货、配送等作业，只需记录交易资料，以便收取应收款项。
间接交易订单	客户向物流中心订货，但由供应商直接配送给客户的交易订单。	接单后，将客户的出货资料传给供应商由其代配。客户的送货单是自行制作或委托供应商制作，应对出货资料（送货单回联）加以核对确认。
合约式交易订单	与客户签订配送契约的交易。如签订在某期间内定时配送某数量的商品。	约定送货日到时，将该资料输入系统处理以便出货配送；或一开始输入合约内容并设定各批次送货时间，在约定日到时系统自动处理。
寄库式交易订单	客户因促销、降价等市场因素而先行订购某数量商品，以后视需要再要求出货的交易。	当客户要求配送寄库商品时，系统检核是否确实，若有，则出货是要从此项商品的寄库量中扣除。注意此项商品的交易价格是依据客户当初订购时的单价计算。
兑换券交易订单	客户通过兑换券所兑换商品的配送出货。	将客户兑换券的商品配送时，系统查核是否确实，若有，依据兑换的商品及兑换条件予以出货，并应扣除客户的兑换券回收资料。

不同客户（大盘、中盘、零售）、不同订购量，可能有不同的售价，输入价格时系统应加以核对。

（5）确认加工包装。客户对于订购的商品，是否有特殊的包装、分装或贴标签等要求，或是有关赠品的包装等资料都需要详细加以确认记录。

（6）设定订单号码。每一张订单都要有其单独的订单号码，所有配送工作说明单及进度报告均应附此号码。

◎提示板

减缓高峰订单拥挤，订单确认作业平均化的方法

截止订货时间：在订货截止时间的前一小时通常会出现大量订单，为避免这种巨额的订单在某一时刻涌入可将客户分类，每类客户分别设定其订货截止时间，以分散高峰订货量。

账款结算日：结算日的后一天，常有大量订单出现，可设定多种结算日期，以分散高峰时段的拥挤。

节日或假日：节日或假日的前后时间，通常亦是订货量较多的时段，不过这种因季节性或因消费者需求形态引起的高峰订货量较不易控制，只能由人员调用或系统功能加强来加以调控。

3. 建立客户档案

将客户信息详细记录，不但能让此次交易更容易进行，且有利于以后合作机会的增加。客户档案应包含订单处理需要用到的及与物流作业相关的资料，包括以下内容：

（1）客户姓名、代号、等级形态（产业交易性质）。

（2）客户信用额度。

（3）客户销售付款及折扣率的条件。

（4）开发或负责此客户的业务员。

（5）客户配送区域。例如：地区、省、市、县及城市各区域等，基于地理位置或相关特性将客户分类于不同区域将有助于提升管理及配送的效率。

（6）客户收货地址。

（7）客户点配送路径顺序。按照区域、街道、客户位置，为客户分配适当的配送路径顺序。

（8）客户点适合的车辆形态。客户所在地点的街道对车辆大小有所限制。

（9）客户点卸货特性。由于建筑物本身或周围环境特性（如地下室有限高或高楼层），可能造成卸货时有不同的需求及难易程度，在车辆及工具的调度上须加以考虑。

（10）客户配送要求。客户对于送货时间有特定要求或有协助上架、贴标签等要求。

（11）过期订单处理指示。若客户能统一决定每次延迟订单的处理方式，则可事先将其写入资料档案，以省去临时询问或须紧急处理的不便。

客户档案有各种形式，配送中心可根据订单处理系统的要求自行设计，如表 3-7 的示例。

表 3-7 客户档案表

编制日期： 片区： 新客户标志： 业务员：

客户全称：		客户编号：	
单位详细地址：			
法人代表：		联系电话：	
订（供）货负责人：		联系电话：	
送货地址：			
送货车辆形态：			
客户点卸货特性：			
客户配送要求：			
客户销售付款：		折扣率的条件：	
过期订单的处理方式：			
其他说明：			
企业规模		注册类型	
单位类别		隶属关系	
上年固定资产值		上年总产值	
潜在购力			
往年信用情况说明			
今年信用完成能力分析			
受信等级	□一级 □二级 □三级 □四级 □五级		
上年销售情况：		上年贷款回笼情况：	
本年销售计划：		本年回笼计划：	
与我司合作历史：		主要竞争对手：	
本年销售采取的方案说明：			
备注：			

4. 存货查询与分配

（1）存货查询。确认是否有库存能够满足客户需求，又称“事先拣货”。存货档案的资料一般包括货品名称、代码、产品描述、库存量、已分配存货、有效存货及期望进货时间。查询存货档案资料，看此商品是否缺货，若缺货则应提供商品资料或是此缺货商品是否已经采购但未入库等信息，便于接单人员与客户协调是否改订其他替代品或是允许延后出货等权宜办法，以提高人员的接单率及接单处理效率。

（2）分配存货。订单资料输入系统，确认无误后，最主要的处理作业在于如何将大量的订货资料做最有效的汇总分类、调拨库存，以便后续的物流作业能有效进行。存货分配的两种模式如下：

①单一订单分配。此种情况多为线上即时分配，即在输入订单资料时，就将存货分配给该订单。

②批次分配。累积汇总数笔已输入的订单资料后，再一次分配库存。配送中心因订单数量多、客户类型等级多，且多为每天固定配送次数，因此通常采行批次分配以确保库存能做最佳的分配，但需注意订单分批灵活处理的原则与方法，如表 3-8 所示。

表 3-8　订单批次分配的处理原则与方法

批次划分原则	处理方法
1. 按接单时序划分	将整个接单时段划分成几个区段，若一天有多个配送批次，可配合配送批次，将订单按接单先后分为几个批次处理。
2. 按配送区域或路径划分	将同一配送区域或路径的订单汇总一起处理。
3. 按流通加工需求划分	将需要加工处理或相同流通加工处理的订单汇总一起处理。
4. 按车辆需求划分	若配送商品需要特殊的配送车辆（如低温车、冷冻车、冷藏车）或客户所在地卸货特性，特殊形态车辆可汇总合并处理。

若以批次分配选定参与分配的订单后，订单的某商品总出货量大于可分配的库存量，则应如何取舍来分配这有限的库存？可依据以下四原则来决定客户订购的优先性。

（1）具有特殊优先权者先分配。前次即应允诺交货的订单如缺货补货订单、延迟交货订单、紧急订单或远期订单，或客户提前预约或紧急需求的订单，应优先处理。

（2）依客户等级来取舍。将客户重要性程度高的进行优先分配。

（3）依订单交易量或交易金额来取舍。将对企业贡献度大的订单作优先处理。

（4）依客户信用状况来取舍。将信用较好的客户订单作优先处理。

存货分配方式决定了下一步的拣货作业，如果是单一订单分配，则采用单一顺序拣选；如果是批次分配，则采用批量拣选方式。

5. 拣货顺序确定与拣货时间计算

拣货顺序直接影响拣货的效率，它决定了拣货人员行走距离的长短，即拣货时间长短。拣货顺序可依据仓储货位的状况及货物存放的位置来确定。

由于要有计划地安排出货进程，因而对于每一张订单或每批订单可能花费的拣取时间要事先掌握，如何计算订单拣取的标准时间，如图 3-7 所示。

第一步：首先计算每一单元（一托盘、一纸箱、一件）的拣取标准时间。

↓

第二步：依据每种商品的订购数量（多少单元），再配合每种商品的寻找时间，计算出每种商品拣取的标准时间。

↓

第三步：根据每一订单或每批订单的订货品种及考虑一些纸上作业的时间，算出整张或整批订单的拣取标准时间。

图 3-7　订单拣取的标准时间的计算步骤

表 3-9 拣取标准时间计算表

<table>
<tr><th></th><th>品种</th><th>单元名称</th><th>拣取标准时间①</th><th colspan="2">寻找行走时间②</th><th>合计标准时间③=①+②</th></tr>
<tr><td rowspan="6">拣取作业标准时间</td><td rowspan="3">A</td><td>托盘</td><td></td><td colspan="2"></td><td></td></tr>
<tr><td>纸箱</td><td></td><td colspan="2"></td><td></td></tr>
<tr><td>件</td><td></td><td colspan="2"></td><td></td></tr>
<tr><td rowspan="3">B</td><td>托盘</td><td></td><td colspan="2"></td><td></td></tr>
<tr><td>纸箱</td><td></td><td colspan="2"></td><td></td></tr>
<tr><td>件</td><td></td><td colspan="2"></td><td></td></tr>
<tr><th></th><th>品种</th><th>单元名称</th><th>单元数量</th><th colspan="2">单元拣选作业时间</th><th>品种拣选时间</th></tr>
<tr><td rowspan="6">拣取作业标准时间</td><td rowspan="3">A</td><td>托盘</td><td></td><td></td><td></td><td rowspan="3">A 品种合计</td></tr>
<tr><td>纸箱</td><td></td><td></td><td></td></tr>
<tr><td>件</td><td></td><td></td><td></td></tr>
<tr><td rowspan="3">B</td><td>托盘</td><td></td><td></td><td></td><td rowspan="3">B 品种合计</td></tr>
<tr><td>纸箱</td><td></td><td></td><td></td></tr>
<tr><td>件</td><td></td><td></td><td></td></tr>
</table>

这种计算只是一个粗略的计算，因为总的拣货时间还与拣货人员的行走时间、作业熟练程度有关。在保证准确性的前提下，拣货人员应尽可能缩短行走、寻找货物、拣取货物三个方面的时间，从而提高拣货的效率。要想缩短这三方面的时间，就必须选择合理有效的拣货方式和辅助拣货设备。

6. 缺货处理

若目前库存商品总数不能满足客户的需求，且顾客又不愿以替代货品补足，也就是发生了缺货时，则可依据以下方法进行处理：

（1）依客户意愿而定

有些客户不允许过期交货，而有些客户允许过期交货，有些客户希望所有订货一同送达。

（2）依企业政策而定

一些企业经营情况允许可过期向客户进行分批补交货，但一些企业因成本原因不愿意向客户分批补交货。

配合上述客户意愿与企业政策，对于缺货处理方式归纳如表 3-10 所示。

表 3-10 缺货处理方式表

缺货处理方式	具体说明
1. 重新调拨	若客户不允许过期交货，而公司也不愿失去此客户订单时，则有必要重新调拨分配订单。

续表

缺货处理方式	具体说明
2. 补交货	若客户允许不足额的订货等待有货时再予补送，且公司政策亦允许，则采取“补送”方式。 若客户允许不足额的订货或整张订单留待下一次订单一同配送，则也采取“补送”处理。
3. 删除不足额订单	若客户允许不足额订单可等待有货时再予以补送，但公司政策并不希望分批出货，则只好删除不足额的订单。 若客户不允许过期交货，且公司也无法重新调拨，则可考虑删除不足额的订单。
4. 延迟交货	有时限延迟交货：客户允许一段时间的过期交货，且希望所有订单一同配送。 无时限延迟交货：不论须等多久客户皆允许过期交货，且希望所有订货一同送达，则等待所有订货到达后再出货。
5. 取消订单	若客户希望所有订单一同配达，且不允许过期交货，而公司也无法重新调拨时，则只有将整张订单取消。

7. 订单资料处理输出

订单资料经由上述的处理后，即可开始打印出货单据，以开始后续的物流作业。

（1）拣货单（出库单）。拣货单可提供商品出库指示资料，并作为拣货的依据。拣货单需配合配送中心的拣货策略及拣货作业方式来加以设计，以提供详细且有效率的拣货信息，便于拣货的进行。如表 3-11 分户拣货单（采用单一顺序拣选）、表 3-12 品种拣货单（采用批量拣选方式）和表 3-13 分货单（按品种批量拣取后再按客户的需求分货）的示例。

表 3-11　分户拣货单

<table>
<tr><td colspan="2">拣货单编号</td><td colspan="3"></td><td colspan="3">用户订单编号</td><td colspan="2"></td></tr>
<tr><td colspan="2">用户名称</td><td colspan="8"></td></tr>
<tr><td colspan="2">出货日期</td><td colspan="3"></td><td colspan="2">出货货位号</td><td colspan="3"></td></tr>
<tr><td colspan="2">拣货时间</td><td colspan="3">年　月　日　时　分至　时　分</td><td colspan="2">拣货人</td><td colspan="3"></td></tr>
<tr><td colspan="2">核查时间</td><td colspan="3">年　月　日　时　分至　时　分</td><td colspan="2">核查人</td><td colspan="3"></td></tr>
<tr><td rowspan="2">序号</td><td rowspan="2">储位号码</td><td rowspan="2">商品名称</td><td rowspan="2">规格型号</td><td rowspan="2">商品编码</td><td colspan="3">数量（包装单位）</td><td rowspan="2" colspan="2">备注</td></tr>
<tr><td>托盘</td><td>箱</td><td>单件</td></tr>
<tr><td>1</td><td></td><td></td><td></td><td></td><td></td><td></td><td></td><td colspan="2"></td></tr>
<tr><td>2</td><td></td><td></td><td></td><td></td><td></td><td></td><td></td><td colspan="2"></td></tr>
<tr><td>3</td><td></td><td></td><td></td><td></td><td></td><td></td><td></td><td colspan="2"></td></tr>
<tr><td>4</td><td></td><td></td><td></td><td></td><td></td><td></td><td></td><td colspan="2"></td></tr>
<tr><td>5</td><td></td><td></td><td></td><td></td><td></td><td></td><td></td><td colspan="2"></td></tr>
</table>

表 3-12 品种拣货单

<table>
<tr><td>拣货单号</td><td colspan="2"></td><td colspan="3">包装单位</td><td>储位号码</td></tr>
<tr><td>商品名称</td><td></td><td rowspan="3">数量</td><td>托盘</td><td>箱</td><td>单件</td><td></td></tr>
<tr><td>规格型号</td><td></td><td></td><td></td><td></td><td></td></tr>
<tr><td>商品编码</td><td></td><td></td><td></td><td></td><td></td></tr>
<tr><td>拣货时间</td><td colspan="4">年 月 日 时 分至 时 分</td><td>拣货人</td><td></td></tr>
<tr><td>核查时间</td><td colspan="4">年 月 日 时 分至 时 分</td><td>核查人</td><td></td></tr>
<tr><td>序号</td><td>订单编号</td><td>客户名称</td><td>单位</td><td>数量</td><td>出货货位</td><td>备注</td></tr>
<tr><td>1</td><td></td><td></td><td></td><td></td><td></td><td></td></tr>
<tr><td>2</td><td></td><td></td><td></td><td></td><td></td><td></td></tr>
<tr><td>3</td><td></td><td></td><td></td><td></td><td></td><td></td></tr>
<tr><td>4</td><td></td><td></td><td></td><td></td><td></td><td></td></tr>
<tr><td>5</td><td></td><td></td><td></td><td></td><td></td><td></td></tr>
</table>

表 3-13 分货单

<table>
<tr><td colspan="2">分货单编号</td><td colspan="3"></td><td colspan="3" rowspan="2">数量（包装单位）</td></tr>
<tr><td colspan="2">商品名称</td><td colspan="3"></td></tr>
<tr><td colspan="2">规格型号</td><td colspan="3"></td><td>托盘</td><td>箱</td><td>单件</td></tr>
<tr><td colspan="2">商品编码</td><td colspan="3"></td><td></td><td></td><td></td></tr>
<tr><td colspan="2">生产厂家</td><td colspan="3"></td><td>储位编码</td><td colspan="2"></td></tr>
<tr><td colspan="2">分货时间</td><td colspan="3">年 月 日 时 分至 时 分</td><td>分货人</td><td colspan="2"></td></tr>
<tr><td colspan="2">核查时间</td><td colspan="3">年 月 日 时 分至 时 分</td><td>核查人</td><td colspan="2"></td></tr>
<tr><td rowspan="2">序号</td><td rowspan="2">订单编号</td><td rowspan="2">用户名称</td><td colspan="3">数量（包装单位）</td><td rowspan="2">出货货位</td><td rowspan="2">备注</td></tr>
<tr><td>托盘</td><td>箱</td><td>单件</td></tr>
<tr><td>1</td><td></td><td></td><td></td><td></td><td></td><td></td><td></td></tr>
<tr><td>2</td><td></td><td></td><td></td><td></td><td></td><td></td><td></td></tr>
<tr><td>3</td><td></td><td></td><td></td><td></td><td></td><td></td><td></td></tr>
<tr><td>4</td><td></td><td></td><td></td><td></td><td></td><td></td><td></td></tr>
<tr><td>5</td><td></td><td></td><td></td><td></td><td></td><td></td><td></td></tr>
</table>

随着拣货、储存设备的自动化，传统的拣货单形式已不符合需求，利用计算机、通讯等方式处理显示拣货信息的方式已取代部分传统的拣货表单，如配有电子标签的货架、拣货台车，以及自动存取的自动化立体仓库。采用这些自动化设备进行拣货作业，需注意拣货信息的格式与设备显示器的配合，以及系统与设备间的信息传送及处理。

（2）送货单

物品交货配送时，通常需附上送货单据给客户清点签收。因为送货单主要是给客户签收、确认的出货资料，其正确性及明确性很重要。如表 3-14 送货单示例。

表 3-14　送货单

<table>
<tr><td colspan="2">收货单位</td><td colspan="2"></td><td colspan="2">送货人员</td><td colspan="2"></td></tr>
<tr><td colspan="2">送达地点</td><td colspan="2"></td><td colspan="2">送货时间</td><td colspan="2"></td></tr>
<tr><td colspan="8">发运物品详细内容</td></tr>
<tr><td>货物名称</td><td>型号</td><td>规格</td><td>单位</td><td>数量</td><td>单价</td><td>总额</td><td>备注</td></tr>
<tr><td></td><td></td><td></td><td></td><td></td><td></td><td></td><td></td></tr>
<tr><td></td><td></td><td></td><td></td><td></td><td></td><td></td><td></td></tr>
<tr><td></td><td></td><td></td><td></td><td></td><td></td><td></td><td></td></tr>
<tr><td></td><td></td><td></td><td></td><td></td><td></td><td></td><td></td></tr>
<tr><td></td><td></td><td></td><td></td><td></td><td></td><td></td><td></td></tr>
<tr><td></td><td></td><td></td><td></td><td></td><td></td><td></td><td></td></tr>
<tr><td>有关说明</td><td colspan="7"></td></tr>
<tr><td rowspan="3">收货方验收情况</td><td colspan="2"></td><td rowspan="3">收货方负责人签字</td><td colspan="4"></td></tr>
<tr><td>验收人员</td><td></td><td>负责人</td><td colspan="3">（公章）</td></tr>
<tr><td>日期</td><td></td><td>日期</td><td colspan="3"></td></tr>
</table>

说明：此送货单一式三联，第三联送财务办理结算用，第二联送仓储部提货用，第一联为货到目的地后用作签收，并由送货人员带回交给部门主管。

（3）缺货资料

库存分配后，对于缺货的商品或缺货的订单资料，系统应提供查询或报表打印功能，以便人员处理。

①库存缺货商品：提供依据商品类别或供应商类别进行查询的缺货商品资料，以提醒采购人员紧急采购。

②缺货订单：提供依据客户类别或外务人员类别查询的缺货订单资料，以便相关人员处理。

◎提示板

在订单处理过程中，应遵循以下基本原则：①尽量缩短订单处理周期，提高用户的满意程度；②要使客户产生信任；③减少缺货现象；④提供紧急订货；⑤不忽略小客户；⑥装配要完整；⑦提供对客户有利的包装；⑧随时提供订单处理的情况。

★补充阅读

淘宝网的订单处理流程

淘宝网某些产品的订单处理流程如图 3-8 所示。卖家接到订单备货到配送中心，或者订单自动流转到配送中心直接由配送中心发货，之后配送中心进行接货、理货、拣货、配货、包装等流程，再由快递公司上门集中取货，送交订购者手中。

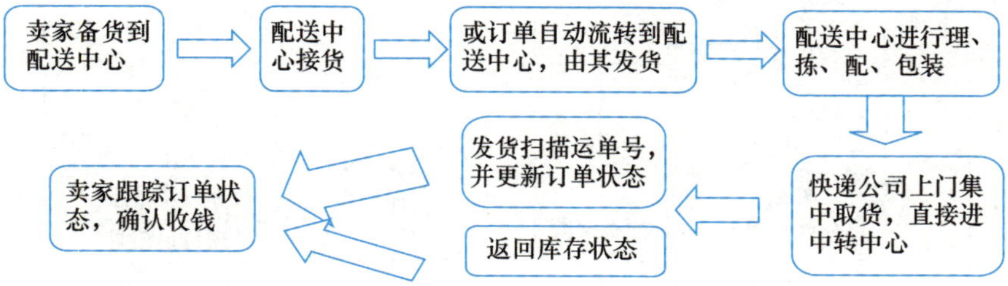

图 3-8 淘宝配送中心订单处理流程图

2. IT 产品的订单处理流程

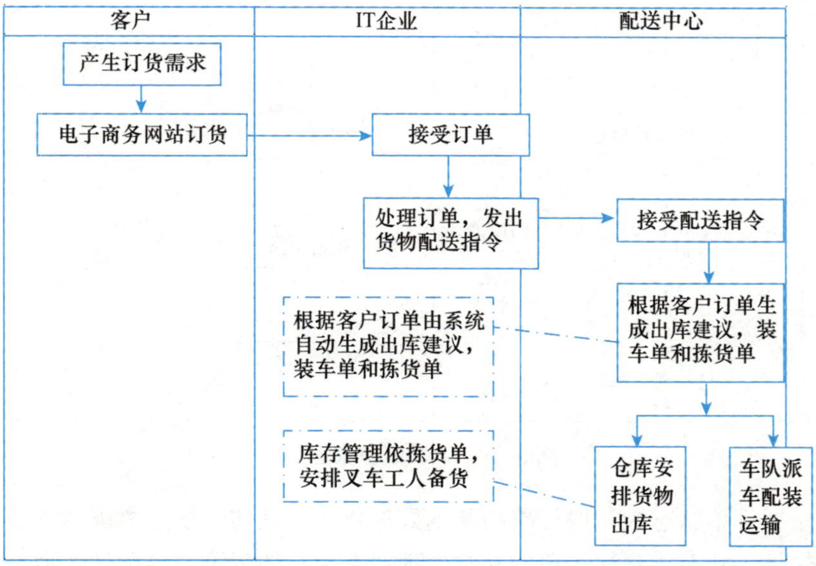

图 3-9 IT 产品订单处理流程图

3.3.3 订单处理作业管理

订单在配送过程中的执行情况如何，必须要有效地进行管理，才能了解订单是否如期如数出货、是否已收款、是否发生异动、发生异动如何处理，以及对订单处理作业系统怎样进行改进优化？

1. 订单处理流程的跟踪

订单的执行必须要适时跟踪，如图 3-10 订单的状态随着作业流程相应地发生变动，对订单进行跟踪，不仅能更好地管理订单的处理及执行，还可满足客户希望了解订单处理状态信息的要求。

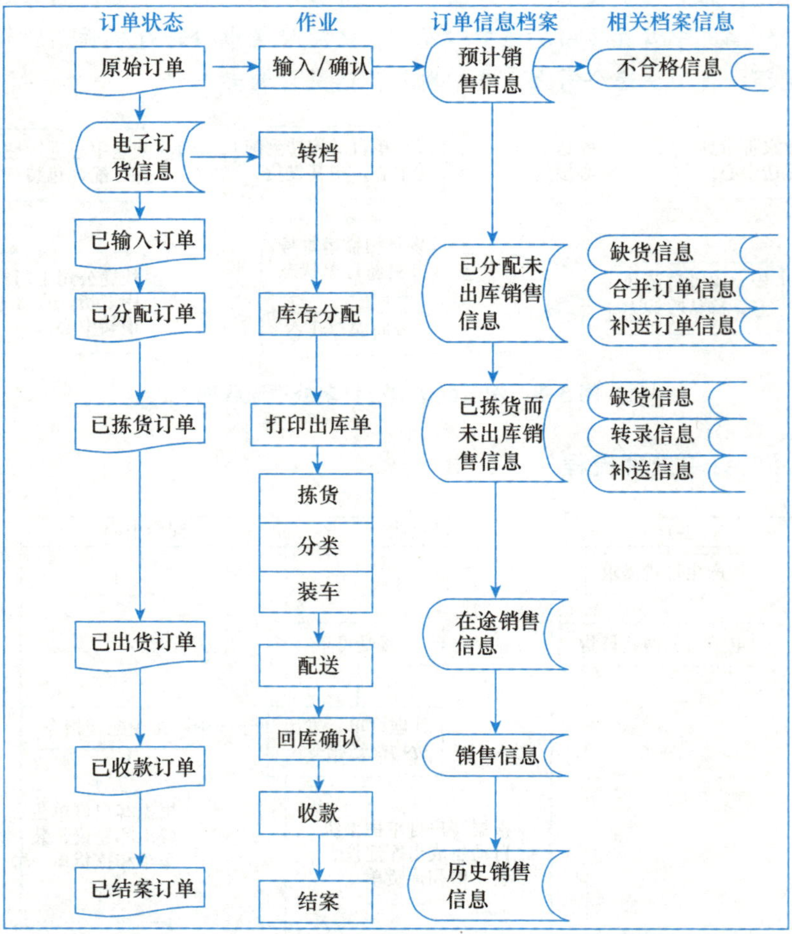

图 3-10　订单处理流程跟踪

图中第一栏订单状态为一般订单的基本处理状态，其随着第二栏配送作业环节的开展而图中第一栏订单状态为一般订单的基本处理状态，其随着第二栏配送作业环节的开展而发生变动，配送中心可针对本身作业特性、作业需求加以延伸补充，见图中第三栏订单信息档案，其解释如表 3-15 所示。

表 3-15　订单信息档案资料说明

档案资料名称	说明
1. 预计销售资料及不合格资料	客户的订单资料进入订单处理系统经过确认核实后，将正确的订单资料记录为预计销售资料文件；而不合格的订单资料记录为不合格资料文件。

续表

档案资料名称	说明
2. 已分配未出库的销售资料及缺货资料、转录资料、补送资料	预计销售资料经过库存分配后，转为已分配未出库销售资料。而分配后缺货的物品资料记录为缺货资料文件；缺货的订单若要合并到下一张订单则记录为合并订单文件，若有库存时予以补送则记录为补送订单文件。
3. 已拣货未出库销售资料	已分配未出库销售资料经过打印拣货单后转为已拣货未出库销售资料，如果拣货后发现缺货的物品资料记录为缺货资料文件；缺货的订单若要合并到下一张订单则记录为合并订单文件，若有库存时予以补送则记录为补送订单文件。
4. 在途销售资料	已拣货未出库资料，出货配送后即转为在途销售资料。
5. 销售资料	在途销售资料，经过回库确认修改后即转为销售资料，此为实际的销售资料，为应收账款系统的收款资料来源。
6. 历史销售资料	经过结账后即为历史销售资料。

当订单的状态及相关档案记录完毕后，第一，可以随时查询并打印订单的状况资料，如订单状态明细表、未出货订单明细表、缺货订单明细表、未取款订单、未结账订单。第二，通过建立订单档案资料，并进行整理、分析，配送中心可以获得大量的商业信息，例如：

（1）物品销售量。

（2）每种物品的市场销售情况。

（3）客户等级。

（4）每位客户的订货特点。

（5）订单处理过程中的库存情况。

（6）每种物品的库存情况。

（7）配送中心的作业效率。

2. 异常情况下的订单处理

掌握订单的状态变化及详细记录各阶段档案资料后，对于订单变动的处理则能更顺手，只要了解此订单异常时所处的状态，再针对其对应的档案加以修正处理。异常订单处理方法见下表3-16。

表3-16 异常订单处理方法

异常订单	处理方法
1. 客户取消订单	客户取消订单常常会造成许多损失，因此在业务处理上需要与客户就此问题进行协商。 若目前订单处于已分配未出库状态，则应从已分配未出库销售资料里找出此订单，将其删除，并恢复相关品项的库存资料（库存量/出库量）；若此订单处于已拣货状态，则应从已拣货未出库销售资料里找出此笔订单，将其删除，并恢复相关品项的库存资料（库存量/出库量），且将已拣取的物品按拣货的相反顺序放回拣货区。

续表

异常订单	处理方法
2. 客户增订	如果客户在出货前临时打电话来增加订购某物品，那么作业人员要先查询客户的订单目前处于何种状态，是否还未出货，是否还有时间再去拣货。 若接受增订，则应追加此笔增订资料；若客户订单处于已分配状态，则应修改已分配未出库销售资料文件里的这笔订单资料，并更改物品库存档案资料（库存量/出库量）。
3. 拣货时发生缺货	拣货时发现仓库缺货，则应从已拣货未出库销售资料里找出这笔缺货订单资料，加以修改。若此时出货单据已打印，就必须重新打印。
4. 配送前发生缺货	当配送前装车清点时才发现缺货，则应从已拣货未出库销售资料里找出此笔缺货订单资料，加以修改。若此时出货单据已打印，就必须重新打印。
5. 送货时客户拒收/短缺	配送人员送货时，若客户对送货品项、数目有异议予以拒收，或是发生少送或多送，则回库时应从在途销售资料里找出此客户的订单资料加以修改，以反映实际出货资料。

3. 订单处理作业的改善

（1）意义。从客户角度，不仅仅是产品或服务本身，更重要的是获得价值，感到满意。订货提前期的稳定性与时间长短、送货的准确性、订单处理状态跟踪等因素是实现价值与客户满意的重要保证。

从配送中心的角度，提高顾客服务和降低分拣、运输与库存等费用是一个十分重要的问题，运用先进的技术手段和对业务流程的重组与改善，在提高顾客服务水平的同时降低配送总成本，获得竞争对手难以模仿的竞争优势，是企业的一项至关重要的经营战略。

（2）改善的关键因素。改善订单处理过程的动因主要来自顾客角度和企业角度两个方面，四方面因素：

①时间因素：订单处理周期在客户眼中是订货提前期，改善目标是在时间耗用的稳定性前提下，努力减少时间耗费。

②供货准确性因素：提供产品的准确品种、数量、质量和正确的交货地点（卸货时间和地点也很关键），如需分批送货和延期供货时，应与客户提前沟通好。

③成本因素：配送中心设置的地点和数量，运输批量和运输路线的调控等。

④信息因素：配送中心要通过完善的配送信息系统，向客户及企业内部（生产、销售、财务及仓储运输等部门）提供准确、完备、快速的信息服务。

◎提示板

改善订单处理的方法

1. 提高订单履行的准确度。如果能够准确无误地完成客户订单的处理周期，不产生任何错误，那么订单处理的时间是最短的，因此要尽量减少出错的概率。

2. 合理分配订单处理的先后顺序。从企业的发展角度出发，把有限的时间、生产能力及人力资源配置到最有利可图的订单上，享有优先级的订单被优先处理，而其他订单则稍后进行处理。

3. 灵活选择订单处理的方法。把订单收集成组批处理可降低处理成本、将几个小订单集中组成较大运输批量可降低运输成本，但都延长了订单处理时间。因此，在减少处理成本与运输成本的同时，要进行综合平衡。

4. 订单处理作业分析指标

订单处理作业的优劣直接影响配送中心的经济效益，从影响订单改善的因素考虑，应对订单处理作业提出分析评价指标。订单处理分析指标及改善方法见下表 3-17。

表 3-17　订单处理分析指标及改善方法

分析指标种类	指标分析及改善方法
1. 平均每日订单数=订单数量/工作天数 2. 平均客单数=订单数量/下级客户数 3. 平均客单价=营业额/订单数量	平均每日订单数、平均客单价指标数值不高，表明配送中心业务量不多，有待拓展业务，谋求较大的效益。改进方法是强化经营体制，加强促销，提高产品质量，经营用户欢迎的货物。
4. 订单延迟率=延迟交货订单数/订单数量 订单货件延迟率=延迟交货量/出货量	当订单延迟率较高时，表示配送中心没有按计划交货，必须对影响交货期的作业进行分析与改进。当订单延迟率较低，订单货件延迟率较高时，表示对订单件数较多的用户延迟交货比率较高。解决方法是对用户进行 ABC 分析（调查各用户订购量和金额占营业额的百分比），对重点用户进行重点管理。
5. 订单速交率=12 小时内的发货订单/订单数量	若能迅速接单和缩短交货时间，并在 12 小时内能发货（配送中心也可根据自身情况确定比 12 小时更短的时间），说明配送中心管理水平较高（作业流程快速、规范），效益较好。
6. 退货率=退货数/出货量 折扣率=折扣数/出货量 （也可用金额表示）	当两个指标较高，表示货物品质不良，致使用户不满，造成退货和打折。一般来说，退货和折扣的主因是包装损坏，为此，要加强各作业环节管理工作，减少货物损坏率。
7. 取消订单率=取消订单数/订单数量 用户意见率=意见次数/订单数量	当两个指标较高时，其原因为：货物品质不良、服务态度不好、未按时交货、同业竞争激烈。
8. 订单满足率=实际交货数量/订单货物需求数量 缺货率=1-订单满足率或缺货数量/订单货物需求数量	订单满足率是衡量订货实现程度及其影响的指标（GB/T 18354—2006）。据此可知库存控制决策是否正确，缺货率太高，客户失去信心而流失。缺货率高的原因：库存量控制不佳、购货时机不当、上级供应商交货延误等。
9. 短缺率=出货品短缺量/出货量	短缺率太高，也会流失客户。其主因：接单时登录出错、拣货单打印出错、拣货时造成短货、拣货分类时出错、包装货品时出错、检查作业时失误、搬运装车时出错、配送过程中物品损耗。必须针对上述出错环节逐一整改，加强管理，提高配送中心信誉度。

例题：某配送中心在2006年12月份收到订单800份，总出货量为1.8万吨，其中按订单要求发货时间的交货有624份。由于种种原因延迟发货量950吨。客户为解决货物的短缺，又要求该中心补充紧急订单50份，中心组织人力在12小时内发出了36份。现对该中心的订单处理进行评价，请计算订单延迟率、订单货件延迟率和紧急订单速交率；并提出提高紧急订单响应率的主要措施。

解：订单延迟率＝（800-624）/800＝22％

订单货件延迟率＝950/18000＝5.28％

紧急订单速交率＝36/50＝72％

提高紧急订单响应率的主要措施：提高备货保证程度（与客户、供应商信息沟通及时）；提高订单处理效率；改变拣货策略；调整仓储区与拣货区的布局；合理安排人员、车辆等。

◎每节一练

试分析库存分配的优先权分析影响因素？

分项任务小结

完成本分项任务后，请进行自我测试：总结订单处理的步骤。

实训指导：订单有效性分析及优先权的确定

1. 订单有效性分析

接到客户订单后，应当对客户订单的有效性进行分析，分析包括如下几个方面：

（1）核对货物数量及日期。

接受订单后，需对货物数量及日期进行确认，包括检查品名、数量、送货日期等是否有遗漏、笔误或者有不符合公司要求的情形。尤其当送货时间有问题或出货时间已延迟时，更需与客户再次确认订单内容或更正运送时间。

（2）确认客户信用。

检查客户的应收账款是否已超过其信用额度，具体可采用以下两种方法核查：

①系统核查客户的信用状况，若客户应收账款已超过其信用额度，则应决策是否录入其订货资料，或拒绝其订单。

②如客户此次订货的订购金额加上其累计应收账款额超过其信用额度，则应将客户订单交予上级主管部门审核，如审核通过，则进入下一步处理过程。

（3）确认订单形态。

在接受订单业务上，表型为具有多种订单的交易形态，所以配送中心应对不同的订单形态采用不同的交易及处理方式。

①一般交易。接到一般交易订单后，按正常订单处理程序处理，资料处理完毕后进行拣货、出货、发送、收款等作业。

②间接交易。接到间接交易订单，将客户的出货资料发给供应商，由其代配。

③合约式交易。接到合约式订单，应在约定的送货期间，将配送资料录入，以便配送。或在输入订货资料后，依照订单内容，设定各批次送货时间，在约定时间完成配货。

④寄库式交易。接到寄库式交易订单时，应确认客户确实有此项寄存商品，若有，则出货，若没有，则拒绝订单。

（4）确认订单价格。

不同客户、不同订货量有不同的价格，若价格与实际不符，应加以审核。

依照以上原则对客户订单进行分析，对订单书面进行检查，如商通连锁超市温州店订单应付账款有错误。问题订单如表 3-18 所示。

应收账款总额实际为 11725.00 元，而人民币大写出现错误，属于笔误，配送中心应及时通知客户以上情况，对错误数据进行修改。

表 3-18 商通连锁超市温州店订单

订单编号：D20100507A03　　业务单号：W20100507-1003

订货方编号：CH004　　订货单位名称：商通连锁超市温州店

订货单位联系人：王乐　　订货单位联系电话：057756892365

序号	货号	货品名称	型号规格	单位	单价/元	数量	金额
1	D001	松下吹风机	EH-ND20	箱	496.00	5	2480.00
2	W002	西门子微波炉	SDHC04	箱	699.00	1	699.00
3	A002	美的电饭煲	YJ407J	箱	719.00	6	4314.00
4	S002	纯净水	500 mL	箱	24.00	8	192.00
5	F003	方便面	150 g	箱	24.00	4	96.00
6	F004	笋干老鸭煲面	115 g	箱	36.00	1	36.00
7	A001	美的电水壶	12S03CZ	箱	598.00	5	2990.00
8	S001	金龙鱼芝麻油	220 mL	箱	459.00	2	918.00
总计		人民币大写：壹万叁仟肆佰壹拾陆元整（11725.00）					

2. 核对客户授信额度与其应付账款情况

如表 3-19 可知，四家店的应收账款均小于授信额度，故均能对四家店进行配送。

表 3-19 四家店的授信额度及本次订货应收账款情况

	杭州店	宁波店	温州店	台州店
授信额度	5 万元	4.5 万元	4 万元	4.2 万元
应收账款	12509.00	18757.00	11725.00	20294.00

3. 核对订单货物数量与现有库存量（如表 3-20、表 3-21 所示）

表 3-20　订单货物数量

序号	货品编号	货品名称	型号规格	订货量/箱				共需数量/箱
				杭州店	宁波店	温州店	台州店	
1	A001	美的电水壶	12S03CZ	3	0	5	3	11
2	D001	松下吹风机	EH-ND20	6	7	5	0	18
3	W002	西门子微波炉	SDHC04	1	2	1	2	6
4	A002	美的电饭煲	YJ407J	0	5	6	9	20
5	B003	戴尔电脑显示器	D330	4	5	0	6	15
6	S001	金龙鱼芝麻油	220 mL	0	4	2	1	7
7	S002	纯净水	500 mL	8	6	8	6	28
8	F003	方便面	150 g	5	6	4	5	20
9	F004	笋干老鸭煲面	115 g	2	0	1	0	3
10	K001	金锣火腿肠	50 g＊10	8	6	0	10	24

表 3-21　现有库存数量

序号	货品编号	货品名称	型号规格	库存数量/箱
1	A001	美的电水壶	12S03CZ	10
2	D001	松下吹风机	EH-ND20	20
3	W002	西门子微波炉	SDHC04	7
4	A002	美的电饭煲	YJ407J	20
5	B003	戴尔电脑显示器	D330	20
6	S001	金龙鱼芝麻油	220 mL	15
7	S002	纯净水	500 mL	34
8	F003	方便面	150 g	24
9	F004	笋干老鸭煲面	115 g	5
10	K001	金锣火腿肠	50 g＊10	32

对照现有库存可知，美的电水壶缺货一箱。故需对客户进行客户优先权分析，以确定配送顺序。

4. 客户优先权分析

由于客户优先权涉及需求量、授信额度、订单紧急程度及客户类型等因素，故做如表 3-22 统计。

表 3-22 客户优先权分析

客户	杭州店	宁波店	温州店	台州店
交货时间	10	12	24	16
授信额度	5 万元	4.5 万元	4 万元	4.2 万元
客户类型	关键	次关键	一般	一般
需求量（箱）	37	41	32	42

对上述这种指标进行物量化，如表 3-23 所示。

表 3-23 物化量表

客户	杭州店	宁波店	温州店	台州店
订单紧急度	3.5	2.9	1.5	2.1
授信额度	2.8	2.5	2.3	2.4
客户类型	3.3	2.7	2	2
需求量	2.4	2.7	2.1	2.8

上述表格为各店在各个领域的所占的各个指标。其中各项数据的意义为：

订单紧急度指标：[1/交货时间/（Σ1/交货时间] ×10（所需交货时间越短，订单紧急程度越大）

例如：杭州店的订单紧急度指标 = [(1/10)/(1/10 + 1/12 + 1/24 + 1/16)] × 10 = 3.5

宁波店的订单紧急度指标 = [(1/12)/(1/10 + 1/12 + 1/24 + 1/16)] × 10 = 2.9

授信额度指标：(各授信额度 / 各授信额度之和) × 10

例如：杭州店的授信额度指标 = [5/(5 + 4.5 + 4 + 4.2)] × 10 = 2.8

宁波店的授信额度指标 = [4.5/(5 + 4.5 + 4 + 4.2)] × 10 = 2.5

客户类型：假设关键客户指数为 5，次关键客户指数为 4，一般关键客户指数为 3，由此其值为(各指数 / 各指数之和) × 10

例如：杭州店的客户类型 = [5/(5 + 4 + 3 + 3)] × 10 = 3.3

宁波店的客户类型 = [4/(5 + 4 + 3 + 3)] × 10 = 2.7

需求量：(各需求量 / 各需求量之和) × 10

例如：杭州店的需求量 = [37/(37 + 41 + 32 + 42)] × 10 = 2.4

宁波店的需求量 = [41/(37 + 41 + 32 + 42)] × 10 = 2.7

配送中心客户优先权评价指标的权重如表 3-24 所示。

表 3-24 客户优先权评价指标的权重

评价指标	需求量	订单紧急程度	授信额度	客户类型
权重	0.2	0.5	0.1	0.2

所以求得各店优先指数如表 3-25 所示。

表 3-25　各店优先权指数

	杭州店	宁波店	温州店	台州店
优先指数	3.17	2.78	1.8	2.21

其算法为

Σ 各店各领域指标×各项权重

例如：杭州店的优先指数 = 0.2×2.4+0.5×3.5+0.1×2.8+0.2×3.3 = 3.17

宁波店的优先指数 = 0.2×2.7+0.5×2.9+0.1×2.5+0.2×2.7 = 2.78

所以应该优先配送杭州店。

实训实战：根据案例情况确定订单有效性分析及优先权

1. 实训情景

目前是销售旺季，客户和订单信息如表 3-26、表 3-27、表 3-28、表 3-29、表 3-30 表 3-31、表 3-32 所示，根据库存水平，优先满足重要的客户，完成库存分配。

表 3-26　客户档案表 1

客户编号	客户档案一						
公司名称	华伟商贸有限公司				代码	HW	
法人代表	黄庆	家庭地址	杭州市西湖区翠苑四区 4-301			联系方式	87535678
证件类型	营业执照	证件编号	120109278362905			营销区域	杭州市区
公司地址	杭州市西湖区文一路 129 号			邮编	310010	联系人	刘鹏
公司电话	87530864		家庭电话	83520573		传真号码	87530865
开户银行	杭州联合银行			银行账号	62839047352		
公司性质	中外合资	所属行业	商业	注册资金	200 万元	经营范围	食品、办公用品
信用额度	8 万元	忠诚度	一般	满意度	较高	应收账款	4.8 万元
客户类型	普通型			客户级别	B		
建档时间	2003 年 4 月			维护时间	2012 年 2 月		

表 3-27　客户档案表 2

客户编号	客户档案二						
公司名称	惠民超市				代码	HM	
法人代表	何锡文	家庭地址	杭州市江干区百年家园 3-301			联系方式	83438679
证件类型	营业执照	证件编号	120103789346338			营销区域	华东地区
公司地址	杭州市江干区庆春东路 193 号			邮编	310014	联系人	易继培
公司电话	83641893		家庭电话	87827463		传真号码	82641890
开户银行	中国农业银行庆春支行			银行账号	1566331510296580		
公司性质	中外合资	所属行业	零售	注册资金	2000 万元	经营范围	食品、百货、办公用品
信用额度	188 万元	忠诚度	高	满意度	高	应收账款	152. 5 万元
客户类型	重点型			客户级别	A		
建档时间	2009 年 1 月			维护时间	2012 年 2 月		

表 3-28　客户档案表 3

客户编号	客户档案三						
公司名称	家家福超市				代码	JJF	
法人代表	陈开军	家庭地址	杭州市上城区平海家园 5-505			联系方式	83557890
证件类型	营业执照	证件编号	120213432567876			营销区域	上城区
公司地址	杭州市上城区清泰街 204 号			邮编	310012	联系人	刘俊
公司电话	88293647		家庭电话	83468679		传真号码	88293600
开户银行	扫商银行清泰支行			银行账号	9372528903		
公司性质	民营	所属行业	零售	注册资金	70 万元	经营范围	食品、日用品、办公用品
信用额度	12 万元	忠诚度	一般	满意度	高	应收账款	9. 7 万元
客户类型	普通型			客户级别	B		
建档时间	2003 年 2 月			维护时间	2012 年 4 月		

表 3-29　华伟商贸有限公司采购订单（订单号：1604）

序号	商品名称	单位	单价/元	订购数量	金额
1	好娃娃薯片	箱	196.00	7	1372
2	诚诚油炸花生仁	箱	172.00	5	860
3	尝响油多多超级蛋王	箱	2.00	25	50
4	Vinda 维达双抽（绵柔）纸面巾	箱	6.00	10	60
合计					2342

表 3-30　惠民超市采购订单（订单号：1602）

序号	商品名称	单位	单价/元	订购数量	金额
1	好娃娃薯片	箱	196.00	7	1372
2	诚诚油炸花生仁	箱	172.00	10	860
3	旺旺饼干	箱	486.00	3	1458
4	雪碧	箱	3.00	15	45
5	椰树椰汁	箱	4.00	15	60
合计					4655

表 3-31　家家福采购订单（订单号：1605）

序号	商品名称	单位	单价/元	订购数量	金额
1	诚诚油炸花生仁	箱	172.00	10	1720
2	旺旺饼干	箱	486.00	3	1458
3	康师傅矿物质水	箱	24.00	10	240
合计					3418

表 3-32　配送中心库存表

序号	商品编号	商品名称	数量	单位
1	6921004208601	王老吉凉茶	30	箱
2	6924512320231	红牛方便面	20	箱
3	6925674823487	戴尔台式电脑	22	箱
4	6945815421783	喜洋洋背包	30	箱

续表

序号	商品编号	商品名称	数量	单位
5	6941278128979	精灵鼠标	18	箱
6	6941278128979	好娃娃薯片	12	箱
7	6941278128972	诚诚油炸花生仁	30	箱
8	6941278128973	尝响油多多超级蛋王	30	箱
9	6941278128974	Vinda 维达双抽（绵柔）纸面巾	20	箱
10	6941278128975	旺旺饼干	5	箱
11	6941278128976	雪碧	5	箱
12	6941278128977	椰树椰汁	20	箱
13	6941278128978	康师傅矿物质水	5	箱

子任务 3.4　配送中心拣选及补货作业

任务提示　本分项任务将引领读者了解拣货作业、能够根据订单信息生成拣选单，能够根据分拣单选择合理的拣货方法，能够选择合理的拣货路径按订单集货和分货。对于补货订单，能够选择合理的补货方式完成补货作业流程，能够合理选择补货时机，确定补货数量，能够根据补货单，用手持和手动液压叉车对目标储位完成补货作业。

任务先行　在降低分拣错误的情况下，将正确的货物、正确的数量、在正确的时间内及时配送给顾客，是分拣作业最终的目的及功能。仓库和仓库或配送中心发货过程中，针对客户的订单，将每个订单上所需的不同种类的商品，由仓库或配送中心取出集中在一起，包括拆包或再包装，即所谓的拣选（分拣、拣货）作业。随着商业竞争日趋白热化，零售点对于商品配送的需求，转为多样少量、高频率的配送方式。“在正确的时间内，将正确的商品及数量，以最好的产品状态与服务品质，在最低的运送成本下，送到正确的场地，给正确的客户”，则依赖整个仓库或配送中心各项作业的相互配合。但不可否认的是，拣选作业的快慢及正确与否，将直接影响对客户的服务品质。与分拣作业直接相关的就是补货问题。补货作业一定要小心计划，不仅是为了确保保证拣货区有货可拣，确保配货区有货可配，也是为了将货物安置于方便存取的位置。

思考：最近，销售部王总已经接到客户的投诉，说不能准时收到货物。原来，为了配合企业十周年庆典，营销部特意举行一场大型的促销活动，使得销售量有了急速的增加。同时仓储部门开始加班加点地工作，虽说给仓储部门的员工都加了工资，但还是有些抱怨。这件事惊动了董事长，要求各部门领导给出解决方案。最终得出，主要的问题是拣货效率过低，无法满足需要。董事长要求仓储部门三天内解决此问题。

如何在保证准确率的前提下，提高拣货的效率呢？

3.4.1 拣货作业

分拣作业就是依据顾客的订货要求或配送中心的送货计划，尽可能迅速、准确地将商品从其路径或其他区域拣取出来，并按一定的方式进行分类和集中，等待配装送货的作业过程。

1. 拣选原则

（1）先进先出。即先进的货物先出库。

（2）就近拣选。先拣选靠近出口的货物，就近拣选节省时间。

（3）整托先拣选。先拣选需要整托拣选的货物，腾出托盘，方便下次拣选时利用托盘。

（4）拣选路线最短的，避免迂回。

（5）体积大、重量大的先拣选。先拣选体积大、重量大的货物，坚持重不压轻，大不压小的原则。

2. 拣选方式

（1）按拣货单位分类。从货位上拣货，通常有三种拣货单位，即单品、箱、托盘，见表3-33。除这三种单位外，还有一种是体积大形状特殊的单位。根据拣货单位不同，可分为整托拣货、整箱拣货、拆箱拣货。

表3-33 拣货单位

拣货单位	说明
单品	拣货的最小单位，可从箱中取出，可以用人手单手拣取。
箱	由单品放入箱中组成，可从托盘上取下，人手必须用双手拣取。
托盘	由箱在托盘上堆码而成，无法由人手直接搬运，需借助堆垛机、叉车或搬运车等机械设备搬运。
特殊品	体积大、形状特殊，无法按托盘、箱归类，或必须在特殊条件下作业的物品，如大型家具、冷冻货品、长杆形货物。拣货系统的设计将严格受其限制。

拣货单位是根据客户订单数据分析出来的，如果客户订货的最小单位是箱，则不需要以单品为拣货单位。因此，拣货单位的决定因素是客户订单，拣货单位决定存储单位，再根据存储单位要求供应商按存储单位发货。拣货单位和存储单位也是拣选设备配置的依据。

（2）按订单组合分类。按订单组合分类方式可分为按单拣选和批量拣选两种方式。

①按单拣选（摘果式）。

针对每一份订单，分拣人员按照订单所列商品及数量，将商品从储存区域或分拣区域拣取出来，然后集中在一起的拣货方式。一般是一次只为一个客户进行配货作业。具体作业如图3-11、图3-12、图3-13所示。

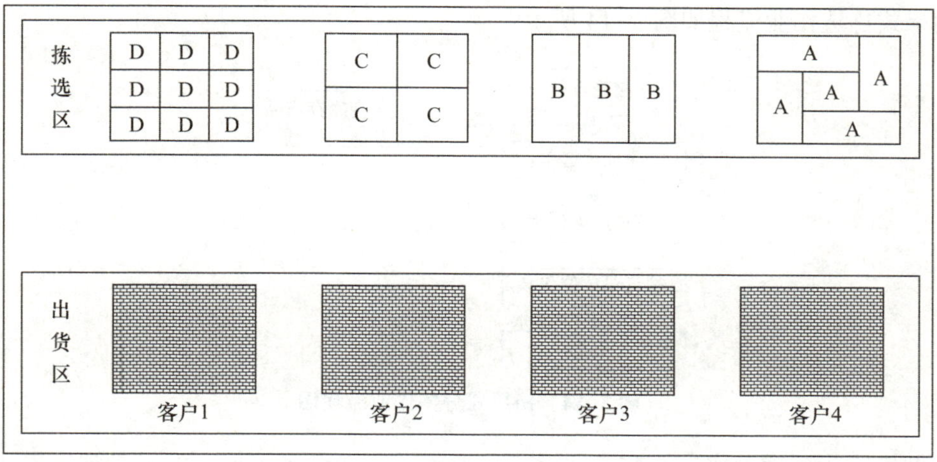

图 3-11 摘果式拣选作业示意图 1

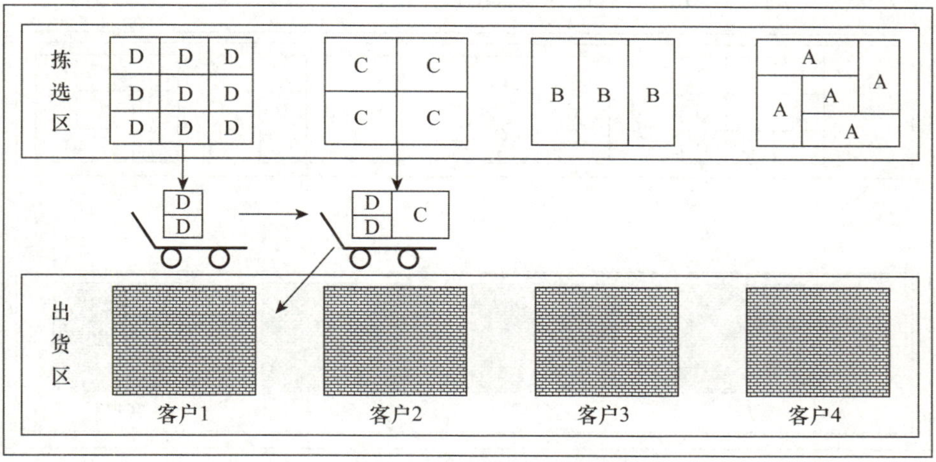

图 3-12 摘果式拣选作业示意图 2

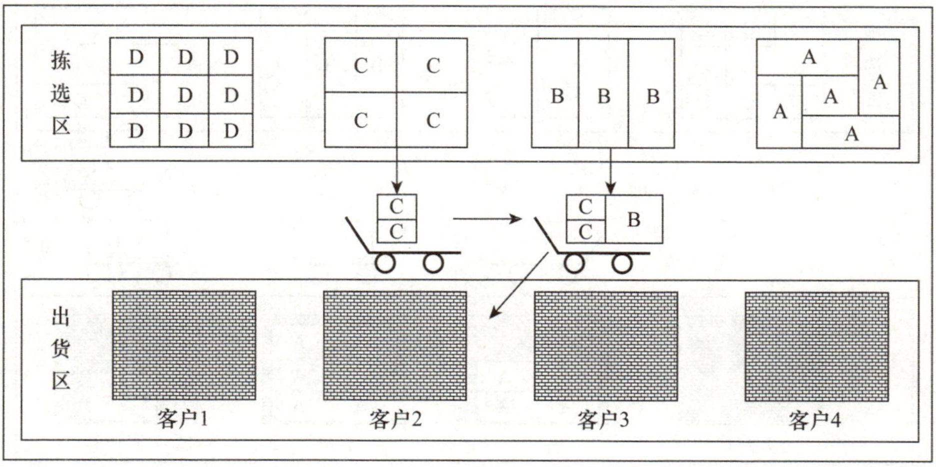

图 3-13 摘果式拣选工艺示意图 3

摘果式拣选作业流程如图 3-14 所示。

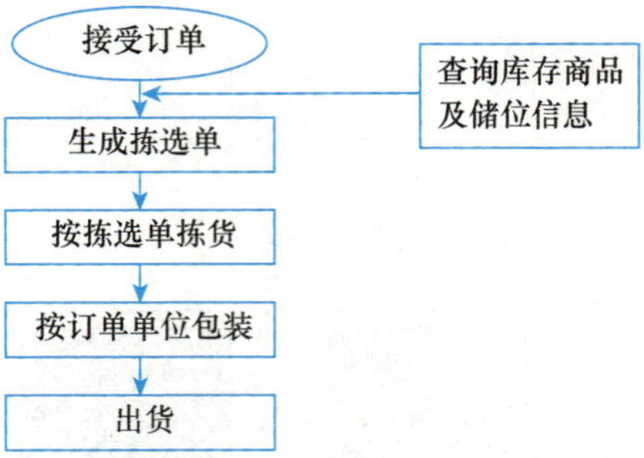

图 3-14　摘果式分拣作业流程图

②批量拣选（播种式）。

将多张订单集合成一批，按照商品品种类别汇总后再进行拣货，然后依据不同客户或不同订单分类集中的拣货方式。具体作业如图 3-15、图 3-16、图 3-17 所示。

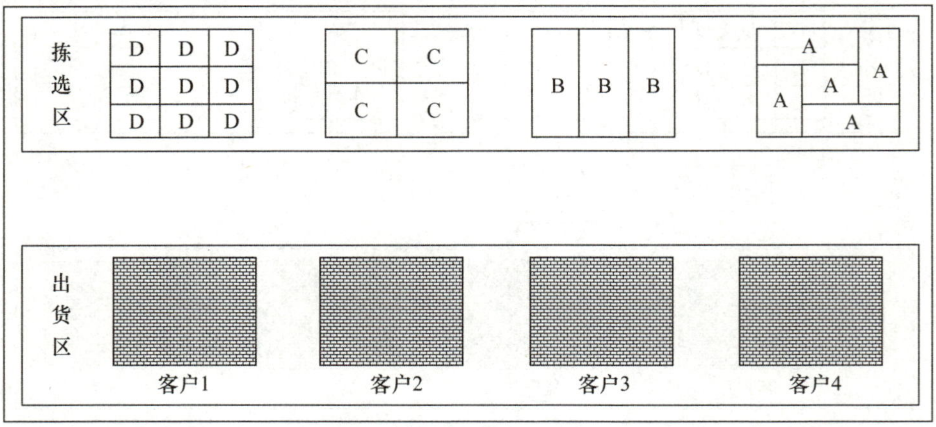

图 3-15　播种式拣选作业示意图 1

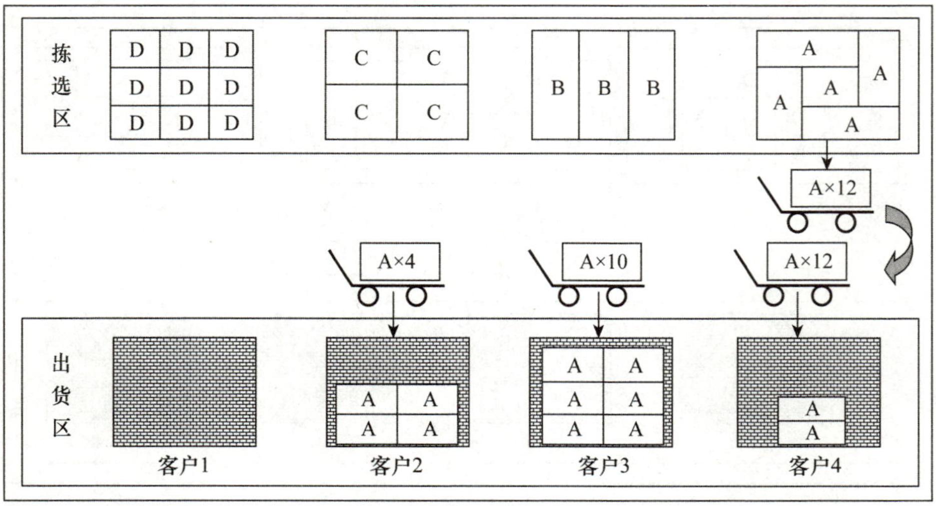

图 3-16　播种式拣选作业示意图 2

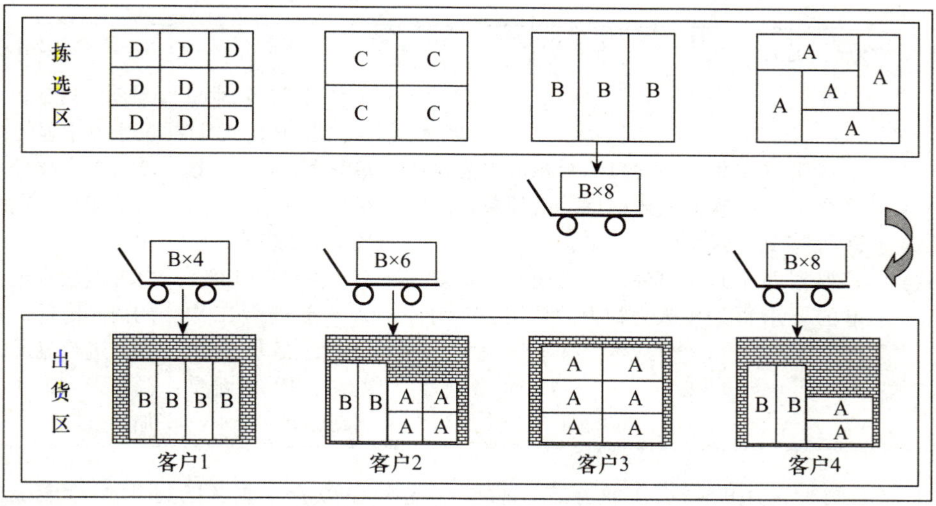

图 3-17 播种式拣选作业示意图 3

播种式拣选作业流程如图 3-18 所示。

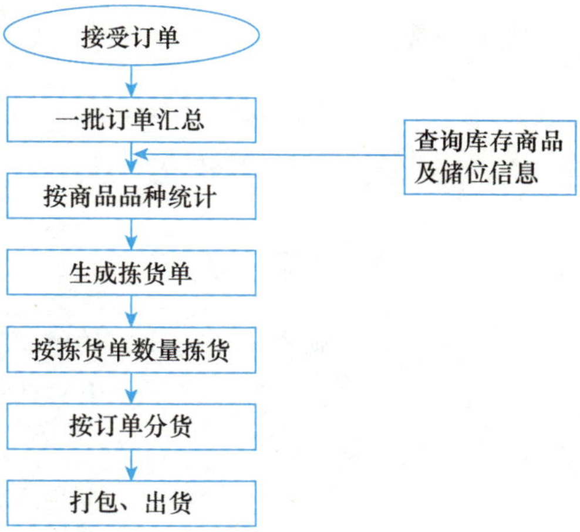

图 3-18 播种式拣选作业流程图

两种拣选方式的特点和适用情况见表 3-34。

表 3-34 各种拣货方式优缺点比较

拣选方式	定义	优点	缺点	适用情况
按单拣选（摘果式）	拣选完一个订单上所有的商品后，再拣选下一个订单	①按单拣选，责任明确，配货准确率高。 ②一单一拣，作业时间灵活，可根据客户要求安排先后顺序。 ③对于紧急订单，可及时安排作业，快速响应好。	①订单品项分布广时，拣货行走路径加长，拣取效率较低。 ②拣货区域大时，搬运系统设计困难。	客户订单不稳定，订购内容差异较大的情况。

续表

拣选方式	定义	优点	缺点	适用情况
批量拣选（播种式）	将多张订单加以合并，一次进行拣选，最后根据各个订单的要求再进行分货。	①可以缩短拣取商品时的行走时间，增加单位时间的拣货量。 ②便于配送中心统筹规划人力物力的使用，节约拣货成本。	①作业前置时间长，由于需要订单累积到一定数量时，才做一次性的处理，因此，会产生停滞时间。 ②由于进行二次分货，容易产生差错，增加订单出错概率。	①客户数量较多，且需求有很强的共性。 ②订单变化较小，订单数量稳定的配送中心。 ③外形较规则，固定的商品出货。 ④需进行流通加工的商品，便于批量加工。

除了以上两种常用的拣货作业方式，有些配送中心将某一地区的订单整合成一张拣货单，做一次分拣后，集中捆包出库，这是整合按单分拣方式，提高输配送的效率，属于按单分拣的一种变形方式，主要适应在每个订单只有一种品项的场合。另外，还有按单分拣与批量分拣的组合运用是复合分拣，此方式按订单品项、数量和出库频率决定哪些订单适合按单分拣，哪些订单适合批量分拣。

★知识链接

蚂蚁拣货法

美国佐治亚理工大学的 John Bartholdi 教授从蚂蚁搬家的过程中得到灵感，提出了蚂蚁拣货法（bucketbrigade system），这是一种能够自动调节平衡的高效系统，此方法可以解决一些通过区域拣货或者个人拣货所无法克服的问题。

我们不妨拿一群蚂蚁搬一堆面包屑的行动来解释一下这个系统。它们通常在面包屑堆和目的地之间排成一条直线，运输工作开始后，第一只蚂蚁驮着一粒面包屑向第二只爬去，而同时第二只也向第一只爬，两只相向而行，直到互相碰头。

这时，第一只蚂蚁把背上的面包屑放下后马上转身去搬运下一粒，而第二只蚂蚁则举起地上的那粒面包屑向后转，爬向第三只蚂蚁，同时第三只也向第二只爬去接货，二者仍是相向而行，直到碰头交货……这样循环往复，每只蚂蚁都不闲着，共同提高团队工作的效率。

在这个系统中，找到下一个伙伴传递工作才是关键点，而不是像分区拣货法那样以区域为限制。所以虽然面包屑有大有小，蚂蚁爬行的速度也有快有慢，但因为没有区域的限制，爬得快的蚂蚁可以多做一点贡献来帮助爬得慢的兄弟，这样的团队合作法像一根无形的指挥棒，不断地调整着各蚂蚁所分配到的工作量，共同造就一个完美平衡的工作系统。

把拣货员看作蚂蚁，把装货物的小车及随着小车走的订单当成面包屑，这个系统也能在仓库中得到有效应用。因为仓库的整个拣货工作也是拿着订单、推着拣货小车、沿着拣货路线、遍历所有拣货区的过程。当小车经过了所有货架，一张订单的拣货工作也就完成了。

所以可以依照这个思路对现有的拣货系统进行改良，取消各工人的工作区域限制，沿着拣货路线，靠近起点（办公室）的称为上游，靠近终点（装货区）的则称之为下游。

当每个拣货员从上游那里接过订单和拣货车，就沿着拣货路线进行拣货，直到遇到回来拿订单的下游拣货员，便把订单和拣货车移交给他，自己则往回走，直到遇到上游拣货员，又开始一个新的循环，每个拣货员都在上游和下游的同伴之间做往复运动，而非在固定区域之间，交接点可能每次都是在不同的地方。

那就是由于某个拣货员的速度比较快，或者正好手上这张订单的项目比较少，使得他赶上了下游的拣货员，而下游手上的订单还没做完，这种现象俗称“追尾”。

在实际操作中，追尾现象可能频繁发生，使蚂蚁系统的效率大打折扣。发生追尾时，拣货员如果等待，同样会浪费他们的时间，影响团队工作效率。而他们若是为了追求速度而越过下游自行拣货，再送到下游的下游手中，这样则会打乱订单的次序。

3. 拣选作业过程

拣选作业内容具体由处理拣货资料、确定行走路线并分派拣货人员、拣取、分类与集中等操作完成，如图 3-19 所示。

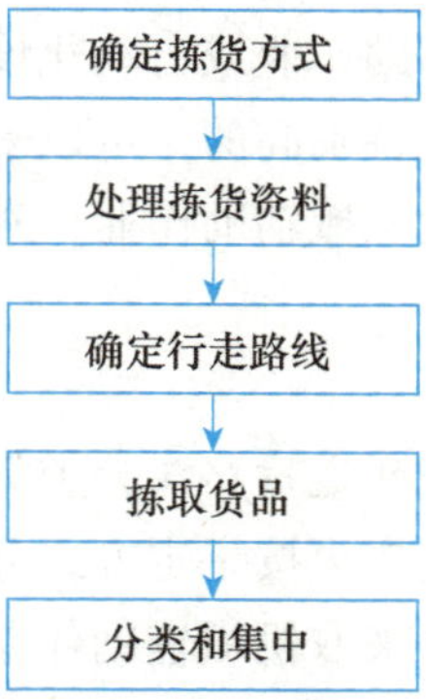

图 3-19　拣货作业流程

（1）确定拣货方式

根据配送中心人员、设备、订单品项、数量和货品的存储情况，确定拣货方式。

（2）处理拣货资料

订单处理人员根据确定的拣货方式通过计算机对客户进行处理，生成并打印拣货单，如表 3-35 所示，或者将订单信息传输给电子标签货架。拣货单上标明储位，并按储位顺序来排列货物编号，作业人员据此拣货可以缩短拣货路径，提高拣货作业效率。

表 3-35 拣货单

<table>
<tr><td colspan="2">拣选单编号</td><td colspan="10"></td></tr>
<tr><td colspan="2">用户名称</td><td colspan="10"></td></tr>
<tr><td colspan="2">拣货日期</td><td colspan="4"></td><td colspan="2">出货货位号</td><td colspan="4"></td></tr>
<tr><td colspan="2">拣货时间</td><td colspan="4">年 月 日 时 分</td><td colspan="2">拣货人</td><td colspan="4"></td></tr>
<tr><td colspan="2">核查时间</td><td colspan="4">年 月 日 时 分</td><td colspan="2">核查人</td><td colspan="4"></td></tr>
<tr><td rowspan="2">序号</td><td rowspan="2">订单编号</td><td rowspan="2">储位</td><td rowspan="2">商品名称</td><td rowspan="2">规格型号</td><td rowspan="2">商品编号</td><td colspan="3">包装单位</td><td rowspan="2">数量</td><td rowspan="2">备注</td></tr>
<tr><td>箱</td><td>整托</td><td>件</td></tr>
<tr><td>1</td><td></td><td></td><td></td><td></td><td></td><td></td><td></td><td></td><td></td><td></td></tr>
<tr><td>2</td><td></td><td></td><td></td><td></td><td></td><td></td><td></td><td></td><td></td><td></td></tr>
<tr><td>3</td><td></td><td></td><td></td><td></td><td></td><td></td><td></td><td></td><td></td><td></td></tr>
<tr><td>4</td><td></td><td></td><td></td><td></td><td></td><td></td><td></td><td></td><td></td><td></td></tr>
</table>

(3) 确定行走路线

配送中心根据拣货单所指示的商品编码、储位编号等信息，能够明确商品所处的位置，确定合理的拣货路线，安排拣货人员进行拣货作业。

(4) 拣取货品

拣取的过程可以由人工或机械辅助作业或自动化设备完成。通常小体积、少批量、搬运重量在人力范围内拣出货频率不是特别高的，可以采取手工方式拣取；对于体积大、重量大的货物可以利用升降叉车等搬运机械辅助作业；对于出货频率很高的可以采取自动拣货系统。

(5) 分类和集中

经过拣取的商品根据不同的客户或送货路线分类集中。有些需要进行流通加工的商品还需根据加工方法进行分类，加工完毕再按一定方式分类出货。在物品体积小、重量轻的情况下，可以采取人力分拣，也可以采取机械辅助作业，或利用自动分拣机自动将拣取出来的货物进行分类与集中。多品种分货的工艺过程较复杂，难度也大，容易发生错误，必须在统筹安排形成规模效应的基础上，提高作业的精确性。

◎小提示

拣货作业预期目标

①少等待——尽可能缩短闲置时间；

②少拿取——尽可能采用输送设备或搬运设备，减少人工搬运；

③少走动——做好拣货路线设计，尽可能缩短行走路径；

④少思考——尽可能做到操作简单化；

⑤少寻找——通过储位管理或电子标签等辅助拣选设备，尽可能缩短寻找货物的时间；

⑥少书写——尽可能不用纸制单据进行拣货，不但能够提高拣货效率，还能降低出错率；

⑦少检查——尽可能利用条码设备进行货品检查，减少人工目视检查。

4. 分拣策略

分拣策略是影响分拣作业效率的重要因素。在拣货前应先考虑对不同的订单需求采取不同的分拣策略。决定分拣策略的四个主要因素：分区、订单分割、订单分批、分类，而这四个因素之间存在互动关系，这四种主要因素交互运用可产生多种策略。在确定运用何种拣货策略时，必须按一定的顺序，才能使其复杂程度降到最低。图 3-20 是分拣策略运用的组合图，从左至右是分拣策略运用时所考虑的一般次序，可以相互配合的策略方式用箭头连接，所以任何一条由左至右可通的组合链就表示一种可行的分拣策略。

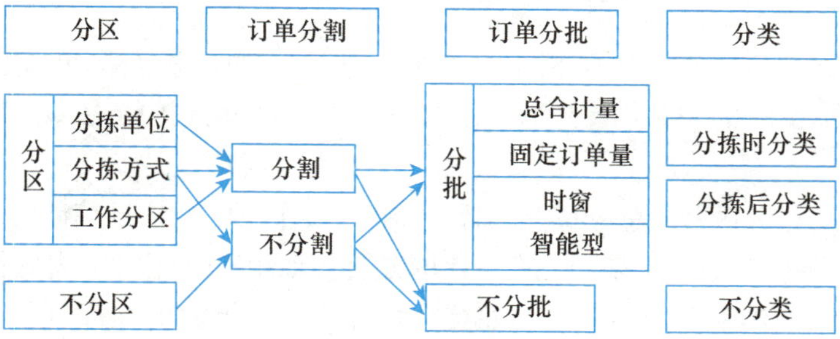

图 3-20 分拣策略运用的组合图

(1) 分区策略

分区就是将拣取作业场地做区域划分，每一个作业员负责拣取固定区域内的商品。

①按货物特性分区。根据货物原有的性质，将需要特别储存搬运或分离储存的货物进行区隔，以保证货物的品质在储存期间保持不变。可按商品性质、储存要求、搬运要求等分区，如按外形尺寸及形状可分为大件区、散料堆放区、成件区；按储存条件分为常温区、冷藏区、冷冻区；按出库频率分为快速流转品区、慢速流转品区。分区过程的原则是尽量使用共同设备，以使设备成本降低。

②按拣货单位分区。在同一储存区内分区时，要将储存单位与拣货单位分类统一，以方便拣取与搬运作业单元化，将拣取作业单纯化。如 AS/RS（自动仓储系统）及托盘货架都是以托盘为储存单位的，AS/RS 又以托盘为取出单位，而托盘货架则以箱作为分拣单位，因此可按分拣单位的差异再做分区设计。在分区设计时还须参考分拣方式，若按单分拣，则分拣分区可完全按分拣单位决定的结果；若按批量分拣方式，则分拣单位必须依订单分批后合计量的结果进行修正。

③按拣货方式分区。分拣方式除批量分拣和按单分拣外，还包括搬运、分拣机器设备等差异。如想在同一分拣单位分区之内采取不同的分拣方式或设备，就必须考虑分拣方式

的分区，如电子标签货架拣选区、RF 拣选区、台车拣选区。通常考虑的重要因素是货物被订购的概率及订购量，概率和订购量越高时应采取越具时效的分拣方式和设备。如按照商品销售的 A、B、C 分类，便于作业区单纯化、一致化，以减少不必要的重复行走所耗费的时间，如图 3-21 所示。

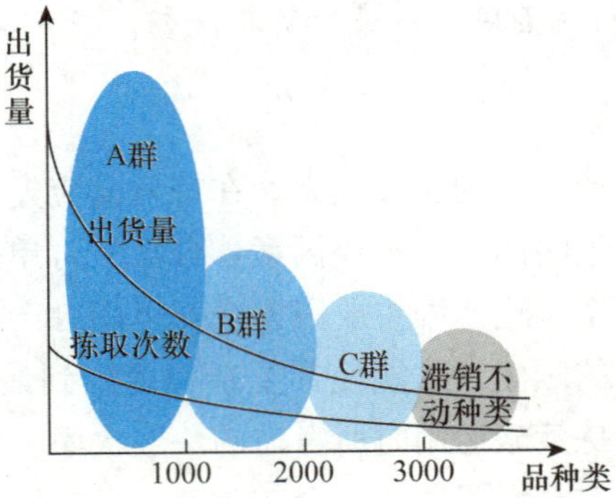

图 3-21　按拣货方式分区示意图

④按工作分区。按工作分区是指由一个或一组固定的拣货人员负责拣货区域内的货物，如图 3-22 所示。可先确定出工作分区的组合并预计其分拣能力，再计算出所需的工作分区数。

工作分区数 = 总分拣能力需求/单一工作分区预估分拣能力

优点是能减少拣货人员所需记忆的存货位置及移动距离，短时间内共同完成订单的拣取，但必须要注意工作平衡的问题。例如接力式分拣，先决定出拣货员各自分担的产品项目或料架的责任区域范围后，各拣货员只拣取拣货单中自己所负责的部分，然后以接力的方式交给下一位拣货员。

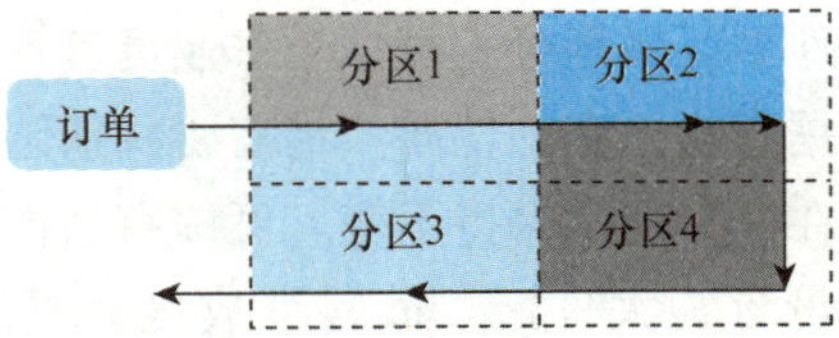

图 3-22　按工作分区拣取示意图

（2）订单分割策略

当一张订单所订购的商品项目较多，或欲设计一个讲求及时快速处理的拣货系统时，为了使其能在短时间内完成拣货处理，可利用此策略将订单切分成若干子订单，交由不同的拣货人员同时进行拣货作业，以加速拣货的速度。

订单分割策略必须与分区策略联合运用才能有效发挥作用。订单分割的原则按分区策略而定，一般订单分割策略主要在于配合分拣分区的结果，因此在分拣单位分区、分拣方法分区及工作分区完成之后，再决定订单分割的大小范围。订单分割可以在原始订单上做分离设计，也可以在订单接受之后做分离的信息处理。下面介绍几种订单分割方法。

①分拣单位分区的订单分割策略。按分拣单位分区的订单分割策略如图 3-23 所示。

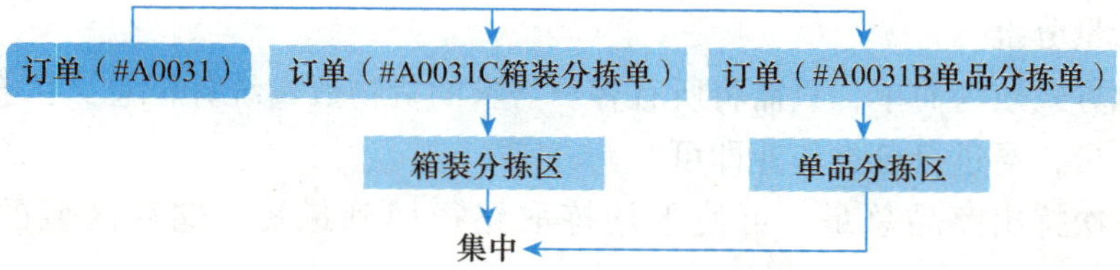

图 3-23 分拣单位分区的订单分割策略

②分拣方式分区的订单分割策略。按分拣方式分区的订单分割策略如图 3-24 所示。

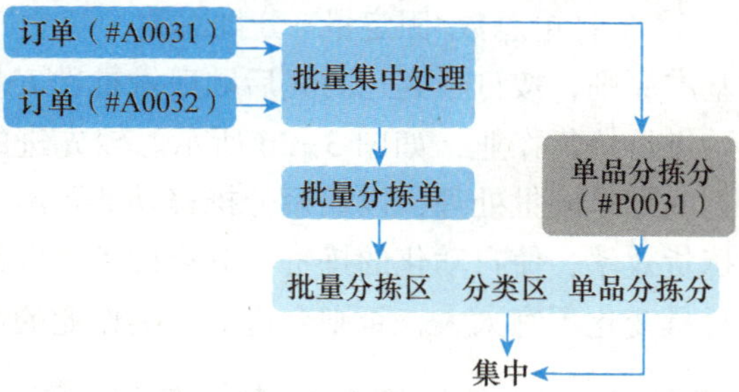

图 3-24 分拣方式分区的订单分割策略

③工作分区的订单分割策略。按工作分区的订单分割策略如图 3-25 所示。

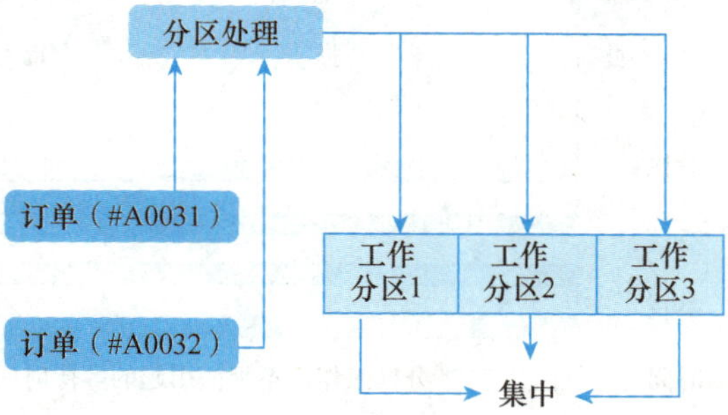

图 3-25 工作分区的订单分割策略

（3）订单分批策略

为了提高分拣作业效率，把多张订单集合成一批，进行批次分拣作业。订单分批的原则和批量的大小是影响分拣效率的主要因素。一般可以按配送客户数、订货类型及需求频率等三项条件选择合适的订单分批方式，如表 3-36 所示。

表 3-36 订单分批方式

适用情况		配送客户数	订货类型	需求频率
分批方式	总合计单分批	数量较多且稳定	差异小而数量大	周期性
	固定订单分批	数量较多且稳定	差异小且数量不大	周期性或非周期性
	时窗分批	数量多且稳定	差异小且数量小	周期性
	智能型分批	数量较多且稳定	差异较大	非即时性

①总合计量分批。

这种分批方式较为简单，只需将所有客户需求的货物数量统计汇总，由仓库中取出各项货物需求总量，再进行分类作业即可。

优点：一次拣出商品总量，可使平均拣取路径减到最短；储存区域的储存单位单纯化。

缺点：需要功能强大的分类系统完成分类作业，订单数不可过多。

②固定订单量分批。

订单总数/固定量=分批次数

采取先到先处理的基本原则，按订单到达的先后顺序做批次安排，当累计订单数到达设定的固定量时，再开始进行拣货作业，如图 3-26 所示。较先进的方法是利用智能分批的原则，将订货项目接近的订单同批处理，以缩短分拣移动的距离。

优点：维持稳定的拣货效率，使自动化的拣货、分类设备得以发挥最大功效。

缺点：订单的商品总量变化不宜太大，否则会造成分类作业的不经济。

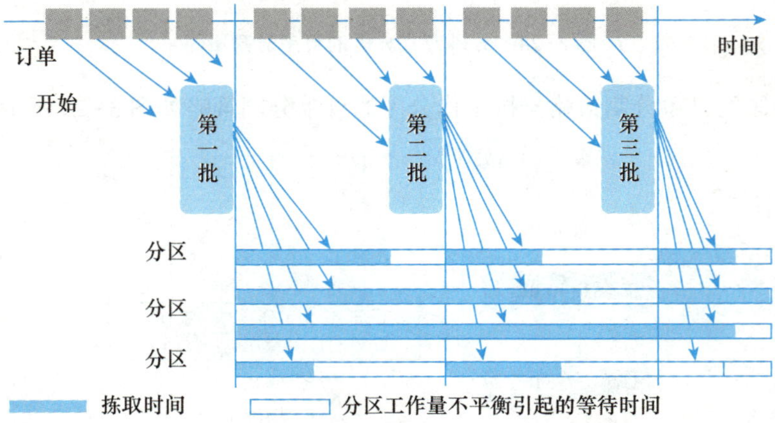

图 3-26　固定订单量分批拣选

③时窗分批。

作业总时间/时窗（TW）= 分批次数

按时间分批，固定时间称为时窗（比如 1 小时、30 分钟）。该方式的重点在于时窗大小的决定，决定的主要因素是客户的预期等候时间及单批订单的预期处理时间。为了适应客户的紧急需求，因此时窗的大小不应过长，且每批订单处理的时间在分拣系统的设计中也应尽可能地缩短。当订单到达至拣货完成出货所需的时间非常急迫时，可利用此策略开启短暂时段，例如 5 或 10 分钟，将此一时段中所到达的订单做成一批，进行拣取，如图 3-27 所示。

优点：较适合密集频繁的订单，且能应付紧急插单的需求。

缺点：等待的时间不一致，可能导致工作安排得不合理，以及设备的空置。

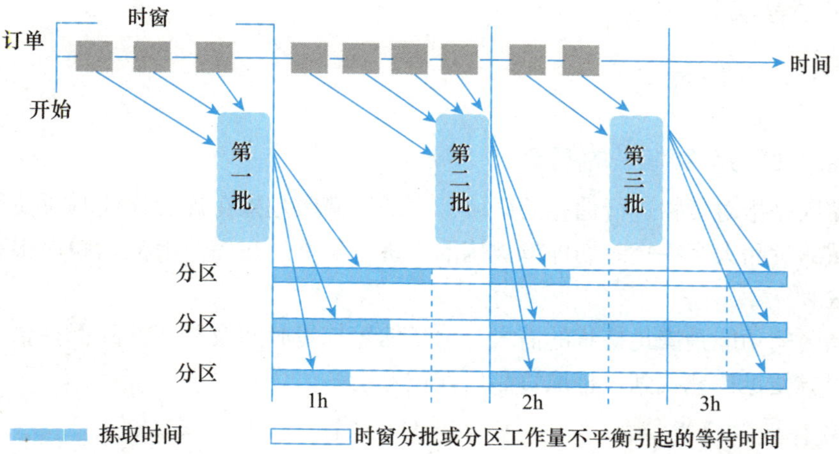

图 3-27 时窗分批拣选

④智能型分批。

智能型分批方式是技巧性较高的一种分批方式，适合仓储面积较大、储存货物项目多的分拣区域。订单通常在前一天汇集之后，经过电脑处理，将订货项目相近或分拣路径一致的货物分为同批，求得最佳的订单分批，以缩短分拣寻找的时间及移动的距离。

要做到智能型分批，最重要的就是货物储放位置和货位编码的相互配合，使得订单输入货物编号后就可凭借货物货位编号了解货物储放位置的情况，再根据分拣作业路径的特性，找出订单分批的法则。

优点：分批时已考虑到订单的类似性及拣货路径的顺序，使拣货效率更进一步提高。

缺点：所需软件技术层次较高不易达成，且信息处理的前置时间较长，若发生紧急插单处理，作业较为困难。

（4）分类策略

为采取批量分拣作业方式时，拣选完后还必须进行分类，而且不同的订单分批方式其分类作业的方式也有所不同。也就是说，决定分类方式的主要因素是订单分批的方式。分类方式有两种：分拣时分类与分拣后集中分类。

①分拣时分类：

A. 在分拣的同时将货品按各订单分类。

B. 常与固定量分批或智能型分批方式联用。

C. 需使用计算机辅助台车作为拣选设备，加快分拣速度。

D. 较适用于少量多样的场合。

②分拣后集中分类：

一般做法：

A. 以人工作业为主，将货品总量搬运至空地上进行分发。

B. 利用分类输送系统进行集中分类。

适用场合：

A. 适用于整箱拣选。

B. 拣选货品较重、体积较大的场合。

3.4.2 补货作业

1. 保管储区与动管储区的概念

保管储区是指对货物进行储存的区域，而动管储区是指在拣货作业时所使用的拣货区域，此区域的货品大多在短时期即将被拣取出货，其货品在储位上流动频率很高，所以称为动管储区。

动管储区的功能是满足拣货的需求，为了缩短拣货时间及距离并降低拣错率，必须在拣取时能很方便迅速地找到欲拣取货品所在位置。

2. 补货作业的含义

补货作业（replenishment）：从保管区将物品移到拣货区域，并做相应信息处理的活动。（《物流中心作业通用规范》GB/T 22126—2008）详细指配送中心拣货区的存货低于设定标准的情况下，将货物从仓库保管区域搬运到拣货区的作业活动。

补货作业的目的是为了将正确的货物在正确的时间、正确的地点，以正确的数量和最有效的方式送到指定的拣货区，保证拣货区随时有货可拣，能够及时满足客户订货的需要，以提高拣货的效率。

一般以托盘为单位的补货，其主要作业的流程如图 3-28 所示。即使是以箱为保管单位，补货流程亦大致相同。

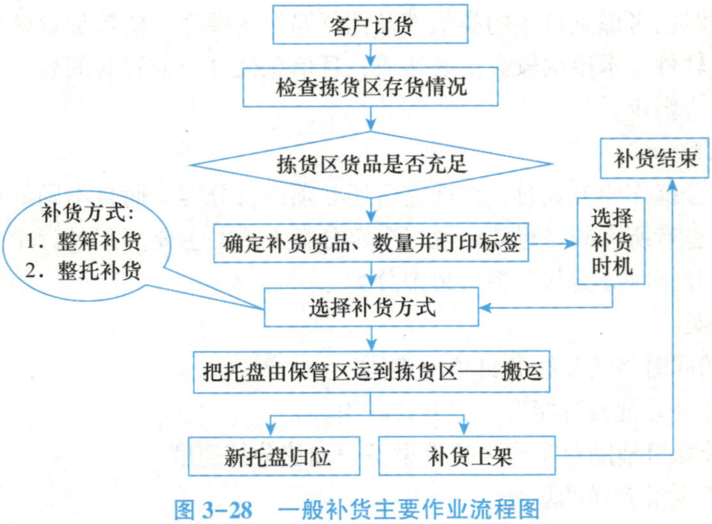

图 3-28 一般补货主要作业流程图

3. 补货时机

补货作业的发生与否应视动管拣货区的货量是否符合需求，因而究竟何时需检查动管区存量，何时需将保管区的货补至动管区，以避免拣货中途才发觉动管区的货量不够，需要临时补货，而影响整个间或拣货作业。补货时机通常有以下三种方式，见表 3-37。

表 3-37 补货时机的方式

补货时机	说明
批次补货	于每天或每一批次拣取前，经由电脑计算所需物品之总拣取量，再相对查看动管拣货区的物品量，于拣取前一特定时点补足物品。此为“一次补足”的补货原则，较适合一日内作业量变化不大，紧急插单不多，或是每批次拣取量大需事先掌握的情况。
定时补货	将每天划分为数个时点，补货人员于时段内检查动管拣货区货架上物品存量，若不足即马上将货架补满。此为“定时补足”的补货原则，较适合分批拣货时间固定，且处理紧急时间也固定的公司。
随机补货	指定专门的补货人员，随时巡视动管拣货区的物品存量，有不足随时补货的方式。此为“不定时补足”的补货原则，较适合每批次拣取量不大，紧急插单多以至于一日内作业量不易事前掌握的情况。

4. 补货作业方式

补货作业的策划要满足两个前提，即“确保有货可拣”和“将待拣货物放置在存取都方便的位置”。以下是支持拣货的主要补货方式。

（1）整箱补货

整箱补货是由货架保管区补货到流动式货架的动管区的补货方式。此补货方式的保管区为货架储放，动管拣货区为两面开放式的流动棚。拣货时拣货员从拣取区拣取单品放入物流箱中，然后运至出货区。而当拣取后发觉动管区的存货已低于规定的水平，就要进行补货的动作。整箱补货方式如图 3-29 所示。这种方式适合体积小且少量多样出货（整箱货）的货品。

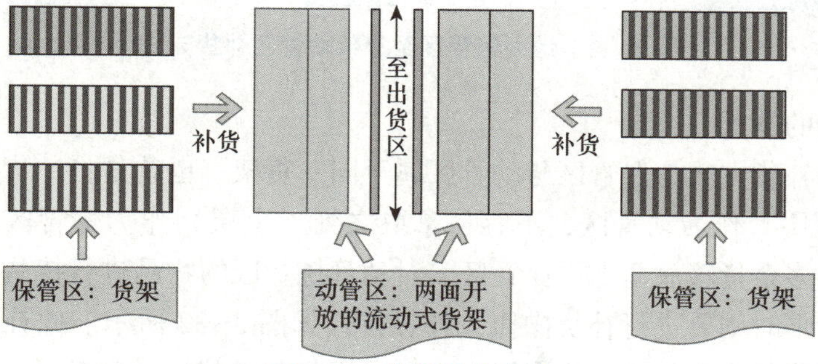

图 3-29 整箱补货方式

（2）整托补货

①地板至地板。此补货方式的保管区为以托盘为单位地板平置堆叠存放，动管区也为以托盘为单位地板平置堆叠存放，不同之处在于保管区的面积较大，存放物品量较多，而动管区的面积较小，存放物品量较少。拣取时拣货员于拣货区拣取托盘上的货箱，放至中央输送机出货；或者，可使用叉车将托盘整个送至出货区（当拣取大量品项时）。而当拣取后发觉动管拣货区的存货低于水准之下时，则要进行补货操作，补货方式如图 3-30 所示。这种方式适合体积大或出货量多的物品。

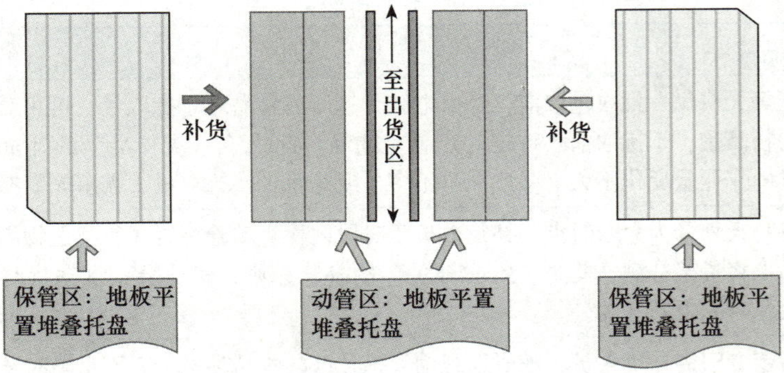

图 3-30　地面成组堆码间的补货方式

②地板至货架。此补货方式的保管区是以托盘为单位地板平置堆叠存放，动管区则为托盘货架存放。拣取时拣货员在拣货区搭乘牵引车拉着推车移动拣货，拣取后再将推车送至输送机轨道出货。而一旦发觉拣取后动管区的库存太低，则要进行补货操作，补货方式如图 3-31 所示。这种方式适合体积中等或中量（以箱为单位）出货的物品。

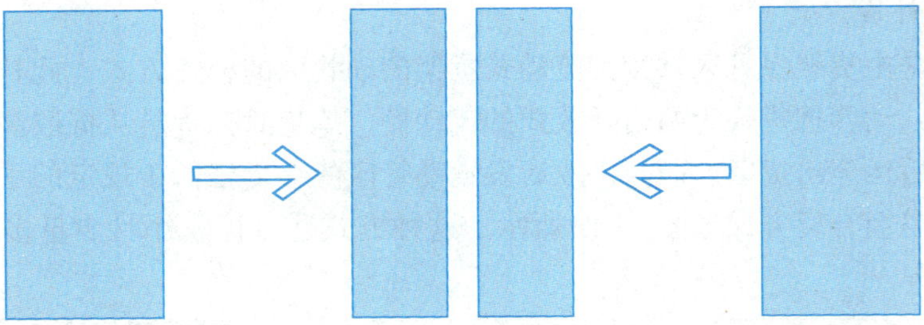

图 3-31　地面保管区至货架动管区补货方式

③货架之间的补货

货架之间的补货方式为保管区与动管区属于同一货架，也就是将一货架上的两手方便拿取之处（中下层）作为动管区，不容易拿取之处（上层）作为保管区。而进货时便将动管区放不下的多余货箱放至上层保管区。对动管拣货区的物品进行拣货，而当动管区的存货低于水准之下时则要进行补货操作，补货方式如图 3-32 所示。此补货方式适合体积不大、每品项存货量不高，且出货多属中小量（以箱为单位）的物品。

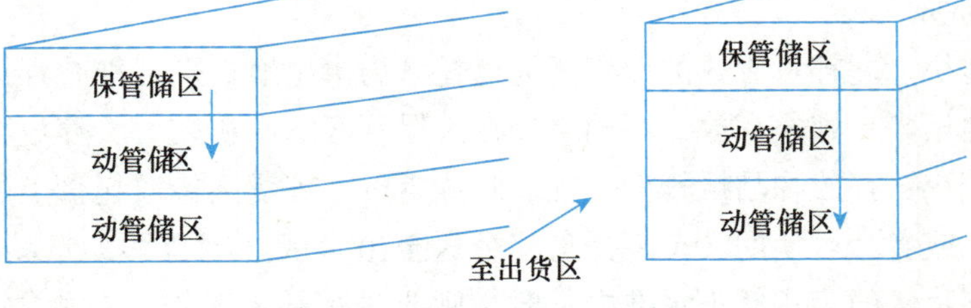

图 3-32　货架上层向货架下层的补货方式

项目实施

实训目的：

1. 掌握拣选工作流程。
2. 能根据实际情况，确定适宜的拣选方法。
3. 会确定拣选路径和拣选方式。
4. 会进行不同方案成本、效率的比较分析。

实训内容：

现有神州大药房有限公司各药品存储信息（如表3-38）。请根据客户订单进行拣货，包括按单拣货和批量拣货，并进行成本及效率分析。

表3-38 药品种类及数量一览表

储位	商品名称	存储单品数量	储位	商品名称	储位单品数量
2001	复方锌铁钙颗粒	10	3001	六味地黄软胶囊	90
2002	银翘解毒丸	100	3002	牛黄清肺散	100
2003	云南白药胶囊	100	3003	安喘片	90
2004	阿胶三宝膏	10	3004	阿佐塞米片	80
2011	阿米卡星滴眼液	50	3011	消栓再造丸	70
2012	五味子糖浆	80	3012	逍遥丸	60
2013	安神爽脑口服液	80	3013	加味逍遥丸	50
2014	阿法骨化醇胶囊	60	3014	保和丸	30
2021	金青感冒颗粒	70	3021	金青解毒丸	30
2022	藿香祛暑水	90	3022	益肾十七味丸	50
2023	六合定中丸	80	3023	葡萄糖注射液	40
2024	消栓通络颗粒	100	3024	阿莫西林胶囊	80
2031	三维鱼肝油乳（成）	80	3031	多维锌颗粒	10
2032	小儿清热止咳口服液	80	3032	山楂茯苓颗粒	20
2033	小儿消食片	90	3033	九制大黄丸	50
2034	小儿氨酚黄那敏	100	3034	复方甘草麻黄碱片	50

各客户订单一览表，如表3-39所示。

表 3-39　各客户订单一览表

客户名称	序号	品名	药品规格	单位	生产厂家	数量
A	1	银翘解毒丸	9 g×10	盒	兰州佛慈制药股份有限公司	20 盒
	2	逍遥丸	200 g 浓缩丸	瓶	江苏康缘药业有限公司	30 瓶
	3	云南白药胶囊	0. 25 g×32	瓶	云南白药集团股份有限公司	10 瓶
	4	三维鱼肝油乳（成）	500 g	瓶	青岛双鲸药业有限公司	30 瓶
	5	阿莫西林胶囊	0. 25 g×10×5 板	盒	哈药集团制药总厂	50 盒
B	1	加味逍遥丸	6 g×10 袋水丸	盒	河北万岁药业有限公司	50 盒
	2	小儿消食片	0. 3 g×100	瓶	济南宏济制药有限公司	60 瓶
	3	云南白药胶囊	0. 25 g×32	瓶	云南白药集团股份有限公司	50 瓶
	4	银翘解毒丸	9 g×10	盒	兰州佛慈制药股份有限公司	10 盒
	5	阿莫西林胶囊	0. 25 g×10×5 板	盒	哈药集团制药总厂	20 盒
C	1	云南白药胶囊	0. 25 g×32	瓶	云南白药集团股份有限公司	20 瓶
	2	逍遥丸	200 g 浓缩丸	瓶	上海宝龙安庆药业有限公司	20 瓶
	3	小儿消食片	0. 3 g×100	瓶	济南宏济制药有限公司	30 盒
	4	三维鱼肝油乳（成）	500 g	瓶	青岛双鲸药业有限公司	10 瓶
	5	银翘解毒丸	9 g×10	盒	兰州佛慈制药股份有限公司	60 盒

其中，客户 A 要求送货、不允许缺货，一直长期合作且信誉一直良好。客户 B 要求送货、允许缺货，一直长期合作且信誉一直良好。客户 C 要求送货、不允许缺货，一直长期合作且信誉一直良好。

实训要求

1. 根据上述资料按照不同拣货方式拣选。
2. 根据拣货方式进行成本、效率分析。
3. 确定需要补货的商品。

实训评价

实训结束后，对学生的实训结果按照考评表进行考核评价，发现不足并提出改进办法，使学生真正掌握知识、学会技能。

◎每节一练

拣货作业的方式有哪些？

分项任务小结

完成本分项任务后，请进行自我测试：拣货作业与补货作业的关系。

子任务 3.5 配货作业

任务提示 本分项任务将引领读者了解配货作业的含义、配货作业流程、配货作业管理等内容。

任务先行 配货作业是配送中心区别于传统仓储作业的明显特征。传统的仓储作业中虽然也进行进货、存货和发货活动，但都是些辅助性工作。配送中心通过有效的组织配货和送货，不仅承担了保证货流畅通，价值转移的任务，更重要的是盘活了储存运输资源，使整个社会资源重新分配并得到充分利用。

★物流聚焦

成功利器——沃尔玛的高效配货系统

沃尔玛公司是全世界零售业年销售收入位居第一的巨头企业，素以精确掌握市场、快速传递商品和最好满足客户需求著称，是著名的“全球500强”零售业排行的冠军。

沃尔玛1969年在美国建立起第一个配送中心，现在这个中心为4个州32家商场配送。沃尔玛在2000年仅配货系统就投资达1600亿美元，在美国利用自己的配货系统，为连锁商场配送商品。沃尔玛的企业理念是“最低的成本，提供最高质量的服务”。配货系统根据商店和顾客的需求，及时地提供货物和最迅速的服务，整个供应链“无缝”链接，顺畅运转，顾客无论在商场需要什么商品，都可以得到补充和满足。

沃尔玛的配送系统之所以成功，其中一个主要原因就是它完美的配货系统。在总部及配送中心，任何时间都可以知道每个商场现在货架上有多少货物、配送中心存了多少货物，还有多少货物在运输途中等。同时可以了解到某种货物卖出多少的总数，还可以预测将来能够卖多少的问题。这是因为商场中专用的商品都是利用标准的条形码来管理的，只要对某种商品进行扫描，就可以对此商品进行定位，得出相应的销售、库存和运输等方面的信息。这些信息都是利用计算机与条形码获取的。

另外，沃尔玛配送中心全部都是自动化立体仓库形式，商品从一个门进，从另外一个门出，没有任何阻力在中心流动，他们使用输送机有效地搬运商品。沃尔玛配送中心每周处理120万箱。配送中心根据不同商场所需要的不同商品，对商品进行分类、分拣，然后放入不同的货箱，分拣员根据信号灯所提供的信息取货，所有商品都按照顾客的订单配货，放入不同的货箱，在发货区装上配送车。

总而言之，沃尔玛的配货系统是高效的、合理的、低成本而且服务水平高。这种高效率的运营，我们要如何来仿效呢？配货系统的方法和流程又是怎样运转的呢？对于配货作业区应该如何来设计和管理呢？本章将解决这些问题。

3.5.1 配货作业流程

配货作业是指把拣取分类完成的货品经过配货检查过程后，装入容器和做好标示，再运到配货准备区，待装车后发送。

配货主要包括分货和配装两个方面的内容。分货是指理货人根据理货单上的内容说明，按照出货的优先顺序、储位区域号、配送车辆趟次号、门店、先进先出等出货原则和方法，把需要出货的商品整理出来，经复核人确认无误后，放置到暂存区，准备装货上车的工作。配装是指集中不同客户的配送货物，进行搭配装载，以充分利用运能、运力的工作。

配货作业是配送中心区别于传统仓储作业的明显特征。传统的仓储作业中虽然也进行进货、存货和发货活动，但都是些辅助性工作。配送中心通过有效地组织配货和送货，不仅承担了保证货流畅通、价值转移的任务，更重要的是盘活了储存运输资源，使整个社会资源重新分配并得到充分利用。其基本作业流程如图 3-33 所示。

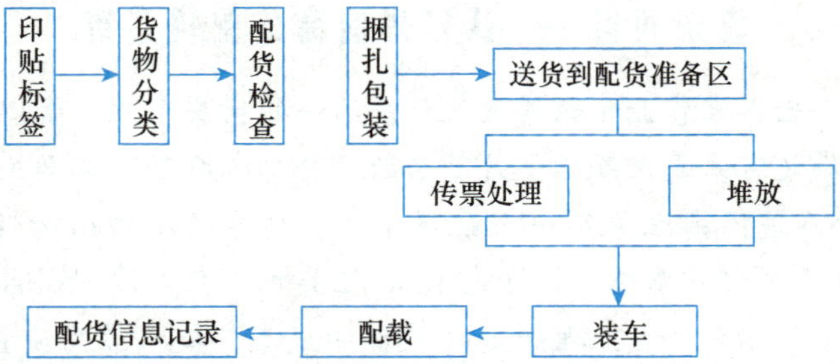

图 3-33 配货作业的基本流程

1. 印贴标签

标签是贴在物品上的标志及标贴，包括文字和图案。与物品包装的装潢不同，物品标签是为了区别物品的出处，是专用的；而物品包装的装潢是对物品的美化、装饰说明和宣传。一般标签都是附着在物品的外部或附着在物品包装容器的外部，用来说明物品的材料构成、产地、重量、生产日期、质量保证期、厂家联系方式、产品标准号、条形码、相关的许可证、使用方法等商品重要的信息。

在配货过程中，使用最为广泛的是条形码管理。在传统的物流作业中，配货要占全部劳动力的 60%，且容易发生差错。在配货中应用条形码，能使分货迅速、正确，并提高生产率。总部或配送中心在接受客户的订单后，将订单汇总，并分批发出印有条形码的分货标签。这种条形码包含有这件商品要发送到哪一家连锁店的信息。分货人员根据计算机打印出的分货单，在仓库中进行分货，并在商品上贴上分货标签（在商品上已有包含商品基本信息的条形码标签）。将分出的商品运到自动分类机，放置于感应输送机上。激光扫描器对商品上的两个条形码自动识别。检验分货有无差错。如无差错，商品将分岔流向按分店分类的滑槽中，然后将不同分店的商品装入不同的货箱中，并在货箱上贴上印有条形码的送货地址卡，这种条形码包含有商品到达区域的信息。再将货箱送至自动分类机，在自动分类机的感应分类机上，激光扫描器对货箱上贴有的条形码进行扫描，然后将货箱输送到不同的发货区。当发现分货有错时，商品流入待定的滑槽内，如图 3-34 所示。

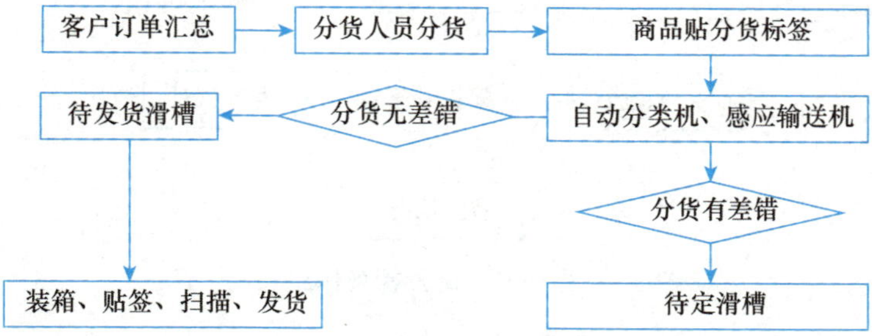

图 3-34 配货过程中条形码的应用

2. 分货作业

（1）分货作业定义。分货作业是在拣货作业完成之后，将所拣选的货品根据不同的顾客或配送路线进行的分类，对其中需要经过流通加工的商品拣选集中后，先按流通加工方式分类，分别进行加工处理，再按送货要求分类出货的过程。该作业承接的是分拣作业的最后一个环节——货物集中。

（2）分货与集中。若配送中心采用播种式拣货方式时，在拣取完毕后则需要根据订单类别、客户地理位置、送货要求、配送路线等相关信息对货物进行分类和集中的处理，在开展分货作业时，物流人员需要根据实际情况选择不同的分货方式，如表 3-40 所示。

表 3-40 分货方式

分货方式	分货步骤简介	效率分析
人工分货	指所有分货作业过程全部由人根据订单、拣货单自行完成，而不借助任何电脑或自动化的辅助设备。	效率较低，适用于品种单一，规模较小的仓库。
自动分类机分货	指利用自动分类机及分辨系统完成分货，其步骤如下： 1. 将有关货物及分类信息通过信息输入装置输入自动控制系统； 2. 自动识别装置对输入的货物信息进行识别； 3. 自动分类机根据识别结果将货物分类后送至不同的分类系统。	准确、快速、效率高。适用于多品种、业务繁忙的配送中心。
旋转架分货	指利用旋转货架完成分货工作，其步骤如下： 1. 将旋转货架的每一格位当成客户的出货框； 2. 作业人员在计算机输入各客户的代号； 3. 旋转货架自动将货架转至作业人员面前。	半自动化操作，有利于节省成本。

3. 配货检查

配货检查属于确认拣货作业是否产生错误的处理作业。拣取的货物经过分类、集中后，需要根据客户、车次对象等拣选货品作业产品号码及数量的核对，以及产品状态及品质的检验，以保证发运前货物的品种正确、数量无误、质量及配货状态不存在问题，如图

3-35 所示。

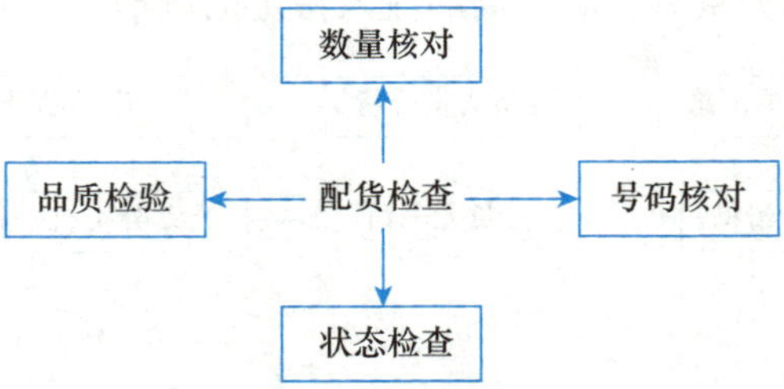

图 3-35　配货检查作业

配货检查员的工作是进一步确认拣货作业是否有误，配货检查最原始的做法是纯人工进行，即将货品一个个点数并逐一核对出货单，进而查验配货的品质及状态情况。就状态及品质检验而言，纯人工方式逐项或抽样检查确有其必要性，但对于货物号码及数量核对来说，效率太低且存在错误。因此，目前在数量及号码检查的方式上有许多改进，常用的方法有商品条形码检查法、声音输入检查法和重量计算检查法，如表 3-41 所示。

表 3-41　配货检查作业程序和效果对比

检查方式	作业程序	作业效果
商品条形码检查	条形码是随货物移动的。检查时利用条形码扫描器读移动着的货物条形码，计算器自行统计扫描信息，并对出货单进行对比，从而检查货物数量和编号是否有误。	相对于人工检查，效率高，出错率低。
声音输入检查	当物流人员发声读出商品名称、代码和数量后，计算机接受声音并自动判别，转换成资料信息后，与发货单进行对比，从而判断是否有误。	效率高，但要求作业人员发音准，且每次发音字节有限，否则会造成计算机识别困难，进而产生错误。
重量计算检查	利用计算机计算货单上的所有货物的总重量，再与货品的总重量相对比，检查发货是否正确。	可省去事后检查工作，而且效率及正确性极高。

4. 包装

一般来说，包装是配货作业的最后一环。配送作业中的包装就是对配送货物按照一定的标准进行重新集中、组合和打捆的过程。

配货作业中的包装主要是指运输包装，其主要作用是为了保护货物并将多个零散包装物品放入大小合适的箱子中，以实现整箱集中装卸、成组化搬运等，同时减少搬运次数，降低货损，提高配送效率。另外，包装也是产品信息的载体，通过在外包装上书写产品名称、原料成分、重量、生产日期、生产厂家、产品条形代码、储运说明等，可以便于客户和配送人员识别产品，进行货物的装运。通过扫描包装上的条形码还可以进行货物跟踪，配货人员可以根据包装上的装卸搬运说明对货物进行正确操作。

配送的包装要求结构坚固、标志清晰、价格低廉，重点在于搬移管理、保护商品和信息传递。包装的设计不仅要考虑配送过程的要求，例如：方便配送人员识别、提高运输效率、方便装卸，而且要考虑终端用户的要求，例如：方便客户接收时的清点；尽量做到简洁、单纯、轻薄、标准、节约等包装合理化的要求。

（1）接受包装任务。包装人员接受包装任务时，必须明确地了解包装的具体要求，详细了解该批货物是否需要进行防腐、防湿、防虫害、防震或多功能包装。

①明确包装材料要求。包装材料要求包括对包装材料的类别、规格及型号等各个方面的规定。在物流配送作业过程中常见的包装材料如表 3-42 所示。

表 3-42 常用运输包装材料

材料名称	具体内容
纸质包装	牛皮纸、玻璃纸、植物羊皮纸、沥青纸、板纸和瓦楞纸等
木材包装	包括各种箱、桶、托盘等
塑料包装	主要用于包装塑料的种类有聚乙烯、聚丙烯、聚氯乙烯、钙塑材料等
金属材料包装	应用较多的是镀锡薄板、涂料铁、铝合金等金属材料

②明确配送包装技术要求。在物流配送作业中，包装活动主要是针对运输活动准备的，充分了解包装技术要求，对包装作业的开展有着很重要的作用，对于运输包装，最主要的是防震、防破损等。常见的物流运输包装技术要求如表 3-43 所示。

表 3-43 主要包装技术类别和方法

包装技术类别	包装方法
防震保护技术	全面防震包装、部分防震包装、悬浮式防震包装
防破损保护技术	捆扎及裹紧技术、集装技术、选择高强保护材料
防锈保护技术	防锈油防锈蚀包装技术、气相防锈包装技术
防霉腐包装技术	冰冻包装、真空包装、防腐剂
防虫包装技术	驱虫剂
危险品包装技术	根据危险性质，选择性地采用包装方式
特种包装技术	充气包装、真空包装、收缩包装、拉伸包装、脱氧包装

◎提示板

配送包装材料的选用原则

运输包装材料有很多，但是在配送包装的选用过程中，尽量选择符合合理化要求的材料。一是轻薄化，可以节约材料、提高装卸搬运和运输的效率；二是包装材料及规格尽量单纯化，材料品种少有利于减少浪费和易于管理、规格单一有利于提高作业效率；三是需要因地制宜，包装需要与配送要求相统一，是否需要包装、规格如何、需要什么样的材料等必须结合实际需要，力求达到协调一致。

（2）领取包装材料。包装人员在接受包装任务并明确包装材料要求和技术要求后，需要到相关部门领取包装材料及用品，包括包装纸、包装袋及包装机等。领取包装材料需要完成以下工作：

①写领料单或材料请购单。领取包装材料时，应按事先制定的材料消耗定额如实填写领料单，按公司规定的权限报相关人员审批后，将领料单提交给包装材料仓库管理员，如表3-44所示。

表3-44 领料单

领料单		编号
		日期
收件方		发件方
参考数字	物品	数量
经办人		核准人
签名		签名

若所需的材料库存不足，则需要及时填写材料请购单，按公司规定权限报相关人员审批后，提交给采购部门进行采购。

②到指定仓库领料。包装材料仓库管理员接到领料单后，快速核实材料的库存是否满足要求、检查领料单的审批手续是否齐全，按规定发料。

包装人员在接到仓库管理的领料通知后，按时到仓库领料，并把材料按类别完整地运回包装作业区。

（3）开展包装作业。

①实施包装。包装人员在领取包装材料和包装用具后，即可开展具体的包装作业，将货物装进容器，按照统一规定的标准完成拼装、分装、打捆及加固等作业。

②填写包装清单。包装完毕后，包装人员应认真填写包装清单，将其连同包装的货物一起放进相应的包装容器内。

③进行封装。将包装件、包装清单放入包装容器后，使用专业工具或封装设备将包装容器封起来，确保货物在配送过程中的安全性。

（4）贴标记及标志。封装完毕后，需要在外包装容器上贴上有文字或图像说明的标签，以便相关作业人员快速辨认、识别货物。为货物在途跟踪、运输、交接、装卸搬运、核查清点等作业提供方便。

①贴配送包装标记。

配送包装标记和物流包装标记基本一致，是根据货物本身的特性，按有关规定文字、图案、表格等标明的标记，主要包括货物名称、数量、质量、规格尺寸、出厂时间、进出口公司名称、货物类别等。根据内容不同，物流包装标记可分为以下4类，具体如表3-45所示。

表 3-45 物流包装标记

名称	项目及作用
一般描述性标记	1. 包括货物的名称、规格、型号、计量单位、数量、重量、出厂日期、地址等，对于时效性较强的货物还要写明成分、保质期等。 2. 主要用来说明货物实体的基本情况。
收发货地点和单位标记	1. 用来表明货物起运、到达地点和收发货单位等的文字记号，在铁路运输中经常被采用。 2. 这种标记主要有 3 个作用：加强保密性，有利于物流中货物的安全；减少签订合同和运输过程中翻译工作；运输中导向作用，可以减少错发、错运等事故的发生。
牌号标记	1. 主要用来说明货物名称的标记，一般不提供有关无货的其他信息。 2. 一般印制在包装的显著位置。
等级标记	用来说明货物质量等级的记号，常用“一等品”“优质产品”等字样。

②张贴货物包装标志。货物包装标志是指用来表明货物性质、物流活动安全及离火、装卸、搬运、分运等作业要的文字和图像记号。其作用在于方便作业人员辨识货物，并进行正确操作，以保证人员货物的安全。

货物包装标志主要包括运输标志、指示性标志、警告性标志，具体如表 3-46 所示。

表 3-46 包装标志分类表

标志分类	具体内容
运输标志	1. 目的港、目的地。 2. 收货人或发货人的代号。 3. 件号、批号。
指示性标志	包括“禁用手摸”“必须竖放”“小心摔坏”等。
警告性标志	凡在运输包装内装有爆炸品、易燃物品、放射性物质等危险货物时，都必须在包装上标明各种危险品的相应标志。

（5）包装检验。包装检验即根据订货单、相关包装的作业标准及其他规定，对货物的内外包装及包装标记、标志进行检验，具体包括以下 5 个方面的工作，如图 3-36 所示。

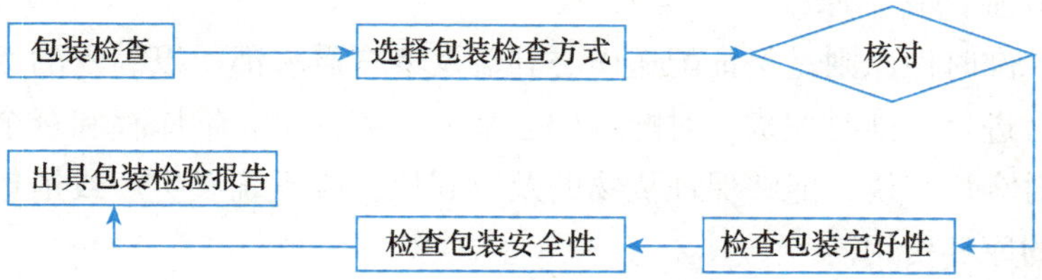

图 3-36 包装检验的步骤

（6）出具包装检验报告。根据包装标志（标记、号码）完好性、安全性的检查结果，出具配送包装检验报告，再将货物发至配货放置区。发货作业只要在货物外包装符合运输、装卸搬运和送货要求的条件下才可开展。

★补充阅读

NIKE 配送中心的包装创新

在 NIKE 的配送中心，进行了不断的包装创新。为了减少包装的生态影响，1995 年，NIKE 对包装盒进行了一次全面设计，将 18 种包装盒改为 2 种，然后又改为 1 种生态包装，这种包装采用了一种开创性的折叠式设计，结构中不含金属、油墨和胶水，用来盛放运动鞋、滑雪板、太阳镜等，这样的设计每年为 NIKE 节约了 8000 吨纤维材料。

由于采用了单一的包装材料和单元，包装效率得到了大大提高。同时由于使用单一的包装材料和单元，更加有利于资源的回收利用，旧的包装盒作为再生原料，被投入到封闭循环系统的粉碎设备中处理，处理过程中不会对环境造成污染，仅此一项，每年节约 4000 吨纤维材料。

3.5.2 配货作业管理

配货作业的基本任务是保证配送业务中所需的商品品种、规格、数量在指定的时间内组配齐全并形成装载方案。这就要求在掌握所配货物基本信息的前提下，按照配货作业的基本特点和规律，进行进一步分析，进而合理地设计配货作业区域、方法等。

1. 配货作业形式分析

为了顺利、有序、方便地向众多客户发送商品，配送中心对组织起来的各种货物进行整理，并依据订单要求进行组合。为了保证配货活动正常的运转，配送中心必须对配货作业形式分析，依据实施配货活动的基本任务和配货原则进行配货计划的编制。

配送中心内存放的商品数量大、品种杂、规格多，每日发送商品的次数和装配配送车辆的趟次也比较高。若没有周密的计划管理，极易出现疏漏，影响后续业务的正常进行。因此配送中心必须编制配货计划，以保证客户需求的商品能在最短的时间内以最合理的方式完好无损地配齐、经济合理的配载，这也是配送业务得以顺利实施的前提条件。

（1）配货作业的基本原则。

①准时性。准时性原则是保证配送中心利益及客户需求都得以满足的双赢原则。按照客户的要求准时进货、准时发货，对配送中心来说不需占用大量库存和资金，可保证库存的合理周转；对客户来说，能够保证货物的及时到位，既不耽误生产或销售，又可使企业减少库存，节约库存费用。

②方便性。在配送商品中，有些商品时常需产品或畅销产品，有些商品则生产周期或需要周期比较长。配送中心在摆放商品时，要根据配送商品的配送规律，合理摆放，以方便配货为前提，做到将常用商品和畅销商品摆放到靠近配货作业的通道旁边，以便于理货人员进行理货作业时的商品取放，节约理货时间。

③优先性。对于下列客户，配送中心可以优先进行配货。

第一，具有优先权的客户。

第二，依客户等级划分，重要性程度比较高的客户。

第三，依订单交易量或交易金额划分，对公司贡献大的订单。

第四，依客户信用状况划分，信用好的客户。

（2）配货计划的编制。配货作业的科学性及合理性，直接影响配送中心配送业务的绩效。一个较为完善的计划编制步骤如下：

①进行市场调查。配货作业时配送中心的内部业务活动，在工作时不与具体客户直接接触，只按照订货单位进行配货作业。但它不能无视市场状况，只考虑自己的业务流程。脱离实际的业务安排是盲目的、没有依据的，会给企业带来资源的极大浪费。因此，配货管理部门在编制具体配货计划时首先要进行市场调查，收集客户的需求信息，了解影响配货作业的因素。例如：哪些商品是畅销品？其畅销的原因是什么？这些商品在本配送中心的日需求量是多少？它们继续畅销的时间会有多长？各种商品的生产周期和需求周期时间是多少？然后根据这些因素的综合影响合理安排配货作业指标。

②确定配货顺序。配货是配送业务的环节之一，需要与其他部门进行经常性的沟通协调，以确定不同时期的配货顺序。实际生产经营存在一定的周期性和淡旺季，且不同企业的淡旺季节不同。处于旺季的企业急于赶工、抓时机，往往要货急、要货数量大。而旺季一过，这些企业的需求倾向明显发生变化，需求量降低或根本不需要。因此，配货部门要经常与集货部门及送货部门联系，了解客户订单的变化倾向，不断调整自己的配货顺序，将最需配送的货物优先配装，以保证客户的需求和企业的利益。另外，确定配货顺序还是考虑优先原则，使拥有优先权、交易量大、信誉度好的客户享用优先配货的权利。

③确定配货作业指标。配货中心进行配货作业时，需确定的考核指标包括：

第一，分拣配货率。分拣配货率是指从库存的货物种类中分拣出的货物种类占全部库存货物种类的比重。计算公式为：

$$PHD=\frac{PI}{ZI}$$

式中：ZI——库存种类数

PI——分拣种类数

PHD——分拣配货率

分拣配货率越高，说明分拣配货效率越高。影响配货人员配货效率的因素主要有单位时间内处理货物的品种、每天的发货品种数、每个订单的品种数、每个订单的作业量与配货人员的数量、配送中心内作业场地的宽度及允许作业的时间。因此，对分拣配货率的确定要综合分析。

第二，配货方式和配货路线。配货中心要根据自己的配送业务类型、商品的品种数、客户订单的数量，确定配货的方式及路线。配货路线一经确定，要由计算机信息系统打印成《商品配货路线图》，提供给配货人员，进行拣选商品时使用。

第三，配货人员的数量和机械类型及种类。配货人员包括理货人员和装卸人员两种。通常，一轮配货如果人多速度就快，但过多的人员会造成人均工作量的不足，配货计划要根据配送中心的日均发货量的大小确定适当的配货人员数。同时，配货人员的数量与配货机械的自动化程度有着密切的关系。配货工具自动化程度高的配送中心需要的配送人员数量少，利用人工配载工具的配送中心为了保证配货速度，配货人员数量就要增多。

第四，确定配装方案。如果一辆车需配装不同客户的商品，就需要考虑商品间的理化性能、客户指定地点的路径方向及区域等方面问题，然后再按商品性能相近、路线方向一致或区域同属的配装原则指定配装方案。

④进行指标控制。

第一，定期对各项指标进行考评。有计划不认真执行等于没有计划，执行计划不实施检查等于不执行计划，配货管理部门在计划的执行过程中，要定期对计划的执行情况进行监督检查，评价各种指标的完成进度和质量。

第二，修订和调整配货计划。如果某项指标在执行时发现与计划不符，管理人员要及时查找出现偏差的原因。计划于实际不符的原因主要有两个方面：一方面是客观原因，即市场环境发生了变化，客户的需求也随即发生调整，计划人员要及时研究新的市场需求，修订配货计划。另一方面是主观原因，即或是管理人员在制订计划时对情况了解不足，编制计划有误，使实际与计划难以衔接；或是配货人员执行不力，造成计划按期完成。前者需要管理人员主动修订计划，后者则要求管理人员加大管理力度，敦促基层配货人员，增强责任心。

（3）配货管理方式。配货是很复杂、工作量很大的配送业务，尤其是客户多，品种规格多，而需求批量又小时，如果再加上需求频度很高，就必须在很短的时间内完成配货作业。所以选择合理的配货方式，高效率地完成配货作业，在某种程度上决定着配送中心的服务质量和经济效益。配送中心常用的配货方式有：

①拣选式配货。拣选式配货是由负责理货的工人或理货机械，巡回于货物的各个储货点，按理货单指令，取回所需货物，巡回一遍，则为一个客户将货配齐，配齐后的货物立即配装。拣选式配货可采用单一拣选和摘果式拣选。

在选择拣选式配货形式时要考虑到配送中心的设备、客户的要求及作业量的大小等因素，它的主要方式如下表 3-47 所示。

表 3-47　拣选式配货的形式选择

拣选式配货的形式	作业内容
人工拣选配货	配货作业由人来进行，人、货架、集货设备（货箱、托盘等）配合完成配货作业，在实施时，由人一次巡回或分段巡回于各货架之间，按订单拣货，直至配齐。
人工加手推作业车拣货配货	配货作业人员推车一次巡回或分散巡回于货架之间，按订单进行分拣，直至配齐。借助配货作业人员半机械化的手推车作业，在拣选作业量大、单品或单件较重、体积较大的货物时，可减轻他们的劳动强度。
机动作业车拣货配货	配货人员乘车为一个客户或多个客户拣选配货，车辆上分放着各个客户的拣选容器，拣选的货物直接放入容器，每次拣选配货作业完成后，将容器内的货物放到指定的货位，或直接装卸到配送车辆上。

续表

拣选式配货的形式	作业内容
传动输送带拣选配货	配货人员只在附近几个货位进行拣选配货，传动带不停地运转，分拣配货作业人员或按指令将货物取出放到传动输送带上，或放到输送带上的容器内。
拣选机械拣选配货	自动分拣机或由人操作的叉车、分拣台车巡回于一般高层货架间进行拣选。或在高层重力式货架一端拣选。

采用拣选式配货法，能够保证配货的准确无误，对某个客户来讲可以不受其他因素制约进行快速配货，可以按客户要求的时间，调整配货的先后顺序，而且配好的货可以不经分放直接装到送货车上，有利于简化工序、提高效率。采用拣选式配货法，受到一定的限制，其适用范围如表 3-48 所示。

表 3-48 拣选式配货的适用范围

拣选式配货的适用范围
客户数量不多，但需要的种类较多，且每种商品需求数量差异较大
不同客户间需求的产品种类有较大的差异
客户临时的紧急需求
客户需求的大件商品

对于拣选式配货法，主要优点是机动灵活，既可以采取机械化水平较高的工具作业，也可以实施人工操作。拣选工具也可以专门配置设计的车辆、传送设备，也可以是一般作业车辆（汽车、手推车），甚至可以用人力进行拣选。因此这种方法易于实行。尤其是在配送工作开展初期或小型配送中心，客户不多且技术装备较差的情况，使用这种方法既简便又快捷。

②分货式配货。分货式配货又称播种式配货，是由负责理货的工人或理货机械每次集中取出货物，然后巡回于客户的指定货位之间，到达一个货位将该客户所需的数量分出，每巡回一次，将若干客户所需的同一种货物分放完毕。如此反复进行，最后，将各客户所需货物全部配齐，一轮配货任务即告结束。其主要的形式如表 3-49 所示。

表 3-49 分货式配货的形式

分货式配货的形式	作业内容
人工分货配货	在货物体积较小、重量较轻的情况下，人工从普通货架或重力式货架上一次取出若干个客户共同需求的某种货物，然后巡回于各客户配货货位之间，将货物按客户订单上的数量进行分放。
人工加手推作业车分货配货	配货人员利用手推车至一个存货点将各客户共同需要的某种货物取出，利用手推车的机动性可在较大的范围内巡回分放配货。
机动作业车分货配货	用台车平板作业车一次取出数量较多、体积和重量较大的商品，然后由配货人员驾车巡回分放配货。

续表

分货式配货的形式	作业内容
传动输送带加人工分选配货	传动输送带的一端和货物储存点相接，另一端同客户的配货货位相接。传动输送带运行过程中，一端集中取出各客户共同需要的货物，置于输送带上输送到各客户货位，另一端配货作业人员取下该货位客户所需的货物。
分货机自动分货配货	分货机在一端取出多客户共同需求的货物，随着分货机上输送带运行，按计算机预先设定的指令，在与分支机构连接处自动打开出口，将货物送到分支机构，分支机构的终点是客户集货货位。
回转货架分货配货	回转货架可以看成若干个分货机的组合，当货物不多又适于回转货架储存时，可在回转货架出货处，一边从货架取货，一边向几个客户货位分货，直至配货完毕。

采用分货式配货作业，可以提高配货速度，节省配货的劳动消耗，提高劳动效率。尤其当客户数量很多时，反复拣选会使工作异常重复和烦琐，采用分货作业就可避免。实行分货配货作业时，还需要注意分货配货作业适用的范围，如表 3-50 所示。

表 3-50　分货式配货的适用范围

分货式配货的适用范围
客户数量多，且需求的商品种类有限，每种商品的需求数量也不大
各客户之间需求的商品种类差别不大
客户有比较稳定的需求计划
需要搬运的货物体积不大

2. 配货作业区设计

（1）配货作业区设计的目标。配货作业区设计的目标主要体现为使配货作业区空间利用与库存货品的处置成本之间实现平衡，具体包括以下几个方面：配货作业区利用率最大化；人员、设备的有效使用；能及时存取货物，满足客户需求；货品的有效移动；保证货品的品质；科学的管理。

（2）配货作业区的构成。配货作业区的主要构成要素包括配货作业区空间、货品、人员及设备等要素。

①空间。在进行配货作业区规划时，必须要考虑到空间大小、柱子排列、梁下高度、走道、设备回转半径等基本因素，再配合其他相关因素的分析，方可做出完善的设计。

②货品。货品的准确性，是配货作业最重要的环节。分析货品的特征（如供应商、货品特性、数量、进货规定、品种），货品在配货作业区的摆放方法，以及货品的管理和控制都是要解决的关键问题。

③人员。对于一般的配货作业区，不细分作业工种，安排单独的配货人员就可以解决问题。但对规模较大的配货作业区，人员分工较细，有仓管、搬运、理货拣货、补货人员

等，同时在配货作业区进行作业。

④设备。对于配货作业区，主要的设备为分拣机、托盘、搬运车和传输机械等。

(3) 配货作业区的规划。配货作业在整个配送过程中起着非常重要的作用，配货作业区的规划合理与否直接影响整个配送中心的作业效率和能力。

①空间布局。这里所强调的配货作业区空间布局主要是配货作业区内部竖向布局，指货品在作业区垂直方向上的布置，其目的在于充分有效地利用作业区的空间。空间布局形式如表 3-51 所示。

表 3-51 配货作业区空间布局形式

空间布局形式	具体内容
地面直接堆码	将货品的单位包装直接堆放在垛基上，层层堆码到一定的高度
上货架存放	利用货架将货品进行竖向布置
架上平台存放	在货架的顶部铺设一层承压板构成二层平台
空中悬挂	将货品悬挂在空中，以利用空间

②货位管理。货位管理就是指货品进入配货作业区后，对货品如何处理、如何放置、放置在何处等进行合理有效的规划和管理。这主要取决于货品的储存策略。

储存策略即决定货品在配货作业区域存放位置的方法或原则。良好的储存策略可以减少货品的移动距离，缩短作业时间，保证货品品质，提高配送效率。一般的货位管理方式主要有 4 种，它们的具体内容、优点和缺点，见表 3-52 所示。

表 3-52 配货作业区货位管理方式

货位管理方式	具体内容	优点	缺点	适用情况
定位储存	每一项货品都有固定储位，货品不能互用储位	①配货人员容易熟悉货品储位 ②可按周转率来安排储位，缩短搬运时间 ③针对特性货品做储位安排，相互影响减小	①作业区使用效率较低 ②需要更多的作业空间	①配货作业区较大 ②多种少量商品的配货
随机储存	每一个货品都是随机指派产生的，而且随便改变	①储位可以共享 ②作业区空间使用率较高	①货品随机，造成周转率高的商品放置不合理，降低了配货效率 ②特性商品相邻放置，造成货品的破坏	①配货作业区空间有限 ②种类少或体积较大的货品
分类储存	根据货品的特性进行分类，每一类货品都有固定的储位，还要按一定的原则来指派储位	①具有定位储存的一切优点 ②高效的储存管理	①配货作业区的平均使用效率低 ②需要更多的作业空间	①周转率差别大 ②产品相关性大
共同储存	不同的货品可共享相同储位的方式	①作业空间更经济 ②配货效率更高	管理上较为复杂	已知货品的进出作业的时间

③货位编号。

第一，货位编号的概念。货位即货物存放的位置。在配货作业区，将货场、货棚及货架等存放货品的场所，划分为若干货位，然后按地点和位置排列，采用统一标记，编列货位的顺序号码，并做出明显标志，以方便配货作业人员进行配货作业的管理方法。

第二，货位编号方法。货位编号应按照统一的规则和方法进行，根据配货作业区货位的多少、放置条件等具体情况和使用上的习惯加以区分。常见的货位编号方法如表3-53所示。

表 3-53　配货作业区货位编号方法

货位编号方法	内容说明
货场货位编号	按照货位的排列，变成排号，再在排号内按顺序编号。或采取自左至右和自前至后的方法，按顺序编号。
货棚货位编号	对有货场、货棚齐备的配货作业区，应加注备注“场”或“棚”等字样。
货架货位编号	一般都是从属于段位编号，只需在段位末尾加注“上”字样，即可按位找货。

◎提示板

散装货品的货位编号

对于非整件货品来说，在配货作业区的货位编号，主要有三种方法编号。

1. 以排为单位的货架货位编码。这种编号方法，就是将配货作业区内所有的货架，以进入配货作业区的方向，自前到后安排编号，继而对每排货架的夹层或格眼，在排的范围内自上而下、从左到右的顺序编号。

2. 以品种为单位的货架货位编号。这种编号方法，就是将配货作业区内的货架，以货物品种划分配货区域后，再以品种占用配货区域的大小，在分区编号的基础上，进行格眼编号。

3. 以货品编号代替货架货位编号。这种编号方法，对于进出频繁的零星货物有很大的好处，它可避免两套编号的麻烦，在编号时要掌握货架格眼的大小、多少和存放货品的数量、体积大小相适应。

3. 车辆配装管理

GBT 22126-2008《物流中心通用作业规范》关于配装（goods matching）的定义：物流中心按存货客户的指令，根据目的地、发货数量、线路等对待发货的物品进行配车并装车的活动。

车辆配装是配送活动中重要的一环，配装是否合理将直接影响货物的安全、配送的成本及效率，必须采用合理的方法。一方面通过循环配送减少空驶，一方面通过使用有效的配载技术提高车辆的吨位利用率。

（1）车辆配装的要点。GBT 22126-2008《物流中心通用作业规范》关于配装流程及规范的要求如下：

①根据订单情况，制订配装作业和车辆调度计划，有效组织人力、物力和运输车辆，保证发货物品能够及时配齐并装车；

②根据订单与物品类别，规定可以混装或者不可混装的物品；

③装车物品的堆码、加固要求；

④送单证流程及物品转移交接程序。

在具体作业过程中，往往是首先做好物品的准备，其次是装载次序的确定，以什么次序装车的问题，是车辆的积载问题。原则上，客户的配送顺序安排好后，只要按货物“后送先装”的顺序装车即可。但有时为了有效地利用空间，还应考虑货物的性质（怕震、怕压、怕湿）、形状，体积及质量等做出某些调整。如能根据这些选择恰当的装卸方法，并能合理地进行车辆积载工作，则可使货物在配送运输中货损，货差减少，既能保证货物完好和安全运输，并能使车辆的载重能力和容积得到充分的利用。要求在车辆积载时应遵循一定的原则，具体如表 3-54 所示。

表 3-54　车辆配装原则

要点	具体要求
轻重搭配	将重货置于底部，轻货置于上部，避免重货压坏轻货，并使货物重心下移，从而保证运输安全。
大小搭配	到达同一地点的同一批配送货物，其包装的外部尺寸有大小，为了充分利用车厢的内容积，可采取不同尺寸大小货物。在同一层或上下层的合理搭配，以减少厢内留有的空隙。
性质搭配	拼装在一个车厢内的货物，其化学属性、物理属性不能互相抵触。由于在交运时托运人已经包装好的而承运人又不得任意开封。因此，厢内货物因性质抵触而发生损坏，由托运人负责，由此造成承运人损失者，托运人应负赔偿责任。
一次积载	到达同一地点的适合配装的货物应尽可能一次积载。
合理堆码	根据车厢的尺寸、容积、货物外包装的尺寸来确定合理的堆码。
不许超限	积载时不允许超过车辆所允许的最大载重量、最大长度宽度和高度。
载荷均匀	积载时车厢内货物重量应分布均匀，不能出现明显的左右不均或者前后不均。
防撞防污	应防止车厢内货物之间碰撞、沾污。

配送车辆的载重能力和容积能否得到充分的利用，当然与货物本身的包装规格有很大关系。小包装的货物容易降低亏箱率，同类货物用纸箱比用木箱包装亏箱率要低一些。但是，亏箱率的高低还与采用的积载方法有关，所以说，恰当的积载方法能使车厢内部的高度、长度、宽度都得到充分的利用。

（2）车辆配装的方法。车辆的配装要根据车辆的运载特性和货物的性质、包装等决定。

①车辆运载特性。一般来说，车辆如果能够按照核定吨位满载运行则说明车辆的吨位利用率较高，但是在实际工作中往往不能够做到每辆车都是满载运行的，会因配送货物的

流量、流向、配送时间和配送距离等因素影响而不能满载，此时应该核算满载率，使得配送过程中尽可能有较高的满载率，充分地考虑车辆空间和核载量进行安排。

其中吨位利用率的指标为：

$$吨位率=\frac{完成周率}{在行承量}\times 100\%$$

配送运输车辆的吨位利用率尽量保持在80%～100%，但是不能超过100%，以免造成车辆损坏。

一般来讲，车辆的配装按照运载特性，遵从以上原则，尽可能提高满载率，具体方法有：

第一，研究各类车厢的装载标准，不同货物和不同包装提及的合理装载顺序，努力提高装载技术和操作水平，力求装足车辆核定吨位；

第二，根据客户所需的货物品种和数量，调配适宜的车型承运，要求配送中心保持合理的车型结构；

第三，凡是可以拼装的尽可能拼装，注意做好不同客户货物的标记工作，以防差错。

②车辆配装的方法。对于重质货物来讲，不管如何拼装基本都能够达到100%的满载率，在配装过程中比较困难的是如何将重质货物和轻质货物混装或者将不同规格包装的轻质货物混装，以达到容积和载重量都得到充分利用。

需要指出的是，要使车辆的配装合理，应该在订单生成和分拣、包装时就有所安排，配送中心通过建立一定的模型并按照模型编写出软件，利用软件进行配载的计算，可以取得良好的效果。

◎每节一练

配送配货作业的业务流程有哪些？

分项任务小结

完成本分项任务后，请进行自我测试：车辆配装的原则分析。

子任务3.6 送货与退货作业

任务提示 本分项任务将引领读者了解送货作业与退货作业的含义、配货与退货作业流程、配货预退货作业管理等内容。

任务先行 送货作业以服务为目标，以尽可能满足客户需求为宗旨。送货作为配送的最后一道环节，对于物流企业来说是非常关键的，因为它直接跟顾客打交道。因此如何有效地管理送货作业是物流企业不可忽视的问题。如果在这方面失误，会产生种种问题，例如从接受订单到出货非常费时、配送效率低下、驾驶员的工作时间不均、货品在输送过程中的损坏、丢失。

★物流聚焦

送货与退货：服务与成本的决策

在物流运作中，送货作业必须及时快速，退货作业必须合理的处置，才能够提高服务质量获得顾客满意，但是同时也提高了作业成本。所以需要在服务和成本中进行合理的决策，采取合理的措施在降低成本的同时，保证服务质量。

为餐饮连锁企业提供物流服务的百盛物流采用通过合理安排配送排程，减少不必要的配送，提高车辆的利用率，夜间歇业时间送货等方式，既保证了为客户提供了满意的物流服务，又帮助连锁餐饮企业降低了送货成本。

百事可乐在发现所生产的某一批次可乐泡沫不足时，及时派出了90队人马，回收不合格的产品，并同时用合格产品替换了各销售商货架上的不合格产品，同时对于已销售出去的产品及时召回，并对顾客采取赔偿措施。虽然退货成本提高了，但是及时阻止了不良产品的影响，提高了公司的服务质量。

所以，在送货与退货作业中，不仅仅要保证提供客户满意的服务，同时还要注意采取合理的措施，降低物流作业成本。那么送货和退货作业如何进行？采取何种措施才能够降低送货和退货成本？

3.6.1 送货作业流程

送货作业是利用配送车辆把客户订购的物品从制造厂、生产基地、批发商、经销商或配送中心，送到客户手中的过程。送货是一种短距离、小批量、高频率的运输形式。它以服务为目标，以尽可能满足客户需求为宗旨。同时，最直接的影响是输送费用超常。所以，在送货的管理中，不仅要对送货人员的工作时间、发生的重要情况做管理，而且还要加强对车辆利用（如装载率、空驶率等）。

送货作业的基本流程如下：

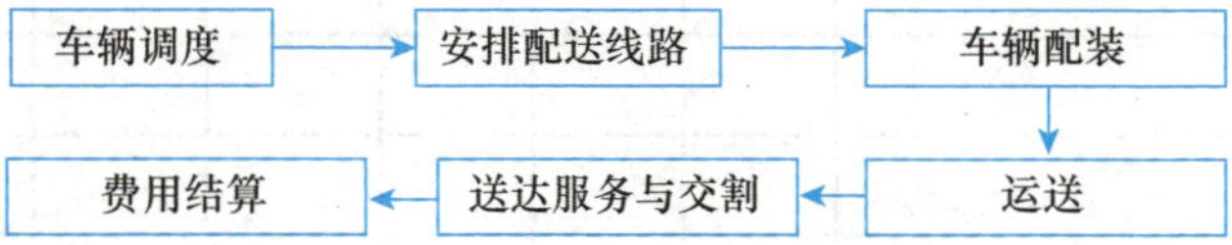

图3-37 送货作业流程图

1. 车辆调度

货物配好以后，就要分配任务进行运输调度与装卸作业，即根据配送计划所确定的配送货物数量、特性、服务客户地址、送货路线、行驶趟次等内容，指派车辆与装卸、运送人员，下达运送作业指示和车辆配载方案，安排具体的装车与送货任务，并将发货明细单交给送货人员或司机。送货人员必须完全根据调度人员的送货指示（出车调派单）来执行送货作业。当送货人员接到出车指示后，将车辆开到指定的装货地点，然后与保管、出货人员清点分拣配组好的货物，由装卸人员将已理货完毕的货物配载上车。

2. 安排配送线路

根据客户需要货物的紧急性程度及客户的相对地理位置，以及客户所需要货物量的多少，采用合理的方法和工具，安排配送作业路线，以保证运送过程的总体费用最低。

3. 车辆配装

根据货物的特性、重量、体积及车辆的载重量和体积的配合关系对车辆进行合理配装，以保证车辆的吨位利用率，并根据配送线路规划中的配送先后顺序确定货物装车的先后顺序，做到后到客户先装车。

4. 运送

送货员到发货部领取送货单，并在送货单送货员处签字；跨省区或特种货物运输还需要到调度部领取行车路单。在货物发运之前需要提前以电话形式给客户下发货通知，并告知客户大约的到达时间，以便客户提前做好接货准备。运输过程中要注意安全和车速平稳，防止发生安全事故，如果由于路况或事故导致送货延误要及时通知调度部和发货部及客户，以便对方做出及时的处置方案。

深圳市祥友喷油厂

地址：深圳市龙岗区南联路75号

电话/传真：0755-84826424

№0000001

送货单

收货单位 ________　　　　20　　年　　月　　日

货号	名称及规格	颜色	单位	数量	单价	金额	备注
合计金额	佰　拾　万　仟　佰　拾　元　角　分　¥:________						

一存根(白)　二客户(红)　三回单(黄)

收货单位及经手人（盖章）　　　送货单位及经手人（盖章）

图 3-38　送货单样本

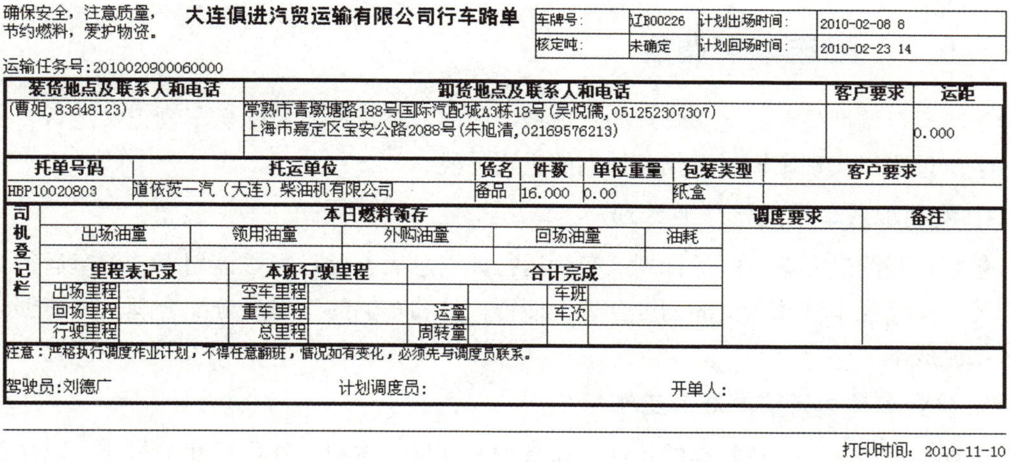

确保安全，注意质量，节约燃料，爱护物资。

大连俱进汽贸运输有限公司行车路单

车牌号:	辽B00226	计划出场时间:	2010-02-08 8
核定吨:	未确定	计划回场时间:	2010-02-23 14

运输任务号:2010020900060000

装货地点及联系人和电话	卸货地点及联系人和电话	客户要求	运距
(曹姐,83648123)	常熟市青墩塘路188号国际汽配城A3栋18号(吴悦儒,051252307307) 上海市嘉定区宝安公路2088号(朱旭清,02169576213)		0.000

托单号码	托运单位	货名	件数	单位重量	包装类型	客户要求
HBP10020803	道依茨一汽（大连）柴油机有限公司	备品	16.000	0.00	纸盒	

司机登记栏

本日燃料领存					调度要求	备注
出场油量	领用油量	外购油量	回场油量	油耗		

里程表记录		本班行驶里程		合计完成			
出场里程		空车里程				车班	
回场里程		重车里程		运量		车次	
行驶里程		总里程		周转量			

注意：严格执行调度作业计划，不得任意翻班，情况如有变化，必须先与调度员联系。

驾驶员:刘德广　　计划调度员:　　开单人:

打印时间：2010-11-10

图 3-39　行车路单样本

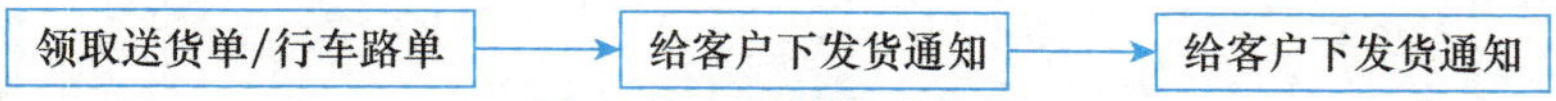

图 3-40　运输作业流程

5. 送达服务与交割

货物运送到客户的指定地点后，需要组织卸货作业，卸货作业可能是由送货员组织或送货员自行卸货，也可能是由客户自行组织。如果客户是大型配送中心，卸货作业往往是由配送中心组织；如果客户是最终用户，卸货作业往往是由送货员组织或是由送货员自行卸货。在卸货的过程或卸货后，需要客户对货物进行清点验收，验收无误后，客户需要在送货单上签收，并留下客户联。如果验收后产品有误需要退货，还需要客户签退货单。最后由客户完成货物的入货位或上货架作业。

图 3-41　送达与交割流程

6. 费用结算

送货完成后，送货员返回公司，并将蓝色送货单交回给公司财务部，财务部根据送货单上的确认信息及订单上的货物信息，向客户发催款通知，等待客户打款。

◎提示板

影响送货作业质量的因素

影响送货作业质量的因素主要有以下几点：

(1) 装卸货作业人员的细心程度；

(2) 运送过程对于货品的保护；

(3) 送货人员对于客户地点和作业环境的熟悉程度；

(4) 配送作业人员的职业道德。

3.6.2 配送车辆调度

车辆运行调度是配送运输管理的一项重要职能，是指挥监控配送车辆正常运行、协调配送生产过程以实现车辆运行作业计划的重要手段。

1. 编制配送车辆运行作业计划

包括编制配送方案、配送计划、车辆运行计划总表、分日配送计划表、单车运行作业计划等。以保证车辆和人员的调度合理，使得人员和车辆的工作量分配合理，并能够合理降低物流成本。

2. 检查车辆运行前的准备工作

检查备货情况，了解货物的特性，如货物的重量、体积、外形尺寸等信息，以便能够合理地安排车辆，提高车辆的吨位利用率。检查装车作业人员和设备的准备情况，以保证能够及时装车。

3. 现场调度

根据货物分日配送计划、车辆运行作业计划和车辆状态选择需要调度的车辆，同时考虑货物的性质合理的选择车型，进行车辆调度，签发行车路单；勘察配载作业现场，做好装卸车准备；督促驾驶员按时出车；督促车辆按计划送修进保。

车辆调度的方法有多种，可根据客户所需货物、配送中心站点及交通线路的布局不同而选用不同的方法。简单的运输可采用定向专车运行调度法、循环调度法、交叉调度法等。如果配送运输任务量大，交通网络复杂时，为合理调度车辆的运行，可运用运筹学中线性规划的方法，如最短路法、表上作业法、图上作业法等本书主要举例说明经验调度法和运输定额比法。

在有多种车辆时，车辆使用的经验原则为尽可能使用能满载运输的车辆进行运输。如运输 5 吨的货物，安排一辆 5 吨载重量的车辆运输。在能够保证满载的情况下，优先使用大型车辆，且先载运大批量的货物。一般而言大型车辆能够保证较高的运输效率和较低的运输成本。

例如某建材配送中心，某日需运送水泥 580 吨、盘条 400 吨和不定量的平板玻璃。该中心有大型车 20 辆，中型车 20 辆，小型车 30 辆。各种车每日只运送一种货物，运输定额如表 3-55 所示。

表 3-55 车辆运输定额表 （单位：吨/日・辆）

车辆种类	运送水泥	运送盘条	运送玻璃
大型车	20	17	14
中型车	18	15	12
小型车	16	13	10

根据经验派车法确定，车辆安排的顺序为大型车、中型车、小型车。货载安排的顺序

为：水泥、盘条、玻璃。得出派车方案如表 3-56 所示，共完成货运量 1080 吨。

表 3-56 经验派车法

车辆种类	运送水泥	运送盘条	运送玻璃	车辆总数
大型车	20		14	20
中型车	10	10	12	20
小型车		20	10	30
货运量/吨	580	400		

对于以上车辆的运送能力可以按表 3-57 计算每种车运送不同的定额比。

表 3-57 车辆运输定额比

车辆种类	运水泥/运盘条	运盘条/运玻璃	运水泥/运玻璃
大型车	1 : 18	1 : 21	1 : 43
中型车	1 : 2	1 : 25	1 : 5
小型车	1 : 23	1 : 3	1 : 6

其他种类的定额比都小于 1，不予考虑。在表 3-39 中小型车运送水泥的定额比最高，因而要先安排小型车运送水泥；其次由中型车运送盘条；剩余的由大型车完成。按表 3-58 的派车方案，共完成运量 1106 吨。

表 3-58 定额比优化派车法

车辆种类	运送水泥车辆数	运送盘条车辆数	运送玻璃车辆数	车辆总数
大型车	5	6	9	20
中型车		20		20
小型车	30			30
货运量/吨	580	400	126	

4. 有效监督车辆运行过程

采用现代通讯手段和 GIS 等现代化系统有效监督车辆运行过程，如发现问题，应采取积极措施，及时解决和消除，尽量减少配送生产中断时间，使车辆按计划正常运行。

影响车辆运行计划执行的主要因素大致有以下几点：

（1）装卸方面。装卸机械发生故障，装卸人员不足；装卸或待装卸时间过长；办理有关业务手续时间过长等；

（2）运行中的事故。运行途中非驾驶员责任的技术故障；运行中的道路状况和交通意外事故。

（3）驾驶员方面。吃出车早收车；驾驶途中借故停车；擅自变更计划；行车肇事等。

（4）道路气候方面。突发性桥断路阻；道路桥梁修建施工影响通行等。

3.6.3 配送线路优化

1. 单车单点配送

在实际送货过程中我们常常会遇到要从配送中心给单个客户送货的问题，这时我们所期望的通常是能够找到一条从配送中心到客户点的最短的运行路线，因为这样能够节省油耗，节省成本。这种需要求从始点到终点的一条路径，使得路径总长最短的问题，被称为最短路问题。

（1）最短路问题的定义。

最短路问题一般描述如下：在一个网络图中，给定一个始点和一个重点，求始点到终点的一条路径，使得路径总长最短。

除配送路径选取问题外，有许多实际问题都可以归结为最短路问题，例如两地之间的管道铺设、线路安装、道路修筑等都属于最短路问题。

（2）解决方法。

①Dijkstra 标号法。

该法是 Dijkstra 于 1959 年提出的，能求出网络的任一点 S 到其他各点的最短路，是目前求最短路的最好方法。

在计算过程中，对每一个点 j 都要赋予一个标号，这分为固定标号 $P(j)$ 和临时标号 $T(j)$，其含义如下：

$P(j)$ ——从始点 S 到 j 的最短路长；

$T(j)$ ——从始点 S 到 j 的最短路长的上限。

一个点 j 的标号只能是上述两种标号之一。若为 T 标号，则需要视情况修改，而一旦成为 P 标号，就固定不变了。

开始先给始点 S 标上 P 标号 0，然后检查一切与点 S 相连的边的另一端点 j，修改其 T 标号为位势 Vj，在网络图中的所有 T 标号中选取最小的并把它修改为 P 标号。以后每次都检查刚得到 P 标号的那点，按一定规则修改其一切相连边另一端点的 T 标号，再在网络中的 T 标号中选取最小者，把它改为 P 标号。这样，每次都把至少一个 T 标号点改为 P 标号点，因为网络中共有 n 个节点，所以最多只需要 $n-1$ 次就能把终点 t 改为 P 标号。这样就求得了 S 到 t 的最短路。

例 1 配送中心 S 向 t 客户配送货物，S 到 t 的道路如图 3-42 所示，各条道路距离已经标在路线旁，该车应该如何运行，才能使得行走的总距离最短？

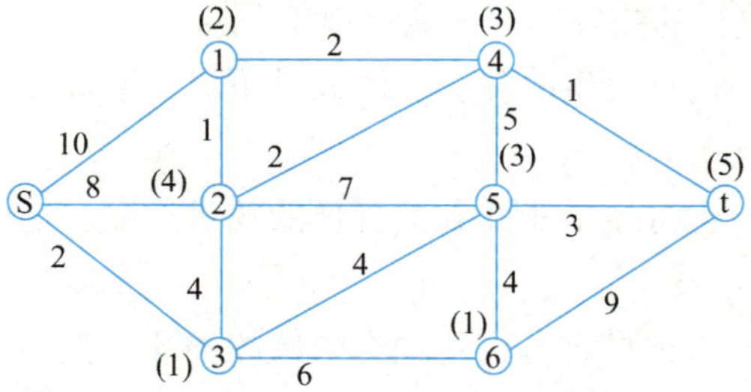

图 3-42

采用 Dijkstra 标号法解决过程如图 3-43 所示。

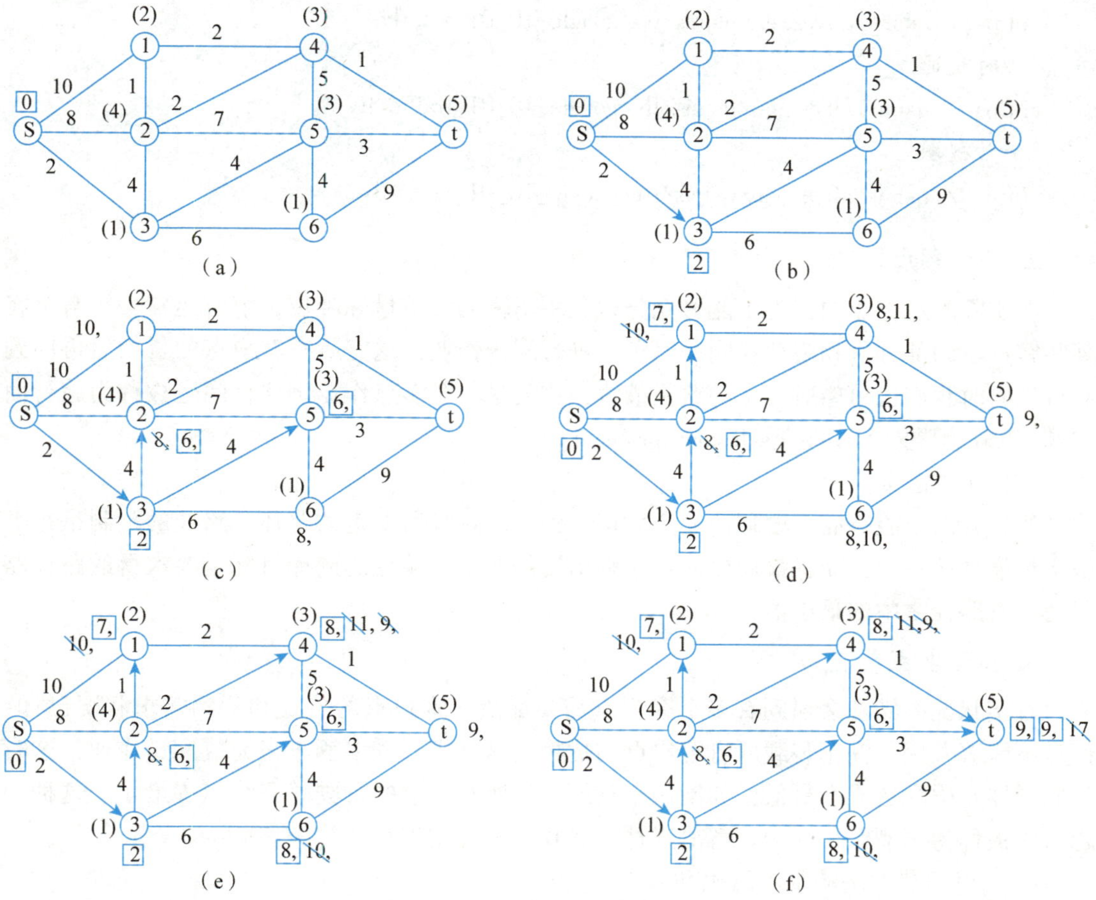

图 3-43 标号法解决过程

从图中可以看出，该问题有两种可行方案：

$S \to 3 \to 2 \to 4 \to t$；$S \to 3 \to 5 \to t$

两种方案距离都是 9。

②电子地图法。

对于实际问题可以采用电子地图的方式解决，大多数的电子地图都提供了强大的路线选择功能可供选择。

◎提示板

google 地图的更多用法

Google 地图的更多用法请参看网址：

http：//www. google. com/intl/zh-CN/landing/tips/maps. html#tip = transit_ plan

以下是 google 地图的几个强大功能的视频，可以自己下载观看。

卫星地图

http://qsjms.allyes.cn/qsjms/flv/google_10_01_sat.flv

实时交通

http://qsjms.allyes.cn/qsjms/flv/google_10_01_traffic.flv

街景视图

http://qsjms.allyes.cn/qsjms/flv/google_10_01_vista.flv

2. 单车多点配送

在实际配送作业中，为了能够充分地利用车辆的载重量和吨位，节省运费，经常会将某些客户点的部分货物装载在同一辆车上进行配送作业，送完所有客户点的货物后再回到起点，同时我们也希望所行走的路径最短，这就是单车多点作业。这种问题被称为旅行商问题（TSP 问题，traveling salesman problem）

TSP 问题定义：

假设有一个旅行商人要拜访 n 个城市，他必须选择所要走的路径，路径的限制是每个城市只能拜访一次，而且最后要回到原来出发的城市。路径的选择目标是要求得的路径路程为所有路径之中的最小值。

3. 多车多点配送

现实状况中经常会遇到有多个客户点需要配货，客户点的位置和货物需求状况已知，但是不能够采用一辆车装载所有客户点的货物，这就需要派多辆车来完成配送作业，这时我们同样希望配送成本最低，如配送车辆最少，所有车辆的行驶总路线里程最短。这种问题通常被称为车辆路径问题。解决这种方法我们常采用里程节约法。

（1）里程节约法的基本思想和原理。

里程节约法的基本条件是同一条线路上所有客户的需求量总和不大于一辆车的额定载重量。送货时，由这辆车装着所有客户的货物，沿着一条精心挑选的最佳线路依次将货物送到各客户的手中，这样既保证按时按量将用户需要的货物及时送到，又节约了费用，缓解了交通紧张的压力，并减少了运输对环境造成的污染。

利用里程节约法确定配送线路的主要出发点是，根据配送方的运输能力及其到客户之间的距离和各客户之间的相对距离来制订使配送车辆总的周转量达到或接近最小的配送方案。

下面假设：

①配送的是同一种或相类似的货物；

②各用户的位置及需求量已知；

③配送方案有足够的运输能力；

里程节约法制订出的配送方案除了使总的周转量最小外，还应满足：

①方案能满足所有用户的到货时间要求；

②不使车辆超载；

③每辆车每天的总运行时间及里程满足规定的要求。

里程节约法的基本思想如下：

如图 3-44 所示，设 P_0 为配送中心，分别向客户 P_i 和 P_j 送货。P_0 到 P_i 和 P_j 的距离分别为 d_{0i} 和 d_{0j}，两个客户 P_i 和 P_j 之间的距离为 d_{ij}，送货方案只有两种即配送中心 P_0 向客户 P_i、P_j 分别送货和配送中心 P_0 向客户 P_i、P_j 同时送货，如图 3-44（a）和（b）。比较两种配送方案：

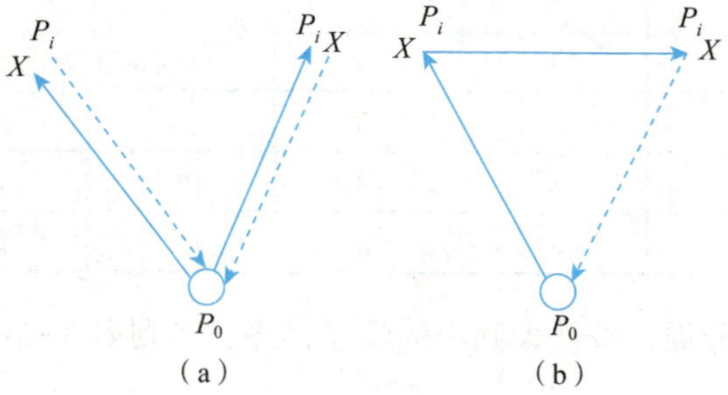

图 3-44 里程节约法原理图

方案 a）的配送线路为：$P_0 \to P_i \to P_0 \to P_j \to P_0$，配送距离为：$d_a = 2d_{0i} + 2d_{0j}$；

方案 b）的配送线路为：$P_0 \to P_i \to P_j \to P_0$，配送距离为：$d_b = d_{0i} + d_{0j} + d_{ij}$；

我们用 Sij 表示历程节约量，即方案 b）比 a）节约的配送里程：

$S_{ij} = d_{0i} + d_{0j} - d_{ij}$

根据节约法的基本思想，如果一个配送中心 P_0 分别向 N 个客户 P_j（$j=1, 2, \cdots, N$）配送货物，在汽车载重能力允许的前提下，每辆汽车的配送线路上经过的客户个数越多，历程节约量越大，配送线路越合理。

（2）解决方法。

仍然以例 1 为例，S 为配送中心，其他各点为客户点，各客户点的货物需求量（t）已经标在了旁边的括号中，配送中心有额定吨位 4 吨、5 吨、6 吨三种车型可用，运力足够。如果货物每吨千米周转量的运价是 2 元，则应该如何安排车辆运行方案，才能使得总费用最省。

①算最短距离。根据配送网络中的已知条件，计算配送中心与客户之间及各客户之间的最短距离，结果如表 3-59 所示。

表 3-59 任意两客户点间的距离表

S							
7	1						
6	1	2					
2	5	4	3				
8	2	2	6	4			
6	6	6	4	4	5		
8	10	10	6	8	4	6	
9	3	3	7	1	3	7	t

②计算节约里程 S_{ij}，结果如表 3-60 所示。

表 3-60 节约里程表

1						
12	2					
4	4	3				
13	12	4	4			
7	6	4	10	5		
5	4	4	8	10	6	
13	12	4	16	12	10	t

③节约里程 S_{ij}进行分类，按从大到小的顺序排序，得到表 3-61。

表 3-61 节约里程排序表

序号	路线	S_{ij}	序号	路线	S_{ij}
1	4-*t*	16	12	1-5	7
2	1-4	13	13	2-5	6
3	1-*t*	13	14	1-6	5
4	1-2	12	15	1-3	4
5	2-4	12	16	2-3	4
6	2-*t*	12	17	3-4	4
7	5-*t*	12	18	3-5	4
8	4-5	10	19	3-6	4
9	5-6	10	20	2-6	4
10	6-*t*	10	21	3-t	4
11	4-6	8			

④确定配送线路。从分类表中，按节约里程大小顺序，组成线路图。

在进行线路安排前先根据车辆的额定载重量和两点的需求量，去掉两点同车配送超载的路线，很容易看出上表中 4-*t*，1-*t*，2-4，2-*t*，5-*t*，2-5 都超出了最大载重量车的额定载重量，所以排除掉，每次路线选择时，都不考虑这两点的组合。

备选线路Ⅰ：

初始方案：对每一客户分别单独派车送货，原路返回：

配送线路：7 条

配送距离 S0：92 千米

配送车辆：4t×6+5t×1

修正方案 1：按节约里程 S_{ij}由大到小的顺序，同时考虑车辆额定载重和各点需求量的关系，将1、4连成一条线路，得修正方案1，配送线路：

S-1-4-S，剩余客户点单独配送，配送线路6条

配送距离S1：79km

配送车辆：4t×4+5t×2

修正方案2：在剩余的S_{ij}中，由大到小的顺序，连接5、6，同时考虑车辆额定载重和各点需求量的关系，得修正方案1，配送线路：S-1-4-S，S-5-6-S（S-6-T-S），剩余客户点单独配送，配送线路5条

配送距离S2：69千米

配送车辆：4t×3+5t×2

修正方案3：在剩余的S_{ij}中，由大到小的顺序，连接2、3，同时考虑车辆额定载重和各点需求量的关系，得修正方案1，配送线路：S-1-4-S，S-5-6-S（S-6-t-S），S-2-3-S，剩余客户点t（5）单独配送，配送线路4条

配送距离S3：65千米

配送车辆：4t×1+5t×3

备选线路Ⅱ：S-1-2-S（6t车，$S_{ij}=12$）；S-4-5-S（6t车，$S_{ij}=10$）；S-6-t-S（6t车，$S_{ij}=10$）；S-3-S（4t车，$S_{ij}=0$）共节约里程32，配送距离60；

备选线路Ⅲ：S-1-2-S（6t车，$S_{ij}=12$）；S-5-6-S（4t车，$S_{ij}=10$）；S-3-4-S（6t车，$S_{ij}=4$）；S-t-S（4t车，$S_{ij}=0$）共节约里程26，配送距离66；

备选线路Ⅳ：S-1-2-S（6t车，$S_{ij}=12$）；S-6-t-S（4t车，$S_{ij}=10$）；S-3-4-S（S-3-5-S）（6t车，$S_{ij}=4$）；S-5-S（S-4-S）（4t车，$S_{ij}=0$）共节约里程26，配送距离66；

以后的可能线路节约里程会更小，因此不再考虑。从以上可以看出备选线路Ⅱ节约里程最大，所以备选线路二是最优方案，最优运行线路为：

S-3-2-1-2-3-S；S-3-2-4-t-5-3-S；S-3-6-5-t-5-3-S；S-3-S

线路中的为配送货物的客户点，未标的为途径客户点。

最小运费为2×货物总吨位×车辆运行总里程＝2×19×66＝2508元。

★拓展案例

河南省烟草公司驻马店市公司：卷烟物流智能调度实时配送系统

驻马店卷烟物流配送中心占地100亩，联合工房占地10318平方米，集卷烟入库、出库、分拣、打码、仓储、装卸等功能于一体。现有正式员工139名，自有送货车辆56辆，送货线路56条，覆盖全市商户2万多户，全市零售商户覆盖率达到100%。从城区闹市到偏远乡村，从大型超市到普通小贩，做到送货到户，能够有效解决困扰经销商“最后一公里”难以配送的顽疾。按照国家局关于“一号工程”的工作要求，根据“以送定访”的配送模式，执行“今访明送”生产分拣和“三扫一打”工作。卷烟从入库到分拣，首先进过工业到货后进行扫码堆垛，同时通过RFID感应识别整托盘入库；每日访销工作结束

后，线路优化系统对访销订单进行配送优化与统计。同时组织卷烟出库，完成卷烟出库扫码上报工作。分拣设备按照优化结果按序完成分拣到户及打码到条工作。第二日送货人员通过移动应用查询领货及配送任务，实施送货上门、扫码拍照签收确认。

烟草行业经过多年快速发展，同时城市建设高速飞跃，零售户网点变化大且快，更加大了配送难度，现有的配送管理系统已经较难满足当前业务的需要，目前较大程度上是基于人工经验，短板明显：一是配送车辆管理落后，没有先进的手段监管。车辆数据很难准确采集，车辆离开园区，定位、行驶安全、交接状况无法监管。调度指挥工作开展困难；二是配送线路固化而缺乏弹性，编排人员难以根据卷烟配送量、配送户数、里程数、配送人员、配送车辆的变化及时进行调整；三是信息化水平较低，数据处理量大，线路编排难以面面俱到，优化效率和水平不高；四是无法适应淡旺季需求差异，线路配送负荷与配送效率缺乏考量标准，配送资源与配送规模难以合理匹配；五是线路的不均衡，送货车组之间容易产生工作量的差异矛盾。

卷烟物流智能调度实时配送系统是一套结合 GIS 电子地图，线路优化算法及智能配送 App 的综合智能化卷烟物流信息监控系统。系统通过 GIS 系统与商户坐标信息结合对配送区域进行可视化展示、规划、分析，对配送区域进行整体规划全面管理；运用线路优化算法对配送订单数据及商户坐标信息进行实时优化生成最优配送任务；智能配送 App 则通过下载每日配送任务进行配送，配送中实时查看任务及烟包信息，通过坐标位置进行智能导航及多种模式的烟包签收。

智能配送 App 在配送过程中烟包签收环节，精准采集商户门头图像信息及坐标信息、签收位置信息、通过后台计算精准锁定商户配送坐标。精准坐标采集功能，是结合了 GPS 与 Wi-Fi、基站多重定位，结合坐标校验算法，通过比对商户坐标与签收位置信息精准锁定商户坐标位置。送货人员也可通过精准的坐标使用配送智能导航，目标范围内签收等配送工作。

线路优化算法以精准的坐标信息为运算基础，建立一套完整的 GIS 电子地理信息配送网络。以线路优化算法为核心，通过对订单处理优化，加载配送策略，结合不同的场景规则、优化规则对每日营销订单数据进行多重优化。同步计算当日订单内商户坐标信息，计算以最优路线、最优时长、最优任务均衡等方式，生成本次配送线路优化结果。本地运算与云计算结合，高效的运算效率，有效提高了每日配送调度工作的效率。

该系统已达到数据管控的实时性。通过监控中心图形化显示，实时查看各个配送车辆的配送情况，配送进度，当前位置、签收状态、签收图像，以及总体配送任务汇总。

卷烟物流智能调度实时配送系统实施推进三个阶段：

第一步，开展门头照拍照定位工作，为线路优化提供数据基础保障。

送货人员每天通过现有订单配送顺序对商户门头图像信息，坐标信息进行采集整理，坐标信息的采集为线路优化工作提供基础的坐标信息数据。其间，通过采取跟车包线路、每天对各分部定位描点情况进行统计通报等一系列措施，描点工作预期圆满完成，为开展线路优化工作的开展提供了基础保障。

第二步，以大数据分析为决策服务，规划配送区域实行集中区域配送。

以历史订单数据为依据，通过数据分析统计提供区域规划所需的关键数据。以准确数据为依据，以平台线路规划工具为辅助，两者结合对配送区域进行规划调整，明确区域、线路订单销量、配送能力及装载情况。改变以往小片区分散送货模式，采取单个送货日集中区域配送。选取城区送货分部为试点，率先开始集中区域送货。拟定将城区的零售客户划分若干送货区域，根据当天访销量以及地图显示的商户分部情况对线路进行归并，灵活机动地调派车辆，有效降低了出车次数和行驶里程。

第三步，“首尾相连”，实现按订单弹性配送。

针对城区零售客户网状分布特点，结合实际运行中遇到了一些亟待解决的问题：定位不准、导航偏差及主干道逆行等，制定优化模式。通过建立商户组、调整大周期商户排序、改变系统优化算法（把当日卷烟销量以及订单户数与客户地理位置、道路状况等信息结合在一起）等措施，最终计算出最优行驶路径和车辆装载率，尽量减少规定线路，实现车辆弹性调度。

第四步，合车并线，实现弹性送货最终目的。

线路的实时优化，并非按照单一模式一刀切。在系统上线初期，为确保线路优化的准确性、合理性、科学性，我们对线路进行耐心打磨，在管理方式上，先调工作量、工作时间，均衡后再考虑减车辆，给送货员提升系统操作能力和适应线路的时间，系统运行顺畅后，根据配送线路实际，在严格按照车辆装载量安排配送任务的基础上，通过调整部分销量小且配送线路同向的访销频次，实施合并配送，最终实现送货线路的优化整合。

驻马店卷烟物流配送中心以卷烟物流智能调度实时配送系统为契机，积极探索“跨区域配送+以送定访”新模式，通过精准坐标采集，完善配送网络，为调整优化配送业务奠定基础。以历史订单数据作为支撑，通过大数据分析手段验证跨区域配送方案。

运用线路优化算法，深入资源整合。实现弹性配送，进一步提高配送装载率和配送效率。突破“以销定送”传统工作模式，实现“以送定访”新趋势。依托线路优化结果，积极转变工作理念和方法，紧跟物流配送信息化改革新趋势，变“以销定送”为“以送定访”，调整部分零售客户的订货时间和访销安排，以更合理的方式划分区域客户，最大限度地减少可能存在的销售盲点，同时节约物流成本，更高效地服务零售户，有效提升服务品质。

案例来源：中国物流与采购联合会 http://www.chinawuliu.com.cn/xsyj/202104/26/547367.shtml

3.6.4 退货作业

1. 退货作业原因

（1）依照协议可以退货的情况：例如，超市与供应商订有特别协议的季节性商品、试销商品、代销商品。

（2）有质量问题的退货：例如，商品鲜度不佳、数量不足。

（3）搬运中损坏：由于包装不良，货物在搬运中剧烈振动，造成商品破损或包装污损。

（4）商品过期退回：一般的食品或药品都有有效期限。例如，日用品、速食类及加工肉食类，商家与供应商订有约定，有效期一过，就予以退货或换货。

（5）次品回收：生产商在设计、制造过程中存在的问题在商品销售后，才由消费者发现或厂商自行发现的，必须立即部分或全部回收。

（6）商品送错退回：凡商品有效期已超过 1/3 以上，同时条形码、品项、规格、重量、数量等与订单不符的商品，必须要换货或退回。

2. 处理方法

（1）无条件重新发货。对于因为发货人按订单发货发生错误，则应由发货人重新调整发货方案，将错发货物调回，重新按原正确订单发货，中间发生的所有费用应由发货人承担。

（2）运输单位赔偿。对于因为运输途中产品受到损坏而发生退货的，根据退货情况，由发货人确定所需的修理费用或赔偿金额，然后由运输单位负责赔偿。

（3）收取费用，重新发货。对于因为客户订货有误而发生退货的，退货所有费用由客户承担，退货后，再根据客户新的订货单重新发货。

（4）重新发货或替代。对于因为产品有缺陷，客户要求退货，配送中心接到退货指示后，营业人员应安排车辆收回退货商品，将商品集中到仓库退货处理区进行处理。一旦产品收回活动结束，生产厂家及其销售部门就应立即采取步骤，用没有缺陷的同一种产品或替代品重新填补零售商店的货价。

◎提示板

退货处理注意事项

退货处理对生产厂家和流通网络中的各方来说都是一件极其严重的事情。高层管理部门应参加回收产品的一切活动，其他有关人员包括企业的法律人员、会计人员、公关人员、质量管理人员、制造工程人员及销售人员也都应参加。并且企业应选派专人负责处理产品回收事件，制定一些预防措施。这样不仅能更好地应对紧急情况，而且在产品回收事件处理不成功，结果诉诸法律时，企业可以将已采取的预防措施作为申辩的一部分内容。

★知识链接

零售业的退货处理方法

为了降低退货过程中的无效物流成本，目前连锁超市公司通常采取的做法是在淘汰商品确定后，立即与供应商进行谈判，商谈 2 个月或 3 个月后的退货处理方法，争取达成一份“退货处理协议”，按以下两种方式处理退货：一是将该商品做一次性削价处理；二是将该商品作为特别促销商品。

这种现代退货处理方式为非实际退货方式（即并没有实际将货物退还给供应商），它除了能大幅度降低退货物流成本外，还为超市促销活动增添了更丰富的内容。需要说明的是：

①选择非实际退货方式还是实际退货方式的标准，是削价处理或特别促销的损失是否小于实际退货的物流成本。

②采取非实际退货方式，在签订的“退货处理协议”中，要合理确定连锁商和供应商对价格损失的分摊比例，零售企业切不可贪图蝇头小利而损害与供应商合作的良好企业形象和信誉。

③对那些“保质期”是消费者选择购买重要因素的商品，零售商与供货商之间也可参照淘汰商品（虽然该商品本身不属于淘汰商品）的非实际退货处理方式，签订一份长期“退货处理协议”，把“即将到达或超过保质期的库存商品的削价处理或特别促销处理办法”纳入程序化管理轨道，以免频繁谈判的成本。

④如果退货物流成本小于削价处理损失，而采取实际退货处理方式时，超市公司要对各门店退货撤架，以及空置陈列货架的调整补充进行及时统一安排，保证衔接过程的连续性。

3. 作业流程

（1）确定退货商品。在送货给卖场或配送中心时，由验收人员验收货物，并填写验收单，对于符合退货标准的货物进行退货，并在验收单退货产品及原因栏中注明相关信息，有的企业还需要填写专门的退货单。送货人采用回程车将退货和可回收包装件带回。卖场销售商品，卖场依据退货标准确定退货，由营业人员清点整理退货品，送至仓库保管、登记。

（2）开出退货单。卖场退货单一式五联，表 3-62 是一种卖场退货单。

表 3-62　卖场退货单

供应商：　　　　　　　　　　　　　　　　供应商代码：
供应商地址：　　　　　　　　　　　　　　日期：

货号	品名	包装单位	数量	退货原因

填表人：　　　　　核准人：　　　　　验收人：　　　　　输入人：

（3）寄送退货单。营业人员填写的退货单应及时送给供应商，通知其来办理退货。

第一联：当天寄给供应商。

第二联、第三联：连同交货文件送总公司财务部门。

第四联：交供应商/货运公司司机带回。

第五联：部门留底。

（4）办理退货。供应商接到退货通知后，至采购单位取退货单，并凭退货单至超级市场仓库登记、取退货品，经验收人员查验、登记后开始放行。如供应商接获通知 10 天未办理退货手续者，则视同放弃该退货品，由采购人员通知仓管人员报请主管裁决处理。

（5）办理结算。验收人员完成退货品查验后，将退货单呈报主管核定，由采购人员编制退货报表，送往会计扣款，完成退货手续。

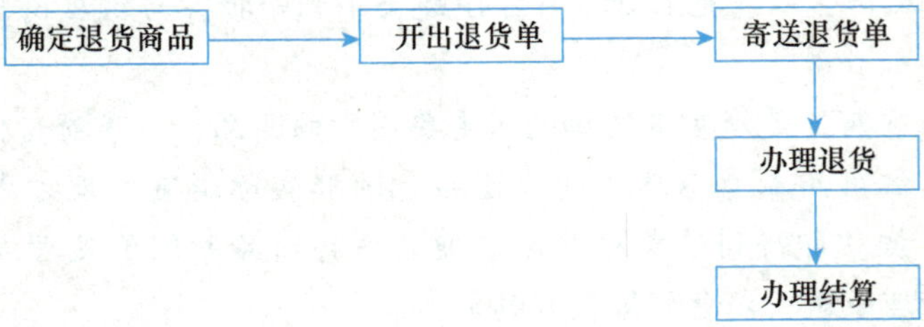

图 3-45　退货作业流程图

★补充阅读

某零售连锁企业退货流程

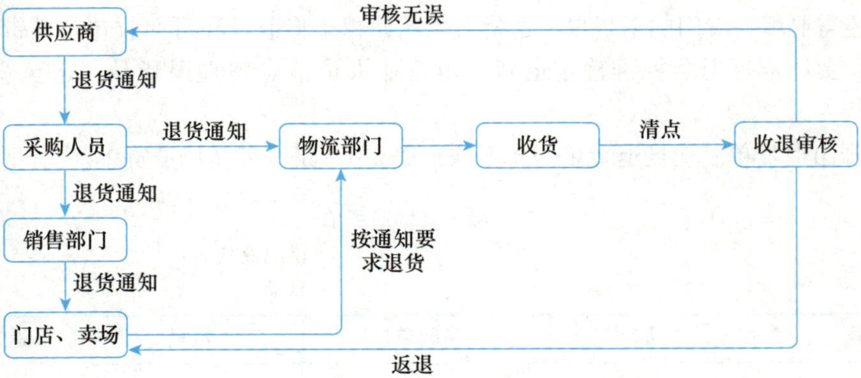

图 3-46　某零售连锁企业退货流程

1. 采购人员根据供应商所下退货通知，将退货通知一式两份，一份下发给销售部门，一份下发给物流部门。

2. 销售部门根据采购人员所下发的退货通知再将退货通知下发给各门店、客户。

3. 物流部门根据采购所下发的退货通知，收取给相关部门的退货，并清点归位。

4. 物流部门根据采购所下退货通知，对货物进行收退审核，若审核无误，则退回供应商；若审核有误或超出截止日期，则将货物再返退给各门店、卖场。

★案例分析

白沙烟草物流采用GIS系统节省送货成本

白沙物流烟草配送GIS及线路优化系统在烟草配送线路优化、车辆调度中发挥了巨大作用，有效地提高了送货效率，缩短了送货时间，节省了配送成本。该系统是基于集成了国际上发展成熟的网络数据库、web/GIS中间件、GPS、GPRS通讯技术，采用金启元科技发展（北京）有限公司的地图引擎中间件（gs-gms-mapengine for java）产品为核心开发技术平台，结合白沙物流的实际，开发设计的集烟草配送线路优化、烟草配送和烟草稽查车辆安全监控、烟草业务（访销、crm等）可视化分析、烟草电子地图查询为一体的物流web/GIS综合管理信息系统。该系统利用web/GIS强大的地理数据功能来完善物流分析，及时获取直观可视化的第一手综合管理信息，即可直接合理调配人力、运力资源，求得最佳的送货路线，又能有效地为综合管理决策提供依据。系统中使用的GPS技术可以实时监控车辆的位置，根据道路交通状况向车辆发出实时调度指令，实现对车辆的远程管理。

白沙烟草物流开发使用GIS线路优化系统后，将实现以下六大应用功能：

1. 烟草配送线路优化系统：选择订单日期和配送区域后自动完成订单数据的抽取，根据送货车辆的装载量、客户分布、配送订单、送货线路交通状况、司机对送货区域的熟悉程度等因素设定计算条件，系统进行送货线路的自动优化处理，形成最佳送货路线，保证送货成本及送货效率最佳。线路优化后，允许业务人员根据业务具体情况进行临时线路的合并和调整，以适应送货管理的实际需要。

2. 烟草综合地图查询：能够基于电子地图实现客户分布的模糊查询、行政区域查询和任意区域查询，查询结果实时在电子地图上标注出来。通过使用图形操作工具如放大、缩小、漫游、测距，具体查看每一客户的详细情况。

3. 烟草业务地图数据远程维护：提供基于地图方式的烟草业务地图数据维护功能，还可以根据采集的新变化的道路等地理数据及时更新地图。对烟户点的增、删、改；对路段和客户数据的综合初始化；对地图图层的维护操作；地图服务器系统的运行故障修复和负载均衡等功能。

4. 烟草业务分析：实现选定区域，选定时间段的烟草订单访销区域的分布，进行复合条件查询；在选定时间段内的各种品牌香烟的销量统计和地理及烟草访销区域分布；配送车组送货区域的地图分布。通过在各种查询统计、分析现有客户分布规律的基础上，通过空间数据密度计算，挖掘潜在客户；通过对配送业务的互动分析，扩展配送业务（如第三方物流）。

5. 烟草物流GPS车辆监控管理：通过对烟草送货车辆的导航跟踪，提高车辆运作效率，降低车辆管理费用，抵抗风险。其中车辆跟踪功能是对任一车辆进行实时的动态跟踪监控，提供准确的车辆位置及运行状态、车组编号及当天的行车线路查询。报警功能是当司机在送货途中遇到被抢被盗或其他紧急情况时，按下车上的GPS报警装置向公司的信息中心报警。轨迹回放功能是根据所保存的数据，将车辆在某一历史时间段的实际行车过程重现于电子地图上，随时查看行车速度、行驶时间、位置信息等，为事后处理客户投诉、路上事故、被抢被盗提供有力证据。

6. 烟草配送车辆信息维护：根据车组和烟草配送人员的变动及时在这一模块中进行车辆、司机、送货员信息的维护操作。包括添加车辆和对现有车辆信息的编辑经过 GIS 计算自动生成的优化配送线路图，可指导烟草送货员大大提高送货效率，节约配送成本。原先的车辆调度及监控以人工为主，车辆满载率平均为 66%。通过 GIS 车辆调度系统，车辆满载率平均值达到 90%。同时采用 GIS 加强车辆运输途中的监控与管理，使车辆有效运行时间提高，减少了不必要的车辆停驶，降低了运输成本。

◎每节一练

试分析简述送货作业的流程。

分项任务小结

完成本分项任务后，请进行自我测试：总结送货及退货作业的步骤。

任务实训：配送线路优化设计

实训目标

1. 能够使用节约法规划路径。
2. 培养学生的物流优化意识。

任务描述

1. 有 8 个用户，到配送中心的距离及它们之间的相互距离分别见表 3-63。其货运量不超过配送中心的最大载货车吨位。交通实时状况参照 GPS 实况，试安排配送线路。

表 3-63　最短配送路线距离矩阵

中心0	中心0								
客户1	40	客户1							
客户2	60	65	客户2						
客户3	75	40	75	客户3					
客户4	90	100	50	100	客户4				
客户5	200	50	100	50	100	客户5			
客户6	100	75	75	90	75	70	客户 6		
客户7	160	110	75	90	75	90	70	客户7	
客户8	80	100	75	150	100	75	100	100	客户8

2. 根据销售情况，三和同物流公司向五个不同门店配送电器，发货单的具体内容如下表所示。假设你是物流有限公司的车辆调度人员，物流实训室就是配送中心，有若干辆 3 吨位的货车和若干辆 1.5 吨位的货车，五个店的相互距离及到配送中心的距离见表 3-64。请根据这五个店的发货单来安排车辆和线路。五个店的发货单见表 3-65、表3-66、

表 3-67、表 3-68、表 3-69。

表 3-64 各店之间及到配送中心的相互距离

	配送中心	苏宁一	苏宁二	苏宁三	国美一	国美二
苏宁一	12					
苏宁二	16	5				
苏宁三	17	5.5	1			
国美一	20	7	5	4		
国美二	42	30	27	25	27	

表 3-65 苏宁店一发货单

货品代码	货品名称	单位	规格	数量	条码
07257889	TCL 液晶显示器	台	103 * 20 * 77	20	6931338421112
07341508	TCL 冰箱 BCD-202	台	630 * 635 * 1580	15	6931338474116
07227623	TCL 冰箱 BCD-180	台	500 * 510 * 1580	25	6931338432789
06240283	康佳冰箱 BCD-200	台	560 * 610 * 1580	18	6933335802893
06263543	康佳洗衣机	台	540 * 540 * 900	24	6933335802121

表 3-66 苏宁店二发货单

货品代码	货品名称	单位	规格	数量	条码
07257889	TCL 液晶显示器	台	103 * 20 * 77	15	6931338421112
07341508	TCL 冰箱 BCD-202	台	630 * 635 * 1580	10	6931338474116
07227623	TCL 冰箱 BCD-180	台	500 * 510 * 1580	14	6931338432789
06240283	康佳冰箱 BCD-200	台	560 * 610 * 1580	9	6933335802893
06263543	康佳洗衣机	台	540 * 540 * 900	6	6933335802121
06281225	凌帅洗衣机	台	530 * 510 * 890	3	6924898140775

表 3-67 苏宁店三发货单

货品代码	货品名称	单位	规格	数量	条码
07341508	TCL 冰箱 BCD-202	台	630 * 635 * 1580	5	6931338474116
07227623	TCL 冰箱 BCD-180	台	500 * 510 * 1580	2	6931338432789
06240283	康佳冰箱 BCD-200	台	560 * 610 * 1580	12	6933335802893
06263543	康佳洗衣机	台	540 * 540 * 900	4	6933335802121
06281225	凌帅洗衣机	台	530 * 510 * 890	2	6924898140775
07257889	TCL 液晶显示器	台	103 * 20 * 77	28	6931338421112
07341507	TCL 液晶显示器	台	85 * 20 * 69	16	6931338421247

表 3-68　国美店一发货单

货品代码	货品名称	单位	规格	数量	条码
07227623	TCL 冰箱 BCD-180	台	500 * 510 * 1580	6	6931338432789
06240283	康佳冰箱 BCD-200	台	560 * 610 * 1580	8	6933335802893
06263543	康佳洗衣机	台	540 * 540 * 900	13	6933335802121
06281225	凌帅洗衣机	台	530 * 510 * 890	5	6924898140775
07257889	TCL 液晶显示器	台	103 * 20 * 77	12	6931338421112
07341507	TCL 液晶显示器	台	85 * 20 * 69	7	6931338421247

表 3-69　国美店二发货单

货品代码	货品名称	单位	规格	数量	条码
07341508	TCL 冰箱 BCD-202	台	630 * 635 * 1580	8	6931338474116
07227623	TCL 冰箱 BCD-180	台	500 * 510 * 1580	14	6931338432789
06240283	康佳冰箱 BCD-200	台	560 * 610 * 1580	6	6933335802893
06263543	康佳洗衣机	台	540 * 540 * 900	7	6933335802121
07257889	TCL 液晶显示器	台	103 * 20 * 77	15	6931338421112
07341507	TCL 液晶显示器	台	85 * 20 * 69	10	6931338421247

实训要求：

第一步：以组为单位，分析客户需求和所需资料，制作车辆调度相应的单据。
第二步：明确客户的具体位置和中心的车辆运行情况。
第三步：确定组内成员在车辆调度过程中的责任和分工。
第四步：制订详细的车辆调度方案。

子任务 3.7　配送加工作业

任务提示　本分项任务将引领读者了解配送加工的含义与作用、配送加工作业的类型、方式与合理化途径等内容。

任务先行　配送加工是配送中的一种特殊形式，通过对配送对象的改变或完善来实现“桥梁和纽带”作用，满足消费者多样化的需求，促进商品销售、维护商品质量，并降低企业物流成本，提高企业经济效益。

★物流聚焦

配送加工：满足需求与增加利润的“双赢”点

在物流配送中，为了更好地满足客户多样化的需求、提高商品的附加值、推进物流系统化，越来越多的企业重视配送加工作业。

阿迪达斯公司在美国一家超级市场设立了组合式鞋店。在这家鞋店摆放的不是做好的鞋子，而是做鞋用的半成品，款式多样，有塑料制造的6种鞋跟、8种鞋底，鞋面的颜色以黑色和白色为主，搭带的颜色有80种，款式有百余种。顾客可以任意挑选自己喜欢的颜色和款式的部位，交给职员当场组合，用10分钟的时间，便可得到一双自己喜欢的鞋子。这家鞋店昼夜营业，职员业务熟练。鞋子的价格与普通商场的价格差不多，甚至有的还便宜些。因此，这家鞋店的销售额比邻近的多10倍。配送加工更好地满足了消费者的多元化需求，充当了一种营销的手段，在便利消费者的同时，为企业带来更多的利润。

美国的Teradyne公司热衷于在运输过程中使用可回收包装箱。这家公司以前使用的都是纸板箱，现在使用塑料制造的可回收包装箱。可回收包装箱的价格是纸板箱的4～6倍，耐用程度是纸板箱的20～30倍。公司的卡车将货物送到其在全美的分支机构后，又载着空的可回收包装箱返回。可回收包装箱每年的耗损不足2%，大部分可回收包装箱用旧后经过简单翻新可以再用，并且有利于运输的标准化。这一做法大大降低了公司的物流成本，提高了物流效率，增加了公司效益。

所以，作为满足需求与增加利润的“双赢”点的配送加工可以在激烈的市场竞争中，降低物流成本，增加产品价值，提高企业的竞争力，增加企业效益。那么，什么是配送加工？配送加工是如何产生的？配送加工在物流中具有什么样的地位和作用？配送加工有哪些类型和方式？如何实现配送加工的合理化？

3.7.1 配送加工作业概述

配送加工是配送中的一种特殊形式，通过对配送对象的改变或完善来实现“桥梁和纽带”作用，满足消费者多样化的需求，促进商品销售、维护商品质量，并降低企业物流成本，提高企业经济效益。目前，世界许多国家和地区的物流中心都大量存在配送加工业务，在发达国家更为普遍。

1. 配送加工作业的概念及产生

(1) 配送加工作业的概念。

配送加工作业是为了提高物流速度和物品的利用率，在物品进入流通领域后，按客户的要求进行的加工活动，即在物品从生产者向消费者流动的过程中，为了促进销售、维护商品质量和提高物流效率，对物品进行一定程度的加工。这些加工包括施加包装、分割、计量、分拣、刷标志、贴标准、组装等简单作业。

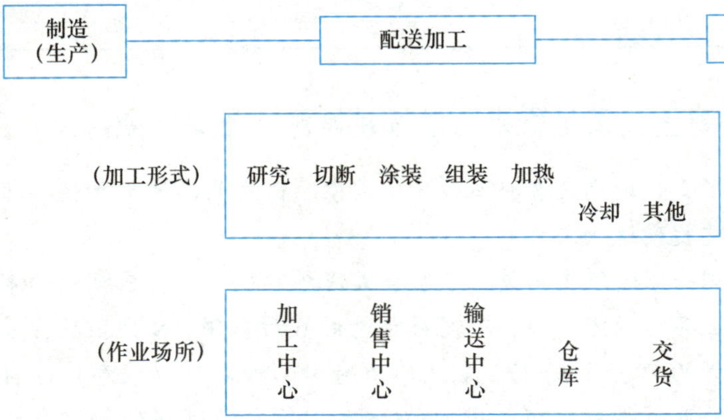

图 3-47 配送加工示意图

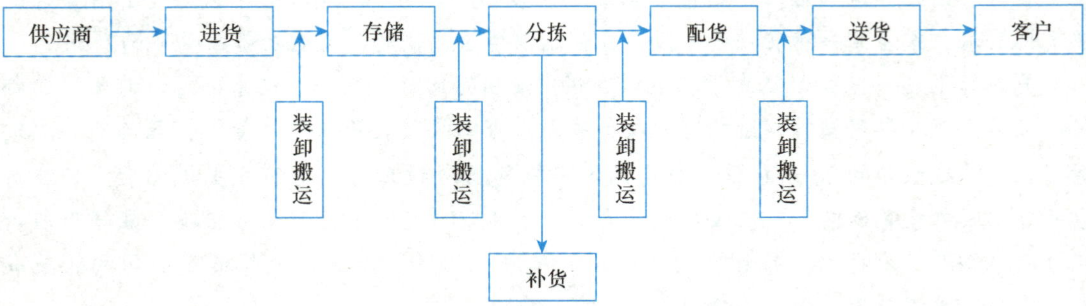

图 3-48 生鲜加工流程图（分拣）

（2）配送加工作业的产生。

①配送加工作业是生产力发展的产物。伴随着生产力的发展，现代生产方式呈现出生产规模大型化、专业化的趋势，通过单品种、大批量的生产方法来降低生产成本。在这种趋势下，生产越来越集中，产需之间逐步分离。产需之间的分离表现在生产与消费不在同一地点的空间上的分离，生产与消费不在同一时间的时间上的分离，某些人生产的产品供给消费者使用，同时某人又使用其他生产者生产的产品。现在又出现了在产品功能上的产需之间的需求。现代生产的特点是“少品种、大批量、专业化”，产品的功能不能和消费者密切相关。因此，配送加工很好地满足了现代生产的不足，是生产力发展的产物。

②配送加工作业是消费个性化的产物。随着生产力的发展，人们的生活水平和消费水平不断提高，消费的个性化日益突出。消费的个性化与生产力发展形成的生产的标准化之间产生了矛盾。要解决这一矛盾可以在生产加工环节增加一道工序，或者是消费单位增加一道工序的方式来解决。生产加工增加一道工序会影响生产的批量化、专业化，影响生产的效率。消费单位增加一道工序，因为生产单位需要加工的产品数量有限，会增加消费单位的成本。因此，在消费个性化的驱使下，配送加工的出现成为必然的趋势。

③配送加工作业的出现是人们对流通作用观念的转变的产物。生产过程是价值创造的过程，流通过程是价值实现的过程。生产过程是形成产品价值及使用价值的主要过程，在生产不复杂的时代，流通过程仅仅是实现商品的价值和转移商品的使用价值。在现代化生

产中，生产呈现规模化、专业化趋势，生产的标准化和消费者的个性化之间的矛盾越来越突出，生产加工常常不能完全满足消费者的需要。配送加工应运而生，配送加工的出现使配送过程明显具有了“生产性”，主动创造了价值和使用价值，而不是单纯地实现价值和转移使用价值。

④效益观念也是配送加工作业出现的重要原因。效益问题在20世纪70年代石油危机之后逐渐引起人们的重视，全球资源的短缺使人们的效益观念越来越强。配送加工是一种低投入、高产出的活动，以较少的投入获得较好的效果。因此，在效益观念的作用下，必然出现带来较好效益的配送加工。

2. 配送加工的内容

（1）食品的配送加工。食品的配送加工可以提高配送效率，便于保存食品。配送加工最多的是食品。包括以下内容：

①鱼和肉类的冷冻；

②生奶酪的冷藏；

③上市牛奶的灭菌；

④生鲜食品的原包装。

（2）消费资料的配送加工。

①粘贴标价；

②家具组装；

③地毯剪接；

④衣料品印记商标。

（3）生产资料的配送加工。

①钢板的切割；

②将薄板卷材展平；

③用汽割厚板；

④切断成型钢材。

配送加工是为了更好地满足顾客的需要，根据顾客需要的变化而变化，对于提高物流系统效率、销售效率和商品价值，以及促进销售都具有重要作用。

3. 配送加工作业的地位和作用

（1）配送加工作业的地位。

①完善物流功能。物流是指物品从供应地向接收地的实体流动过程，包括运输、储存、装卸、搬运、包装、流通加工、配送、信息处理等基本功能。从各种功能在物流过程中所起的作用看，运输和存储的功能要远远大于配送加工，配送加工不是物流的主要功能要素。从功能的普遍性角度来看，并不是所有的物流过程都需要配送加工，因此，配送加工并不如运输、储存普遍。但是，不可否认的是配送加工在物流过程中具有重要的补充和完善功能，配送加工提高了物流的水平，促进了物流向现代化发展。

②是物流的重要利润源。配送加工通过较少的投入，可以获得较大的产出。流通加工

包括施加包装、分割、计量、分拣、刷标志、帖标准、组装等活动。通过施加包装，可以提升商品档次，带来更多的利润；通过分拣，可以加快流通速度，节约流通时间和流通成本。配送加工往往不需要很高的技术，投入少。实践证明，配送加工与运输和保管一样，是物流业重要的利润来源。

③配送加工作业是整个社会经济的一部分。配送加工是流通的重要组成部分，也是整个国民经济体系的重要组成部分，是一种重要的加工形式。配送加工的发展对于国民经济产业结构的调整和优化，对于国民经济更好更快地发展具有一定的意义。

★知识链接

企业的四大利润源

第一利润源：降低生产领域的物质资源消耗；

第二利润源：通过提高劳动效率增加利润；

第三利润源：通过合理组织仓储运输增加利润；

第四利润源：通过提高供应链运作效率，实现企业利润增加。

(2) 配送加工作业的作用。

①提高原材料利用率。配送加工在加工环节集中下料，将生产厂商运来的简单规格产品和原材料，按照用户要求进行集中下料。例如，可以将木材加工成各种大小和形状的板、方，可以将钢筋裁制成毛坯。同时，加工量大，剩下的材料还可以集中利用，提高资源利用率，取得较好的技术经济效果。这在我国经济增长方式由粗放型向集约型转变、构建节约型社会的今天具有特别重要的意义。在济南等地曾对平板玻璃进行加工，将玻璃利用率从60%左右提高到85%到95%。

②更好地满足用户需求。需求量比较小的用户，自身不具备进行高效率初级加工的能力。在这种情况下，配送加工则可以帮助用户进行初级加工，为用户省去初级加工所需要的人力、物力和财力。从配送加工的现状来看，发展比较快的有将原木加工成门窗、钢板整形、水泥加工成生混凝土、净菜加工等。

③提高商品价值。在配送过程中，可以通过一些简单的作业，比如对洋娃娃、时装进行简单的装潢加工，可以使产品的外观大大改观，提升产品档次，提高销售价格，从而带来更多的经济效益。

④提高设备的利用率及加工效率。集中的配送加工相对于分散加工来说，加工数量大，任务多。这样可以采用技术先进、效率较高、加工量的专用机器设备，发挥规模化优势，提高设备的利用率和产品加工效率。从整个社会的角度来看，降低了成本，节约了资源，提高了社会的经济效益。

⑤可以充分利用各种运输方式。配送加工将物流的运输过程分为两个阶段，第一个阶段是大批量远距离运输的从生产厂家到配送加工，这一环节，有限的生产厂家将大批量货

物运往配送加工地，因此，可以充分利用火车、船舶等大量运输的手段。第二个阶段是小批量、多规格、多用户的产品，这一阶段是在配送加工到消费地之间进行的。这一阶段因为批量小、规格多、用户多，因此，可以充分利用汽车和其他小型车辆。这样，各种运输手段的长处得到有效发挥。

◎提示板

配送加工与其他流通环节的差别

1. 配送加工与商品的采购和销售相比具有明显的生产特征。

2. 配送加工与物流过程中的包装、运输、存储等环节相比，改变着商品的物理形态和化学性能。

3. 配送加工以消费者为导向，有效缝合了生产的标准化和消费的个性化之间的缝隙。

4. 配送加工的普及催生了“配送加工产业”的形式。

★知识链接

配送加工的成本构成

1. 配送加工设备费用，指的是购置配送加工设备的费用。

2. 配送加工材料费用，指的是购置加工过程中所需要消耗的材料的费用。

3. 配送加工劳务费用，指的是加工过程中支付给从事加工活动的管理人员、操作人员等人员的工资、奖金等费用。

4. 配送加工其他费用，指的是加工中耗用的电力、燃料、油料等费用。

4. 配送加工与生产加工的区别

表 3-70　配送加工与生产加工的区别

	生产加工	配送加工
加工对象	表现为原材料、零配件或半成品的非最终产品	商品
加工程度	复杂	简单
价值	创造价值及使用价值	完善使用价值，提高价值
加工责任人	生产企业	商业或物资流动企业
加工目的	消费	促进销售、维护产品质量、实现物流高效率

（1）从加工对象来看。生产加工的对象是非最终产品，配送加工的对象则是进入流通领域的商品。生产加工的对象表现为原材料、零配件和半成品等，比如用塑料原材料做出塑料杯子。配送加工的对象都具有商品的属性，仅仅是通过一些简单操作使其发生物理、化学的变化，比如将进入流通领域的蔬菜洗干净并包装。

（2）从加工程度来看。生产加工是复杂加工，配送加工是简单加工。复杂的加工过程需要专设生产加工过程，属于生产加工。在生产加工阶段，完成大部分的加工活动。配送加工只是对生产加工的一种补充，是为了完善生产加工所加工出来的商品的功能，更好地满足消费者的需求，而不是要取代生产加工。

（3）从价值角度来看。生产加工的目的在于生产出商品，创造出价值和使用价值，通过商品的流通来实现其价值。配送加工的目的则在于为实现价值服务，完善商品的使用价值，并在不做很大改变的情况下通过包装、分拣、归类等增加商品的价值。

（4）从加工责任人来看。生产加工由生产企业完成，所有责任由生产企业承担。配送加工则由配送企业来完成，具体由配送企业的工作人员根据流通的需要进行加工。配送加工的责任由配送企业承担。

（5）从加工目的来看。生产加工的目的在于交换，为消费而进行生产。配送加工的目的则在于促进销售、维护产品质量，并实现物流高效率。

3.7.2 配送加工作业的类型、方式与合理化途径

1. 配送加工作业的类型

为了充分体现配送加工对物流服务功能的增强，配送加工的种类很多。

（1）为弥补生产领域加工不足的深加工。有许多产品在生产领域的加工只能到一定程度，这是由于存在许多限制因素限制了生产领域不能完全实现终极的加工。例如，钢铁厂的大规模生产只能按标准规定的规格生产，以使产品有较强的通用性，使生产能有较高的效率和效益；木材如果在产地完成成材加工或制成木制品的话，就会造成运输的极大困难，所以原生产领域只能加工到圆木、板方材这个程度，进一步的下料、切裁、处理等加工则由配送加工完成。这种配送加工实际是生产的延续，是生产加工的深化，对弥补生产领域的加工不足有重要意义。

（2）为满足需求多样化进行的服务性加工。从需求角度看，需求存在着多样化和变化两个特点，为满足这种要求，经常是用户自己设置加工环节，例如，生产消费型用户的再生产往往从原材料初级处理开始。就用户来讲，现代生产的要求是生产型用户能尽量减少流程，尽量集中力量从事较复杂的技术性较强的劳动，而不愿意将大量初级加工包揽下来。这种初级加工带有服务性，由配送加工来完成，生产型用户便可以缩短自己的生产流程，使生产技术密集程度提高。对一般消费者而言，则可省去烦琐的预处置工作，而集中精力从事较高级、能直接满足需求的劳动。

（3）为保护产品所进行的加工。在物流过程中，直到用户投入使用前都存在对产品的保护问题，防止产品在运输、储存、装卸、搬运、包装等过程中遭到损失，使使用价值能

顺利实现。和前两种加工不同，这种加工并不改变进入配送领域的“物”的外形及性质，主要采取稳固、改装、冷冻、保鲜、涂油等方式。

（4）为提高物流效率，方便物流的加工。有一些产品本身的形态使之难以进行物流操作。如鲜鱼的装卸、储存操作困难；过大设备搬运、装卸困难；气体的运输、装卸困难等。进行配送加工，可以使物流各环节易于操作，如鲜鱼冷冻、过大设备解体、气体液化。这种加工往往改变“物”的物理状态，但并不改变其化学特性，并最终仍能恢复原物理状态。

（5）为促进销售的配送加工。配送加工可以从若干方面起到促进销售的作用如图3-49所示。如将过大包装或散装物（这是提高物流效率所要求的）分装成适合一次销售的小包装的分装加工；将原以保护产品为主的运输包装改换成以促进销售为主的装潢性包装，起到吸引消费者、指导消费的作用；将零配件组装成用具、车辆，便于直接销售；将蔬菜、肉类洗净切块，以满足消费者要求，等等。这种配送加工可能是不改变“物”的本体，只进行简单改装的加工，也有许多是组装、分块等深加工。

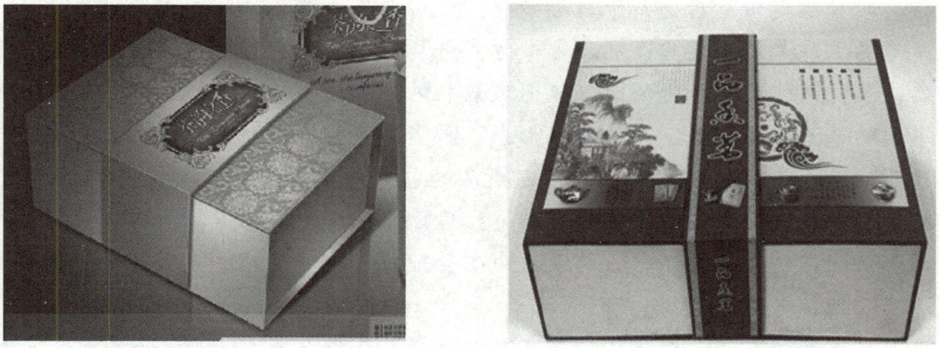

图3-49 礼品促销包装

（6）为提高加工效率的配送加工。许多生产企业的初级加工由于数量有限加工效率不高，也难以投入先进科学技术。配送加工以集中加工形式，解决了单个企业加工效率不高的弊病。以一家配送加工企业代替了若干生产企业的初级加工工序，促使生产水平得以发展。

（7）为提高原材料利用率的配送加工。配送加工利用其综合性强、用户多的特点，可以实行合理规划、合理套裁、集中下料的办法，这就能有效提高原材料利用率，减少损失和浪费。

（8）衔接不同运输方式，使物流合理化的配送加工。在干线运输及支线运输的结点，设置配送加工环节，可以有效解决大批量、低成本、长距离干线运输与多品种、少批量、多批次末端运输和集货运输之间的衔接问题，在配送加工点与大生产企业间形成大批量、定点运输的渠道，又以配送加工中心为核心，组织对多用户的配送，也可在配送加工点将运输包装转换为销售包装，从而有效衔接不同目的的运输方式。

（9）以提高经济效益、追求企业利润为目的的配送加工。配送加工的一系列优点，可以形成一种“利润中心”的经营形态，这种类型的配送加工是经营的一环，在满足生产和消费要求的基础上获取利润，同时在市场和利润引导下使配送加工在各个领域中能有效发展。

(10) 生产—配送一体化的配送加工形式。依靠生产企业与配送企业的联合，或者生产企业涉足配送，或者配送企业涉足生产，形成的对生产与配送加工进行合理分工、合理规划、合理组织，统筹进行生产与配送加工的安排，这就是生产—配送一体化的配送加工形式。这种形式可以促成产品结构及产业结构的调整，充分发挥企业集团的经济技术优势，是目前配送加工领域的新形式。

★补充阅读

眼下多数配送中心的加工业务，主要处理以下三种情况：

一是生鲜商品加工，包括肉食加工、净菜整理等。在这类业务中，蔬果的整理不属于加工的范畴（蔬果整理主要发生在门店超市），如配送中心按照统一的进价从供应商处进了2车苹果，进货后安排专门的人员根据苹果的大小进行重新分装，然后整理成1~3个新的品项，再单独确定价格后进行配送和销售，这种业务一般不通过加工业务来实现。

二是商品重包装。主要指商品以零散方式进货，在配送中心整理成包装商品后进行配送和销售，如月饼、茶叶，进货时可能通过散装的方式从供应商处统一采购，然后配送中心配以不同的包装规格形成不同的商品形式，再重新定价，在此基础上组织门店要货。需要特别说明的是，在有些配送中心，存在商品的包装规格调整的情况，如啤酒通过24瓶装的规格进货，在配送中心都统一替换成12瓶装的规划进行配送，这种包装规格的变化也归类到加工的范畴，现在比较好的配送中心管理软件都能管理到包装库存，这种业务通过包装库存管理就可以了。

三是商品重新组合。如配送中心有商品独立存在和组合存在两种形式，如空调的内机和外机，在多数情况下一套空调就包括一个内机和一个外机，内机和外机一般不分开处理，但是在特殊的情况下，门店可以单独要一个内机，此时就要把空调拆分成两个商品后进行处理。

2. 配送加工作业的方式

由于产品类型多样，各类产品的性质、形状、属性等差异很大，为此不同类型的产品其加工过程、加工工艺及操作方法会有很大差别。因此，本文以水泥、钢材、木材、机电产品、煤炭等为案例介绍配送加工方法。

(1) 集中搅拌供应商品混凝土。把水泥的使用从小规模的分散形态改变为大规模的集中加工形式。可以充分应用现代管理科学技术组织现代化生产，可以发挥现代设备和现代管理方法的优势，大幅度地提高生产效率和混凝土质量。

与分散搅拌相比，相等的生产能力，集中搅拌的设备在吨位、设备投资、设备利用率、管理费用、人力及电力消耗等方面，都能大幅度降低。

采用集中搅拌的配送加工方式，可以使水泥的物流更加合理。这是因为，在集中搅拌站与水泥之间可以形成固定的供应渠道，这些渠道的数目大大少于分散使用水泥的渠道数目。

（2）生鲜食品的配送加工。

①冷冻加工是指为解决鲜肉、鲜鱼在配送中保鲜及装卸搬运的问题，采取低温冻结方式的加工。这种方式也用于某些液体商品、药品等的加工。

②分选加工。农副产品规格、质量离散状况情况较大，为获得一定规格的产品，采取人工或机械分选的方式加工称为分选加工，广泛用于果类、瓜类、谷物、棉毛原料等，图3-50表示了蔬菜配送加工流程图。

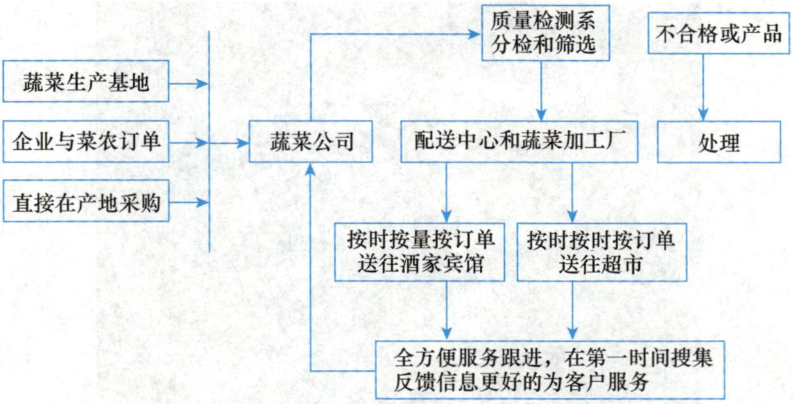

图 3-50　蔬菜配送加工流程图

③精致加工。农、副、渔等产品精致加工在产地或销售地设置加工点，去除无用部分，甚至可以进行切分、洗净、分装等加工。这种加工不但大大方便了购买者，还可以对加工的淘汰物进行综合利用。例如：鱼类的精致加工所剔除的内脏可以制成某些药物或者饲料，鱼鳞可以制高级黏合剂；蔬菜的加工剩余可以制成饲料和肥料。

④分装加工。农、牧、副、渔等产品的精制加工是在产地或销售地设置加工点，去除无用部分，甚至可以进行切分、洗净、分装等加工，可以分类销售。

（3）平板玻璃的配送加工。平板玻璃包装是平板玻璃产品生产过程中最后一道工序，同时又是产品进入物流过程的开始点。包装材料、包装结构、包装方法、包装尺寸及外形设计都对物流环节产生重要的影响。所以，平板玻璃包装对其内装玻璃产品提供了有效保护，对平板玻璃的安全性和经济价值产生一定影响。

一般模式是由工厂向套载中心运输平板玻璃，套载中心按用户需要制裁，这样可以充分满足顾客的需求，同时是工厂向玻璃套载加工中心的运输过程简化，节省包装，实现集装化装卸搬运还可以防止配送中的大量破损。

平板玻璃的利用率可以由不实行套载时的62%～65%提高到95%。

（4）钢材加工配送。钢材加工配送的内涵是加工且配送，即具有销售职能和服务职能。不仅能促进钢材销售，而且能够稳固销售渠道，创造更多的社会价值和利润价值，逐步缩减纯粹的钢材贸易业务，争取与下游企业建立战略合作关系，形成产、销、研及加工配送一体的产业链。钢材加工配送的功能就是在加工中心将钢材按照最终用户的要求，经过矫正、清理、剪切、冲压等工序，把轧态的钢材加工成下游用户所需的各种半成品或零部件，并通过其仓储、运输系统，最快地供最终用户直接使用。由于具有效率高、成本低的优势，钢材的加工配送作为一种先进的营销体制，已成为世界发达国家物流的主要营销模式。和钢板的流通加工类似的，还有薄板的切断、型钢的熔断、厚钢板的切割、线材切断等集中下料、线材冷拉加工等。

(5) 木材的配送加工。磨制木屑、压缩输送，这是一种为了实现配送的加工；集中开工下料，按用户要求供应规格，原木利用率提高到95%，出材率提高到72%，有相当好的经济效果。

图 3-51　木材加工

(6) 煤炭的配送加工。

①除矸加工，是以提高煤炭纯度为目的的加工形式。

②煤浆加工。流通的起始环节将煤炭磨成细粉，本身便有了一定的流动性，再用水调和成浆状，则具备了流动性，可以像其他液体一样进行管道输送。

③配煤加工。在使用地区设置集中加工点，将各种煤及一些其他发热物质，按不同配方进行掺配加工，生产出各种不同发热量的燃料，称为配煤加工。

(7) 加工定制。快速消费品的定制捆绑促销装。

(8) 组装加工。例如：自行车、摩托车、汽车的组装。

3. 配送加工作业的合理化途径

配送加工合理化的含义是实现配送加工的最优配置，不仅要做到避免各种不合理，使配送加工有存在的价值，而且要做到最优的选择。

(1) 不合理的配送加工形式。

①配送加工地点的设置不合理。配送加工地点的设置即布局状况是决定整个配送加工是否有效的重要因素。一般来说，为衔接单品种、大批量生产与多样化需求的配送加工，加工地点设置在需求地区，才能实现大批量的干线运输与多品种末端配送的物流优势。如果将配送加工地设置在生产地区，一方面，为了满足用户多样化的需求，会出现多品种、小批量的产品由生产地向需求地的长距离运输；另一方面，在生产地增加了一个加工环节，同时也会增加近距离运输、保管、装卸等一系列物流活动。所以，在这种情况下，不

如由原生产单位完成这种加工而无需设置专门的配送加工环节。

另外，一般来说，为方便物流，配送加工环节应该设置在产出地，设置在进入社会物流之前。如果将其设置在物流之后，即设置在消费地，则不但不能解决物流问题，又在配送中增加了中转环节，因而也是不合理的。

即使在生产地或需求地设置配送加工的选择是正确的，还有配送加工在小地域范围内的正确选址问题。如果处理不当，仍然会出现不合理。比如说交通不便、配送加工与生产企业或用户之间距离较远、加工点周围的社会环境条件不好。

②配送加工方式选择不当。配送加工方式包括配送加工对象、配送加工工艺、配送加工技术、配送加工程度等。配送加工方式的确定实际上是与生产加工的合理分工。分工不合理，把本来应由生产加工完成的作业错误地交给配送加工来完成，或者把本来应由配送加工完成的作业错误地交给生产过程去完成，都会造成不合理。

配送加工不是对生产加工的代替，而是一种补充和完善。所以，一般来说，如果工艺复杂，技术装备要求较高，或加工可以由生产过程延续或轻易解决的，都不宜再设置配送加工。如果配送加工方式选择不当，就可能会出现生产争利的恶果。

③配送加工作用不大，形成多余环节。有的配送加工过于简单，或者对生产和消费的作用都不大，甚至有时由于配送加工的盲目性，同样未能解决品种、规格、包装等问题，相反却增加了作业环节，这也是配送加工不合理的重要表现形式。

④配送加工成本过高，效益不好。配送加工的一个重要优势就是它有较大的投入产出比，因而能有效地起到补充、完善的作用。如果配送加工成本过高，则不能实现以较低投入实现更高使用价值的目的，势必会影响其经济效益。除了一些必须的、从政策要求即使亏损也应进行的加工外，都应看成是不合理的。

（2）实现配送加工合理化的途径。

配送加工合理化的含义是实现配送加工的最优配置，不仅要避免各种不合理，使配送加工有存在的价值，而且要做最优的选择。为避免各种不合理现象，对是否设置配送加工环节、在什么地点设置、选择什么类型的加工、采用什么样的技术装备等，需要做出正确抉择。目前，国内在进行这方面合理化的考虑中已积累了一些经验，取得了一定成果。要实现配送加工的合理化，主要应从以下几个方面加以考虑。

①加工和配送结合。这是将配送加工设置在配送点，一方面按配送的需要进行加工，另一方面加工又是配送业务流程中分货、拣货、配货的一环，加工后的产品直接投入配货作业。这就无需单独设置一个加工的中间环节，使配送加工有别于独立的生产，而使配送加工与中转配送巧妙结合在一起。同时，由于配送之前有加工，可使配送服务水平大大提高。这是当前对配送加工做合理选择的重要形式，在煤炭、水泥等产品的配送中已表现出较大的优势。

②加工和配套结合。在对配套要求较高的配送中，配套的主体来自各个生产单位，但是完全配套有时无法全部依靠现有的生产单位。进行适当配送加工，可以有效促成配套，大大提高配送的桥梁与纽带的能力。

③加工和合理运输结合。如前所述，配送加工能有效衔接干线运输与支线运输，促进

两种运输形式的合理化。利用配送加工，在支线运输转干线运输或干线运输转支线运输这本来就必须停顿的环节，不进行一般的支线运输转干线运输或干线运输转支线运输，而是按干线或支线运输合理的要求进行适当加工，从而大大提高运输及运输转载水平。

④加工和合理商流相结合。通过加工有效促进销售，使商流合理化，也是配送加工合理化的考虑方向之一。

加工和配送的结合，通过加工提高了配送水平，强化了销售，是加工与合理商流相结合的一个成功的例证。此外，通过简单地改变包装加工，形成方便的购买量，通过组装加工解除用户使用前进行组装、调试的难处，都是有效促进商流的例子。

⑤加工和节约相结合。节约能源、节约设备、节约人力、节约耗费是配送加工合理化应重点考虑的因素，也是目前我国设置配送加工、考虑其合理化的较普遍形式。

★补充阅读

永新公司物流周转箱管理方法

宗旨：周转箱仅为药品在外阜配送使用时，要减少配送破损，减少一次性纸箱的使用，严禁挪作他用或借给他人使用。

周转箱是公司资产，要喷字“永新”，按不同颜色编号并登记，明确管理人和责任人，如白色1-300号，蓝色1-1000号。销售部门负责分配各配送地区的使用份额和具体数量及编号区间，明确责任人，签署赔偿协议。

箱出库管理方法。出库管理员（石德柱和李国）对物流周转箱德数量负责。出库管理员建立周转箱使用保管账，由配送员、提货员和出库管理员共同在保管账上签字。

周转箱配送周期必须符合以下两个条件：

1. 10天内必须返回此次发出的周转箱。

2. 第三批周转箱发出后2天内，第一批周转箱必须返回公司，以利第四批周转箱发货。没有按规定返回的，扣押地区负责人的当月工资和保证金。

赔偿：

1. 丢失按价赔偿（周转箱成本价66.00元）。

2. 破坏管理方法。

必须保留周转箱破坏的箱体。

每个地区。第一年的破损率为3%，以后每年增加1%，超出部分按价赔偿。

每个地区负责人缴纳周转箱保证金，具体数量由财务决定。破损申请处理报告由地区负责人按月提出。有人事变动时，要办理交接手续。盘点周装箱办法。将以下3个数相加：

公司实际数量；

运输在途数量；

滞留在客户处数量。由地区负责人发确认函最后确定。

★知识链接

配送加工的技术经济指标

衡量配送加工的可行性，对配送加工环节进行有效的管理，可考虑采用以下两类指标：

1. 配送加工建设项目可行性指标。配送加工仅是一种补充性加工，规模、投资都必须远低于一般生产性企业，其投资特点是投资额较低、投资时间短、建设周期短、投资回收速度快且投资收益较大。因此，投资可行性可采用静态分析法。

2. 配送加工环节日常管理指标。由于配送加工的特殊性，不能全部搬用考核一般企业的指标。例如，八项技术经济指标中，对配送加工较为重要的是劳动生产率、成本及利润指标，此外，还有反映配送加工特殊性的指标：

（1）增值指标：反映经配送加工后，单位产品的增值程度，以百分率计。

（2）品种规格增加额及增加率：反映某些配送加工方式在满足用户、衔接产需方面的成就，增加额以加工后品种、规格数量与加工前之差决定。

（3）资源增加量指标：反映某些类型配送加工在增加材料利用率、出材率方面的效果指标。这个指标不但可提供证实配送加工的重要性数据，而且可具体用于计算微观及宏观经济效益。其具体指标分新增出材率和新增利用率两项：

新增出材率=加工后出材率-原出材率

新增利用率=加工后利用率-原利用率

★案例分析

湛江对虾流通加工产业分析

广东省湛江市的对虾养殖全国闻名，连续6年年产量过万吨，并创造了年产量达到3.8万吨的佳绩。据湛江市政府、海洋与渔业局的介绍，该市对虾产业之所以能做强做大是与技术创新和流通加工分不开的。湛江市对虾养殖技术每年都有新的突破和创新，湛江市创造的高位池养虾、多级高位池养虾、封闭半封闭式养虾技术现在已经在全国范围内推广。在此基础上，湛江市又新创了循环水生态养虾、连片地膜养虾、封闭式生态养虾、南美白对虾纯淡水养殖等新的模式和经验。另外，湛江市政府特别重视对虾养殖业的流通加工。在湛江市场活虾量大增的情况下，流通加工成为影响对虾市场的关键环节。湛江市委、市政府出台了一系列优惠政策，鼓励企业发展水产流通和加工。经过几年时间的发展，湛江市已经有了3000多家水产品流通和加工企业，从业人员达到10万多，在此过程中还培养出全国最大的对虾批发市场——霞山水产品批发市场，在这里汇聚了湛江市绝大部分的鲜虾和海南省60%、广西壮族自治区50%的鲜虾。

很明显，湛江市水产品流通和加工企业在鲜虾养殖业的发展中扮演了重要的角色。鲜虾作为鲜活产品有自身的存储和运输要求，湛江市在鲜虾量不断膨胀的情况下，政府鼓励发展水产品流通和加工企业，在鲜虾的生产和消费之间形成了良好的连接，起到了纽带作用，对于鲜虾生产和鲜虾消费都有积极作用。而且，湛江市政府的鼓励措施不仅促进了本地对虾养殖的发展，而且形成了全国最大的对虾批发市场，提供劳动岗位，带动本地经济发展。配送加工在现代物流中已经占据一席之地，成为满足需求与增加利润的“双赢”点。

◎每节一练

试着总结配送加工的意义有哪些?

分项任务小结

完成本分项任务后，请进行自我测试：请归纳配送加工合理化的途径。

任务小结

配送中心的基本任务就是提供成本低、响应快、质量好的配送服务。要实现这个任务，只有合理组织作业过程，才可能使作业过程始终处于最佳状态。如果作业过程的组织水平低，达不到基本要求，即使其他管理工作再好，也不可能顺利完成作业过程，更谈不上取得较好的经济效果。合理地组织配送中心的作业过程，其基本要求是实现作业过程的连续性、平行性、比例性、节奏性和适应性，这样才能达到消耗小、质量高和经济效益好的目的。

• 核心技能与概念

订单处理作业（order processing）：有关客户和订单的资料确认、存货查询和单证处理等活动。详细指从接到客户订货开始到准备着手拣货为止的作业阶段，对客户订单进行品项数量、交货日期、客户信用度、订单金额、加工包装、订单号码、客户档案、配送货方法和订单资料输出等一系列的技术工作。

电子订货：通过电子传递方式取代传统人工书写、输入、传送的订货方式，即将订货资料转为电子资料形式，再由通信网络传送进行订货。此系统即称电子订货系统（electronic order system-EOS 不同组织间利用通信网络和终端设备进行订货作业与订货信息交换的系统）。

配货作业：指把拣取分类完成的货品经过配货检查过程后，装入容器和做好标示，再运到配货准备区，待装车后发送。

拣选式配货：是由负责理货的工人或理货机械，巡回于货物的各个储货点，按理货单指令，取回所需货物，巡回一遍，则为一个客户将货配齐。配齐后的货物立即配装。

分货式配货：又称播种式配货，是由负责理货的工人或理货机械每次集中取出货物，然后巡回于客户的指定货位之间，到达一个货位将该客户所需的数量分出，每巡回一次，将若干客户所需的同一种货物分放完毕。如此反复进行，最后，将各客户所需货物全部配齐，一轮的配货任务即告结束。

配装：物流中心按存货客户的指令，根据目的地、发货数量、线路等对待发货的物品进行配车并装车的活动。

送货作业：送货作业是利用配送车辆把客户订购的物品从制造厂、生产基地、批发商、经销商或配送中心，送到客户手中的过程。

配送加工：是为了提高物流速度和物品的利用率，在物品进入流通领域后，按客户的要求进行的加工活动，即在物品从生产者向消费者流动的过程中，为了促进销售、维护商品质量和提高物流效率，对物品进行一定程度的加工。

分选加工：农副产品规格、质量离散状况情况较大，为获得一定规格的产品，采取人工或机械分选的方式加工称为分选加工。

• 课堂讨论

（1）配送的作业流程。

（2）订单处理的作业流程。

（3）拣货的意义与补货的意义。

（4）拣货的方法及步骤。

业务技能自测

一、判断题

1. 进货作业是配送作业中物流活动开始的第一个环节。（　）

2. “三核对”即核对商品条形码（或物流条形码），核对商品的件数，核对商品包装上品名、规格、细数。（　）

3. 订单处理只是配送中心信息流的开始，和后续的配送实际操作环节无关。（　）

4. 客户希望订单处理周期越短越好，而稳定性无所谓。（　）

5. 分拣单位与储存单位无关。（　）

6. 订单分割策略必须与分区策略配合运用，才能有效地发挥其优势。（　）

7. 配送路线一旦确定不能更改。（　）

8. 当车辆空驶率较高时，表明有部分车“回程空驶”。（　）

二、选择题

1. 配送货物在分拣结束、配货之前还需要进行（　）等工作。

A. 印贴标签　　B. 货物分类

C. 配货检查　　D. 扎捆包装

2. 车辆配装的原则有（ ）。

A. 大小搭配
B. 轻重搭配
C. 不同性质搭配
D. 不超限
E. 载荷均匀分布

3. 要想把完好的货物收入配送中心，货物的验收内容至少应包括（ ）。

A. 货物条码
B. 货物数量
C. 货物质量
D. 货物包装

4. 配送中心紧急订单的响应率，可通过（ ）指标来反映。

A. 订单延误率
B. 订单满足率
C. 订单速交率
D. 订单缺货率

5. 接单后，将客户的出货资料传给供应商由其代配的订单型态是（ ）。

A. 一般交易订单
B. 合约式交易订单
C. 寄库式交易订单
D. 间接交易订单

6. 适合多种品种、小批量订单场合的分拣方式是（ ）。

A. 按单分拣
B. 批量分拣
C. 整合按单分拣
D. 复合分拣

7. 每次作业只拣选一张订单所需货物，待该订单所需货物全部拣选备齐后，再进行下一张订单货物的拣选方法为（ ）。

A. 批量拣选法
B. 单一拣选法
C. 混合拣选法
D. 人工拣选法

8. 补货原则应坚持（

A. 先进先出
B. 成本最低
C. 批量最大
D. 时间最短

三、实践应用题

案例：百强连锁：怎样让配送中心“跑”得又好又快

近年来，我国药品零售业得到稳定持续的发展，配送中心在物流供应中的作用日益突出，配送中心俨然成为药店连锁经营的核心“发动机”。

某百强连锁H的配送中心大部分商品配送已实现全自动化，因而效率也得到大大的提升。之所以说配送中心是药店连锁经营的核心“发动机”，是因为连锁经营的集中统一管理需要依靠物流配送中心才能很好地实现，配送中心的配送活动可以使连锁门店极大地简化作业活动，减少药品零售企业的物流成本，并且能实现商品在流通领域中的增值。

以H连锁为例，高效的物流配送体系向来是H连锁保持最大销售量及最低成本库存的核心竞争力。H连锁的供应商会将货品直接送至配送中心，配送中心则负责完成对商品的筛选、包装和分拣工作。H连锁配送中心大部分的商品配送都实现了全自动化，人力参与很少，这样便大大提高了效率，并且减少了人工的费用。

1. H 连锁杭州配送中心的运作特点

(1) 业务流程。H 连锁配送中心的客户很多，在每天的上午 11 点和下午 5 点会实行两次配送。配送的主要业务流程是这样的：各个物流点将客户订单信息通过自身的订发货系统传送给杭州仓库，在这之后还有一个电话确认环节，杭州仓库会安排人员将订单信息输入配送管理系统，并打印出一份出货单和三份发货单，发货单自己留一份，其余两份分给相关调度人员，出货单交给业务人员。调度员根据货运量来安排车辆，在配送仓库按单进行配送，到了规定时间后直接进行配送。配送司机根据发货单上的客户信息找到客户地址，将货物送到客户手中并确认货品无误之后，让客户在发货单上签字、确认收货，回到仓库之后将发货单交给调度员检查。

每天的配送中都会产生很多的数据，配送管理系统将这些数据收集分类并储存起来，每天以库存日报的形式发送到各个物流点。物流点根据自身库存情况和库存日报的信息来向厂家订货，各个物流点定期到杭州仓库进行业务核实保证库存是否正确。

(2) 同时作业，交叉配送。一头装货一头卸货的月台构成了 H 连锁配送中心的特色。这样同时作业的交叉配送方式，极大地提升了配送中心的货物处理能力，很多商品在没有进入仓库的情况下就安排配送了，减少了存储和再次搬运的成本，加速了商品配送的速度。H 连锁至少每天送货一次，这样充分减少零售店里的库存，有效降低了成本，包括像场地费用及人员的开销。

(3) 与供应商共赢。H 连锁配送中心另一个做得很好的地方在于懂得与供应商实现共赢，愿意将低配送成本的方法及设施和供应商共同分享。和 H 连锁直接联系的供货商配送方式有两种，一种是送货到各个零售店中，另一种是送到 H 连锁的杭州物流配送中心。

由于大部分供应商离配送中心的距离较近，因此集中式的配送方式必然会节省很多钱，而省下来的钱又可以重新返回给消费者。当然这些得到一些好处的供应商也很愿意为建设杭州 H 连锁配送中心提供一些经费支持。在这样的一种和谐的关系中，供货商和 H 连锁本身都获得了低成本的机会，而且消费者会成为最后的利益获得者。在这样的一种运作模式中，H 连锁实现了低成本高产出的目标，最终反映到了商品上，并产生了相应的竞争优势。

(4) 完善的自动补货系统。H 连锁在每一个零售店都有一个自动补货系统，它使得杭州物流配送中心可以了解某种商品的详细资料，包括货架上有多少货品、多少正在运输、今天的卖出情况、未来可能的销售预期等。这样对商品各项数据进行细致的分类是在 UPC 货品代码的帮助下实现的，H 连锁做到了对其所有的货品都标识了产品代码，方便对产品进行扫码阅读，从而进行数据的整理分析，这样大大提高了效率，并且节约了纸张。

为了保证数据能通过 EDI（电子数据交换系统）在供应链中顺畅流转，所有的参与方都必须使用同一个通用的编码系统来识别产品、服务和位置，这些编码是确保自动补货系统实施的唯一解决方案。而条形码技术正是这套解决方案的中心基础。要使连续补货有效率，货物的数量还需要有运输规模经济效益才行，而 H 连锁的销售规模足以支撑连续补货系统的使用。

杭州 H 连锁物流配送中心成功地应用自动补货系统后，有效地减少了店铺的库存量，并提高了门店的服务质量，不仅降低了物流成本，还增加了存货的流通速度，极大地提高了H连锁供应链的经济效益和作业效率，为稳定H连锁的顾客忠诚度做出了巨大贡献。

(5) 高度一体化的配送系统。H连锁配送中心具有很强的货物处理能力，它每周能处理10万箱的货物，并且会根据众多分店的不同需求设计出不同的物流解决方案，自动将产品分类到不同的区域。

整个H连锁的配送系统是高度一体化的，它采取传送带运输、商品代码追踪等形式，加上商品补货系统和激光识别系统的配合，对整个商品配送过程实行控制。这样就方便了配送人员在传送带上取到所负责货物，根据信号灯提示，员工可以快速确定商品的去向，提升效率。在这样的技术条件下，相应的零售店就可以直接在相应区域找到配送系统已经配送好的所需物品。由于这项技术在供应链各个环节的广泛使用，对商品进行挑选分类的成本就大大降低了。

(6) 科学的选址。H连锁配送中心的选址十分科学，它处在100多家分店的中部位置，这样的设置满足了配送最优原则，以320千米左右的一个商业圈建立一个配送中心。这使得一个配送中心能够基本满足附近100多个分店的配货需求。此外运输距离也在一个能够接受的范围之类，比较均匀。H连锁的供应商都知道，集中送到配送中心可以使他们节省更多运输成本。这也就导致了H连锁销售商品大多是经过了配送中心的，这样的低成本的物流方案使得H连锁能向顾客提供更优惠的商品，这正是H连锁茁壮成长的秘密。

(7) 反应快速的运输方式。运输车队是很重要的。一般公司是没有自己专属的运输车队的，因为燃料与司机这两方面的花费都是相当“可观”。因此在整个物流过程当中，运输的花费变成了龙头大哥，但是从另外一方面考虑，运输所节省的越多，在整个供应链过程所节约的钱也就越多，也就是说，消费者获得的优惠就更多。

H连锁采用自己的运输系统，因为H连锁的运输成本比供货商来进行运输要低。通过定位系统，H连锁配送中心和客户可以随时随地清楚地了解车辆的运行状况和任务执行和安排情况。车辆管理功能让H连锁配送中心实现对运输车辆的统一集中管理，实时进行监控调度指挥，随时根据需要对车辆下达调度命令并进行远程控制。同时还可以为各个区域内的车辆提供服务信息，实现运力资源的合理调配，提高企业的经济效益和管理水平。车辆跟踪，道路安全提示和防盗报警功能，让货物和司机的安全有了更高程度的保证。

2. H连锁案例的启示

(1) 合理规划物流配送中心。关于配送中心在数量上的规划，比如连锁店数量不多、规模不大时，配送中心的收益必须要大于建设成本和运营成本之和，否则就不能取得规模效应，就会使得配送中心的配送效率低下，增加不必要的成本。

在选址方面，药店连锁企业应高瞻远见，综合考虑店铺的租金、交通路线、人流等因素，结合对物流量的分析和预测来加以确定。如店铺呈三角形分布，就可以把配送中心建立在一个三角形中心所在地带；若两个店铺是呈直线分布，则可以将配送中心设在直线的几何中点，向两边辐射。总之，就是秉承一个原则，即利于买家的采购、进货，又有利于对卖家各连锁店的配送，使得商品的运费最少。

(2) 配送运输管理的改进。

首先，对于一些公司大批量但小频率配送的商品可以选择直送模式，而对于小批量但大频率配送的商品则需要通过配送中心才可以达到减少配送成本的目标。

第二，对于一些有特定配送需求或是要求运输时间的商品，要想达到缩短配送环节并且保证配送质量的目的，可以考虑由供应商来直接配送。

最后，直接配送对于物流配送能力欠缺的供应商来说，只会提高供应链上全体物流配送的成本，所以在配送商品时应该考虑选择第三方间接配送模式。

总之，在兼顾商品的配送量和商品不同属性的基础上，选择直接配送与间接配送相结合的配送方式，不仅能改进配送服务的质量，还能节约配送成本，并且可以缓解由配送车辆日益增多带来的社会矛盾。

（3）解决库存不合理问题。H连锁的低库存率使其每年节省数千万元的仓储费，这些也都得益于配送中心的良好运作。其实造成药品零售企业库存管理问题的原因可归为以下几点：

①市场变化快，需求预测不准，产品生产调整变动多，造成库存增多和调整成本增加。

②缺乏各地最新的运输信息，运输费用较高。

③需求方与供应方之间信息不对称，造成库存积压或短缺。

④物流人员定位不清，责权不明确，造成出入库记录不完善。对药品零售企业经过严格质检入库的产品，应根据品类分区域储存，对温度有要求的成品按要求温度存放，并根据气温变化情况，定时检查，及时调整。同时药品零售企业可以出台有关的管理规范，如在成品入库后的放置安排要规范，堆码要整齐，距离要合理，无倒置。不同批号不混垛，不可避免造成混垛的，混垛时限不得超过1个月。

药品零售企业对特殊管理产品要设置专库或专柜，要双人双锁，专账记录，账物相符。定期清扫库房卫生，保持库容整洁有序。对在库商品进行定时养护检查，做好养护记录。严把出库质量关，做好复核记录台账。退货产品应由专人管理，并存放于退货区，重新进行质量验收，验收合格的方可入合格品库。不合格品存放于不合格品库区，进行控制性管理，并按程序上报，查明原因及时处理。

（4）采用先进的信息系统。H连锁公司拥有一整套先进、高效的物流信息管理系统，在各地的H连锁相关分支，包括连锁店、配送中心、供应商、仓储库房和货运车辆等，都被纳入这个有机的系统中，组成了一个十分有效率的管理网络，不仅可以降低成本，而且随着技术水平的不断更新，使H连锁在同行竞争中占据了比较大的优势，可以说信息化直接促使了H连锁的成功。

但是H连锁模式不是万能的，H连锁的成功经验可以借鉴，但不能生搬硬套，需要结合不同地区的市场经济的完善程度，灵活运用。很多药品零售企业的硬件技术是有的，我们需要在借鉴H连锁模式的基础上开发自己的物流信息系统，最大地减少货物和资金的挤压，提升信息传播效率和工作效率。

（5）优化配送流程。H连锁关于商品配送的经验是非常珍贵的，都是在长期的发展过程中一点一滴积累的，其他的药品零售企业应研究自身的实际情况，并参照H连锁的经验来制定相应的作业流程，以配送系统为起点，具体分析各个项目如储存、分拣、验货、搬运、送货、信息处理，最大限度地保证物流的配送流程的科学性。在配送中心，大部分员工从事的工作——捡货和选货，为了提高作业效率，商品条形码技术的应用势在必行。H连锁能实现物流全程顺畅、高效衔接的关键正是条码。

另外，我们可以向H连锁学习组建"自营车队"，在药品零售成本中，采购成本及物流成本皆占有较大比重，零售商若未组建自营运输车队，商品运输将交由物流公司完成，如此将增加大量物流成本。H连锁拥有自营车队并掌握有先进有效的定位技术，可确保车队始终保持快速有效满负荷的状态。据统计，相对于竞争对手进货费用占商品总成本的5%，H连锁仅需要3%。药品零售企业自行建立物流中心组建车队，可以把直接订货和统一配送结合在一起，提高商品管理环节上的集中度和技术含量。这样才可以将物流成本有效降低，确保零售企业成熟有效，实现可持续发展。

(6) 促进与供应商间的信息交流。在连锁经营的模式下，提高单位销售盈利能力的有效手段是信息化的物流配送系统、品牌资本和准确的市场定位，没有这几个方面的支持，盲目的扩张规模必然给企业埋下祸根。

在企业达到一定规模时，信息系统可以帮助各个店面有效地分摊建设成本，促进药品零售企业与供应商的信息交流，在这样的信息互通情况下，配送中心便能有效地降低整体的物流成本，从而实现利润最大化。但是这一切是建立在统一配送和统一进货的前提下的，而这恰好是药店连锁企业的优势所在。

例如，可以与供应商建立战略联盟关系，为共同利益结盟成联合体，利用各方协作，可以实现任何一方无法实现的目标。如果迫使供应商相互压价，固然可以使药品零售企业在价格上获得收益，但相互协作、信息互通，却可以降低整个供应链的成本。H连锁在建立战略联盟方面做得极为出色，其长年维持较高的增长率，很大程度上要归功于它同数千家供应商建立了合作伙伴关系，H连锁依靠先进的电子数据交换系统同供应商协调工作。该系统使供应商能以战略性长期合作的模式同H连锁一起工作，降低了它们的生产和物流成本。供应商回过头又将节省成本获得的收益传递给H连锁，给H连锁优惠的价格折扣，这就真正实现了双方共赢。

总之，当前我国药品零售行业竞争十分激烈，诸多品牌连锁药店都希望能够扩大自己的销售影响力。对药品零售企业来说，有效的采购、低成本物流和强势终端永远是竞争的三张王牌。

根据以上案例，回答问题：

(1) 配送中心各作业环节息息相关，而配送中心运作最终的目的是什么呢？

(2) 试归纳H连锁杭州配送中心的运作特点。

案例来源：http：//www.chinawuliu.com.cn/xsyj/201601/21/308982.shtml

任务4　电子商务与快递业物流配送

能力目标

通过完成本任务，你应该能够：

1. 掌握电子商务配送的概念；
2. 掌握电子商务配送模式；
3. 掌握电子商务快递业配送：快件收寄与快件派送的重点流程与难点；
4. 掌握电子商务下的各种物流配送模式。

核心能力

1. 熟悉各种计算机系统，使整个物流配送管理过程变得简单和易于操作；
2. 能设计出电子商务配送的流程图。

思政元素

结合国家电子商务的发展和建设现代化物流体系对智慧物流愿景，帮助学生理解在应对风险（如疫情）挑战时智慧物流在我国现代化建设和国民经济社会发展中具有重要的战略地位。建立起学生面对困难，要善于思考、勤奋努力，具有为国家奋斗拼搏的决心，鼓励学生刻苦钻研、自强不息、开拓创新，力争为中国智慧物流发展添砖加瓦。

任务解析

任务4：电子商务与快递业物流配送

分项任务4.1　电子商务物流配送概述

分项任务4.2　电子商务快递业配送——快件收寄

分项任务4.3　电子商务快递业配送——快件派送

分项任务4.4　电子商务的物流配送模式

任务导入

尊敬的读者：电子商务是由现代信息技术与传统的商贸相结合而形成的新商务模式，依据商品形态进行分类，可以分有形商品的电子商务与无形商品的电子商务。区别于无形商品的电子商务可以基于网络完成所有交易环节，有形商品电子商务交易方式，其交付过程必须通过传统方式在线下完成，这种传统方式即物流，物流效率尤其是最后一公里的物流配送服务的高低和配送质量的好坏直接影响消费者对电子商务服务的评价。因此，电子商务对经济发展的促进作用是否能凸显出来，关键看物流环节是否能够提供有效的支撑。

电子商务配送是指物流配送企业采用网络化的计算机技术和现代化的硬件设备、软件系统及先进的管理手段，针对客户的需求，根据用户的订货要求，进行一系列分类、编码、整理、配货等理货工作，按照约定的时间和地点将确定数量和规格要求的商品传递到用户的活动及过程。

本章主要从电子商务物流配送的概念、模式、发展策略，以及电子商务配送快递业务的快件收寄和快件配送几个方面为读者讲述电子商务物流配送的基本内容。

任务引入案例：

我国网络零售（电子商务）市场快速增长市场主要来自快销品和电子产品，食品所占比例不足10%，生鲜冷藏食品比重则更低。随着消费者对电子商务依赖度的增长，冷链食品电子商务正在悄然兴起，也催生了冷链宅配的快速发展。冷链宅配是指利用现代IT技术和冷链配送设备，实现“小批量、多批次、多品种、多温区”的冷藏冷冻产品的冷链配送。

“冷链宅配”为消费者提供优质有机蔬菜、肉食、速冻食品等，让消费者足不出户就吃到从田间到餐桌的新鲜蔬菜、水果、肉类等食物；“冷链宅配”保证食品质量、维持食品新鲜度，为食品供应商减少产品损坏，降低成本损失。“冷链宅配”为快递及物流商提供新的利润增长源，开辟了新的业务市场。现在消费者、供应商、快递物流商都已经认识到冷链宅配的好处。

思考题：做好冷鲜食品的电子商务配送最重要的是什么？

配送管理实务的第四个方面：电子商务与快递业物流配送。为了方便读者掌握电子商务物流配送内容，本书将此任务分为 4 个分项任务：

子任务 1：电子商务物流配送概述；

子任务 2：电子商务快递业配送——快件收寄；

子任务 3：电子商务快递业配送——快件派送；

子任务 4：电子商务的物流配送模式。

读者可以对照能力目标，反复演练，有的放矢地依次完成各分项任务，直至完成本任务，从而获取相应的职业活动能力。

子任务 4.1 电子商务物流配送概述

任务提示 本分项任务将引领读者掌握电子商务与物流配送的关系、电子商务配送的内涵及优势，掌握电子商务物流配送系统。

任务先行 通过认知电子商务背景下的物流配送系统，并能从电子商务视角认识对物流配送系统进行分析。

案例：秀山华渝物流投资有限公司：农村电子商务与物流配送系统

秀山华渝物流投资有限公司经秀山土家族苗族自治县人民政府批准，于 2009 年 7 月成立，注册资金 20000 万元，现有资产总额达 40 余亿元，系中物联常务理事单位。公司主要负责投资、经营和管理秀山（武陵）现代物流园区，现已逐步进入电子商务、商贸物流、信息、地产、文化等行业，建立以商业连锁为基础、网络营销为手段、仓储配送为核心、“买武陵，卖全国；买全国，卖武陵”为宗旨的新一代智慧型物流企业。公司现有花灯美食街、仓储配送中心等 20 余万平方米自持物业。

公司依托重庆秀山（武陵）现代物流园区，致力于整合社会物流资源，巩固提升三层物流体系、两大基础支撑，大力实施电商扶贫工程，解决两个物流“最后一公里”问题，促进电商与物流融合发展。三层物流体系即同城、乡村、区域物流体系。一是同城配送体系，依托“云智 50 生活馆微商城”App 购物下单，优化线上商品库存管理，大力发展“众包物流”，确保“3 分钟响应，40 分钟送货上门”。二是乡村配送体系，依托 124 家武陵生活馆农村加盟店、49 个农村淘宝服务站、33 个邮乐购服务站，组建了国内首家专注县域城乡的物流快递服务公司——云智速递，农村包裹实现“T+1”进村入户、“1+T”发至全国，上下行总量达到月均 3 万件次以上。三是区域物流体系，开通秀山至周边 17 个区县市的武陵物流专线。两大基础支撑即快递产业园、仓储配送中心。

电子商务与物流配送平台

电子商务与物流配送系统由云智网商城（www. yz950. com）与货运调度中心（“武陵物流云”信息系统）两大功能模块组成，两者统一运行，又各成体系，不仅服务于秀山（武陵）现代物流园区、区域物流企业及司机，还为普通消费者、制造企业、商贸批发零售企业等上下游企业服务。

1. 平台主要功能及优势特色

（1）云智网商城（www. yz950. com）。

一是变单一网站销售为双向网络销售。为克服天猫、淘宝第三方电子商务平台仅是“工业品下乡”单一网络销售弊端，打通“农产品进城”最初一公里，依托武陵物流云，以“武陵生活馆”为线下载体，探索建立既可工业品“代购”，又可农副产品“代销”的双向网络销售模式；二是变单向销售渠道为双向销售渠道。云智网商城（www. yz950. com）依托物流园区的16个专业市场集群，以入驻物流园经营商户为基本供应商，创新性地采用O2O模式，打造武陵农淘特色馆、“武陵生活馆”实体店和云智网商城，实现商品“线下展示交易、线上网络订购”的互动营销，形成以“专业市场组货支撑、云智网网批平台、旗舰店配送中心、村居连锁体验店”为要素的城乡销售体系。

（2）武陵物流云（www. chinaxiushan. com）。

平台通过建设线下的物流信息交易市场和线上信息化交易平台，结合微信、QQ群等现代网络渠道，采用“园区+电子商务”的运作模式，从而实现“线上+线下”的有机结合，将平台打造成为集物流信息发布、查询、交易、GPS导航与监控、物流政策与咨询、财务结算等于一体的全新的第四方物流综合服务平台，为制造企业、批发商、物流企业、个体司机等物流供应链的企业和个人提供公共信息咨询和服务。同时以物流园区的实体物流信息市场为载体，以先进的物流电子信息系统为纽带，以供应链一体化服务为核心，构筑起厂家、商家、流通一体化的产业基地群，极大地降低物流成本，提高物流服务效率，实现物流资源的全面整合的最终目标。

2. 平台服务模式

平台采用“线上+线下”交易相结合，“实体店/园区+电子商务”的运作模式。平台促进信息技术的广泛应用，建立信息采集、处理和服务的交换共享机制。率先推进行业公共平台建设，建有武陵山地区最具规模的股票式物流信息交易市场。“实体店/园区+电子商务”的运作模式，为中小企业、农村群众提供更多的商业机会、客户资源，为消费者提供便捷的日常消费服务。

（1）创建线上信息交易平台。

创建了云智网商城（www. yz950. com）、武陵物流云（www. chinaxiushan. com）交易平台，通过数据连接实现了物流、信息流、资金流、商流“四流合一”，是武陵山地区商品交易、公路物流线上和线下相结合的创新信息化交易平台，平台致力于以电子商务和网络公共平台为依托，整合秀山工业、农业、物流行业资源，打造厂家、商家、农户、消费者共赢合作渠道，打造国内最有影响力的网络销售、物流配送平台。

（2）云智50生活馆微信公众号。

以微信为切入点，开发云智50生活馆微信公众号商流、物流交易平台，积极开展诚信、安全、低成本经营。实现手机定人、定车、定货（商品）、定位、下单，实现对订货、送货和车辆进行智能化识别、跟踪、监控。同时，可通过手机进行找车找货（商品），能够随时随地满足更多人的需求，提供更高效、更诚信的管理工具。

平台通过“实体店/园区+电子商务”的经营模式，以现场信息交易促使电子商务在实际运作中落地，解决了很多平台因研发与市场的割裂，线上交易与实际交易运作断裂，而造成难以真正为使用者服务的问题。更通过电子商务为行业提供公共信息产品和服务。电子商务平台的建设，对于企业本身以及武陵山地区的物流行业都有积极的促进作用。平台整合社会物流资源，降低物流成本。通过物流公共平台，随时随地宣传国家相关的政策和提供车讯、货讯等业务交易信息。完成物流园物流业务管理信息化，而且对各种物流数据的采集、整理、传输、储存、统计、分析和挖掘。通过GPS对物流全过程实行电子化监控、定位、调度和管理，以最优的资源配置、最佳路径和最佳方案的选择来满足一体化物流的需要；信息充分交互和共享，减少因信息不对称造成的时间延误和其他损失；合理整合和调度区域内一切物流资源，提高设备使用率等。

案例来源：中国物流与采购联合会（http：//www. chinawuliu. com. cn/xsyj/201608/31/314906. shtml）

4.1.1 电子商务的运行模式

按电子商务应用服务的领域及对象不同，可分为5种运行模式，即企业对企业、企业对消费者、消费者对消费者、政府机构对企业、政府机构对公众的电子商务。

1. 企业对企业的电子商务（B2B）

企业对企业的电子商务，也称为商家对商家或商业机构对商业机构即Busines to Business企业与企业的电子商务模式是电子商务中的重头戏。它是指企业在开放的网络中寻求贸易伙伴、谈判、订购到结算的整个贸易过程。

2. 企业对消费者的电子商务（B2C）

企业对消费者的电子商务，也称商家对个人客户或商业机构对消费者的商务，即Business to Customer。商业机构对消费者的电子商务基本等同于电子零售商业，B2C模式是我国最早应用的电子商务模式，以8848网上商城的正式运营为标志，目前，采用B2C模式的主要以京东、当当、卓越亚马逊等为代表。B2C模式是企业通过互联网为消费者提供一个新型的购物环境——网上商店，消费者通过网络在网上购物，这里的“物”指实物、信息和各种售前与售后服务。由于这种模式节省了客户和企业的时间和空间，大大提高了交易效率。目前，B2C电子商务的付款方式是货到付款与网上支付相结合，而企业货物的配送，大多数选择物流外包方式以节约运营成本。随着用户消费习惯的改变以及优秀企业示范效应的促进，网上购物用户正在迅速增长，这种商业运营模式在我国已经基本成熟。

3. 消费者对消费者的电子商务（C2C）

消费者对消费者的电子商务，即Customer to Customer，简称为C2C。C2C模式的产生以1998年易趣的成立为标志，目前采用C2C模式的主要以淘宝、拍拍网等为代表。C2C电子商务模式是一种个人对个人的网上交易行为。目前，C2C电子商务企业采用的运作模式是通过为买卖双方搭建拍卖平台，按比例收取交易费用，或者提供平台方便个人在平台上开设网上商店，以会员制的方式收取服务费。

4. 政府机构对企业的电子商务（G2B）

政府机构对企业的电子商务，即Government to Business，简称为G2B。G2B模式可以覆盖政府组织与企业间的许多事务，如政府采购。政府采购是种公共经济行为，其宗旨是降低成本，反腐倡廉，调控市场。通过政府采购可以将政府的管理向透明化、高效率转型，同时在管理的取向上，向科学化、服务性靠拢；政府通过提供企业报税、进出口报关、企业办事招商投资、招标公告、中标公告等服务内容，向企业和个人投资者提供办事、政策、信用、财经、招标、投资、产业等相关服务。

5. 政府机构对公众的电子商务（G2C）

政府机构对公众的电子商务，即Government to Customer，简称为G2C。政府通过各级政府网站，向民众提供市民办事、便民公告、政策答疑、民意调查、福利费发放、个人缴税等服务内容，引导公民方便地获得政务、办事、旅游、生活等方面的信息咨询及服务。

4.1.2 电子商务配送的概念

电子商务配送是指物流配送企业采用网络化的计算机技术和现代化的硬件设备、软件系统及先进的管理手段，针对客户的需求，根据用户的订货要求，进行一系列分类、编码、整理、配货等理货工作，按照约定的时间和地点将确定数量和规格要求的商品传递到用户的活动及过程。

4.1.3 电子商务配送的特点

与传统的配送相比较，电子商务配送具有以下几个方面的特点。

1. 虚拟化

虚拟化是电子商务配送的一个重要特点。通过借助现代计算机技术，配送活动已由过去的实体空间拓展到了虚拟网络空间，实体作业节点可以虚拟信息节点的形式表现出来；实体配送活动的各项职能和功能可在计算机上进行仿真模拟，通过虚拟配送找到实体配送中存在的不合理现象，从而进行组合优化，最终实现实体配送过程达到效率最高、费用最少、距离最短、时间最少的目标。

2. 适时性

传统的物流配送过程是由多个业务流程组成的，各个业务流程之间依靠人来衔接和协调，这就难免受到人为因素的影响，问题的发现和故障的处理都会存在时滞现象。而电子商务物流配送模式借助网络系统可以实现配送过程的适时监控和适时决策，配送信息的处理、货物流转的状态、问题环节的查找、指令下达的速度等都是传统的物流配送无法比拟的，配送系统的自动化程序化处理、配送过程的动态化控制、指令的瞬间到达都使得配送的适时控制得以实现。

3. 智能化

这是物流自动化、信息化的一种高层次应用，物流作业过程大量的运筹和决策，如库存水平的确定、运输（搬运）路径的选择、自动导向车的运行轨迹及作业控制、自动分拣机的运行、物流配送中心经营管理的决策支持等问题都需要借助大量的知识才能解决。在物流自动化的进程中，物流智能化是不可回避的技术难题，物流的智能化已成为电子商务环境下物流业发展的一个新趋势。

4. 网络化

网络的应用使物流信息能够以低廉的成本即时传递，通过完善的物流信息管理系统即时安排物流过程，促使物流行业产生革命性的变化，导致物流行业的升级和实现物流的现代化。

5. 柔性化

电子商务环境下，需求信息具有极大的不确定性，因此订单等信息需要适时调整。柔性化的物流配送能够适应生产、流通与消费的需求，针对“多品种、小批量、多批次、短周期”的消费特点，灵活组织和实施物流作业，更好地满足电子商务环境下企业商务活动的要求。

4.1.4 电子商务配送的优势

相对于传统的配送模式而言，电子商务配送模式具有以下优势。

1. 能够实现货物的高效配送

在传统的物流配送企业内，为了实现对众多客户大量资源的合理配送，需要大面积的仓库用于存货，并且由于空间的限制，存货的数量和种类受到了很大的限制。而在电子商务系统中，配送体系的信息化集成可以使虚拟企业将散置在各地分属不同所有者的仓库通过网络系统连接起来，使之成为“集成仓库”，在统一调配和协调管理之下，服务半径和货物集散空间都放大了，货物配置的速度规模和效率都大大提高，使得货物的高效配送得以实现。

2. 能够实现配送的适时控制

传统的物流配送过程是由多个业务流程组成的，各个业务流程之间依靠人来衔接和协调，这就难免受到人为因素的影响，问题的发现和故障的处理都会存在时滞现象。而电子商务物流配送模式借助网络系统可以实现配送过程的适时监控和适时决策，配送信息的处理、货物流转的状态、问题环节的查找、指令下达的速度等是传统的物流配送无法比拟的，配送系统的自动化程序化处理、配送过程的动态化控制、指令的瞬间到达使得配送的适时控制得以实现。

3. 物流配送过程得到了简化

传统物流配送的整个环节由于涉及的主体众多及关系处理的人工化，所以极为烦琐。

而在电子商务物流配送模式下，物流配送中心可以使这些过程借助网络实现简单化和智能化。比如，计算机系统管理可以使整个物流配送管理过程变得简单和易于操作；网络平台上的营业推广可以使用户购物和交易过程变得效率更高、费用更低；物流信息的易得性和有效传播使得用户找寻和决策的速度加快、过程简化。很多过去需要较多人工处理、耗费较多时间的活动都因为网络系统的智能化而得以简化，这种简化使得物流配送工作的效率大大提高。

4.1.5 电子商务配送系统

1. 电子商务配送系统的含义

电子商务配送系统是依据电子商务技术（网络技术、通信技术和计算机技术）把配送活动各要素联系在一起，为实现配送目的、功能和作用所形成的一个有机统一体。

电子商务的发展及电子商务技术的完善，不仅为电子商务配送系统的建立提供了技术基础，而且为电子商务系统的建立提供了市场基础。

2. 电子商务配送系统的功能

电子商务配送系统主要具有以下功能。

（1）物流配送实时性。首先，电子商务技术可使企业对配送实施有效的实时控制。传统的配送活动在运作过程中，其实质都是以商流为中心，从属于商流活动，因而配送的方式是伴随着商流来运动的。在电子商务配送中，配送的运作是以信息为中心的，信息不仅决定配送的运动方向，而且决定配送的运动方式。在实际的配送过程中，可以有效地依靠电子商务技术对配送过程的各环节和各层次进行实时监控，实现配送的合理化。其次，电子商务对配送的实时控制是以整体配送为中心来进行的。在传统的配送活动中，虽然也有依据计算机技术对配送进行控制，但这种控制是以单个的运作方式来进行的。如在实施计算机管理的配送企业中的控制是以整体运作方式，所实施的计算机管理信息化系统，大都是来进行总体控制的，这不仅包括企业的内部系统配送运作控制，而且包括企业与外部配送运作的控制。

（2）物流配送互动性。配送活动是一种多要素组合的活动。对于一个企业来说，它不仅存在企业与外部的配送活动，而且存在企业内部的配送组织活动。如何将这些复杂的要素联结在一起，并使其能有序运动，将是企业面临的一个重要问题。电子商务配送系统的建立和完善，将企业与外部（客户）的联系、企业内部各要素之间的联系有效地结合在一起，使其信息的交流具有多层次、全方位的互动性，并通过电子商务技术使内部与外部的协调，内部各环节、各层次的协调达到一致，实现配送的合理化。此外，互动性的特点，也为配送活动的个性化服务提供了有利的条件，将为企业赢得更多的客户和市场。

（3）物流配送标准化。要进行电子商务配送，实现配送的标准化不仅是十分必要的，而且是非常重要的。配送的标准化主要包括配送货物信息的标准化和配送作业流程的标准化。

配送货物信息的标准化实质是将货物的各种特征和属性信息化，即用一组数据，如大类、品名规格、型号、单位、厂家、品牌、使用说明期限来描述货物，还可以用图像、声音等多种媒体形式来描述货物。信息标准化不仅有利于发、送双方对货物的理解和认可，便于货物的使用、统计和配送及管理。配送作业流程的标准化是指配送的各环节、各层次应按照统一规定的流程来进行标准化执行，以保证各作业环节的合理衔接和有序协调，如果不规范地进行作业，势必会产生网络信息系统与作业系统之间的脱节与不一致，给企业带来不应有的损失。

此外，电子商务配送的标准化还包括配送技术标准化和配送管理标准化等。

（4）物流配送低成本化。电子商务不仅使配送双方节约了成本，而且降低了整个社会的配送成本。

①电子商务配送节约了配送双方的库存成本。在电子商务配送的情况下，配送双方可以有效地利用电子商务技术及交易等优势，减少配送双方的库存规模。同时，对于整个社会来说，库存水平也得到了降低，使库存管理的成本和费用相对下降。

②电子商务配送降低了配送双方的营销成本。提供配送的一方可实现促销成本及送货成本的降低，需要配送服务的一方可实现信息采集成本等的降低，节约自建配送系统的投资及相应的管理费用。

③电子商务配送可使配送双方通过网上结算进行单证传输，实现了配送双方的结算成本及单证传输成本的降低。

④电子商务配送降低了租金成本。一是它可使企业合理地确定配送场地的面积和地点，提高配送场所的利用率，降低配送场所的使用成本；二是它可使企业相应地减少配送场地的面积，因为在电子技术和电子工具高度发达的今天，企业可以充分地利用网络管理的方法与技术对配送活动进行管理，所以，需要的面积远远小于传统配送管理的面积。

3. 电子商务配送系统的目标

电子商务配送系统的目标主要体现在以下几个方面。

（1）服务性目标。

服务性目标是电子商务配送系统所要达到的一个主要目标，是指电子商务配送系统能向用户提供各种服务。服务性目标主要有：能向用户提供多种信息服务；能向企业的不同部门、不同层次和不同环节提供多种信息服务；具有信息的及时反馈功能。

（2）快捷性目标。

电子商务配送系统要能依据客户的要求，把货物按质按量准时地送到用户所指定的地点。这就要求企业在配送系统中设立快捷反应系统，以实现快捷目标。快捷目标的构成主要包括快捷的配发货系统；快捷灵活的运输系统；自动化的库存管理系统；自动化的分拣、理货系统；快捷、灵活的进货系统，包括订、收货系统；方便、灵活、及时的信息服务系统。

（3）低成本性目标。

低成本性目标主要包括以下几个方面。

①要有效地利用配送面积与空间。

②要科学合理地选择运送工具和线路。

③要保持合理的库存规模和结构。

④要选择合适的系统软件。

⑤要坚持科学的管理。

(4) 安全性目标。

Internet的开放性同时会带来安全性问题，根据中国互联网络信息中心（CNNIC）2014年7月21日发布的第34次《中国互联网络发展状况统计报告》，目前用户最关心的问题就是网上交易的安全问题。这说明了要进行电子商务配送，一个重要的前提就是必须保证电子商务配送系统的安全性，保证用户的商业机密不受到侵犯电子商务系统的安全性目标主要包括以下几个方面：

①操作系统的安全性目标。

②防火墙系统的安全性目标，主要包括防火墙产品是否安全、功能是否完善、设置是否错误等。

③操作人员及内部人员的安全性目标。

④内部网用户的安全性目标。

⑤程序的安全性目标。

⑥数据库的安全性目标等。

4. 电子商务配送系统的构成

一般来说，电子商务配送系统主要由管理系统、作业系统和网络系统三部分组成。

(1) 管理系统。管理系统是由配送系统的计划、控制、协调和指挥等所组成的系统，它是整个配送系统的支柱管理系统，主要包括以下内容。

①战略目标。系统战略目标主要包括服务的对象、顾客的性质与地理位置，以及所提供的与之相适应的配送服务。

②功能目标。主要确定配送系统所达到的目标，配送能力的大小主要取决于企业投入人、财、物的数量及管理水平等。

③配送需求预测与创造。管理系统的另一个主要职能是对市场进行预测分析，以掌握和了解未来客户配送需求的规模即提供相应的服务。另一方面，要通过网络广泛收集用户的需求及要求的服务开展促销业务，以满足系统的高效率、低成本和高质量的服务创造配送要求。

④存货管理。通过预测、创造需求及网络的特点，管理系统要合理地确立存货的规模和结构方面，存货的规模和结构要与客户的要求保持一致；另一方面，存货的规模和结构要与作业能力保持一致。

(2) 作业系统。作业系统是配送实物作业过程所构成的系统。在电子商务时代，配送实物作业应接受管理系统下达的信息指令来进行。作业系统主要包括货物的接收、装卸、存货、分拣、配装及送货和交货等。

(3) 网络系统。网络系统是由接受、处理信息及订货等所组成的系统。目前配送应用较多的电子商务网络系统主要有以下几个。

①POS系统（销售试点管理系统）。企业收集、处理和管理配送试点上的各种配送信息和信息的系统。

②VAN系统（增值网）。利用电信的通信线路将不同企业的不同类型的计算机连接在

一起，构成共同的信息交流中心。

③EOS 系统（电子订货系统）。利用企业内终端电脑按货架或台账输入欲订购的货物，经网传递到总部配送中心或供应商，完成订购，并验收货物。

④MIS 系统（管理信息系统）。负责货物的进、存及配送管理，并进行配送经营的辅助决策工作如货物的自动补给系统等。

⑤EDI（电子数据交换系统）。即在不同的计算机应用系统之间依据标准文件格式交换商业证信息。对于配送企业及需要进行配送的企业来说，在 Internet 上进行配送单证信息的传输不仅可以节约大量的通信费用，而且可以有效地提高工作效率。

5. 电子商务配送系统分析

（1）配送中心物流管理系统需求分析。

①实时跟踪商品在物流中心的相关信息，包括商品名称、商品编号、所在容器、库存数量、缺货原因、供货商信息等。

②实时跟踪商品在物流中心流动的信息，包括入库、移位、并板、拆板、出库等。

③需满足商品先进先出的原则。这条原则最先是在库存管理中提出来的，因为物品都是有一定保质期的，如果不按照这原则可能造成很多物品过期。但是在操作过程中最重要的一点是如何进行物品存放规划，使管理人员能够很清楚、方便地找到不同时期的物品。

④实时跟踪并记录什么人在什么时候开机，做过一些什么操作，并在什么时候关机。

⑤记录管理操作人员的管理信息。

⑥对日常业务要求手持终端机操作简单，对数据处理要求反应快。

⑦对 F 射频手持终端的程序开发要求简单，并方便维护。

⑧对 RF 网络要求稳定，并便于安装和维护。

⑨需连接配送中心数据库。

⑩为减少工作强度。要求手持终端轻便，易于手握，并坚固耐用。

（2）配送中心物流管理系统设计思想。

根据配送中心的实际情况，应本着准确、高效、高性能和低成本的设计原则和人性化的设计理念，设计以下管理系统方案。

①通过采用 RF 高速无线网络系统来提高整个配送中心的数据传输的实时性。

②通过使用手持式条码数据终端来减少人工干预、提高系统数据的准确性。

③通过运用最先进的统一建模语言来提供人性化的交互界面和生成简洁的程序代码。

（3）配送中心物流管理系统方案。

①建立条码管理体系，所有商品、容器均对应唯一的条码号，这样就可以通过使用条码对整个配送过程进行全面跟踪。

②规范配送中间环节，使之标准化、合理化，使公司更加适合规模化发展。

③规范配送中心数据流，使之能更加准确、实时地反映配送中心各环节的现状。

④规范配送中心储位安排，使之更加合理、更加适合新流程的运作。

⑤建立一个覆盖整个配送中心的无线网络，使配送中心变为一个时时在线的数据

中心。

⑥建立一套员工作业监管体系，可以记录作业员工所有的操作，以方便以后的流程改进。

以上几种电子商务方案中的物流方案各有不同，但物流与配送的基本流程相近，不同的是制造商、销售商、网站经营者及物流、配送企业之间的配合及衡量物流、配送业绩的标准等，为了使电子商务方案得以顺利实施，需要对物流、配送系统进行认真设计。

◎延伸阅读

案例：iData 助力菜鸟驿站打造高效的电商配送“最后一公里”服务

菜鸟物流体系下的“菜鸟驿站”又称阿里服务站，主要为天猫及淘宝等电商消费者提供网购代收服务。菜鸟网络的主要目的在于建立遍布全国的骨干物流仓储网络，相当于人体血液循环系统的动脉血管；菜鸟驿站则是提供大规模物流分散后到目的地“最后一公里”的线下服务，相当于人体血液循环系统的毛细血管。作为电商物流服务的延伸，菜鸟驿站是阿里为了解决快递服务“最后一公里”问题进行的新尝试。数据显示，除了校园菜鸟驿站，目前全国有 2 万多个菜鸟驿站，提供“最后一公里”综合物流生活服务。

菜鸟驿站提供快递包裹代收发服务，属于电商配送“最后一公里”服务中转站。据统计，一家菜鸟驿站的日均收发快递包裹高达 300 件。为了给电商配送提供高效的“最后一公里”服务，菜鸟驿站引入基于 iData 移动智能终端的包裹信息化管理解决方案。

1. iData 系统功能概述

基于 iData 移动智能终端的菜鸟驿站无线工作台，借助 iData 移动智能终端的条码扫描采集、数据实时传输，为站点的包裹入库、取货管理，短信通知下发，滞留包裹及问题包裹处理等作业提供强大的数据支撑，无缝对接快递公司后台，实现揽件、到件、问题件直接处理，一键同步后台，有效缓解站点包裹管理压力，同时极大降低错分率，提高包裹管理工作效率，为电商和网购用户提供更便捷的包裹收发服务体验。

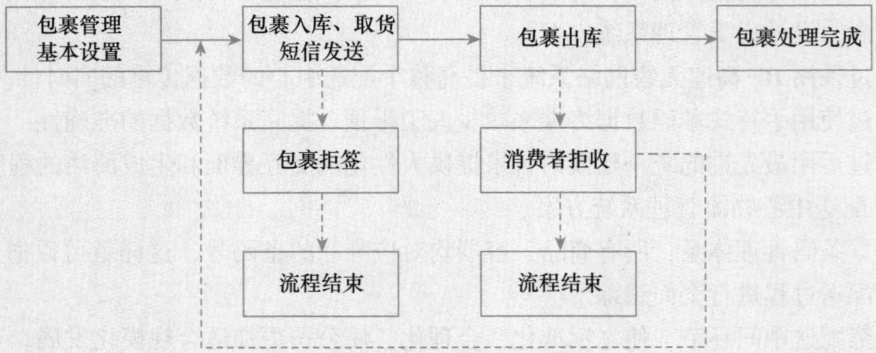

2. 终端功能概述

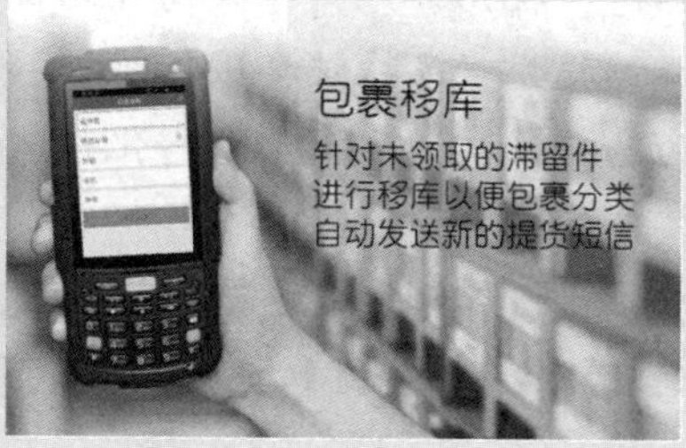

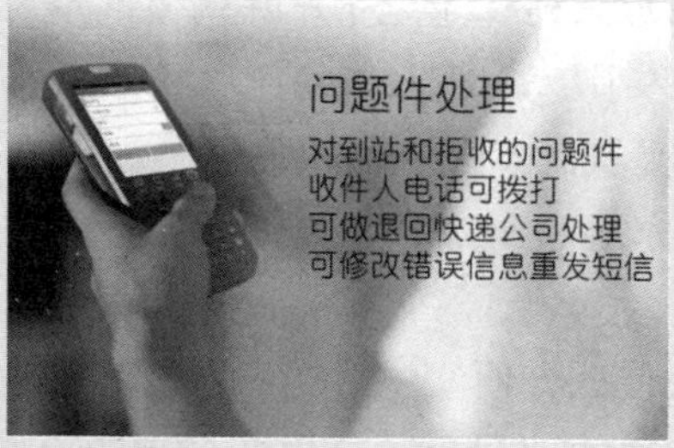

iData 移动智能终端主要功能应用：

（1）收件扫描；（2）发件扫描；（3）到件扫描；

（4）派件扫描；（5）集包扫描；（6）拆包扫描；

（7）签收扫描；（8）问题件扫描；（9）留仓扫描。

3. iData 信息化功能评价

（1）到货入库、拣货、取货签收等全过程中使用 iData 移动终端进行条码管理，准确、高效。

（2）有效减少包裹入站、出库过程中信息滞后，大量订单手工录入准确性差等情况的发生。

（3）实现电商配送“最后一公里”中转站的全方位管理，提高电商配送效率，提升服务形象。

【典型应用实例】

助力杭师大菜鸟驿站，日均揽收 2000 个快递包裹，学生两三分钟就能取货走人。

3月11日，菜鸟网络宣布与杭州师范大学达成校企战略合作，推出首个校园智慧物流平台。据悉，杭州师范大学菜鸟驿站由学校免费提供场地支持，在校学生作为运营主体，菜鸟驿站提供产品系统、服务培训、品牌装修和创业资源扶持。同时，双方也将以菜鸟驿站为基础，搭建学生创业孵化基地。

应用实例场景：

“杭州师范大学英语系大三女生小顾，今天11点42分收到了一条来自菜鸟驿站的短信：请您在18：00前凭取货号19029至杭师博文6号地下车库菜鸟驿站领3月11日申通包裹。

15：00左右，小顾下课后来到位于地下车库的菜鸟驿站，走进自助取货区，一位穿着橙色马甲的菜鸟驿站工作人员立马迎上来询问取货号。在工作人员的帮助下，小顾很快就在19号货架的29号位置找到了自己的快递包裹。而在自助取货区门口，一位工作人员会再次扫码验货，并要求小顾出示取货凭证，以防包裹误取。”

案例思考：

1. 菜鸟驿站给我们带来什么方便？
2. 用户电子商务物流配送的“最后一公里”的要求有哪些？

（案例来源：中国物流与采购联合会 http：//www. chinawuliu. com. cn/xsyj/201608/29/314827. shtml）

◎每节一练

试着总结影响电子商务配送系统的功能有哪些？

分项任务小结

完成本分项任务后，请进行自我测试：请归纳电子商务配送的含义和电子商务配送系统的构成。

子任务4.2　电子商务快递业配送——快件收寄

任务提示　本分项任务将引领读者掌握快件的收寄包括收寄指导、电子商务快件收寄两个方面的内容。

任务先行　首先了解收寄产品的各种分类，帮助企业选择合适收寄类型；理解快递保险常识有助于维护客户安全权益；掌握电子商务运行模式及电子商务快递服务现状、存在问题及发展策略。

4.2.1　快递产品分类

随着快递行业的发展，快递企业提供的快递服务时效越来越快，提供的服务类型越来越广泛，如保价快件次日达等快递产品，极大地满足了快递客户的需求。快递产品的划分主要从以下几个方面进步。

1. 按传递时限划分

快递产品按快递时限可分为即日件、次日件和隔日件。

（1）即日件是指当日收取当日送达的快件。该类产品因成本较高，所以价格也比较高，适用于对快件时限要求较高的企业或客户。例如：工程投标样本的递送、企业生产样品的传递、同城快件网购的食品。

（2）次日件是指当日收取后第二天送达的快件。该类产品的时效较快，且价格适中，适合企业重要文件的传递，也适合喜欢网上购物又急需收取货物的网购一族。

（3）隔日件是指当日收取第三天送达的快件。该类产品因价格便宜，适合有快递需求，但是对快递时效要求不高的企业或个人。例如：一般的货物样品、公司之间回赠的礼物、网络购买的低价物品。

2. 按承担责任划分

快递产品按承担责任分为保价快件、保险快件。

（1）保价快件是指客户向快递企业申明快件价值，快递企业和客户之间协商约定由寄件人承担基础资费之外的保价费用的快件。快递企业以快件申明价值为限，承担快件在收派、处理和运输过程中发生的遗失、损坏短少等赔偿责任。

在快速企业推出保价项目之后，应及时告知客户谈企业有保价业务。如果客户在明确了而未选择，快件一旦在运输过程中发生损坏和遗失，损失则由客户来承担。例如：当客户寄递贵重物品（价值为 2 万～5 万元人民币）时，快递业务员更应该做好保价业务介绍。

（2）保险快件是指客户在寄递物品之前向保险公司购买保险，由保险公司承担快件在从始发地至目的地整个过程中发生的遗失损坏或短少等赔偿责任的快件。各个快递企业对于保价快件都有一定的价值限定，一般以 5 万元人民币为限，当客户所寄物品的价值超过 5 万元人民币时，不再提供保价服务，这时客户为了快件的安全保障：就可以选择保险快件。保险快件由保险公司承担损失责任，一般没有价值限定。

3. 按产品价格划分

按照快递产品收费的不同，可以分为经济型快件、标准快件和加急快件。经济型快件一般为时效不高而且价格较低的快件；而标准快件相对于经济快件来说价格稍高，且速度稍快；加急快件则是快递企业以客户时效为主，而提供的时效最快的产品，价格相对于前两种产品也是最高的。

4.2.2 快件保险常识

随着保险业务的发展及消费者保险意识的增强，保险已经进入各个行业。为防止寄递途中出现异常，现在已经有更多的客户在尝试为自己寄递的物品购买保险。

4.2.2.1 保险基本知识

1. 保险的概念

保险是指投保人根据合同约定，向保险人支付保险费，保险人对于合同约定的、可能发生的事故因其发生所造成的财产损失承担赔偿保险金责任，或者当被保险人死亡、伤残、疾病或者达到合同约定的年龄、期限时，承担给付保险金责任的商业保险行为。

2. 保险的功能

（1）经济补偿功能。

（2）资金融通的功能。

（3）社会管理的功能。

3. 保险的作用

（1）降低企业与客户的损失。

（2）保证企业在出现索赔后正常运转。

4. 财产保险的补偿

保险是在特定灾害事故发生时，在保险有效期和保险合同约定的责任范围及保险金额内，按其实际损失金额给乎补偿。通过补偿使得已经存在的社会财富因灾害事故所致的实际损失在价值得到补偿，在使用价值上得以恢复，从而使社会再生产过程得以连续进行。这种补偿既包括对被保险人因自然然灾害或意外事故造成的经济损失的补偿，也包括对被保险人依法应对第三者承担的经济赔偿责任的经济补偿，还包括对商业信用中违约行为造成经济损失的补偿。

4.2.2.2　快件保险

1. 快件保险的概念

快件保险是针对快伴在运输途中因外在因素导致的物理损失或丢失，由保险公司承担赔偿责任的保险。

2. 快件保险的费率

（1）保险费率的概念。

保险费率是应缴纳保险费与保险金额的比率。其计算公式：

$$费率=(保险费+保险金额)\times100\%$$

例如：某客户在寄递一价值较高的快件时，按快件实际价值向保险公司投保 10 万元人民币，该保险公司收取此客户 2000 元人民币的保险费，则该保险公司的保险费率是多少？

解： 该保险公司的保险费率 $=(2000+100000)\times100\%=2\%$

（2）保险费率确定的基本原则。

保险费率是由保险公司与快递企业进行协商，以保证制定出来的保险费符合消费者的消费需求，如果保险公司仅仅是停留在追求利润的基础上制定费用，则会影响消费者投保的积极性。一般来说，保险费率的制定需要遵循以下原则。

①充分性原则，指所收取的保险费足以支付保险金的赔付及合理的营业费用、税收和公司的预期利润。充分性原则的核心是保证保险人有足够的偿付能力。

②公平性原则，指一方面保费收入必须与预期的支付相对称；另一方面被保险人所负

担的保费应与其所获得的保险权利相一致。

③合理性原则，指保险费率应尽可能合理，既符合有关规定，又使双方利益不受损失。不可因保险费率过高而使保险人获得超额利润。

④稳定灵活原则，指保险费率应当在一定时期内保持稳定，以保证保险公司的信誉；同时，也要随着风险的变化、保险责任的变化和市场需求等因素的变化而调整，具有一定的灵活性。

⑤促进防损原则，指保险费率的制定有利于促进被保险人加强防灾防损，对防灾工作做得好的被保险人降低其费率；对无损或损失少的被保险人实行优惠费率；而对防灾防损工作做得差的被保险人实行高费率或续保加费。

3. 保险费用的计算

保险费的计算公式：

保险费用＝保险金额×保险费率

例如：某保险公司的快件保险费率为2%，有一客户为自己所寄的快件投保8万元人民币，则此客户应缴纳的保险费用是多少？

解：此客户应缴纳的保险费用＝80000×0.02＝1600元

对于客户投保的快件，如果快件丢失，保险公司应按照客户的投保金额进行赔偿，并由快递企业退还本次的运费；如果快件损毁较轻，经与客户协商同意后，对其进行维修、置换可恢复快件价值则应由保险公司承担本次的重置费用；如果快件损毁较重无法重置，则应按快件丢失赔偿客户。

4. 快件保价与快件保险的区别

（1）制度设计的目的不同。快件保险是将风险从个人和快递企业转移到保险公司的一种风险防范机制。而快件保价是风险由个人转移到快递企业的一种风险防范机制。

（2）涉及当事人不同。快件保险涉及快递企业、保险公司、客户和第三方评估机构，快件保价则只是涉及客户和快递企业。

（3）风险范围不同。快件保险的风险范围主要是快递企业责任第三方侵权行为和不可抗力等。而快件保价的风险范围是快递企业责任、非快递企业过失等。

（4）所保范围不同。保险承保的损失必须是可确定和可计量的，而快件保价则对于不易确定和计量实际价值的快件允许办理保价运输，但一般设置最高限额。

（5）费用性质不同。快件保险客户支付的是保险费，而保价运输条件下支付的是保价附加服务费，属于快递企业的营业收入。

（6）风险承担者不同。快件保险的风险承担者是保险公司，而快件保价的风险承担者是快递企业。

（7）索赔程序不同。快件保险出现问题后，保险公司需要客户提供相关单证，程序相对烦琐，而快件保价出现问题后，快递企业要求提供的单证比较少，理赔程序较为简单。

（8）管控风险不同。快递企业可集中大量客户争取优惠的保险费率。而快件保价是快递企业自行消化，投入量大，价值界定难度大，有时候会出现多赔、少赔或不赔等情况。

4.2.3 收寄路线设计

收寄路线是指业务员在收取快件时，将所经过的地点和路段按照先后顺序链接起来的路线。

1. 收寄路线设计的意义

快递业务员在日常收取快件的过程中，由于客户寄递需求的多样性和不确定性，会导致快递业务员的收件路线频繁变化。如果盲目无序地对快件进行收取，不但会降低工作效率，有时也会因为收件效率过低而导致客户抱怨甚至投诉。所以合理安排并设计收寄路线，不但可以有效提高工作效率，还能提升客户满意度，降低运营成本，减少客户投诉；同时可以减少空白里程、车辆损耗和快递业务员的劳动强度等。因此，在收寄快件前进行收寄路线的合理设计具有重要的意义。

2. 收寄路线设计的原则

收寄路线的设计一般遵循以下几个原则：

（1）保证时限原则。

（2）保证承诺原则。

（3）先轻后重，先小后大原则。

（4）减少空白里程原则。

快递业务员在收取快件的过程中，如果遇到的情况比较复杂，涵盖了以上所有的情况，则应按照“保证时限、保证承诺”的原则合理安排，尽量做到既保证快件时效，又达到客户满意。

3. 收寄路线设计的基本要求

快递业务员每天收取的快件主要包括信息系统中的快件和实时新增的快件。对于在信息系统中的快件，收取前一定要设计合理的收寄路线，而对于实时任务则要具体情况具体分析，既保证已约定快件的收取时效，也要及时完成新增的快件收取。设计收寄路线的基本要求包括以下内容。

（1）优先收取客户订单中备注紧急信息的快件。客户订单中备注紧急信息的快件应优先收取。例如：有时客户会因业务需要，急需把快件发往对方客户，需要快递企业及时安排业务员将快件取走。在条件允许的情况下，快递企业应首先收取此类客户的快件。

（2）合理避开上下班高峰时间，选择适当的行车路线。上下班高峰期，不仅道路上的车辆多，而且如果遇到发件客户位于写字楼的高楼层，电梯的资源也是非常紧张的。所以，为了有效提高收寄时效，业务员在取得客户同意的前提下，尽量避开上下班高峰期收取快件。

（3）保障快件的安全。保障快件安全是快递服务中至关重要的一项。从快递业务员收取快件之时起，快递企业就要对快件的安全负责。一般快递业务员在收取一份快件后，还要收取另外的快件，此时业务员不但要保证未收取快件的时效，更要保障已收取快件的安全。

4. 收寄路线设计的基本方法

收寄路线是快递业务员收件所行走的轨迹，合理的收寄路线可以节约时间，提高效率。收寄路线的设计主要是依据现有发件客户的地址信息及道路信息情况，对收寄路线进行规划，及时、快捷、安全、高效、准确地收取快件。收寄路线设计的方法主要有以下几种。

（1）最快时效法。业务员在收到相关订单信息后，按照客户所在地址，统筹安排收取快件的路线，用最短时间将客户的快件收取。

（2）最短路径法。在设计路线时，以最短路径为设计原则，根据客户所在地址，按照由近及远或由远及近的原则设计收寄路线。

（3）经验判断法。综合考虑道路的交通、客户订单临时增加及客户寄递物品过程中的耗时等情况，根据之前的经验设计收寄路线。

（4）详细分析法。详细了解每位客户的订单信息以及发送物品的数量、内容、包装情况等，并询问客户可以等待的时间，统筹安排并设计收寄路线。

4.2.4 电子商务快件收寄

4.2.4.1 电子商务快递服务

1. 电子商务快递服务简介

电子商务快递服务是指快递企业受参与网上交易用户的委托，寄递快件的服务。与普通快递涉及寄件人、快递企业、收件人三方关系相比，电子商务快递服务增加了电子商务网站以及第三方支付平台的关系。可以说，电子商务的发展促进了快递行业的腾飞。因为在电子商务环境下，不管是消费者购置商品、在线支付，还是商家接受订单、确认收款，都可以通过虚拟网络来实现，唯一不能实现的就是实物商品的传送。所以在整个电子商务生态系统中，起到衔接作用的快递就显得尤为重要。

据统计，2020 年我国网民中有 7.85 亿用户至少有一次网购经历，占全部网民数的 40.6%。网上购物金额达 4980 亿元，比 2009 年增长了 86.5%，占我国社会商品零售额的 3.2%，其中 90%的用户选择了快递服务。毋庸讳言，从中国电子商务的先驱 8848，到京东、当当卓越亚马逊、麦考林等 B2C 企业，还有 C2C 如淘宝网等，快递成为决定其能否成功的关键。

2. 我国电子商务快递的现状

与传统购物方式相比，我国网购交易正处于一个爆发式增长阶段，未来的发展前景极其广阔。与电子商务蓬勃发展相对应的是，我国的电子商务快递业务同样呈现出超高速增长的态势。数据显示，我国当前快递业务量的一半以上来自网购，网购已当之无愧地成为驱动快递业务快速增长的主动力。面对巨大的电子商务物流需求，我国的快递业迎来了前所未有的发展机遇。

电子商务快递市场巨大的发展潜力，为快递企业提供了广阔的发展空间。可以预见，我国电子商务快递业务在总体快递业务中的比例将会越来越高，对快递企业的影响也会越来越大。

4.2.4.2 电子商务快件的收寄

基于电子商务不同的运行模式，快递企业除具备传统的快递功能外，还要满足电子商务网站或企业的增值性业务，如款项结算和回收、订单处理。目前，我国电子商务网站数量在不断增加，交易商品涉及日用品及其他非易耗品等，就其电子商务物流模式而言，大体可分为三种类型，分别是 B2B（商家对商家）、B2C（商家对消费者）、C2C（消费者对消费者）的模式。而在电子商务时代，B2B 的物流业务逐渐外包给第三方物流；B2C 和 C2C 的物流支持则主要靠快递企业来提供。下面主要介绍针对 C2C 和 B2C 的电子商务快递是如何收寄快件的。

1. 基于 C2C 的电子商务快递

C2C 指的是消费者对消费者的电子商务模式，C2C 电子商务平台就是通过为买卖双方提供一个在线交易平台，使卖方主动提供商品上网拍卖，而买方可以自行选择商品进行竞价。

在我国，C2C 网络购物一直在保持不断地增长。据调查，目前我国 C2C 网络购物市场中的主要交易平台有淘宝网、易趣网和拍拍网等几家。而这几家几乎占了 C2C 市场的 90%以上的份额。C2C 网络购物产业链中，主要由卖家、购物网站、买家第三方支付平台、快递企业共同构成。在这条产业链中，商流、信息流、资金流实现了完全的电子化，唯有物流，还不能完全电子化实物商品必须通过有形的实体流动，整个产业链的价值才能得以最终实现。在 C2C 电子商务模式下，快递企业承担着这个让实体流动的重任。

（1）C2C 电子商务快递的特点。

①时效性要求高。电子商务对快件收寄的时效性要求较高，一般要求同城当日到或次日到，相邻省市次日到，全国范用内三日到。消费者从电子商务网站上购买物品，大部分看重的是网上购物的方便和快捷，他们希望只要在电子商务网站上点击确认购买之后，商品就会快速地寄到自己手中。因此，电子商务快递在时效性要求方面比传统的快递要求要高。

②服务质量要求高。传统的快递要求在规定的时间内将快件送到指定的地点。而在电子商务环境下，服务质量的内涵却要丰富得多。按时到指定的地点收寄是最基本的要求除此之外，业务员还要对同一类型、同一批次的快件进行统一包装，并能按商家的要求提供多元化、个性化的服务，如代收货款业务、在线下单业务。

③收件量不大但品种、批次多。由于 C2C 电子商务中参加交易的双方尤其是买家往往是个人，其购买的物品往往又都是单件或者少量的，因此与 B2B 完全不一样，数量小、批次多是目前绝大部分中国 C2C 卖家所面临的现实。业务员在收寄这类快件时，一定要对照订单逐一核实，确实做到万无一失，保质保量完成收寄工作。

④强调个性化和定制化。C2C 电子商务网站中商家是多种多样的，他们不仅分布在全国各个地方，而且不同的商家有着不同的需求，因此各个商家对电子商务快递的需求是非

常多元化的。由于这种多元化需求的存在，所以电子商务快递强调定制化和个性化，要求不同层次的快递服务与这种多元化的需求相对应，以满足商家的不同需求。

(2) C2C 电子商务快递的收寄。

根据 C2C 电子商务的特点，可以看出 C2C 卖家分布广泛，所寄递的快件数量小、批次多。因此，对于这类快件的收寄一般都由快递业务员上门揽收，其揽收流程与普通国内件的流程大致相同。

2. 基于 B2C 的电子商务快递

B2C 指的是企业对消费者的电子商务模式，主要是企业在互联网上开设产品专卖商店，利用电子商务向客户出售企业产品。在这种模式下，电子商务网站建立起一个信息平台，将产品生产厂商与消费者连接起来，电子商务网站从生产厂商进货后，通过快递企业最终送到消费者手中。

由于 B2C 电子商务企业相对于 C2C 电子商务网站而言，每天的交易量、营业额较大，商品的种类层次繁多，如不能将商品尽快派送到买家手中，就会在激烈的市场竞争中处于劣势。因此，很多 B2C 电子商务网站会选择一个适合自己的快递企业作为合作伙伴将配送业务全部外包。其具体操作方式是这样的：电子商务企业与快递企业签订合同，通过双方权利和义务的规定，负责电子商务企业的商品配送业务。这样可以减轻甚至消除电子商务企业在商品配送方面的顾虑，使其能够专心经营网络商品，同时又可以降低企业商品配送的成本。

(1) B2C 电子商务快递的特点。

①时效性要求高。

②服务质量要求高。

③收件量大且相对集中。

④强调个性化和定制化。

(2) B2C 电子商务快递的收寄流程。

为了更好地服务于电子商务企业，实现共赢，快递企业一般会为电子商务企业提供专门的存放商品的配送中心或是直接进驻电子商务企业的分拣中心，并且双方的信息系统可以实现无缝链接。这样消费者通过电子商务网站购买某种商品产生的订单会立即出现在快递企业的网上订单中，快递企业根据订单情况安排处理人员进行快件的收寄、分拣、运输和派送工作。这种模式的电子商务快递的收寄流程如图 4-1 所示。

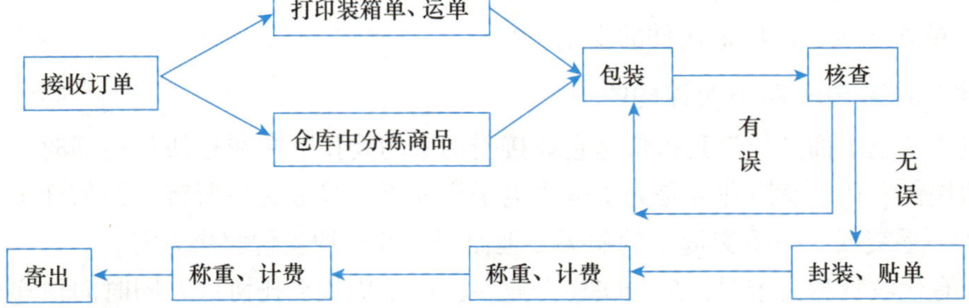

图 4-1　B2C 电子商务快递的收寄流程

①接收订单：快递企业通过信息系统随时查看生成的订单。

②打印装箱单、运单：快递企业根据订单内容并打印装箱单和快递运单，并同时对仓库中的商品进行分拣筛选。

③包装：快递企业操作员根据装箱单对产品进行包装，暂不封口，待下一环节核查无误后进行封装。

④核查：包装完毕后对由另一操作员根据装箱单和快递运单对包装货物进行检查。

⑤封装、贴单：检查无误后，封装、贴单。若检查存在问题，退回上一环节，重新核对数量。

⑥称重、计费：操作员对封装好的快件进行称重、计费。

⑦标注信息：按企业规定标注相应信息，如根据企业要求标注黑色记号或是目的地电话区号、航空代码，便于后续环节的操作。

⑧寄出：根据快递企业的相关要求进行装车或是装件入包操作。

4.2.4.3 电子商务增值快件

为了适应当今电子商务迅猛发展的需要，一些快递企业也推出了与电子商务有关的增值服务，如保价电子商务快件、代收货款电子商务快件限时电子商务快件等服务。这些增值服务将是中国快递业新的利润增长点，也是推动电子商务发展的动力，在未来快递市场的潜力巨大，必将推动电子商务向多元化的方向发展，实现快递企业与电子商务的双赢。

1. 保价电子商务快件的收寄

保价电子商务快件是指买家向快递企业申明所购物品的价值，双方协商约定由买家承担基础资费之外的保价费用的快件。如果买家在电子商务网站所购买的物品比较贵重，那么应当选择保价服务，向快递企业声明该物品的价值，缴纳一定的保价费用。快件声明价值不得超过快件实际价值，很多快递企业对于保价快件的价值有一定的限额，一般文件类最高声明价值不超过2000元，非文件类最高声明价值不超过2000元。

保价电子商务快件在收寄时应注意以下几点：

（1）较贵重的物品一定要主动询问客户是否保价；

（2）一定让客户勾选运单上的“保价”项，并根据声明价值收取保价费；对于不在保价范围内的快件不予收寄，并向客户做好解释工作。

（3）外包装上粘贴保价贴纸。

（4）单独交接，以保证快件的安全。

2. 代收货款电子商务快件的收寄

代收货款电子商务快件是指快递企业接受卖家的委托，在派送快件的同时，向买家收取货款的快件。代收货款业务是为了解决电子商务等非接触交易所带来的信任危机，满足消费者“一手交钱，一手交货”的购买心理而提供的一种支付解决方案。

卖家有代收货款需求时，应与快递企业签订代收货款委托协议，同时向快递企业提供代收款相关单据，通常为收据或发票。快递业务员根据收款凭证向买家收取代收货款。

代收货款电子商务快件在收寄时，应注意以下几点：

（1）检查卖家是否与快递企业签订代收货款协议。

（2）一定要勾选快件运单上的“代收货款”项。

（3）向卖家索要相应的发票及单据。

（4）将发票装人包装袋的醒目位置，以便派送人员使用。

3. 限时电子商务快件的收寄

限时电子商务快递是指快递企业在限定时间段内将快件送达用户的快递业务。要求限时快递的快件就是限时快件。对于限时快件来说，因为客户对寄递快件有严格的限时送达要求，其收寄服务不同于普通快件。

限时快件的服务承诺是“限时未达，原银奉还”具有较强的时限要求。因此，收寄时要特别重视细节，尽量缩短收寄时间。

在处理限时电子商务快递时，应注意以下几点：

（1）优先收寄。在收到限时电子商务快件处理需求时，应优先处理。

（2）单独交接。在限时电子商务快件交接过程中，网点处理人员要对快件单独交接，保证快件的处理速度。

（3）登记备案。在限时电子商务快件交接过程中，应登记备案，保证对快件状态进行监控。

◎每节一练

试着总结快件产品的分类？

分项任务小结

完成本分项任务后，请进行自我测试：请归纳电子商务快递服务的概念，电子商务快递的特点及增值电子商务快件的类型。

子任务 4.3 快递业配送——快件派送

任务提示 本分项任务将引领读者掌握快件派送包括派送工作的组织以及派送的重点工作内容和注意事项，派送作业现场的管理、派送人员及车辆的调度等。

任务先行 掌握快件交接检查的方法、派送路线的设计、复杂问题件及电子商务快件的派送；掌握国际快件派送异常情况及代缴关税、到付快件的派送。

4.3.1 派送工作组织

4.3.1.1 派送模式的选择

派送摸式分为集中派送和分散派送两种。企业要根据城市规模和快件派送时限要求的差异，有针对性地选择不同的派送模式。

1. 集中派送

集中派送的具体表现形式为：全市组织一个统一的派送网络，集中对服务范国内的快件进行源送。

集中派送的优点：一是作业现场集中，有利于提高场地和设备的利用率；二是派送分练与外部派送两个工序连接紧密，有利于实施派送作业组织管理，明确质量责任段落；三是减少了市内中转环节，减少重复分拣作业，可最大限度地加快分拣速度，但距离较远派送段存在无效空白里程。适用于城区范围较小、快件业务量比较集中的城市。

集中派送的缺点：由于城区范围内只设一个派送网络、部分快递业务员上、下段距离较远，派送段存在无效空白里程。

2. 分散派送

分散派送的具体表现形式为：将一个城市划分为若干个派送区域，在每个派送区域内选定一个派送网点，以派送网点为中心，将派送区域划分为多个派送段，实现该派送区域快件的派送。

分散派送的优点：一是快递业务员可以就近派件，减少空白行程，加快派送速度，并有利于加强与客户的联系，提高服务质量；二是由中转中心到派送网点的市内中转环节由机动车完成运输任务，既加快了快件的传递速度，又在一定程度上降低了快递业务员的劳动强度，同时有利于促进派送过程的局部机动化；三是派送区域经过初步划分后，派送区域相对缩小，易于分拣员掌握，有利于提高分拣质量。分散派送适用于城市较大、居民分散较广、派送量较多的城市。

分散派送的缺点：派送网点增加，增加分镇难度，不便于送人员管理。

4. 3. 1. 2　派送网点的设置

派送网点是快递企业的基层营业场所，其功能主要是集散某个城市某一派送区域的快件，兼有快件收寄、上门自取的功能。

1. 派送网点的设置条件。

一般情况下，派送网点的设置，不仅要考虑快件的派送业务，还要考虑快件的收寄业务。因此，快递企业一般将负责快件的收寄和派送范团合并成一个区域，统一称为收派网点。

设置派送网点要综合考市区面积、人口密度、居民生活水平、交通运输资源状况以及公司发展战略等因素，本着因地制宜的原则，科学合理地设置。

（1）业务范围。设置派送网点时，要求网点的服务区域达到一定标准。例如：辐射半径在 3 千米以上，5 千米以内。

（2）业务量要求。设置派送网点时，要求每天收、派快件的业务量达到一定标准或有一定的市场潜力。

2. 派送网点的设置要求

（1）便于合理组织各派送网点的派送作业。

(2) 减少快递业务员派送作业的空白。

(3) 有利于派送质量的把控和监督。

4.3.1.3 作业现场的管理

为了提高派送服务质量，维护快件操作秩序，文明生产，必须做好派送作业现场的管理。

1. 作业现场管理的基本原则与要求

(1) 基本原则。

作业现场管理的基本原则：方便客户、便于投作、有利管星、保密安全、整洁卫生美观大方。

(2) 作业现场的基本要求。

①环境整洁，图标张贴美观，快件及用品用具实行定置管理。

②作业现场封闭作业，门窗需要安装防护栏等设施，并要经常检查，确保能有使用，非工作人员不得进入作业现场。

③快件在处理过程中，除指定的工作人员外，其他人不能翻看。

④合理安排作业场所，科学设计作业程序，以提高工作效率，确保快件安全，促进现场作业有序化。

⑤同一班次的快递业务员统一出班时间、统一工号牌、统一着装、统一服务标准和统一装备。

⑥快业务员件出发时做到三净，即分格口净、作业台面净、作业现场地面净。

⑦快递业务员归班后要及时查看车厢等盛放快件的容器（如集装袋、快件包、筐）有无遗漏未派的快件。

⑧返回派送网点后，按规定及时交回无法派送的快件，无法派送的快件要由专人保管，以防丢失。

⑨无法派送的快件必须存放在指定的库房，如因条件限制未能配置无法派送库房的，须存放在指定的笼车内，无法派送快件的库房或笼车必须加锁，钥匙由指定人员保管。

⑩作业现场不能使用明火，不允许使用电炉、电热杯等器具；不能存放易燃、易爆和强蚀性物品，如汽油、酒精、烟花爆竹、硫酸；作业现场要有灭火器具，每位工作人员明确知道灭火器具的放置地点并会使用。

2. 作业现场管理的方法

快递企业作业现场管理的作用是提高效率，保证质量，使工作环境整洁有序，预防为主，保证安全。作业现场管理活动的对象是现场的“环境”，它对作业现场环境全局进行综合考虑，并制订切实可行的计划与措施，从而达到规范化管理。

4.3.1.4 派送段的设计

派送段也称派送区域，快递企业根据业务量及快递业务员人数，将每个派送网点的服务范围划分成多个派送服务段，每一个服务段称为派送段。派送段是快递业务员的服务区域范围，也是快递业务员的工作定额。快递企业一般将负责快件的收寄和派送范围合并成一个区域。因此，派送段的设置，不仅要考虑快件的派送业务，还要考虑快件的收寄业务。

1. 派送段设计的作用

为了明确责任和便于快递业务员熟悉情况，每条派送段原则上配备一名快递业务员。快递业务员在这一服务区内，按照快件的规格、特性、时限要求，设计合理的派送路线，完成每班次的快件派送服务。通过划分派送段对快递业务员进行定区管理，可以实现以下目标：

（1）快递业务员能够充分掌握该区域的道路、建筑、交通、客户群体等信息，合理设计派送路线并掌控派送时间，提高派送效率。

（2）将快递业务员的工号与派送段编码进行绑定，以实现收派任务自动分配，对快件进行实时跟踪管理。

（3）快递业务员深入了解该派送区域的市场行情及客户需求，有利于开发市场和开展客户维护工作。

2. 派送段的组织形式

派送段的组织形式有两种：一种是按照使用的派送车辆，可分为非机动车段和机动车段；另一种是按照服务对象侧重点的不同，可分为综合派送段、专业市场派送段、大客户派送段和社区派送段。

3. 派送段的设计

（1）设计派送段时考虑的因素。

①派送快件的频次、时限和快递业务员的工时规定。

②派送区域内机关、企事业单位、写字楼和居民的分布情况。

③派送区域内快件的业务量。

④派送区域内的交通、地形特征和各条街道的分布情况。

⑤房屋建筑的特点，如高层建筑、楼群、平房。

⑥快递业务员在本派送段上的工作条件，如所使用的交通搬运工具的种类。

（2）设计派送段的基本要求。

①派送段的范围大小要适宜，过大会使回程派送的用户收到快件的时间过晚，过小会增加派送分拣的工作量和快递业务员的人数。

②快递业务员每班都能在规定的作业时间内将快件派送完毕，不致延误，同时要保证每名快递业务员的工时得以充分利用。

③段与段之间的派送量大小、里程长短、工时消耗多少要基本均衡，避免人为形成劳逸不均。

④派送段的结构要力求做到科学合理，上、下段的地点尽可能靠近派送网点，全段尽量避免中断、绕行、迂回、重复路线，以减少快递业务员的无效行程。

⑤段与段之间的界限要清楚明确，避免犬牙交错和相互重叠。

⑥一条街道相连的巷、胡同、里弄，一个居民区尽可能划入一条派送段内，以便于内部分拣和外部派送。如条件有限不能划入一条派送段时，对于街道一般以纵分为宜，即将街道的单、双号牌分别划归两条派送段。如果街道延伸较长，则将一条街道划归若干条派送段，应选择较大的交叉路口知名建筑物等具有明显特征的地点来作为段界。

4.3.1.5 快件派送的调度

派送调度是指从信息系统中接收到件预报后，分配任务，下达派送指令，同时安排适当的人、车资源。快件派送调度分为快递业务员调度和派送车辆调度。

1. 快递业务员调度的方法

快递企业一般采用人工调度的方法对快递业务员进行派送调度。专职调度人员应根据接收到的到件预报信息及派送件的详细地址，确定具体的派送区域及快递业务员。

2. 车辆的调度

车辆调度是快递企业管理的一项重要职能，是指挥监控车辆正常运行、协调快件寄递过程以实现快递服务计划的重要手段。通过对车辆的有效调度，能保证合理搬运与装卸，避免不当运输减少运力投入，节约运输成本，提高企业经济效益。对车辆进行有效调度的作用，主要体现在能及时排除影响运输的不利因素，保证在规定的时限内圆满完成快件派送任务，实现服务承诺，保证客户权益，维护企业形象。

（1）车辆调度的基本原则。

①时限原则。快递企业的核心竞争力体现在快件的快递时限方面。快递企业规定了每一个作业段的时限，以确保快件的全程时限。每一个作业段时限能否完成将影响到全程时限能否完成，因此快递企业对基本作业段时限的完成情况应进行严格控制。在对深送车辆进行调度时，考虑的首要因素是快件的时限问题。应严格限制派送车辆的离站和到站时间，对派送段内道路的各种复杂情况可能给派件带来的影响要有所准备，预留一定时间，以确保快件的快递时限。

②统一领导和内外协作相结合。快件的收寄、运输、中转、处理、派送各环节均影响快件的快递时限。因此，必须树立全局观点，加强集中统一领导，不同环节都以保证快递时限为统一目标，协调一致；另外，快递服务不仅需要加强快递企业内部的协作配合，还要注重同交通运输部门的协调关系，才能保证收深工作的顺利进行。

③保证安全。快递业务员收派快件时，要在保证安全的前提下，保证收派时限。车辆的调度，要考虑交通规则的因素，做到不使车辆逆行，并最大限度减少车辆掉头行驶，避免引发交通事故或因违反交通规则被交通管理部门查扣交通工具，确保快递业务员人身安全和快件安全，同时保证快件顺利收派。

④综合利用运输工具。保证经济合理的收派目的，根据不同的收派需要和实际情况，有计划地使用各种运输工具，以达到迅速、准确安全。

⑤节约成本。节约成本是指在保证安全和快递时限的前提下，力求投入最少的人力、物力。

4.3.2 快件派送

4.3.2.1 派送流程

派送流程是指将快件交给客户，并在规定的时间内，完成后续处理的过程。快件派送分为按址派送、网点自取两种形式。

1. 按址派送快件的业务流程

按址派送是指快递业务员从接收需要派送的快件开始，在规定的时间内到达客户处，将快件交给客户并由客户签收后，在规定的时间内，将运单的派件存根联、收取的到付营业款、代收款及无法派送的快件统一带回派送网点，完成运单、快件、款项交接的全过程。按址派送快件工作内容主要分为派前准备、派送服务、后续处理三个环节，如图4-2所示。

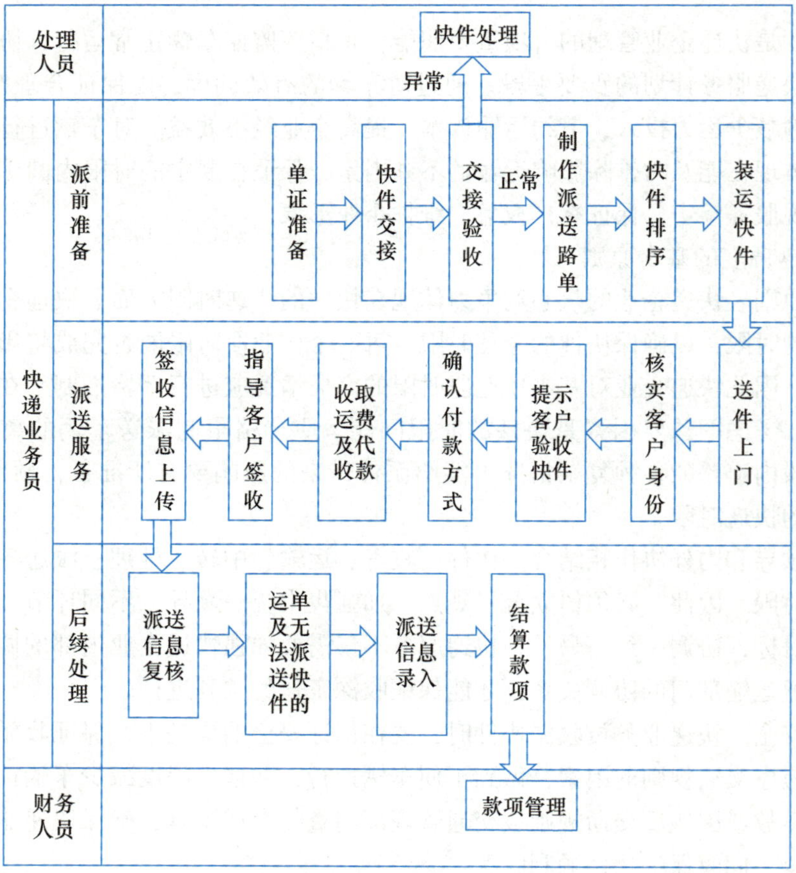

图 4-2 按址派送快件的派送流程

2. 网点自取快件的派送流程

自取件是指到达约定目的地后，由收件人自取的快件。自取件的派送流程包括派前准备、派送服务、后续处理三个环节，如图 4-3 所示。自取件主要适用于以下几种情况：

（1）派送两次仍无法派送的快件。

（2）客户约定自取的快件。

（3）相关政府部门（如海关、公安）提出要求的快件。

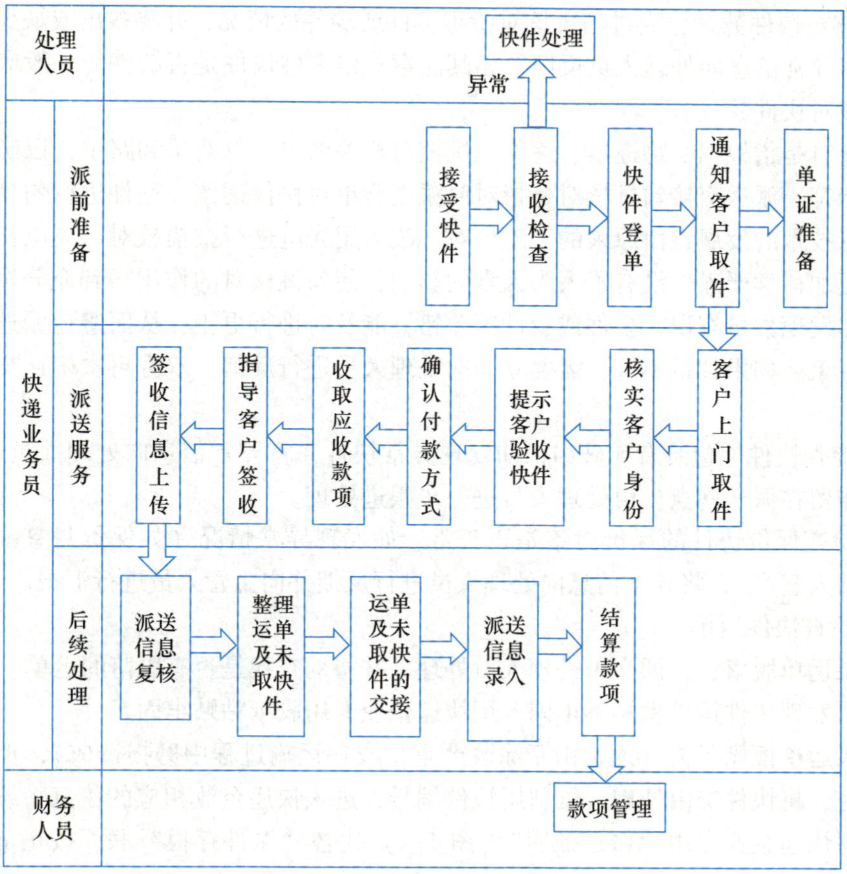

图4-3 网点自取快件的派送流程

4.3.2.2 派送交接

1. 交接检查

交接检查的内容是快递业务员与处理人员交接快件时，必须对照派送路单（又称“派送交接单”或“派件清单”）认真检查确认快件的数量及状况，检查的具体内容包括：

（1）清点核对快件数量。按照快件派送路单对快件进行清点，核对快件总数及一票多件快件、代收款快件、保价快件等各类快件数量是否与派送路单相符。

（2）核对是否有外包装破损、错分快件、地址错误、超范围、重量明显有误等异常快件。

（3）检验快件运单是否脱落、湿损、破损，运单信息是否清晰明了。

（4）确认快件付款方式，核对快件到付款、代收款金额。付款方式不明确或快件到付、代收款金额大小写不一致，交由处理人员跟进处理。

（5）检查收件人名址。检查核对收件人地址是否属于自身所负责的派送区域，检查收件人地址是否正确、详细，检查收件人姓名是否具体，收件人地址是否与单位名称相符。

2. 交接检查的方法与步骤

（1）核对快件数量，通过勾挑核对检查多件或少件的情况，并将多出或缺少的快件进行注明，将异常信息向处理人员反馈。尤其注意一票多件快件是否缺件。一般应用勾挑核对的方法核对快件数量。

勾挑核对是指根据实物逐票、逐袋勾挑核对相关清单、总清单和路单，以确保登单节目与实物相符。派送交接勾挑核对是指对照派送路单对快件逐票、逐件进行勾挑核对。随着快递信息技术的发展，由原来的手工核对，改为用光电进行扫描核对。光电扫描核对比手工核对更加科学严谨，没有了人为因素的影响，使勾挑核对的作用得到充分发挥。扫描核对时，如发现数量有误、多件或少件等差错，能及时进行更正，从而避免派送路单与实物不符的现象。如果数量不符，需要立即向处理人员进行反馈，双方再次确认交接快件的数量。

（2）检查快件外包装有无破损，如发现异常快件，将异常信息向处理人员进行反馈，并将快件滞留在派送网点，由处理人员进一步跟进处理。

（3）检查保价快件的保价封签是否正常，如发现异常情况（如保价封签损毁、保价封签无寄件人签字），将异常信息向处理人员进行反馈并向主管人员进行汇报。

（4）检查快件运单。

①如果运单脱落，立即交由处理人员处理，并协助查找是否有脱落的运单。

②如果发现快件运单粘贴不牢固，用快递企业专用胶纸粘贴牢固。

③如果运单模糊不清（通常由于涂改严重，或在运输过程中磨损造成），但可以识别快件编号时，将快件交由处理人员利用快件编号，进入快递企业相应的信息系统查看快件信息，填写快递企业专用“派送证明”（图 4-4）代替“派件存根”联，按正常流程进行派送。

派送证明

快件编号：____________，自____________发往____________，收件人为____________，运费为__________的快件已派送并签收。

特此证明

年　月　日

图 4-4　派送证明单样图

④如果运单轻微破损且不影响查看快件收件人信息，则按正常快件派送。

⑤运单模糊、严重涂改、破损等导致无法识别快件编号，交由处理人员进一步跟进处理。

（5）检查收件人地址是否清晰详细，能否准确识别。收件人不详的快递（如收件人为×先生×女士，收件人地址没写楼号或单元号)，如能识别收件人电话，与收件人联系，确定收件人准确、详细信息后，在快件运单或派送路单上进行注明，按正常流程进行派送；与收件人无法取得联系的快件，如能识别寄件人电话，与寄件人联系，确定收件人准确、详细信息后，在快件运单或派送路单上进行注明后，按正常流程进行派送；与收件人、寄件人均不能取得联系的快件，按要求准确批注无法派送的原因后，将快件交由处理人员跟进处理。

(6) 检查快件是否属于本人派送范围。不属于本人派送范围的错分快件，及时将快件交与处理人员安排正确派送，以保证快件派送时效。快递业务员之间不能相互传递、互换快件。

3. 交接原则

(1) 会同交接原则。快递业务员与处理人员交接快件时，交接双方应会同交接，当面确认快件状况。如发现异常情况，可将快件留给处理人员跟进、处理或在派送路单中注明异常情况。

(2) 交接验收原则。交接快件时，必须做好交接验收工作，以便明确责任。作为快递服务作业中的一项基本制度，在实际操作当中，“验收”是这项制度的核心内容。在执行这项制度的具体操作过程中，只有对“数量、规格、标准要求”等实际工作中诸多相应的内容、细节核对查验清楚之后，才能完成你交我接的形式。也就是说，“验收”是“交接”的必要条件，没有“验收”，“交接”也就无从谈起。

(3) 签字确认原则。快递业务员领取快件后，与处理人员会同核对检验快件数量及其他影响快件正常派送的情况，核对检验无误后进行交接。交接完毕，双方一定要及时签字确认交接情况。禁止无签字或过后补签交接。

4.3.2.3 派送路单制作

快递企业按派送段制作派送路单，作为处理人员与快递业务员交接快件的依据。有的快递企业不要求客户在快件运单上签收快件，而是在派送路单上进行签收，此时的派送路单不仅是处理人员与快递业务员交接快件的依据，客户签收后的派送路单又是日后查询快件是否正常签收的重要依据。派送路单的制作在制度上有着严格的要求。

在派送快件前，通过手工抄写、电脑系统打印等方式将准备派送的快件的相关信息制作成派送路单。某快递企业派送路单样单如图 4–5 所示。

4.3.2.4 快件排序

快件排序是快递业务员为了安全、高效、准确地完成快件派送，结合快件派送路线及快件时效要求，将本班次需要派送的快件按照准确、及时的原则进行整理、排列。

1. 派送路线设计

派送路线是快递业务员派件行走的轨迹。合理设计派送路线可以节约派送时间，提高派送效率。派送路线设计主要是整合影响派送运输的各种因素，根据现有的运输工具及道路状况，对派送路线做出选择，及时、安全、方便、经济地将快件准确送达客户手中。合

派送路单

营业网点：　　　第　段　　　年　月　日　　　　　　共　页　第　页

序号	快递编号	收件人地址姓名	收件人账号	应收款金额		备注
				到付	代收货款	
1						
2						
3						
4						
5						
6						
7						
8						
9						
10						
11						
12						
13						
14						
15						
合计						

派送快递业务员名章：　　　　　　　　处理人员名章：

图 4–5　配送路单样单

理地设计派送路线对于派送工作的有效完成具有重要的作用。

（1）派送路线设计的原则。

①保证快件安全。快递服务的宗旨是将快件完好无损、及时安全送达收件人。保证快件安全的要求：选择的派送路线路况要好（路面质量好、车道宽敞、车流量较少、坡度和弯度密度小）；不能很偏僻等。

②保证派送时限。快件派送时限，是指从完成快件交接，至客户处成功派送快件的最大时间限度。时限是客户比较重视的因素，也是衡量快递服务质量的一项重要指标。

影响派送时限的因素有很多，除派送车辆故障外，所选择的派送路线不当，也会造成时间上的延误，因此，必须在认真分析各种因素的前提下，用系统化的思想和原则，有效协调，综合管理，选择最佳派送路线，保证快件的派送时限。

③优先派送优先快件。优先派送的快件主要包括以下三种类型：

a. 时限要求高的快件，如限时快件。

b. 客户明确要求在规定时间内派送的快件，如等通知派送的快件。

c. 二次派送的快件。

④优先派送保价快件。保价快件一旦丢失，会给快递企业和客户带来非常严重的损失。快通业务员携带保价快件路上行走时间越长，快件丢失或损毁的概率越大。为了降低风险，在不影响其他快件派送时限的情况下，优先派送保价快件。

⑤先重后轻，先大后小。由于重件或大体积快件的装卸搬运劳动强度大，优先派送，既可减轻全程派件的作业难度，也可减少车辆磨损和能耗。

⑥减少空白里程。空白里程是指完成当班次所有快件派送所行走的实际距离减去能够完成所有快件派送的有效距离。空白里程的产生，不仅增加了运输服务成本及快递业务员的劳动时间和劳动强度，还影响快件的派送时限。为了减少空白里程，需要做好以下几方面的工作：

a. 快递业务员应熟悉掌握派送段内每条路段、街道所包含的门牌号。

b. 快件排序时，注意将同一客户的多票快件排在一起，一次派送。

c. 对于同一派送段，应掌握多条派送线路，选择最短路径进行派送。

d. 及时掌握派送段内的交通和路况信息，避免因交通管制或道路维修而绕路，增加空白里程。

（2）派送路线设计的方法。在快件的派送路线设计过程中，影响派送效果的因素很多，主要包括快件时限要求、交通工具、道路交通网络、客户分布等。各种因素互相影响，很容易造成派送不及时派送路径选择不当、延误客户收件时间等问题。因此，设计派送路线时要合理考虑影响派送运输的各种因素，以满足快件时效要求，实现服务承诺。同时满足安全派送、降低成本、提高效益的派送要求。派件量少、客户比较集中、交通网络简单的情况下，可采用传统经验组织法设计派送路线，即快递业务员依靠对派送段道路、客户地址地理分布、交通的熟悉情况及经验来设计派送路线。需要派送的快件数量较多、各户分布区域广、交通道路网络复杂的情况，可采用最短路径法或节约里程法。

2. 快件排序

对快件进行合理、得当的排序，是快件派前整理的重点，也是快件实现高效率派送的基础。

（1）快件分堆。

①将整理好的快件按规定的派送路线顺序和客户分布情况，把一条派送段分为若干小段，每一小段的快件放在一堆，形成堆位。

②堆位的数量不宜过多或过少，过多则不宜记忆，且工作台面（场地）紧张，造成堆位混杂，增加误分；过少则还需二次分拣，影响速度。一般 6～8 堆为宜，最多不超过 10 堆。

③分堆时要合理地设置堆位或格口。操作时，对收件人地址要看清、看全，单位名称还要看清全称，注意区分近似易混的名址，改寄、退回快件要看准标识。

④分堆完毕，要及时清理现场，检查场地有无遗漏快件。

（2）快件细排是整个快件排序过程中的关键一环，细排时出现差错，极易导致按址派送时误派。为保证细排质量，细排时应按照分堆的顺序和派送路线，由前往后逐堆细排。优先快件或有特殊要求的快件要优先进行排序。遇有大件或圆卷等快件不便排入时，可用其他代表相关快件的卡片等排入或将下一票快件反排，以便帮助记忆，防止漏派。排序时，快件运单一致朝外，不能倒置快件。

（3）排序复核。为确保派送质量，快递业务员与处理人员完成派送快件交接后，对快件进行排序整理，在派件出发前还要进行一次复核。复核是快件排序过程中重要的一环，能够纠正分堆、细排时所发生的差错。因此，对每一票快件都要认真仔细地检查，确保准确无误。复核的重点是检查各类快件是否符合规定，是否按派送路线排好顺序，有无漏排和误排现象或其他质量问题。发现问题，及时予以纠正。

快件复核完毕后，快递业务员要清理工作台，检查作业现场有无遗漏快件，做到离台“查”，即一查工作台上；二查分拣格口（有的快递企业称为分拣档口）；三查工作台下。确认没有遗漏的快件后，方能出发派件。

4.3.2.5 派送快件的装运

派送快件的装运，是指按照派送顺序将快件进行集装、妥善捆扎并安全装载在运输工具上。为了防止快件在装运过程中散落、遗失，快递业务员需将快件用捆扎材料捆扎固定为一个集装单元或固定在运输工具上。捆扎快件时，应根据快件的数量、重量及体积大小，结合装运快件的工具（快件袋、手推车等）合理确定捆扎方式。派送途中确保快件不能裸露在外。

一般情况下，快件的派送顺序排好后，只要按照“先派后装”的原则将快件装车即可。但有时为了保障快件的安全，有效地利用派送车辆的空间或装载能力，还应根据快件的性质（易碎、易串味）形状、体积及重量等做出某些调整。

4.3.2.6 派送服务

1. 派送服务的基本原则

（1）安全派送原则。派送途中，快递业务员要安全保管快件，严格遵守交通法律法规，注意交通安全，确保将快件安全送交收件客户，同时还要注意保管好收取的到付款或代收货款。

（2）保证派送时限原则。保证派送时限原则是指根据快递企业做出的派送时限承诺，在规定的时间范围内将快件送达客户。时限原则要求科学合理地划分快递业务员的派送区域；按照派送时限的要求，严格控制派送时间快递业务员对派送区域地理环境，道路、交通状况要熟悉，合理设计派送路线等。

（3）信息保密原则。注意保守客户信息，不能泄露客户的商业机密。快递业务员不得向他人泄露所派送快件的情况，如收寄件人的地址、姓名、物品名称、保价金额等信息。派送快件过程中严禁将快件交给他人看，严禁将快件带到与派送快件无关的其他场所。在派送任务结束后，快递业务员不得直接回家或到宿舍休息，应将当班已成功派送快件的运单（派件存根联）及无法派送的快件，安全、及时地带回到派送网点办理移交手续。

2. 派送服务注意事项

（1）装卸运快件时注意人身及快件安全，防止和消除无效作业。

（2）注意交通安全，做好行车前准备，途中严格遵守交通法规。风、雨、雪、雾等恶劣天气减速慢行。

（3）派送途中安全保管快件。做好防损、防盗、防遗失、防雨雪等安全保护措施。

（4）快件签收注意事项：

①任何情况下快递业务员都不能代替客户签字或盖章。

②若收件人本人无法签收时，可与收件人（寄件人）沟通允许后，采用代收方式。代收时，快递业务员应告知代收人的代收责任。

③收件人（代收人）因故拒绝签收快件时，快递业务员应在快递运单上注明原因，并由收件人（代收人）和快递业务员共同签字；收件人（代收人）拒绝签字的，快递业务员应予以注明。

◎延伸阅读

未经收件人同意快件被代收，出现问题快递企业承担责任

2020年4月，张女士通过某快递企业从山东往天津寄一快件。派送时，快递业务员未经收件人同意，将快件交由收件人所居住的小区门卫人员签收。由于门卫人员未及时转交，导致该快件严重延误。张女士对此表示不满，向快递企业投诉无果后，向邮政管理部门进行申诉。

经调查，上述情况属实。快递企业向张女士道歉，并退还本票快件的快递服务费用。

案例分析：

本案中，快递企业履行义务不符合约定，未将快件交由收件人本人签收，而是未经收件人同意将快件交由门卫人员代收，导致快件延误，根据合同法相关规定，理应承担违约责任。

④个人快件签收时，注意所签姓名与运单书写的收件人姓名要一致，提醒客户字迹工整、清晰；单位签收快件时，应加盖单位公章或收发专用章，公章或收发专用章加盖要清晰和端正，并要求经办人签字确认；他人代签收的快件，应在运单签收栏内批注代收关系、有效身份证件名称、证件号码等，如表4-1所示。

表4-1　代收快件批注示意表

代收关系：收件人父亲 姓　　名：x　x 有效证件：身份证 210102xxxxxxxx6213

4.3.2.7　增值快件的派送

1. 签单返还快件的派送

（1）签单返还快件的概念。

签单返还快递是指快递企业在派送快件后，将收件人签收或盖章后的回单返回寄件人的业务。回单是指应寄件人要求，在收件人签收快件的同时，需收件人签名或盖章后返还给寄件人的单据。派送时需要收件人签回单的快件被称为签单返还快件。

（2）签单返还快件的派送方法。

①若快件运单上贴有签回单的贴纸或有其他回单快件标识（如在运单上勾写“签回

单”业务，快递业务员派件前需要检查确认回单运单及回单的完整性。

②将寄件人提供且要求收件人签收的回单，交由寄件人指定的人员签收或按指定的方式签收、盖章。

③对于签署完毕的回单，快递业务员认真查看回单各联的用途，将需要收件客户留存的一联留给收件客户，将需要寄回给寄件客户的回单联保留并进行回单回寄操作。

（3）回单的回寄。

①填写回单运单。填写回单回寄的运单时，将原回单快件运单的寄件人和收件人信息进行颠倒，收寄日期即为回单快件的派送日期，收寄业务员工号为回单快件派送业务员的工号。填写完毕，交客户确认并签名。

②回单回寄。将客户签好的回单用回单运单按正常的收寄流程寄回原收寄快件的派送网点。回寄回单操作中，不得夹带其他任何托寄物。

2. 保价快件的派送

（1）保价快件的概念。

保价快件，是指客户向快递企业申明快件价值，快递企业与客户之间协商约定由寄件人承担基础资费之外保价费用的快件。快递企业以快件声明价值为限，承担快件在收派、处理和运输过程中发生的遗失损坏、短少等赔偿责任。

（2）保价快件的派送要求。

①快递业务员在对保价快件进行交接检查时，必须认真仔细检查保价快件的外包装和保价封签。保价封签粘贴在快件包装箱骑缝线上，并有寄件人签字。如果封签损毁或无收寄件人签字，则属保价封签异常。发现保价快件外包装破损或封签异常，应先向网点主管人员报告，拍照留存后，指定人员跟进处理。

②为了确保保价快件的安全，派送保价快件时，快递业务员需要提醒客户检查清楚快件外包装及保价封签是否完好无损，客户验视无异议后，签收快件。

③非常贵重的保价快件可与客户协商由客户到网点自取。

3. 限时快件的派送

（1）限时快件的概念。限时快递是指快递企业在限定时间段内将快件送达用户的快递业务。要求限时快递的快件就是限时快件。对于限时快件来说，因为客户对快件有严格的限时送达要求，其派送服务不同于普通快件。

（2）限时快件的派送要求。快递企业对限时快件的服务承诺一般是“限时未达，原银奉还”，具有较强的时限要求。因此，派送时要特别重视细节，以尽量缩短派送时间。

①优先派送限时快件。客户对快件送达的限时要求在快递企业服务网络正常的派送时限规定范围之内，派送网点处理人员在与快递业务员交接快件时，只提示优先派送的要求；快递业务员接收快件后，在客户要求的时限内，优先派送限时快件。客户对快件送达的限时要求不在快递企业服务网络正常的派送时限规定范围之内（如快递业务员的出班时间为早晨 8：00，某票限时快件要求送达时间为早晨 7：00），派专人、专车进行按时派送。

②对限时快件要切实做到派送到户。如个别单位不允许进入，快递业务员应及时联系收件人，通知收件人到单位门口或前台签收。对周末及节假日派送的限时快件，快递业务员在派送出发前，应先与收件人联系，以确保快件及时准确派送。

③限时快件限时送达的保证只限第一次派送时有效，如果第一次派送时无人签收或客户拒收，再一次派送时则不受所承诺的时限保证。

④限时快件的派送信息应严格按规定及时、准确地进行录入。通过手持终端在客户当场上传签收信息或通过其他方式通知客服部门快件已被签收，尤其对拒收、拒付件，询问拒收、拒付原因，客户签字确认后，当场通过手持终端上传（或通过其他方式通知客服部门）快件异常派送的信息。

4.3.2.8 问题件的派送

1. 名址不详快件

因收件人名址不全、信息不完整或书写潦草等原因无法准确识别收件人名址的快件，如果能与收件人或寄件人取得联系，应询问收件人详细名址，并将详细名址在运单上进行批注。收件人提供的地址属于本人派送服务范围的，按正常流程派送；收件人提供的地址不在本人派送服务范围内的，将快件交与处理人员，办理交接手续。

如果收件人与寄件人电话无法接通，将快件交与处理人员，办理交接手续。处理人员通过信息系统查询收件人详细信息并在运单上进行批注，快递业务员根据批注的收件人名址进行正常派送。

2. 延误快件

快件延误是指快件的派送时间超出快递企业承诺的服务时限，但尚未超出彻底延误时限。

（1）快件延误的原因。

快件延误主要有以下几个方面的原因：

①因企业自身运输、派送能力不足，委托寄达地其他快递企业代派，被委托企业派件不及时；企业之间出现经济纠纷，积压快件等引发延误。

②快递企业超范围不派送快件引发快件延误。为了节省开支，个别快递企业主城区以外的快件不及时派送，积累到一定数量才进行派送。

③快递业务员将快件擅自、随意派送到门卫、传达室等处，门卫、传达室人员没有及时转交快件。

④因天气恶劣、交通事故等不可抗力因素引发的快件延误。

（2）延误快件的处理。

①延误诊断。对已被识别的快件延误，应进行归因分析，以明确是企业内部因素还是外部因素造成的，以及企业对此次延误的可控性，从而为补救行为提供依据。

②补救措施。首先主动承认问题。不管是快递企业主动识别还是客户抱怨的快件延误，都应该主动承认问题并且向客户道歉，而不是辩解。辩解不仅不能平息客户的怨气，反而使客户感觉快递企业在推脱责任。应向客户解释发生这次延误的原因，以及将要采取

的补救措施。

③提高补救速度。快速服务的补救措施不仅可以提高客户对服务质量的满意度和忠诚度，还能有效防止客户负面口碑的传播。由于中转延误、天气状况恶劣、交通堵塞等导致快件错过当班派送时间，应及时与客户进行协商沟通，客户要求立即安排派送的，应第一时间采取补救措施，不能以车辆、人员紧张，找不到快件等不负责任的行为推托，故意延误派送快件。对于可控性较强的延误，企业应努力减短延误的时间。

④追踪补救效果。可以采用口头询问、电话回访或电子邮件等手段对经历快件延误的客户进行跟踪调查，了解服务补救的效果如何。确认客户对服务的失望情绪是否从根本上得到恢复，同时向客户传达企业愿意对失误负责到底的信息，为恢复客户忠诚做最后的努力。

(3) 延误快件的赔偿。

①延误的赔偿应免除本次服务费用（不含保价等附加费用）。

②由于延误导致内件直接价值丧失，应按照快件丢失或损毁进行赔偿。

◎延伸阅读

寄达地偏远致快件延误

2020年1月31日，王小姐通过某快递企业从河南洛阳往内蒙古准格尔旗某乡郎寄票快件，2月11日派送签收，快件延误。王小姐向该快递企业投诉无果后，向邮政管理局申诉，要求退还快递服务费用。

经核查，上述情况属实。快递企业称该快件收件人地址为偏远农村，快递企业每三天派送一次。王小姐交寄时，收寄快递业务员并未向王小姐说明，快递企业承担违约责任，向王小姐做了解释，并退还了快递服务费用。

案例分析：快递企业未按规定履行义务，导致王小姐快件延误，按《合同法》规定，理应承担违约责任，按约定免除王小姐的快递服务费用。

如果快件寄达地址偏远，无法保证快件的派送时限，快递企业应提前告知客户，避免出现类似纠纷。

3. 外包装破损快件

快件外包装破损或因外包装破损导致内件破损、变形或潮湿等毁损的快件的派送处理方法如下。

(1) 快件派送交接过程中发现破损。

在派送交接过程中发现外包装破损的快件，不能直接进行派送，等待进一步处理，并按处理结果决定下一步的派送工作。轻微破损且重量无异常的情况，在“派送路单”备注栏内详细登记破损情况，对快件进行加固包装后派送。快件外包装破损严重，重量与运单重量可能不符时，应先进行拍照登记留存，快递业务员会同处理人员对快件进行复重。如果复重重量与运单重量不符，应上报主管人员并将快件留仓跟进处理；如果重量一致，快递业务员会同处理人员重新包装快件，进行试派。

对有液体渗漏的快件，需要单独存放并小心处理，以防对人体造成伤害或污染其他快件。处理人员对快件进行拍照，及时将快件编号、破损情况等信息上报客服备案。

（2）派送时发现外包装破损。

①客户签收验时发现快件外包装轻微破损，但没有影响快件的实际使用价值并同意签收，按正常流程进行派送。

②客户发现快件外包装破损拒收快件或拒付到付款时，首先向客户道歉，并将客户拒收、拒付的原因标注在运单或派送路单等有效单据上，请客户签字确认，通过手持终端上传（或通过其他方式通知客服部门）快件异常派送的信息。

4. 错发快件

错发件是指实际送达名址与收件人名址不符的快件。错发件的处理方法如下：

（1）派送交接时，如果遇到单位名称与地址不相符地址错误的快件，与收件人（或寄件人）进行电话联系，确认收件人正确的地址后按正常流程进行派送。如果无法与收件人（或寄件人）取得联系，则将快件交由处理人员跟进处理。

（2）到达运单书写的地址进行派件时，发现该地址无此收件人（或无此单位），此时应电话联系收件人，仔细询问收件人的详细地址。如果收件人地址属于本人派送范围，在派送路单或运单上注明正确地址，按正常流程进行派送；如果收件人地址不在本人派送范围内，在“疑难件处理单”上填写（勾画）无法派送的原因，注明正确的地址及收件人姓名。“疑难件处理单”牢固平整地粘贴在快件运单上，将快件带回派送网点，交处理人员跟进处理。如果无法与收件人取得联系，应电话联系寄件人，说明快件无法派送的原因，并询问快件的处置方法，在运单上注明，如“查无此人，寄件人要求原址退回”。

（3）不能在没有核实确认正确地址或收件人身份的情况下派送快件。

4.3.2.9 特殊件的派送

1. 改寄件

改寄件是指快递企业受用户委托，变更原派送地址，寄往新地址的快件。

（1）改寄件的处理。

①寄件人向快递企业提出改寄申请时，应告知改寄后的收件人姓名、地址、电话等信息；快递企业应告知寄件人需要承担的改寄费用及改寄费用标准。

②接到客服部门的改寄通知后，在快件运单上粘贴“改寄件”标识，并注明改寄后的收件人详细名址或在快件上粘贴一份新的运单。粘贴新运单的改寄件要求新单完全覆盖原单。如因操作错误导致新单未覆盖原单，快件上粘有两份运单时，则极易引起分拣人员将快件按原运单进行分拣。

③改寄件，需要收取改寄服务费。改寄服务费的金额及结算方式在应运单上注明。

（2）改寄件的派送。

快递业务员接收到带有“改寄”标识的改寄件时，应先确认收件人名址；仅有一个运单的快件，按改寄后的名址进行派送；粘有两个运单的快件，与寄件人联系确认收件人地址并在派送路单上进行批注后派送。其次，确认快件资费的收取方式及金额，需要加收改寄服务费的到付快件，除了收取到付款外，还需收取改寄服务费；寄付快件，直接收取改寄服务费。

2. 撤回快件

（1）撤回快件的概念。

对尚未首次派送的国内快件，如寄件人提出申请，快递企业可提供撤回服务。提供撤回服务时，快递企业应告知寄件人需要承担的费用及收费标准。

（2）撤回快件的派送。

在快件寄递的任何一个环节，接到客服部门的撤回通知后，都需要及时对快件进行撤回处理（粘贴快件撤回贴纸并标注撤回费用），不能使快件进入下一个寄递环节。快递业务员如果在快件首次派送途中接到撤回通知，应立即停止该票快件的派送，在快件运单或派送路单上注明“快件撤回”字样，待返回营业网点后，交由处理人员跟进处理。

快递业务员派送带有“撤回”标识的撤回快件时，先确认快件资费的收取方式及金额。需要加收撤回服务费的到付快件，除了收取撤回服务费外，还需收取快件到付服务费用；寄付快件，直接收取撤回服务费。

4.3.3 电子商务快件派送

1. 电子商务快件派送的特点

电子商务快件在时效性要求方面比其他快件要高，尤其是一些生活快速消费品类的商品，越早送到客户手里，客户所获得的价值也就越大。针对电子商务快件时效要求高的特点，有些快递企业开展了“限时快递”，在限定的时间段将快件送达；甚至于有些企业开展了“夜间派送”服务，满足客户收件的高时效需求。

（1）服务质量要求高。电子商务快件的派送服务质量比一般快件的内涵要丰富得多。按时将快件安全送到指定的地点是最基本的要求，除此之外，还要求提供多元化、个性化的增值服务，增强用户体验。目前有一些快递企业推出了代收货款、退货、换货等增值服务。

（2）派送范围广。由于电子商务网络平台的开放性，使得电子商务交易能够在网络接入的任何地方实现。与此相对应，电子商务快件的派送范围也极其广泛。只要有网络接入的地方，就有电子商务快件派送的潜在需求。为了满足这些需求，与电子商务企业合作的快递企业必须拥有全国性的服务网络，为电子商务消费者提供“门到门”派送服务。

（3）业务呈不规律。虽然不同地区、不同企业的实际情况可能不一致，但电子商务快件的业务量会随着社会经济活动的变化而变动，总体上呈现一定的规律性。电子商务快件每年的高峰期与几个重要的节假日相关，如情人节、国庆节、春节前的一段时间都是业务量高峰期，圣诞节前一段时间是国际快件的高峰期。如春节前夕，电子商务快递高峰和网购促销活动叠加出现，快递业务量大幅增加双十一与双十二网购促销期间，快件日处理量分别暴增。根据业务量分布情况，快递企业合理安排值班人员，保证快件派送时效。

2. 电子商务快件的派送

（1）派前准备。

电子商务快件的派送不同于一般快件的派送，重点表现在以下几个方面。

①业务准备。了解快递企业是否与商家（寄件人）签有快件派送服务协议，掌握验收服务需要的相关知识和技能。如销售小家电的商家与快递企业签订派送服务协议，要求快递业务员派件时为客户进行调试。

②提前电话核实客户信息。电子商务快件派送地址多为家庭住址，加之有些客户提交的地址不详细，因此在派送电子商务快件前，必须先与客户进行电话联系确认派件地址。如果客户要求改址派送，在派送路单或运单上批注新址。如果改址后仍属于本人的派送区域，按正常流程进行派送；如果改址后不在本人的派送区域，将快件交与处理人员。代收货款快件除确认派件地址外，还需通知客户准备货款。

③收款准备。派送代收货款快件时，快递业务员应携带验钞机，以便验证货币真伪；准备好零钱，做好找零准备，以便节省派送时间；携带 POS 机，以便客户用银联卡进行支付。快递业务员在派件出发前，应对验钞机或 POS 机进行检查，保证在派件过程中能正常使用。代收货款金额较大时，快递企业可派专车（带有 CPS、监控设备）进行派件。

（2）派送服务。

①送件上门。客户从电子商务网站购买物品，大部分看重的是网上购物的方便和快捷，他们希望只要在电子商务网站点击确认购买之后，商品就会快速地送到自己手里。因此，电子商务快件的客户多数要求“入门派送”（将快件送到客户的家里或办公室）。对要求“入门派送”的快件，应尽量满足客户要求。如因个别单位、写字楼、小区不允许进入，快递业务员应联系收件人，通知收件人到传达室或前台签收，也可以由收件人与门卫协调沟通后，实行“入门派送”。上门派件时，要随身携带或妥善放置其他未派快件。

②提示客户验收快件根据快递服务标准规定：对于网络购物、代收货款，以及与客户有特殊约定的其他快件，快递企业应按照国家有关规定，与寄件人（商家）签订合同，明确快递企业与寄件人（商家）在快件派送时验收环节的权利和义务关系，并提供符合合同要求的验收服务，寄件人（商家）应当将验收的具体程序等要求以适当的方式告知收件人；快递企业在派送时也可以予以提示，验收无异议后，由收件人签字确认。因此，快递业务员在派送电子商务快件时，应严格按照快递企业与商家所签订的验收服务要求，提示客户验收快件并提供相应的验收服务。

③快件签收电子商务企业为了增加诚信指数，解除顾客的后顾之忧，很多商家制定退、换货条款。如果顾客在验收快件时，发现质量问题或规格、式样等不符合要求，可以要求退货或换货。同时，商家为了能够及时了解快件的签收情况，在寄递快件时一般都选择短信收通知服务。

a. 退、换货服务。客户验收后，如果因为与采购预期有差异、规格不符或质量缺陷等问题，拒绝签收并要求将快件退回或换货，快递业务员应在快件运单的备注栏注明客户拒签的原因，如“规格不符，换货”，请客户签字确认，并告知客户需要支付快件退回的服务费用。

b. 签收通知。在派送短信签收通知服务的快件时，客户签收或拒绝签收的快件，快递业务员应当场通过手持终端将签收或拒绝签收信息上传。

④代收货款。代收货款快件是指快递企业接受委托，在派送快件的同时，向收件人收取货款的业务。代收货款业务是为了解决电子商务等非接触交易所带来的信任危机，满足消费者“一手交钱，一手交货”的购买心理而提供的一种快递服务。

寄件客户有代收货款需求时，必须与快递企业签订代收货款委托协议，同时向快递企业提供代收款相关单据，通常为收据或发票。快递业务员根据收款凭证向收件人收取代收货款。

a. 代收货款快件派送的注意事项。收款时要看清运单上代收货款的金额，客户采用现金支付方式时，应当面核对金额无误并仔细查看每张币值真伪。客户采用 POS 机刷卡付款时，要仔细核对交易金额，确保无误操作。代收货款必须在派送现场当场支付，不允许赊欠。

b. 客户拒付代收货款的处理。如果由于快件外包装破损等原因客户拒绝支付代收货款时，首先，在第一时间将异常派送信息进行上传；其次，在派送路单或运单等有效单据上注明客户拒付的原因及派送日期和时间，请客户签名确认。收件人（代收人）拒绝签字的，快递业务员应予以注明；然后，将快件带回派送网点交与指定的处理人员跟进处理。

（3）后续处理。

①退回快件处理。电子商务快件的退回不同于一般快件的退回。一般快件的退回是由于地址不详、客户迁移等原因无法派送，经与寄件人联系要求退回。电子商务快件只有极少数是由于以上原因被退回，多数是由于客户对商品不满意而进行的退、换货。电子商务快件退回批注时，注意区分引起退回的原因，以便明确责任。

②源送信息复核。电子商务快件派送信息复核的重点内容如下：

a. 核对代收货款快件的货款是否足额收取。

b. 核对退、换货快件是否进行批注，批注内容是否准确。

c. 核对改址派送快件是否在派送路单或运单上进行注明。

d. 核对收件人（代收人）签名是否正确、清晰。

★扩展案例

德邦：无人送货车“德邦小 D”

随着科技发展的日新月异，无人驾驶技术的飞速发展，越来越多的科技成果也被用到了快递业上，为探索解决快递行业企业业务量逐渐增加，人手短缺，快递员业务加重，夜间无人收派的问题的痛点，2018 年 6 月企业德邦总部园区推出无人送货车“德邦小 D”，希望通过“德邦小 D”无人派送的一小步，实现末端效率的一大步提升，从而助力“最后一公里”。德邦小 D 共 34 个柜子（16 小 18 大），24 小时候园区循环；区域式无人驾驶功能，全方位实时监控，多功能防撞避障。通过 24 小时无人收派，用户取寄件零等待的模式，从而提升收派效率与用户满意度，节省了用户/快递员大量时间和快递运输派送成本。

一、“德邦小 D”快递收派产品特点

无人车“德邦小 D”收派系统可在夜间于楼下进行收派快递，完美解决用户随时随地取/寄件。使用场景：收派快递：企业微信【德邦快递小 D】可预约收/寄件时间和地点，一键呼叫无人车行走，可实时查看无人车位置；扫描无人车二维码，一键开箱存/取货；

基于业务形态的创新模式，“德邦小 D”无人车对于业务行驶过程具备以下路线设定：

1. 固定线路运行：当没有用户选择提货点时，无人车沿着固定线路运行，用户可实时查看无人车的实时轨迹并自行前往提货点取/寄件；

2. 用户自选提货点线路：当用户预约了提货点与提货时间后，无人车在预约时间到达提货点并通知用户取件。

二、业务系统化流程

最后一公里快递收派业务，由“德邦小 D”无人车自主运行替代原来的人工操作派送；

1. 开始运营，无人车启动完毕，等待德邦后台发送命令前往到达点；

2. 德邦后台发送补货点地址（例如，发出补货点地址为自提点 A 楼，德邦系统发送补货地址到 A 楼，无人车则根据时间和地点执行指令）；

3. 物流平台收到地址后，无人车自动行驶，并发送实时位置（地图图像坐标，用于地图显示），到达指定点停止，并发送到达指令给德邦后台；

4. 德邦快递系统将货物信息同步传送到德邦后台，德邦后台判断哪个货物柜能够打开，并将命令发给物流车平台，物流车打开相应的货物柜，并将打开状态发送给德邦后台，便于德邦后台判断货物柜情况。（例如，物流车全空，德邦后台默认全空，快件信息录入后，德邦后台发送命令让 1 号柜打开，1 号柜打开后发送 1 号柜打开标志给德邦后台，物流人员将货物放入 1 号柜，关门或 10 秒内箱门自动关闭，门自动上锁。再将下一快件信息录入，由于德邦后台已知 1 号柜被打开过，发送剩余柜中的开柜命令，如 2 号柜，2 号柜门打开后发送 2 号柜打开标志给德邦后台，物流人员将货物放入 2 号柜，关门，门自动上锁，以此类推）；

5. 德邦后台将收货人信息与货柜柜号绑定，根据收件人信息，系统匹配至收货人推送“快件取件通知”信息，收货人点击详情连接 H5 页面，收件人选择“提货点”“预约取件时间”，单击“确定”按钮，德邦后台生成取货码后发给收件人；

6. 物流人员将车装满后，车停在补货点，等待用户的取件或预约时间和地点。无人车根据指令自动执行；

7. 根据取货时间及送货距离判断无人车出发时间（例如，收件人预约取货时间为 10：00），系统根据速度/路程预算出无人车出发时间，同时后台实时显示无人车预计到达时间）；

8. 德邦后台发信息给取货人，车辆到达系统发送到达通知，提醒取货，并告知等待时间；

9. 取货人扫描车触摸屏上二维码或输入取货码，德邦后台校验通过后，将发送相应的柜门开门命令给物流车平台；

10. 物流车开启相应柜门，并将开柜标志发送给德邦后台；

11. 取件人取走货物后，关闭柜门/10 秒后柜门自动关闭，物流车平台将柜门关闭标志发送给德邦后台；

12. 德邦后台收到柜门关闭标志后，发送下一取货点地址（地点标号）；

13. 物流车平台接到地址后，物流车自动行驶，并发送实时位置（地图图像坐标，用于地图显示），到达送货点停止，并发送到达指令给德邦后台；

14. 德邦后台发信息给取货人，提醒取货，并告知等待时间（德邦后台会在预约取货时间增加 15 分钟后发送下一取货点地址）；

15. 依照步骤 7-14，进行送货；

16. 物流平台实时发送货柜状态至德邦后台，只要有空柜，物流人员可在提货点上随时进行补货操作；

17. 按照步骤 4，进行补货。若有未取走的货物，德邦后台可以将该货物的取货码发给物流人员，或物流人员拥有相应权限点击柜门，物流人员可取出货物将货物放到滞留件指定位置，也可当作新件重新派送（取件时要用新的取货码进行收件）；

18. 重复步骤 5-18 直到当天运营结束，若出现电量不足，物流平台可发送无人车剩余电量，德邦后台根据电量发送收车更换电池指令，无人车自动触发前往收车点；

三、“最后一公里”收派信息一体化

现有收派业务信息查询用户通过短信查询基础快递收派通知与快递地理位置，现有的发送短信系统大部分为固定模板内容，简单地发送验证码、取件码等，没有快递状态修改，无针对异常情况下用户的反馈操作，如用户临时无法取件，或想要更改寄/件时间，都是依赖电话沟通，大部分情况都不予理睬，等待快递员主动联系，当快递员主动联系时，快递已经按照正常流程到达目的地，通常这样的处理方法都是寄存其他地方（存在丢件风险）、快递员带回（无效派送只能返程带回）存在较大缺陷。

基于现有流程缺陷，无人车“德邦小 D”根据自身业务形态推出一套完整且多渠道的短信通信方式。根据快递状态和无人车柜门状态，无人车位置信息触发不同的短信发送接口，根据快递状态和无人车柜门状态，无人车位置信息发送不同的内容信息传递告知客户，客户可通过短信对快递状态进行修改（加急/改日送），系统会根据用户操作同步至快递员，快递员可对相应用户的快递做更改处理，有效地实现“最后一公里”效率提升且收派过程自动化。

四、“德邦小 D”快递配送提升方面

“德邦小 D”无人收派作业无人车收派的推行，可以帮助企业减少对人员的依赖和员工上班时间的限制。尤其在上班族集中居住的小区区域环境下，快递员因工作时间限制，夜间不派送。通过“德邦小 D”无人车自主收派作业与管理，有效提升派件效率与用户满意度。2018 年 9 月德邦总部推出无人调度平台，通过调度平台从数据、画面多维度远程监控/预警无人车运行情况。帮助管理人员远程对无人车的管理，更加有效合理地利用车身传感资源把控业务每个环节，提升收派业务的运营水平和安全水平。

案例来源：新浪 http://k.sina.com.cn/article_2011075080_77de920802000o4uv.html

◎每节一练

试着总结快件派送网点设置需要考虑的内容？

分项任务小结

完成本分项任务后，请进行自我测试：归纳派送工作的组织，以及派送的重点工作内容和注意事项，派送作业现场的管理、派送人员及车辆的调度。

子任务 4.4 电子商务的物流配送模式

任务提示 本分项任务将引领读者掌握电子商务下的各种物流配送模式。

任务先行 通过认知电子商务平台了解不同平台下的物流配送模式，并能从电子商务视角认识适合电子商务企业的物流配送模式，能帮助企业选择最佳的配送模式；本任务还选取了农村与城市两种典型区域的物流配送模式进行介绍，以期帮助读者掌握特殊区域和特殊商品的配送模式选择。

4.4.1 电子商务平台的物流配送模式

电子商务平台是一个为企业或个人提供网上交易洽谈的平台，是建立在 Internet 网上进行商务活动的虚拟网络空间和保障商务顺利运营的管理环境，是协调、整合信息流、物质流、资金流有序、关联、高效流动的重要场所。企业、商家可充分利用电子商务平台提供的网络基础设施、支付平台、安全平台、管理平台等共享资源有效地、低成本地开展自己的商业活动。从电子商务模式中，我们可以看到物流配送是商家成功将商品送到消费者手中的关键环节，物流配送成功、快捷与否直接影响到交易的成功，甚至是电商企业的生存和发展。因此，按照企业选择物流模式的角度上划分，电子商务平台可供选择的物流模式主要有三种，分别为自营物流配送模式、第三方物流配送模式和物流联盟配送模式。

1. 自营物流配送模式

自营物流配送模式是由电子商务平台企业自建统一的物流公司，物流配送的各个环节均由网站平台企业自身筹建并组织管理。这种模式是电子商务平台根据网上的订单信息，由网站平台企业自营的物流配送部门将商品配送到各消费者手中。其核心是建立集信息流、商流、资金流、物流为一体的现代化新型物流配送中心。在这个过程中，电子商务企业运用条码技术、数据库技术、电子订货系统、电子数据交换、快速反应及有效的客户反应等信息技术和先进的自动化设施，使物流中心能够满足电子商务对物流配送提出的各种新要求。

在自营物流模式中，企业自建配送中心，通过规范配送中心管理来改善服务水平。为加快货物配送速度，网站选择一些配送量较大、消费者较集中的城市建立地区配送中心，承担该地区的配送业务。

（1）优点。商品从集货、加工、分货、拣选、配货、包装到发货，再到确认付款，整个交易过程都是由电子商务企业自主管理与控制，交易信息都在电子商务企业内部完成，信息传递快且不易出错，而且保密性好。平台掌握了交易的最后环节，配送灵活，能有效地控制整个交易时间及服务质量。在配送过程中责任明确，当出现问题时，追究责任也容易处理，不会出现商家和快递公司相互推诿、责任不明确的情况。如果能很好地控制物流配送，也有利于提升平台网站自身的企业形象。

（2）缺点。由于物流与其主营业务是两种不同的业务，因此电子商务平台服务商跨行业经营时所承担的风险也相对较大。同时企业自营物流模式需要平台服务商自建仓库和拥有专业的物流技术和配送队伍，并且对于如何保持适当的库存规模、制定恰当的配送路径、选择合适的物流工具、确定合理的送达时间，都需要严格的管理。这些过程都需要专业的技术和人员及庞大的资金，其经营成本相对较高，这对电子商务平台企业的资金实力要求也相对较高。

2. 第三方物流配送模式

第三方物流是指由物流的实际需求方和物流的实际供给方之外的第三方提供物流服务的运作模式，这一配送模式正逐渐成为电子商务平台进行物流配送的一个首选模式和方向。第三方物流并不是供应链的成员，而仅是除买卖成员之外的第三方，但他们通过提供一整套物流活动来服务于供应链。这种物流配送模式根据电子商务平台在其中所起的作用，通常是指“网站平台指定或推荐第三方物流企业模式”，该模式是利用平台自身的优势与规范的、专业化的物流快递公司建立战略合作伙伴关系，向全体网商推荐这些物流快递公司，鼓励网商使用网站平台合作的物流快递公司的物流服务。

第三方物流服务模式的主要运作是由网站平台指定或推荐物流公司，因此，网站平台应制定严格的准入评估制度。首先，根据制定的制度对物流配送公司进行评估，只有具备相应的资质、实力、能够满足送货要求的配送公司才可与之进行合作。同时要定期对其资格进行审查，当出现问题时，要求对方及时改进，否则取消与对方的合作，及时更换物流配送公司。

在第三方物流配送模式中，电子商务平台作为一个信息提供平台，没有库存成本，主要是向委托的第三方物流公司提供交易信息。除了提供交易信息外，商务平台还必须加强对指定物流公司的管理，网站在与配送公司签订合同时，在合同中明确配送要求，如配送时间、赔偿措施。除此之外，还可对每个区域委托的第三方物流公司增加一个质量监督员，保证卖家送来的产品没有质量问题。

（1）优点。第三方物流模式不需要网站平台自建物流配送体系，因此能降低企业的经营成本，使网站平台商集中资金及精力经营其主营业务，这对中小型企业很有利。同时第三方物流使电子商务企业从运输、仓储等其他业务中解脱，集中精力改善网站平台其他服务质量，也具有积极的社会意义。依托第三方物流服务商，利用专业的物流设备和专业化物流管理人员的业内经验从事综合物流服务业务，能够获得整体最优的交易成本，并解决了配送时发生的时间长、费用高、服务质量差的问题，提高客户满意度，取得参与各方整体最优效果。并且双方之间建立战略合作伙伴关系，形成利益共同体，有利于物流企业针对平台的要求做出相应的调整和改善，有利于整个物流企业的发展。

（2）缺点。由于电子商务平台无法对物流配送公司进行有效的管理，使送货服务出现较多问题：如送货不及时、服务态度不好、售后服务跟进不及时、服务水平很难得到保障、货物送到后出现质量问题时责任不明确。

3. 物流联盟配送模式

物流联盟配送模式是企业之间为实现整体配送合理化，降低物流成本以互惠互利为原则，互相提供便利的物流配送服务的协作型配送模式，其核心在于充实和强化配送的功能。可分为两种方式：第一种指电子商务平台企业与各物流企业形成合作伙伴关系，组成物流产业链，电子商务企业为产业链的中枢，根据平台上的购物信息对各方面的物流资源进行合理而高效的整合与利用；第二种指多个电子商务平台企业就物流配送服务方面通过签署合同，形成物流伙伴关系，联盟的企业间可建立一个共有的配送中心，同时企业之间不完全采取导致自身利益最大化的行为，也不完全采取导致共同利益最大化的行为。

在企业物流联盟服务模式运作中，电子商务平台网站在与联盟企业合作时，要严格规定各自的责任和利益分配，有明确的分工。同时，由于客户信息的绝对数量增加，信息发生地点、处理地点、传达对象分散在广大地区，一个合理的物流配送方案及系统对企业有着至关重要的作用。因此，为向企业提供物流系统或方案进行分析和诊断，或提供物流系统优化和设计方案，联盟的企业还可和“第四方物流”通过协同运作方式合作。“第四方物流”是一个供应链集成商，调集和管理组织自己及具有互补性服务提供的资源、能力和技术，以提供一个综合的供应链解决方案。“第四方物流”可以通过物流运作的流程再造，使整个物流系统的流程更合理、效率更高，从而将产生的利益在供应链的各个环节之间进行平衡，使每个环节的企业客户均受益。

（1）优点。组成联盟的各企业之间能够优势互补、相互信任、共担风险、共享收益。通过共同配送可以扩大规模，降低成本，提高配送效率，达到规模经济效益。同时，可以实现资源共享，降低经营管理成本。良好的联盟关系还可以提高物流配送速度，提高物流服务水平及效率，更好地满足客户需求。

（2）缺点。由于联盟企业之间具有较强的依赖性、分工明细、强调合作，因此前一种联盟模式容易发生责任纠纷，而后一种联盟模式中各企业的客户信息也较容易泄露。同时不同企业间商品不同、管理方式不同、经营意识不同，都会给企业在配送过程中带来不同程度的麻烦。

4.4.2 农村电子商务共享物流配送模式

近年来我国农村电商迅猛发展，成为广大农民脱贫致富的重要途径，也成为我国新的重要经济增长点。而末端物流配送效率是农村电商发展的关键，农村电商物流配送的特点是收发货人较为分散、配送区域广，货物品种多而单位件数少、生鲜产品时令性强、配送风险性高等，对农村物流的集配货提出了更高的要求。共享物流、共同配送通过在仓储设施、包装材料与器具、运输装备与技术、市场需求信息、人力资源、终端配送等方面实施共享，实现物流资源的优化配置，可以大幅度降低农村电商的配送成本，提高物流系统效率。

1. 共享物流配送的含义

共享物流配送是在共享经济的基础上及范围内实现的，即通过共享或交换途径实现物流资源的优化配置，从而提高物流系统的运行效率。我们可从三方面理解共享物流配送的意义：一是必须有可供共享的物流资源，既包括仓储设施、包装器具、物流机械、运输配送工具等物流硬资产方面的资源，也包括知识、技术信息和管理模式等物流软资产方面的资源，才有可能对其进行优化配置和利用。共享物流是对现有或闲置资源的挖掘和再利用，强调“使用比拥有更重要”；二是共享物流配送的目的是提高物流系统效率，降低物流成本。通过整合优化资源配置，提升运营绩效。如推进托盘循环共用可以减少倒托盘的货物装卸搬运次数，减少货损，提高效率；三是获取收益回报是共享物流配送追求的重要结果。这些回报不仅包括共享参与者经济收益的提高，而且还推动整个物流配送系统的巨大变革，实现系统的整体效益大于个体独立运行的效益之和。

2. 实现共享物流配送需具备的条件

一是必须有一个物流配送联盟组织或核心主体依据一定的规则或机制来主导、协调各方的共享行为。二是要实现信息互联互通，即建立统一的物流系统数据共享平台和技术标准，建立各物流主体物流信息共享机制。三是物流行业各流通环节要推广实施标准化，包括物流系统的工作标准和技术装备标准，以及二者的配合。三个条件在共享物流运作过程中的作用也不相同：共同配送联盟组织及其核心主体是关键，它能保证共享物流有序、持续运行；信息联通是实现和提升共享物流高效的重要保障；行业标准化是实现整个物流系统有效连接的技术基础。农村电商的共同配送要在当地县、乡政府管理部门的倡导和支持下，由电商企业、快递企业及其他合作者等组建共同配送联盟，把所有的包装、仓储、运输、装卸、搬运、配送、集货等物流活动通过任务分包合作完成。

3. 农村电子商务共享物流配送模式

（1）基于资源要素的共同物流配送模式。基于资源要素的共同物流配送模式中的资源主要有硬件实物资源（如包装机械、库房仓储作业场地及附属机械设备、运输配送车辆）和软件资源（如知识、技术、数据信息、人力资源、客户资源和管理模式）。资源要素协同就是根据用户需求和任务量将不同类型的资源进行整合，在第四方物流核心企业的主导及协调下，通过交换共享或租赁共享实现资源共用。资源要素协同体系如图4-16所示。

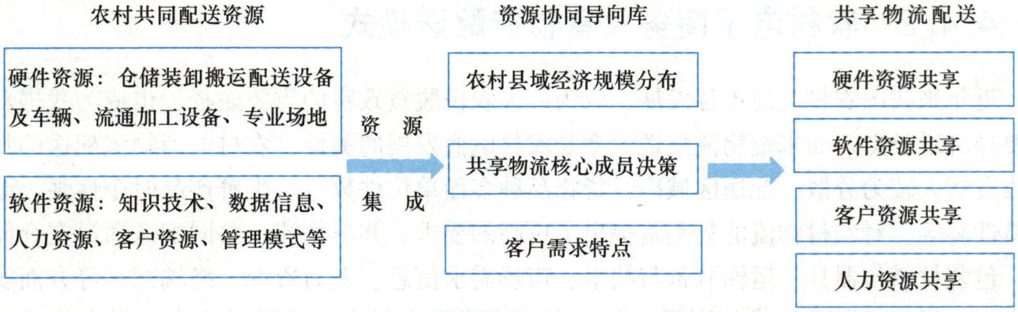

图 4-16　农村电子商务资源要素协同体系

除了硬件资源和软件资源的共享之外，各类主体参与协同运作决策支持的有效信息成为各合作成员间信息流通的纽带，建立信息共享机制使信息资源协同有效运行。如中国邮政与菜鸟网络二者合作共建能满足农村电子商务配送需求的网络，共享模式是以邮政的实体性硬资源（包括仓储设施、网点布局、配送渠道等）为基础框架，接入阿里巴巴海量的电商大数据信息、金融支付平台、在线推广等软资源，实现线上线下的有机结合。各物流企业可以通过外包、兼并、参股、合资、共建等方式建立虚拟联盟的方式进行协同运作，形成共同配送联盟。当货物在县及以上的区域流动时可各自独立进行干支线运输，当货物在县配送中心和各乡、村之间流动时，则需进行资源整合共同配送，建立统一的村镇集配站进行货物流转。中国邮政集团已初步构建了完善的农村物流服务体系，物流企业可以与其与合作，实现资源共享，既可增加中国邮政的业务量，也可降低各物流企业的运营成本。在人力资源共享方面，建立供应链人才资源数据库，整合配送联盟中企业的管理机构，优化人才配置，相互调派管理人才，加强企业间和外部培训等人才交流。在客户资源共享方面，主要方式有不同“货种”的客户进行合理搭配、同配送车辆中分别装载不同客户的轻货和重货；“去程+来程”客户的整合；不同价值要素的客户资源整合，如低附加值与高附加值客户的资源整合、大客户与小客户的资源整合，通过整合资源为客户提供差异化、多元化和一体化的物流服务。

（2）“O2O 平台+共同配送”模式。实现共享物流的重要条件之一就是要实现物流配送信息的互联互通，农村电商配送的环节较多，实施配送的有电商平台企业、快递企业及个体经营者等。要协调各方协同运作必须要建立 O2O 信息共享平台。信息平台系统由三个部分组成：一是配送联盟的核心企业负责平台系统的运作管理，借助信息平台工具进行信息采集传递和协同决策分析；二是在平台注册的电商企业、参与共同配送的物流企业或个人等成员；三是村镇集配站为共同配送作业提供活动场所，使人、货在空间上集散，具体如图 4-17 所示。

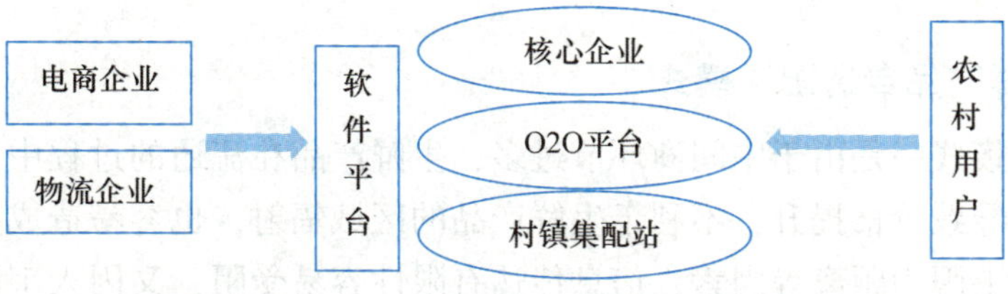

图 4-17 “O2O 平台+共同配送”模式

O2O 平台的功能为：采集和发布各方货物流通信息，提供应用软件技术的支持、优化及后期维护，为共同配送参与者提供协同作业的决策支持方案，当联盟成员自身的应用系统不能较好地满足需求时，可在平台上应用或租用应用软件系统以得出更优方案。O2O 平台系统拥有先进的技术算法和管理规则，对庞大的订单实施大量实时动态优化，从而保证配送运力在任何情况下都能够实现快速响应、即时配送。村镇集配站提供综合配送作业的空间场所、公共设施及工作人员，以保障各类配送服务商能够在此进行货物集配活动。

除上述两种配送模式外，还有“村镇电商集配站+智能自提柜”共同配送模式，但由于智能自助提货前期投入巨大，如购买自提柜、土地租金、电费、管理人员工资、维修费用、合作方佣金，并且具有冷藏保鲜功能的自提柜成本更高，如在中等规模县的300多个村设置自提柜，就需启动资金近5000万元，这对于企业来说成本较大，因此该模式在广大农村还处于尝试探索当中。

4.4.3 城市生鲜产品自选配送模式

1. 城市生鲜产品市场特点

（1）需求量大、品类多，一站式供应力不足。由于城市人口的增加及多元化，促使了城市对生鲜产品需求总产量的连年增加，品类多元性的需求也在增加。然而由于消费者市场分布不均匀及城市规划等因素，促使了城市生鲜产品以传统市场、农贸市场为主，在配送方面难以突破传统的“调余缺”功能，导致了一站式供应力不足等问题。因此，通过移动电子商务探索研究城市生鲜产品的自选配送模式有利于城市生鲜产品的供给侧改革。

（2）产品储存能力较差，产品损耗率高。生鲜产品需要较高的储存环境，然而由于目前城市规划、配送力不足、储存环境较差等因素，造成了区域性需求和供给的不均衡，导致城市生鲜产品销售辐射区域小，部分区域生鲜产品储存过剩，产品损耗率高。

（3）营销模式传统，无法吸引更多消费者。目前，城市生鲜产品仍以传统销售手段为主，主要是通过传统市场、农贸市场、社区生鲜小店铺等形式吸引附近区域的消费人群，使生鲜产品的多元化难以辐射到更广泛的区域，长期来看不利于单一市场产品的去过剩化。同时，城市工作的大部分人群往往下班后缺乏时间和精力去市场选购生鲜产品，因此造成城市生鲜产品需求量大，但无法促进生鲜产品的进一步销售。

（4）生鲜产品缺乏可追踪性。由于生鲜产品主要采用传统的销售手段，人工的进销货过程很难建立起对应的、完善的记录，导致产品的质量在生产—运输—销售—达到客户手中的整个环节很难掌握，产品质量也难以得到保证。往往出现问题之后，整个物流生态链难以追溯原因。

2. 城市生鲜产品自选配送模式

传统的销售模式一是由于中间商环节过多，生鲜产品在流通的过程中容易因物流和人工成本的增加而导致价格提升，不利于生鲜产品的区域辐射，也容易造成其损耗率高等问题。二是在区域上因为距离等因素，信息传达有限性容易受阻，又因人工调配制度的不完善，往往存在着市场独立式经营，这将不利于生鲜产品的流通，以及产品消费的多元化。通过电子商务的信息化处理能力，可以实现信息流传递的自动化和完整性，能大幅度提高基于电子商务的生鲜产品在市场变化中的应对能力，进而增强其经济效益与运营效益。电子商务特别是移动电子商务通过信息化的管理，进一步化解了传统销售中的不利因素，通过移动通信技术、互联网技术，将各个环节结合起来，实现各区域的统筹分配，促进各区域科学合理地调度。

（1）建立基于移动电子商务的生鲜产品自选平台。智能手机和5G、Wi-Fi等通信技术提高了城市消费人群的便利性，以移动电子商务为新的消费模式正在拉动城市的经济发展和消费动力，未来通过移动电子商务，将扩大城市生鲜产品的辐射范围，以及提高其去过剩化的能力；可以为用户随时随地提供所需的服务、应用、信息和娱乐，利用移动终端方便快捷地选择及购买商品与服务。因此，通过建立移动电子商务平台 App 来提高用户的体验感，方便城市工作人员在任何时间、任何地点自选生鲜产品，并预约配送时间。同时，通过平台可以推行相应的营销策略，提高平台口碑，进而推动城市生鲜消费能力和配送范围，做到“易”的服务理念。

（2）扩大自选平台合作商。为了提高自选平台产品的丰富性，应加强与城市其他生鲜市场、农贸市场的合作，一是可扩大生鲜产品辐射范围，二是可促进城市生鲜产品的流通，三是可提高自选平台口碑。

（3）多支点建立城市物流配送点。基于电子商务的生鲜产品自选平台，早期除了自建配送点之外，从长远来看，需要根据生鲜产品的辐射能力及自建配送点的调度能力，在高峰期采用多支点物流配送模式，同时考虑人力成本问题，可以通过扩大与第三方物流合作模式，扩充多支点物流配送能力，做到“快”的服务理念。

（4）强化政府服务指导，加强科技创新。通过政府、企业、生鲜市场、农贸市场等多方合作，强化政府的指导作用，通过政府制定标准，引导生鲜电商的有序发展。运用二维码、大数据等创新技术，建立生鲜产品数字跟踪信息，方便政府、平台商、合作商、消费者实时跟踪了解生鲜产品的质量、保鲜期和运输情况等整个物流生态链，做到“鲜”的服务理念。

◎每节一练

试着总结电子商务平台的物流配送模式及其优缺点。

分项任务小结

完成本分项任务后，请进行自我测试：总结农村电子商务与城市电子商务配送的类型。

任务5　配送服务质量管理

能力目标

通过完成本任务，你应该能够：

1. 认识做好配送服务对配送服务企业生存发展的重要作用和对客户需求满足的重要性；

2. 配送服务所包含的内容特别是配送增值服务和个性化服务；

3. 理解电子商务配送服务质量的要求。

核心能力

1. 会根据客户需求运用电脑网络技术快速高效地为客户提供信息服务；

2. 会应用适当的方法对服务实际工作效果进行评价与分析，提出改进策略以提高配送效率、提高服务质量。

思政元素

要求学生最终能起草配送合同及能执行配送服务体系标准，坚定不移走中国特色社会主义法治道路的理念，使学生诚信服务、德法兼修。学会运用多种沟通技巧，能与客户有效沟通。

任务解析

任务5：配送服务质量管理

分项任务5.1　配送服务质量管理概述

分项任务5.2　配送服务质量体系

分项任务5.3　配送服务质量控制

任务导入

尊敬的读者：配送是物流的功能之一，既是大物流系统的一个组成部分，也是物流活动在小范围内的整合。它是一种特殊的物流活动方式，是以用户要求为出发点，在观念上必须明确“用户第一”“质量第一”，明确用户是主导地位，配送企业处于服务地位，因此应从用户利益出发，客户利益至上来做好配送工作。由此可见，配送的本质就是服务，做好物流配送服务是物流配送企业满足客户需求的关键，是其生存发展的基础。

配送管理实务的第五个方面：配送服务质量管理。为了方便读者掌握配送服务质量管理的内容，本书将此任务分为 3 个分项任务：

子任务 1：配送服务质量管理概述；

子任务 2：配送服务质量体系；

子任务 3：配送服务质量控制。

读者可以对照能力目标，反复演练，有的放矢地依次完成各分项任务，直至完成本任务，从而获取相应的职业活动能力。

★引入案例

物流配送靠细化服务引客户攀亲

11 月 24 日中午 12 点多，山东新星集团物流配送中心的电话铃声突然响起，电话里传来急促的声音：“我是周村某商场，因客户急需 10 箱小护士化妆品，能不能马上送过来?”值班经理接到电话后，立即召回正在吃饭的员工，不到 30 分钟就将货物送到了周村。

原来，周村某宾馆到该商场采购小护士化妆品，但仓库的货物已不多。为了稳住客户，不给商场造成损失，他们马上与新星物流配送中心取得了联系。“其实，这种事情每天都在发生，我们已习以为常。一家大型商贸流通企业推销的不仅仅是品牌，重要的是服务的信誉度和客户的满意度高不高。”新星集团董事局主席魏心东快人快语。

良好的经营设备和现代化的管理，吸引了众多知名生产厂商主动前来“攀亲”。茅台、五粮液、剑南春、宝洁、小护士、海尔等中国名牌纷纷到物流中心落户，品种达2万多个，形成了糖酒副食、百货洗化、家电摩托车三大配送体系，年配货额达11亿元。众多知名品牌商品的加盟，使新星物流配送中心规模迅速得到扩大。

他们还在细化服务上下功夫，规定客户不论大小，要货不论多少，服务绝不打折扣。所有员工必须对产品的性能有所了解，对客户耐心解答，不留疑问。正是这种服务理念，使他们的客户群不断得到延伸。目前，他们已在省内外开设了23家子公司、办事处，服务半径达500多千米，服务网点达5000多个，覆盖超市、商场、厂矿、机关等单位。

针对不同的客户群，他们在服务方式上做了有益的探索。对机关等团购单位推出了贵宾卡，享有一定的优惠政策。对营业的各商场、超市，他们则把送货时间选在晚上8点至12点，以便不耽误客户的正常经营。

物流配送中心经理孙在平介绍，现在他们所经销的商品中，绿色、有机食品及免检、优质商品已占80%以上，日吞吐量达1.2万多件，高峰时达到2万多件。为了适应市场发展，投资6700万元的新星物流中心二期工程即将开工，明年新星物流中心的规模又将扩大一倍。

思考：如何做好配送服务？

子任务5.1　配送服务质量管理概述

任务提示　本分项任务将引领读者逐步熟悉配送服务内容，配送服务质量管理内容等。

任务先行　在物流配送活动中，做好配送服务是关键，特别是以客户为中心服务，提高服务质量和客户满意度是企业留住老顾客，吸引新顾客，是提高企业竞争能力的重要方面。阅读以下内容，总结顺丰是如何提高配送服务质量的。

顺丰：从关注包裹到更多关注商家和消费者的柔性化产品服务

顺丰仓配物流副总裁龚涛接受艾瑞专访实录：

顺丰过去20年在送包裹业务上有非常好的经验和结果，但是我们也发现当把所有东西都打成一个包之后就变成完全标准化的东西，带来的好处是标准化和规模化会带来服务质量的稳定和成本的可控，但同时另外一点也会把商家和所有消费者之间的个性化需求全部屏蔽掉了。我们谈“柔性化”，更多是在谈怎么样把被包裹屏蔽掉的个性化需求还原出来。其实你会发现卖服装的商家在和消费者互动当中和卖食品的商家和消费者互动当中需求和关注点不一样，我们需要把个性化的需求还原出来。从这个角度讲，我们会从两个方面去优化和改造顺丰过去送快递的产品。第一是商家作业流程的角度，因为不同的行业类别，以及在行业发展过程中不同程度的商家公司内部的作业流程是不一样的，以前只是把流程的差异化屏蔽成大家都把包裹交给顺丰，现在我们会根据商家包裹流向结构、包裹大小，甚至在包裹在单时间，消费者购买时间点的不同时段差异，去分别为他来做流程方面的细化。例如有一些量很大的商家，也许他在仓库作业的时候就能够按照目的地的城市范围，按照流向流量分批处理。这个动作做完之后，在顺丰的整个运营体系当中，就可以非常好地优先把这样的包裹在向目的地城市的派送当中减少再次分拨的环节，从而避免浪费。这是第一个方面，顺丰会把目前标准化程度很高的流程拆散，把一部分环节开放到商家作业中去，也就是说商家如果做了流程我们不做，商家不做我们做，但至少我们会有一个人做，不是两个人。

第二个柔性化体现在我们对消费者的购买体验上，甚至是服务标准的制定上。以前顺丰快递有一个标准，不同的东西只有一个包裹。但是现在再看做食品，做冷面生鲜的和做服饰、3C 数码的，在服务标准上都可以做差异化的定义。有些服务标准虽然很高，但是不论商家还是消费者都不关心，只是我们从自我要求的角度定得很高。所以对于这样的一些流程标准完全可以裁减掉。同时在购买的消费者体验方面，我们希望是一个完整的全套流程，因为不同的商家给不同的消费者希望的服务级别也不一样，所以在消费者服务级别当中我们会引入客户经理制，当出现一个问题时，客户经理会直接主动地联系消费者，而不用等他来投诉，像这样的购物体验和服务能力我们会开放出来，根据客户不同的需要来组合成客户自己服务体验的闭环，而不是现在客户是客户，商家是商家，顺丰是顺丰的流程，两个流程不太一样，消费者在买东西时感觉是商家的东西，但是到物流当中感觉到又是顺丰的东西，以后我希望这两种感觉是在一起的。

5.1.1 配送服务

1. 配送服务的内容

（1）配送服务的含义。

配送服务就是物流配送过程中为满足客户需求所实施的一系列配送活动过程及其产生的结果。诸如提供备货准备服务、订单处理服务、配运交接服务，提供各种单证或运输与配送的相关信息等服务。这个过程应该是配送企业通过各种手段确保配送服务的实施，不断对这个过程进行评定，把影响服务过程各方面的因素如人的技能、设施的完好置于可控状态。

（2）配送服务的重要性。

①配送服务的好坏直接影响配送活动的效率和效果，配送服务是配送活动的关键；

②配送服务是物流服务的形式之一，做好配送服务有利于提高物流整体服务水平；

③配送服务是对客户最直接、最有效的服务。它关系客户需求的满足，影响客户的忠诚度与满意度；

④能为企业赢得竞争优势，是配送生存、发展的“根”。从企业角度看，配送服务是区别与竞争对手、留住老顾客及吸引新顾客的重要途径，而且在短期不易被模仿。

◎提示板

根据专家估计，企业65%的利润来自老客户，反之1个新顾客的费用是老顾客的6倍，失去1个老顾客必须争得10位新顾客来弥补。根据美国通用公司调查表明，1个满意的顾客会告知另外8个客户，而不满意的顾客会告知25个客户。

(3) 配送服务的要素。

物流配送活动是对客户商品利用可能性的物流保证，因此配送服务包括三个最基本的要素内容即备货保证、配送保证、品质保证，如图5-1所示。

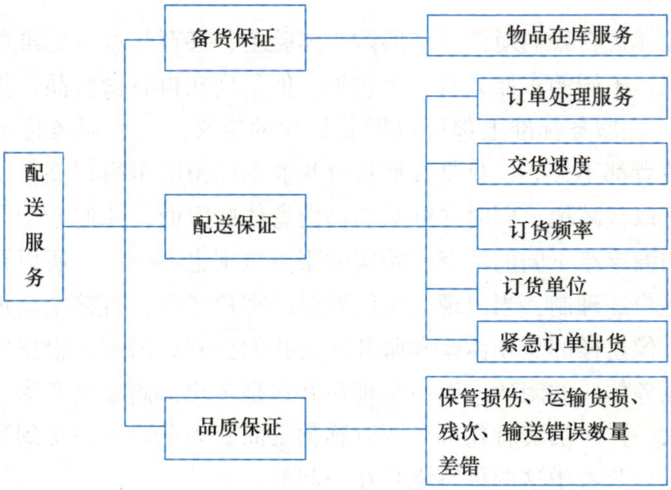

图5-1 配送服务三要素

配送服务主要围绕上述三个要素展开。配送服务包含在配送活动各过程阶段中，提供顾客满意的配送服务应结合配送的各过程阶段，综合运用各种技术手段和措施，加强与客户沟通，树立主动服务意识和客户利益至上的观念，掌握有效的客户服务技巧，在满足不同客户需求的基础上不断提高客户服务水平和服务质量。

◎提示板

“到达理论”

日本物流学者阿保荣司教授用“到达理论”论述了物流服务的本质，他认为物流服务的本质是将商品送达用户手中，使其获得商品的“利用可能性”。该理论也揭示了现代物流配送服务是将合适的产品，以适当的数量、合适的价格、在合适的时间送达到合适的地点。可见，物流配送服务的本质是提供全面优质的服务以达到顾客满意。

2. 配送服务的特点

围绕配送实现的目标和配送活动过程，配送服务的特点集中体现在四个方面：最短的时间、货物的可靠性、便利的沟通与方式的灵活性。(见表5-1)

表 5-1 配送服务特点

特点	解释
最短的时间	与订货周期有关，强调的是速度，包括订单的处理、备货和货物送达各环节的高度控制能力，做到客户满意，提高效率。
货物的可靠性	不仅包括备货的准确可靠，还包括订单处理的正确性、各环节的高效配合和准确交货。
便利的沟通	客户的订购信息与货品的供应及存货、拣货过程，都需要与客户进行充分的沟通，并且是一个双向的过程；具备高效的配送网络系统信息沟通平台。
方式的灵活性	根据客户的不同要求并以最经济的方式并积极地使这些要求得到满足。

3. 配送增值服务

现代物流提倡为客户提供一体化物流服务，即根据客户需求所提供的多功能、全过程的物流服务。一体化物流服务则应根据客户需求，在各项功能的基本服务基础上延伸出增值服务，以此表现出与市场竞争者的差异性。有人说现代物流追求的三大境界：系统成本最低、反应速度最快、增值服务最佳。可见增值服务的重要。配送活动中在提供满足客户基本服务的同时也可从提供增值服务来赢得顾客。

（1）配送增值服务的含义。配送增值服务是根据客户的需要，为客户提供的超出配送的基本物流功能，或者是采用超出常规的服务方法提供的服务。配送的增值服务主要有JIT 工位配送，配送物品的安装、调试、维修等销售支持等。创新、超常规及满足客户需要是增值性物流服务的本质特征。其中增值服务的创新是配送中心经营的闪光点。目前我国物流企业分别尝试采用了以下的几种增值性服务。这样的服务融入了更多的精神劳动，能够创造出新的价值，因而是增值的配送服务。

◎提示板

物流服务中，为客户着想和提供服务的可靠性是最重要的，1994 年欧洲 5 所大学联合对 50 个工商企业和 20 个 TPL 提供者的物流服务调研分析表明，客户服务中最重要的因素是为客户着想，这与经营哲学有关：客户服务是一个导致服务交换和增值的过程，它包括提供者对购买者的需求客户化与定制的能力。第二个重要的因素是可靠性，即以一致与可靠的方式提供服务。第三重要的因素是变通，即提供者能适应不断变化的商业环境，提高应急能力，不使系统中断。

（2）配送增值服务的内容。配送增值服务涉及的范围很宽，目前配送中心提供的增值服务内容从配送环节看包括仓储型增值服务，分拣包装环节增值服务，运输、配送环节增值服务，流通加工环节增值服务，货运代理型增值服务，信息型增值服务等。一般可归纳为以顾客为核心的增值服务、以促销为核心的增值服务、以制造为核心的增值服务和以时间为核心的增值服务。见表 5-2。

表 5-2 配送增值服务类型

类型	解释	举例
以顾客为核心增值服务	由配送中心提供的、以满足买卖双方对于配送产品的要求为目的的各种可供选择的服务。	从收货到递送的货物全程追踪服务；电话预约当天收货；车辆租赁服务；对时间敏感的产品提供快速可靠的服务（含相关记录报告）；对温度敏感的产品提供快速可靠的服务如冷藏、冷冻运输（含相关记录报告）；配合产品制造或装配的零部件、在制品及时交付 JIT DELIVERY；被客户退回的商品逆向配送 GOODS RECALL；运输设备的清洁或消毒等卫生服务；信誉好的承运人甚至可以为客户提供承运人的评估选择，运输合同管理服务等。
以促销为核心的增值服务	为刺激销售而独特配置的销售点展销台及其他各种服务。	配合客户营销计划进行制成品的重新包装和组合，如不同产品捆绑促销时提供商品的再包装服务满足客户销售需要而提供的成品标记服务，如为商品打价格标签或条形码或便利服务；如为成衣销售提供开箱加挂衣架重新包装的服务；商品退回的存放并协助处理追踪服务；为食品、药品类客户提供低温冷藏服务，并负责先进先出；还包括对储备产品提供特别介绍、直接邮寄促销、销售点广告宣传和促销材料的物流支持等。
以制造为核心的增值服务。	通过独特的产品分类和递送来支持制造活动的物流服务。	在递送存货大生产装配线提供分类、组合和排序的服务，有的厂商将外科手术的成套器具按需要进行装配，以满足特定医师的独特要求；仓储公司切割和安装各种长度和尺寸的软管，以适合个别客户所使用的不同规格的水泵。
以时间为核心的增值服务	以顾客的反应为基础，运用延迟技术，使配送作业在收到用户订单时开始启动，并将物品直接配送到生产线或零售店的货架上。	采用准时制生产方式的企业实施生产“零库存”配送。

★知识链接

逆向配送 GOODS RECALL

逆向配送是在逆向物流兴起之后参照逆向物流的模式而提出的。该模式采用逆向思维，分区域设立“返品中心”以集中处理返品业务。

例如，TCL 速必达物流通过与 TCL 幸福快车有限公司（TCL 售后部门）进行合作，由 TCL 幸福快车的技术人员对返品进行技术鉴别，然后将信息输入 TCL 速必达物流的数据库，TCL 速必达物流将返品分类信息接口到 TCL 各企业总部，并根据 TCL 各企业总部的要求进行返品的相应作业，从而提高了客户的满意度。

返品中心的主要功能包括：

接收系统内各零售店的所有返品；

对返品进行甄别并做相关处理，比如：可整修后重新销售；可降价批发销售；可向生产厂家退货；可做废品利用及无利用价值等；

对返品涉及的资金往来进行统一结算；

对各厂家、各销售店、各类商品的返品状况及产生原因、返品的变动趋势等信息进行综合统计分析，并及时向总部提交相关报告。

返品中心提高了逆向物流配送的流通效率，降低了流通成本，加速返品资金的回收。由于采用了返品的集中配送、返品票据的统一处理、发掘废弃商品残值等方式，逆向物流管理每年可为商家降低销售总成本的0.1%～0.3%；还可以大大减少零售店和生产厂家的工作量，充分利用零售店卖场空间，同时也有利于企业掌握相关商业动态。

这表明，现在就开始对逆向物流配送进行投资的企业比那些滞后者更容易主导发展潮流，更容易取得商业上的成功。

配送中心物流管理的“一流三网”

配送中心物流管理的“一流三网”充分体现了现代物流配送的特征：“一流”是以订单信息流为中心；“三网”分别是全球供应链资源网络、全球配送资源网络和计算机信息网络。“三网”同步流动，为订单信息流的增值提供支持。配送中心的物流革命是建立在以“市场链”为基础上的业务流程再造。以OEC管理模式为基础，以订单信息流为中心，带动物流和资金流的运行，实施三个“零”目标（质量零距离、服务零缺陷、零营运资本）的业务流程再造。

构筑核心竞争力物流带给配送中心的是“三个零”。但最重要的，是可以使生产企业一只手抓住用户的需求，另一只手抓住可以满足用户需求的全球供应链，把这两种能力结合在一起，从而在市场上可以获得用户忠诚度，这就是配送中心的核心竞争力。

◎提示板

增值服务的产生基于客户的需要

1. 售后服务方面的特殊要求：电器产品的调试、安装、保修等服务；
2. 安全性的特殊要求：货损率低、丢失、受潮、事故；
3. 成本性的特殊要求：低成本；
4. 时间的特殊要求：准时，准点；
5. 实时信息的掌握：货物的在途情况查询等。

★补充阅读

UPS 公司为 IBM 提供的配送增值服务

业界流传着这样一句话："做企业要像 Intel 那样卖技术，像 Microsoft 那样卖产品，像 IBM 那样提供服务。"那么 IBM 提供了怎样的服务才使顾客如此满意呢？IBM 的产品种类繁多，产品销售网络覆盖全球，而生产基地只建在几个有限的战略性区域，如美国、墨西哥、匈牙利、中国。因而单从生产基地发运产品给客户，物流成本高；在交货时间上，满足客户的服务达不到最优。例如在亚洲，IBM 承诺给网上直销客户的交货时间为 3 天，在北美交货时间则缩短到 2 天。如此短的交货时间对于任何一家公司来说都是一种挑战，然而作为 IBM 物流提供者——UPS 公司帮助 IBM 实现了这个市场战略，不但帮助 IBM 降低了物流成本，而且还为 IBM 产品提供全面的增值服务，实现了"双赢"。

UPS 均为美国的跨国物流企业，本身在物流行业就是配送、速递的领先者，其独资建立的物流中心分布在世界：欧洲、美洲、亚洲等战略区域，以确保 IBM 的产品及时、准确地交到客户手中。

另外，美国 UPS 公司开发的独特服务系统，专门为批发商配送纳贝斯克食品公司的 Planters_Lief Savers 快餐食品，这种配送方式不同于传统的糖烟配送服务。这些增值活动的内容包括处理顾客向制造商的订货、直接送货到商店或顾客家，以及按照零售商的需要及时地持续补充进货。这类专门化的增值服务可以被有效地用来支持新产品的引入，以及基于当地市场的季节性配送。

UPS 物流中心的增值服务价值：

（1）降低整体物流成本。建立区域物流中心模式，代替了以往在各个国家均设有的经销商模式，因而降低了总体库存成本、呆滞成本及管理费用；同时由于集中大批量发货，降低了运输成本及物品损耗。

（2）缩短给予客户承诺交货时间。对于物流中心设置模式，客户的个性化配置要求在区域物流中心内利用库存品完成，而后直接发给最终客户，相比个性化配置在制造基地内完成再发给客户模式而言，可大幅度地缩短交货时间，提高客户满意度。

（3）为客户提供附加值服务。在物流中心内，建立 CTO（configuration to order）流通加工生产线，接到订单后，根据客户的个性化订单要求，对制造基地发运来的库存成品进行个性化配置、测试合格后发给客户，或者应客户的需求，为之配备附加产品后一起发给客户，为客户提供增值服务。

4. 配送增值服务的功能

提供配送增值服务是取得竞争能力的重要条件，见表 5-3。

5. 个性化配送服务

物流配送的速度、个性化服务等是客户十分在意的内容。物流配送的速度和质量决定了企业在客户心目中的地位。

表 5-3 配送增值服务功能

功能	具体说明
1. 增加便利性	一切能够简化手续、简化操作的服务都是增值性服务。简化是相对于消费者自我服务而言的，是指消费者为了获得某种服务，以前需要消费者自己做的一些事情，现在由物流提供商以各种方式代替消费者做了，从而使消费者获得这种服务后感到简单，而且更加方便，从而增加了商品或服务的价值。
2. 加快反应速度	传统的观点和做法是提高运输工具的速度或采用快速的运输方式，这样往往会导致成本增加。现代配送的做法是优化配送系统和重组业务流程，重新设计适合客户的流通渠道，以此来减少物流环节、简化物流过程，提高配送系统的快速反应能力。
3. 降低配送成本	通过配送增值服务，可以寻找能够降低成本的物流解决方案。考虑的方案包括采取共同配送；提高规模效益；实施准时制配送，降低库存费用；进行原材料、零部件与产成品的双向配送；提高运输工具的利用率等
4. 业务延伸	业务延伸是向配送或配送以外的功能延伸。向上可以延伸到市场调查与预测、采购及订单处理；向下可以延伸到物流咨询、配送系统设计、配送方案的规划与选择、库存控制决策建议、货款回收与结算、教育与培训等。延伸性服务最具有增值性，但也是最难提供的服务，能否提供此类增值服务现在已经成为衡量一个物流企业是否具有竞争力的标准。

所谓个性化的物流配送服务就是针对客户的需求，按照客户指定的时间和地点，将货物准确送达。包括两个方面：从服务的内容上看，是指物流企业从客户的具体需求出发，选择和整合仓储、运输、包装、配送、信息处理、流通加工等物流基本活动和增值活动；从技术层面上看，根据物品在价值、密度、形状、易腐性、危险性等方面的性状，选择适宜的运输工具、运输路线、堆放方式、包装方法等。其实质是物流配送企业在合理的利润水平条件下，实现客户"满意度"最大化。例如，一些大型零售商不仅要求物流企业进行产品配送，还要求企业搬运货品上架、理货、进行二次包装。个性化的物流配送服务会增强顾客满意度。

5.1.2 配送服务质量管理

对于生产企业来说，产品质量是企业生存的灵魂，而作为服务行业的物流企业，服务质量就是企业生存的灵魂。优质服务是现代物流配送的核心，物流配送活动的产出是配送服务，产出的多少与好坏可以用配送服务质量水平的高低来衡量。

1. 配送服务质量

配送服务质量包含在配送质量之中，配送整体质量水平提高也会促进提高配送服务质量。

配送质量是指配送经营、作业、调配和服务等一系列活动的完成程度，检查其是否满足了客户的各种需要。配送质量是物流配送企业信誉的根本保障。配送质量包括配送商品的质量保证和质量改进、配送工作质量和配送服务质量。

★知识链接

配送工作质量

配送工作质量指的是配送各环节、各工种、各岗位具体工作的质量。配送服务质量水平取决于各个工作质量的总和。所以，工作质量是配送服务质量的保证和基础。重点抓好工作质量，配送服务质量也就有了一定程度的保证。工作质量是具体表现和反映在各环节、各工序的质量。由于配送系统的庞杂，工作质量的内容也十分庞杂。配送工作质量所能达到的程度受到多种因素影响，要想能“事前控制”配送工作质量，预防配送质量问题，必须对影响配送工作质量的诸因素进行有效控制。

配送服务质量是物流服务活动满足顾客需求的程度。集中体现在配送的各个环节之中。如果顾客对物流企业所提供的服务（感知）与其服务期望接近，则其满意程度就会较高，对物流企业的服务质量评价就高，反之，则对该物流企业的服务质量评价就会很差。

（1）配送服务质量的内容。虽然配送服务质量的内容因不同顾客而要求各异，但一般应包含以下方面，如图 5-2 所示。

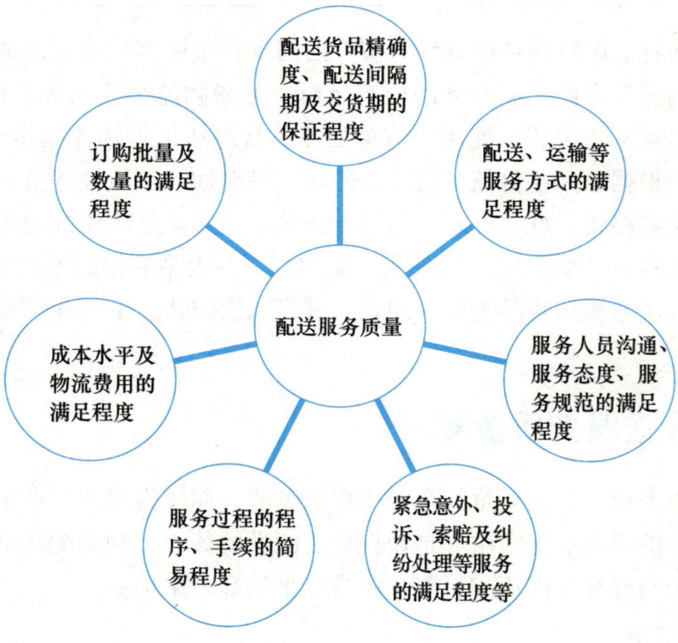

图 5-2　配送服务质量的内容

此外，物流服务的构成成分及其质量是不断变化发展的，随着物流领域绿色物流、柔性物流等新服务概念的提出，也会形成相应的新服务质量要求。

（2）配送服务质量的要素。整个配送过程的质量目标，很大程度上就集中在配送活动的服务上。配送服务质量主要是顾客对物流配送服务过程的一种“感知”。客户对配送服务满意度的衡量，主要体现在配送的时间、可靠性、方便性和信息的沟通这些方面，由此时间、可靠性、方便性和信息的沟通是决定配送服务质量的最基本要素。

配送服务质量要素见表5-4。

表5-4 配送服务质量要素及其度量

要素	度量
货物可得性	合理适当的存货
备货时间	速度与一致性
配送灵活性	特殊要求满足情况
配送的快速反应	处理方式、程序及时间
配送系统的有效性	反应及保障
送货服务	速度与满意度

一般来讲，配送服务普遍体现在满足客户要求方面，但是往往各个客户要求不同，要实现这些服务要求，就需要企业有很强的适应性及柔性，而这些又需要有强大的硬件系统和有效的管理系统来支撑。配送承担者的责任是积极、能动地推进服务质量。

◎提示板

提高配送服务质量的重要意义

1. 配送服务已经成为配送企业经营差别化的重要一环；
2. 配送服务水准的确立对经营绩效具有重大影响；
3. 配送服务方式的选择对配送成本具有重要影响；
4. 配送服务起着连接厂家、批发商和零售商的纽带作用。

（3）营销配送服务质量的因素。配送将其为客户提供服务过程环节进行分解细化，可以发现影响配送服务质量的两项关键因素为服务的内容与服务的标准，如图5-3所示。

图5-3 服务质量关键因素

客户是否满意是指企业对客户提供的产品（或服务的过程）与客户期望产品（或服务）比较后产生的差异程度。实际服务超过客户的期望值，客户的满意度就高；反之，客户的满意度就低。

两项关键因素包含了若干主要因子和次要因子，而任一单个的主、次要因子都可能会影响服务质量的水平。

2. 配送服务质量管理

随着市场经济的发展，物流企业的竞争越来越体现在服务质量上的竞争，服务已成为企业取得竞争优势的重要手段。物流质量管理是企业全面质量管理的重要一环，其核心是物流服务质量管理。由此可见，配送服务质量管理在提高物流企业的服务水平、降低成本、提高核心竞争力等方面具有重要作用。

(1) 配送服务质量管理。配送服务质量管理是指以全面质量管理的思想为基础，运用科学的管理方法和手段，对物流配送服务过程的质量及其影响因素进行计划、管理、协调和控制，使物流配送质量得到持续改善和提高的过程，提供高效合理的配送服务。它与当今企业高度重视质量管理是完全一致的，必须引起高层管理人员的重视。

(2) 合理化配送服务质量管理过程。配送服务是直接面向最终客户提供的物流服务，需要将准确的货物及时地交付给众多客户。实施合理化配送服务管理过程包含以下 8 个步骤，如图 5-4 所示。

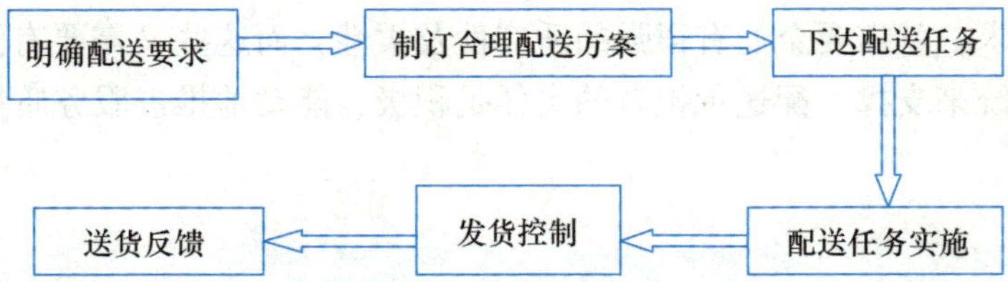

图 5-4　合理化配送服务管理过程

①提供合理的配送服务首先应订货合同为依据，明确货物品种、数量、规格、交货及有无其他要求等信息。

②制订配送方案，包括配送方式、线路、时间、运力调配等。

③下达配送任务。将制订好的配送方案下达给各配送点进行配送。

④配送任务实施，包括备货、发货、送货。

⑤发货控制，包括货物的准确性、设施技术的掌控和客户的沟通。

⑥送货反馈，主要指费用成本情况、客户的满意程度及对计划完成的评价。

完整的配送服务管理几乎包括物流的全部职能，是物流服务中作业最为复杂、牵涉部门最广的一项业务。因此，加强配送服务管理能够提高整个物流服务的水平。

★补充阅读

JC PENNEY 公司质量管理创新提高配送服务质量

JC PENNEY 公司位于俄亥俄州哥伦布的配送中心，每年要处理 900 万种订货，或每天

25000笔订货。该中心为264家地区零售店装运货物，无论是零售商还是消费者的家，该配送中心都能做到48小时之内把货物送到所需的地点。哥伦布的配送中心有200万平方米设施，雇用了1300名全日制员工，旺季时有500名兼职雇员。JC公司接着在其位于密苏里州的堪萨斯城、内华达州的雷诺及康涅狄格州的曼彻斯特的其他三个配送中里成功的实施了质量管理创新活动，能够连续24小时为全国90%的地区提供服务。

JC公司感到真正的竞争优势在于优质的服务；管理部门认为，这种服务的优势应归功于20世纪80年代中期该公司所采取的三项创新活动，即质量管理循环、精确至上及激光扫描技术。

（一）质量管理循环：小改革解决大问题

1982年，JC公司首先启动了质量循环活动，以期维持和改善服务水准。管理部门担心，质量服务的想法会导致管理人员企图简单地花点钱来“解决问题”。然而，代之这些担心的是经慎重考虑后提出的一些小改革，解决了工作场所中存在的一些主要问题，其中包括工人们建议创建的中央工具库，用以提高工作效率和工具的可获得性。

（二）精确至上：不断消除物流过程的浪费

精确至上的创新活动旨在通过排除收取、提取和装运活动中存在的缺陷，以提高服务的精确性。因此，提供精确的顾客信息和完成订货承诺被视为头等大事。显然，在该层次上讲求服务的精确性，意味着该公司随时可以说出来某个产品项目是否有现货，并且当有电话订货时，便可以告知对方何时送货上门。该公司需要提高的另一个精确性与在卖主处提取产品有关。为了确保产品在质量和数量上的正确，JC公司针对每次装运中的某个项目，进行质量控制和实际点数检查。如果存在着差异，将对订货进行100%的检查。与此同时将对2.5%的装运进行审计。订货承诺的完成需要把主要精力放在提高精确性上。

（三）激光扫描技术：用科技改进质量管理

以99.9%的精确性来跟踪23万个存货单位的存货，既提高记录精度，又提高记录速度，大大缩短供货周期，提高了配送服务效率。

JC公司把物流服务的精确性与物流运作的精确性结合起来，有机地融合到质量管理过程中，不断消除物流过程的浪费和缺陷，不断优化物流过程的程序和运作方法，不断提升服务质量标准，追求质量的改善和完美。

◎每节一练

试总结配送服务及配送服务质量包含的内容。

分项任务小结

完成本分项任务后，请进行自我测试：描述合理化配送服务质量管理过程并归纳可能影响配送服务质量管理的因素。

子任务 5.2 配送服务质量体系

任务提示 本分项任务将引领读者了解配送服务质量指标，配送服务质量体系，配送服务质量认证等内容。

任务先行 物流配送系统中，物流配送中心服务质量对提高物流企业服务水平，降低成本，提高核心竞争力等方面具有重要作用。建立配送服务质量体系是经济一体化的需要，是达到和保持服务质量目标的需要，是使服务企业内部的服务提供过程达到质量要求的需要，是使顾客得到符合要求的满意的服务质量的需要。

5.2.1 配送服务质量指标

1. 配送服务质量指标

根据配送过程的特点，配送服务质量指标总的包括服务水平指标、满足程序指标、交货水平指标、交货期质量指标、商品完好率指标等，具体如表 5-5 所示。

表 5-5 配送服务质量指标

指标	说明
1. 人员沟通质量	指负责沟通的物流企业服务人员是否能通过与顾客的良好接触提供个性化的服务。加强服务人员与顾客的沟通是提升配送服务质量的重要方面。
2. 订单释放数量	订单释放数量与货物可用性相关。一般情况下，配送企业会按实际情况释放（减少）部分订单的订量（出于供货、存货或其他原因）。对于这一点，尽管很多顾客都有一定的心理准备，但是，不能按时完成顾客要求的订量会对顾客的满意度造成影响。
3. 信息质量	指物流企业从顾客角度出发提供产品相关信息的多少。这些信息包含产品目录、产品特征等。如果有足够多的可用信息，顾客就容易做出较有效的决策，从而减少决策风险。
4. 订购过程	指物流企业在接受顾客的订单、处理订购过程时的效率和成功率。通常顾客认为订购过程中的有效性和程序及手续的简易性非常重要。
5. 货品精确率	指实际配送的商品和订单描述的商品相一致的程度。货品精确率应包括货品种类、型号、规格准确及相应的数量正确。
6. 货品完好程度	指货品在配送过程中受损坏的程度。如果有所损坏，那么物流企业应及时寻找原因并及时进行补救。
7. 货品质量	指货品的使用质量，包括产品功能与消费者的需求相吻合的程度。货品精确率与运输程序（如货品数量、种类）有关，货品完好程度反映损坏程度及事后处理方式，货品质量则与产品生产过程有关。
8. 误差处理	指订单执行出现错误后的处理。如果顾客收到错误的货品，或货品的质量有问题，都会向物流供应商追索更正。物流企业对这类错误的处理方式直接影响顾客对物流服务质量的评价。

续表

指标	说明
9. 时间性	指货品是否如期到达指定地点。它包括从顾客落订到订单完成的时间长度，受运输时间、误差处理时间及重置订单的时间等因素的影响。

其中前四个指标指的是配送服务的可得性，即当顾客需要时，能够满足顾客需求的能力；货品精确率、货品完好程度、货品质量指获得货物的可靠性，时间性和误差处理直接影响满意度。以上指标共同建立了从顾客角度衡量物流配送服务质量的指标。

2. 配送服务质量体系

（1）配送服务质量体系。GB/T 19004.2—ISO9004—2 作为我国第一套关于服务业建立质量体系的国家标准，其中第 5 部分——（服务）质量体系原则是全文的重点。在这一部分的开始用一个“三角四圈”图来表示服务质量体系几个关键要素之间的内在联系（见图 5-5）。文中指出：“图中表示出顾客是质量体系三个关键方面的焦点，它还表示，只有当管理职责、人员和物质资源及质量体系结构三者存在着相互配合协调时，才能保证顾客满意。”以上这段话是 GB/T 19004.2 第 5 部分的关键，也是我们深刻理解建立服务质量体系的一把“钥匙”。只有掌握这段话中所包括的内容，才能真正掌握建立服务质量体系的精髓。配送企业为了实现自己的服务质量战略而构建完善的服务质量保证体系，它包括管理者的职责、资源、质量体系结构三个关键方面。

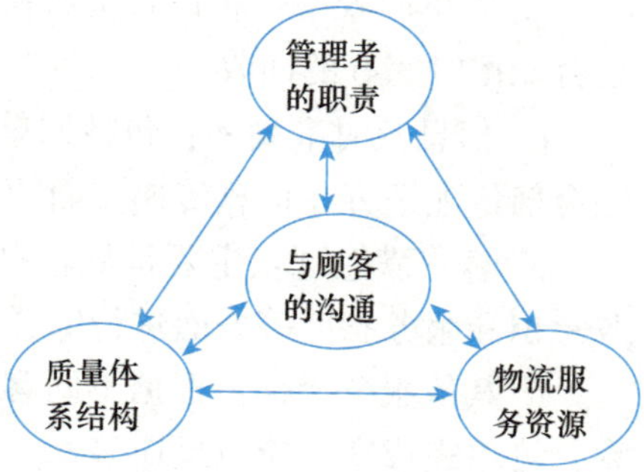

图 5-5　服务质量保证体系

只有当管理职责、人员和物质资源及质量体系结构三者存在着相互配合协调时，才能保证客户满意。

◎提示板

“服务金三角”

“服务金三角”是美国服务业管理的权威卡尔·艾伯修在总结许多服务企业管理实践经验的基础上明确提出来的。“服务金三角”的观点认为：任何一个服务企业要想获得成功并保证顾客的满意，就必须具备三大要素：一套完善的服务策略；一批能精心为顾客服务、具有良好素质的服务人员；一种既适合市场需要，又有严格管理的服务组织。服务策略、服务人员和服务组织构成了以顾客为核心的三角形框架，即形成了“服务金三角”。这一构图指出了服务企业成功的最基本要素，因而得到了全球企业界和理论界的认同，现在已成为服务业管理的基石。在 ISO9004—2 中，国际标准化组织在描述服务质量体系时，就借用了这一理论框架，使服务质量体系也突出了以顾客为核心的特点。

（2）配送服务的质量体系要素。对服务质量进行量化考核，使公司对服务质量得到更好的监控，及时有效地提出改进方案，为客户提供行之有效的物流服务。为此根据配送服务质量量化考核主要构建以下指标体系：

① 配送服务质量标准体系。

a. 配送及时率：在合同约定的时限内完成的配送单数占所有下达的配送单数总量的比率。送货清单上客户签收时间与配送方接收配送单据的时间间隔，不得大于合同约定时限（或称为“送货及时率”）。

b. 完好交货率：指完好无损交付货物数量和配送货物总量的比率。由于不可抗力造成的事故不纳入考核。

c. 回单回收率：客户收货后在规定的时间内将货物签收单回收数量，承运方每月回单是否能按时完好的回收。

d. 信息及时准确率：包括回单回收、信息系统维护和单据报表传递的及时准确程度，综合衡量配送方在信息传递方面的服务质量。

e. 客户满意度：主要是从客户的有效投诉次数进行考评，另外还从总体运作质量、服务意识和服务态度等方面进行综合考虑。

f. 其他服务指标：根据不同客户的运作情况，另外还有车辆及时到厂率、配送准确率、订单完成率、应急反应等。

g. 配送延迟率：配送延迟率指配送延迟车次和配送总车次的比率。我们可以用它来分析配送质量服务水平，掌握交货时间，尽量减少配送延迟情况，以确保公司信用度。

②配送服务质量的评价体系。

服务质量评价指标体系的构建则是提高物流配送服务质量的重要保障。质量评价体系是指根据配送服务的最终目标确定的。从配送服务的最终目标看，服务质量评价指标体系包括有以下三个，见表 5-6。

表 5-6　服务质量评价指标体系

指标	解释	衡量
服务水平指标	指满足用户次数或缺货次数与总服务次数的比率（%）	准时装运率
满足程度指标	指满足要求数量与总服务数量的比率（%）	拣选准确率、存货准确率、品类完成率
交货水平指标	指按期交货次数与总交货次数的比率（%）	准时交货率

由表 5-6 可以看出，对于内部顾客而言，服务质量的评估比较客观。上述的总体目标质量指标主要是从内部顾客角度来设计的。外部顾客情况比较复杂，发现顾客的评价服务质量时主要从可感知性、可靠性、反应性等方面来考虑。

（3）建立配送服务质量体系的意义。

①经济一体化的需要；

②达到和保持服务质量的目标；

③使服务企业内部的服务提供过程达到质量要求；
④使顾客得到符合要求的满意的服务质量。

★补充阅读

某公司物流配送服务水平调查表

调查项目	非常	相当	稍微	中	稍微	相当	非常	调查项目
订单处理快捷								订单处理缓慢
补货时间快								补货时间长
员工服务态度好								员工服务态度不佳
订货单位多样								订货单位单一
提供紧急发货								紧急发货服务欠缺
指定时间配送								指定时间配送
提供及时准确的物流信息								物流信息服务差
无损坏送货								送货中时有货物损坏
物流服务水平高								物流服务水平低

5.2.2 配送服务质量认证

实施质量保证标准，要使全体员工在熟悉ISO9000标准内容的基础上，建立与其管理运作相适应的质量体系，逐步推进，最后通过第三方认证。这是一项系统的工程，应有计划、有组织、有步骤地进行。通常情况下，整个认证工作大致需要经过五个阶段，即前期准备、确立质量体系要做的工作、编写质量体系文件、质量体系的运行、质量体系的注册认证等。

1. 前期准备

准备的内容包括主要由领导层统一思想，做出实施认证的决策；选择合适的咨询机构；组织企业高层领导、中层干部学习培训，动员全体员工投入认证工作；成立贯标小组或贯标办公室等。

2. 确立质量体系要做的工作

主要包括以下工作：贯标办公室和文件编写人员深入学习ISO9000标准的内容；了解和收集企业现行服务贸易的运作方法、规章制度、组织机构、职责职权、有关法律、法令、法规、条例、规定，制订贯标工作计划，确定质量方针，确定质量目标，分解到各职能部门具体实施。

3. 编写质量体系文件

质量体系文件主要包括质量手册、质量体系程序及其他质量文件。编制的质量文件应有系统性、可操作性。

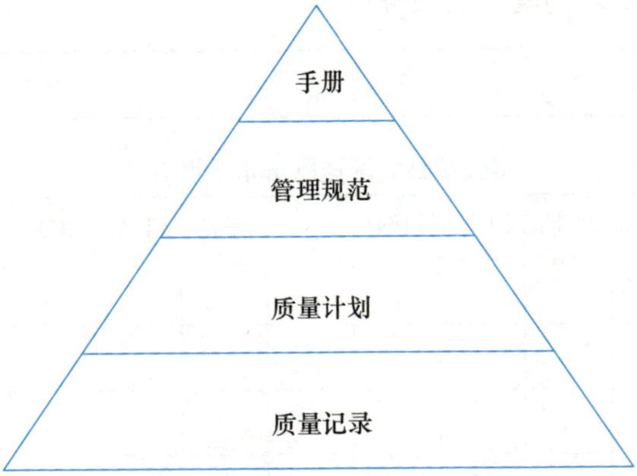

图 5-6　配送服务企业的质量体系文件结构

4. 质量体系的运行

把质量体系文件中的规定内容，分配到部门、专业和岗位进行实际运作，发现问题应及时纠正、修改，完善体系文件。

5. 质量体系的注册认证

企业在确认自身的质量体系达到了质量保证模式标准的要求后，向认证机构提出认证申请。认证机构审查合格后，就可以获得该机构颁发的质量体系认证证书，有效期一般为 3 年，每年要进行 1—2 次监督式审核，如发现重大问题，则有可能被暂停或取消认证资格。因此，企业应定期开展质量审核和管理评审，保持质量体系正常运转，不断提高服务质量。

实施 ISO9000 质量标准和认证工作是配送企业的一件大事，要求高，难度大，涉及面广，持续的时间长，又是在企业经营活动正常运转的情况下进行的，其中会遇到许多问题、矛盾和困难，需要引起足够的重视并妥善处理，以确保认证的一步到位、一举成功。

◎提示板

实施质量体系认证应注意解决的问题

1. 认清形势，变“要我认证”为“我要认证”，提高自觉性；
2. 既要坚持标准，又要从实际出发，发挥灵活性；
3. 言简意赅，简便易行，有可操作性；
4. 持之以恒，不松不懈，保持连续性。

◎每节一练

简述配送服务质量指标有哪些？

分项任务小结

完成本分项任务后，请进行自我测试：归纳配送服务质量的评价体系指标。

子任务 5.3 配送服务质量控制

任务提示 本分项任务将引领读者了解配送服务质量管理方法措施、配送服务常见问题及解决等内容。

任务先行 为提高配送服务质量，增强客户满意度必须强化配送管理职能，其中很重要的方面就是加强配送服务质量控制。在这方面主要是管理方法措施的有效把握，结合全面质量管理思想，建立健全管理制度，特别是建立健全工作责任制及监督考核机制和预防体系，以确保配送服务质量得以有效实现。

5.3.1 配送服务质量管理方法措施

提高配送服务质量的措施主要包括以下几方面：

1. 加强全体职工的质量意识和质量管理水平，建立必要的管理组织和管理制度

质量管理工作是在配送的每一个过程中体现的，因此，质量工作应是整个配送组织的事情。但是，正因为各个过程都有其独特的功能，往往在操作时只注重实现这一独特的功能，如完成装卸、搬运等任务，而忽视质量管理。另外，配送过程的连续性，又很难明确区分质量状况和质量责任。所以，建立一个统筹的质量组织，实行质量管理的规划、协调、组织、监督是十分必要的。另外，在各个过程中建立质量小组并通过质量小组带动全员、全过程的质量管理也是很重要的方式。

（1）增强职工的质量意识和质量管理水平。通过对全员进行培训教育，使全体人员的质量意识和质量管理能力达到一定的水平。质量管理全员培训使质量意识和技术、技能两者并重，否则，单有意识而无能力，仅有能力而无责任心都是搞不好质量管理的。

（2）建立必要的管理组织。质量管理组织分两方面，即领导机构与群众组织。要有领导机构，同时又有领导分工管理。其责任是进行宣传、教育、培训、计划、实施和检查。为体现全员性和全面性，要求每个环节每个人都要严把质量关，建立质量管理小组，由专任成员负责组织实施。

★补充阅读

某物流配送公司招聘质量控制专员

其岗位职责要求如下：

1. 负责组织建立并维护公司质量及安全管理标准，并定期回顾；
2. 组织安全、质量保障体系的建立维护与推广工作；
3. 组织解决运作质量、安全、流程建设方面的日常管理工作，指导、协调、解决日

常工作中出现的各种质量问题；

4. 监督安全、质量保障体系的运行，支持、指导关于质量、安全方面的内外部检查、评估、考核，并定期进行分析，提出改善建议。

2. 做好配送服务质量管理的信息工作和基础工作

配送过程涉及的范围比生产过程更广，信息传递距离更远，收集难度大，及时性差。为了解决这个问题，应采取管理、技术等方面的办法，建立有效的质量信息系统，彼此对配送实行动态的管理。为提高质量保证程度，要建立合理的信息管理网络，用以指导配送质量管理工作。

质量管理的主要基础工作包括以下几方面：

（1）标准化工作。标准化是开展配送质量管理的依据之一。在标准化中，要具体制定各项工作的质量要求、工作规范、质量检查方法，各项工作的结果，都要在标准对产品质量的规定范围内。因此，搞配送质量管理时，要花费很大力气制定标准。

（2）制度化。将质量管理作为配送的一项永久性工作，必须有制度的保证。建立协作体制、建立质量管理小组都是制度化的一部分。要使制度程序化，便于了解、执行和检查。制度化的另一个重要方式是建立责任制，在岗位责任制的基础上，或在岗位责任制的内容中，订立或包含质量责任，使质量责任能在日常的细微工作中体现出来。

3. PDCA 循环——配送服务质量改进

在竞争激烈的市场中，物流企业必须时刻关注客户的需求变化，持续改进物流服务质量。忽视质量改进的物流企业或许会获得短期利益，但很难在市场中长久地生存和发展，最终将被市场淘汰。同时配送服务质量也表现为产生、形成和实现的过程。这种过程是按照一定的逻辑顺序进行的一系列活动构成的，因此，配送服务质量的改进是一个循序渐进的过程。这里将运用美国质量管理专家戴明博士广泛宣传和运用“PDCA”循环管理思路这一方法来寻求陪送服务质量的改进。(见图 5-7)

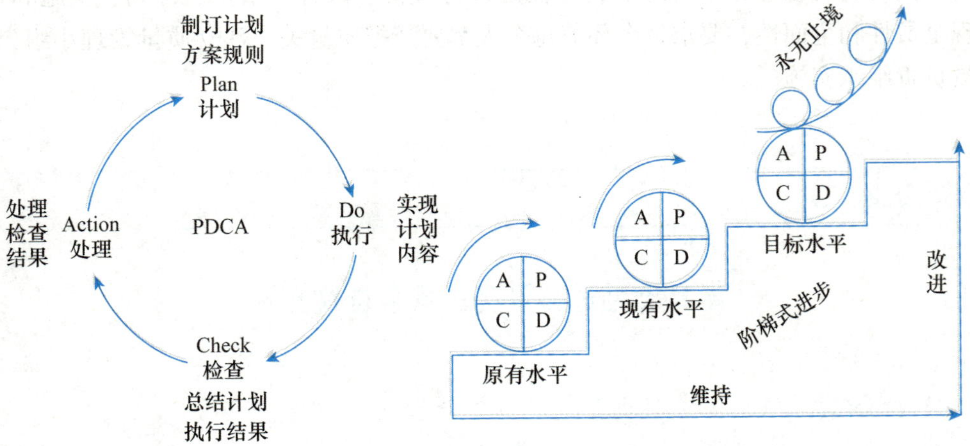

图 5-7 PDCA 循环

（1）P—制订服务质量改进计划阶段，通过在市场调研中顾客所期望的服务质量标准及现有服务的跟踪评价结果制订服务质量改进计划。

（2）D—实施阶段。这一阶段的主要任务是实施改进计划。在改进计划的实施过程中，物流企业要从技术、方法、管理等方面创造利于改进的环境。

（3）C—检查阶段。这一阶段就是把服务质量改进结果与计划的目标进行对比，从而确定质量改进有无成效。在这一阶段，物流企业可以制定一个服务补救策略，用以处理服务质量问题。

（4）A—处置阶段。这一阶段的任务就是总结上述所有过程的经验教训，将改进过程中的成功经验和失败教训纳入有关标准、规定和制度中，同时把发现的问题转入下一个循环。

“PDCA”循环最基本的特点就是循环的阶梯提升。循环是有前后时间差异的，前一循环的输出往往成为后一循环的输入，在吸取前一循环经验和教训的前提下又开展了新一轮循环。但这种循环的接连滚动并不是在原地进行，而是随着每一个新循环的开始，质量改进的水平也跃上了一个新的台阶。

4. 建立差错预防体系

配送过程中的差错问题是影响配送质量的主要因素。由于配送商品数量大，操作程序多，差错的发生可能性很大，因此，建立差错预防体系也是质量管理的基础工作。根据国内外已经有的这方面实践的经验来看，差错预防体系的建立有以下几方面的工作：

（1）配送中心库存货物的调整。对存储区进行规划调整，以将库存商品有序地放置，能准确、方便地进行存取。我国的四号定位等方式便是有效的方式；在国外常用不同颜色进行标识，以有序放置和有效区分；灵活利用不同货架、货仓等放置货位也是一个很有效的办法。

（2）运用新技术。现在已开发的条码系统应用技术，配合便携式扫描仪可准确无误地确认商品。采用电子计算机控制的分拣系统和采用电子计算机控制的存储系统都是避免差错的有效方式。

★补充阅读

运用配送新技术提高物流服务质量

一些日本的物流配送企业十分注重不断提高物流服务质量，降低物流成本，增强在市场上的竞争力，注意研究探索物流配送的新技术、新方法，引进美国等国家的物流新技术和先进方法，如引进美国的物流管理软件。仓库里有可拆卸式货架、移动式商品条码扫描设备等，技术先进，方便实用，物流配送企业中的商品条码和计算机管理系统应用非常普遍，实现了商品入库、验收、分拣、出库等物流作业全过程的计算机管理与控制，提高了效率，加强了管理。日本的流通企业比较注重商品流通中对商品的加工增值服务，按照消费者和客户的需要，对商品进行分拣、包装、拼装，使生产企业或进口的商品更适合日本客户和消费者的要求。

(3) 建立智能配送系统。建立能对配送过程全部活动进行核对、监测的系统，就能及时发现问题而防止差错持续或差错发展，进而再寻找差错产生源头，予以解决。

5. 建立配送服务长效监督与考核体系

再好的决策没有深入的监督考核体系，只能“纸上谈兵”，不能产生效益，更不能达到预期目标。首先，要加大监督力度。特别是领导的监督抽查力度，采取抽查、督察、互查、客户监督等形式。其次，加大考核力度。重点考核配送服务过程中时间标准化、动作技术标准等落实情况。制定奖惩措施，从制度上保证配送人员的标准化执行情况，从而形成人人有职责、事事有程序、干事有标准、做事有痕迹，绩效有考核、改进有保障。

★补充阅读

配送服务考核不可忽视

一是建立“精确服务”考核标准。“精确服务”就是在给客户提供服务的过程中，做到卷烟配送、资金结算等工作严格、精确地按订单进行。物流配送是一个综合仓储、分拣、配送等多个业务单元的系统体系，要做到“精确服务”，就要在“精确”二字上下功夫，追求每一个业务流程实现零差错。因此，要在物流配送考核中设立“差错率”指标，严格控制差错率，促使各个业务单元严格按标准作业。

二是建立“准点服务”考核标准。定时、准时为零售客户配送卷烟，是为了加快卷烟向消费者流动的速度，最终提高零售客户的零售效率。为使“准点服务”考核真正发挥作用，“准点服务”的考核指标必须建立在充分考察论证的基础上，要结合路程、路况、配送量及配送户数精确测算出装车和交接货物所需时间，客观有效地设置考核指标。为使“准点服务”考核切实起到提升服务水平的效果，考核初期可考虑先采取按照路段进行“准点”考核，然后逐步实施按户考核。

三是建立“信息服务”考核标准。配送人员在配送过程中，还承担着传递和收集信息的任务。配送人员应及时将烟草部门的有关信息传递给零售客户。对于零售客户提出的建议、意见，配送人员也应认真倾听、记录并及时做出反馈。由于信息的来源渠道有多种，且信息具有时效性的特点，因此“信息服务”的考核标准就必须有具体的载体。工作日志就是一种较为适用的载体。配送人员将各类信息记录在工作日志中，按日填报；考核人员按日查阅，将信息进行归类，及时反馈给相关部门和人员，以促进配送服务水平的提高。

来源：东方烟草报（中烟物流第 42 期）

6. 认真对待处理客户投诉

配送服务的最终目的就是要让客户满意。特别是在强调工作要讲求服务与管理并举、以管理促发展的今天，客户投诉能够帮助我们及时发现工作中出现的问题。而且，通过对客户投诉的及时处理，也能提高服务水平。因此，投诉理由的充分与否并不影响其积极作用的发挥，正所谓有则改之，无则加勉。如果能够真诚地对待客户，妥善地处理好客户投诉，就一定能够拉近与客户的距离，也就更利于工作的开展。因此，在配送中应多为客户着想，认真分析投诉原因，积极处理客户投诉，让为客户服务的理念深入人心，切实提高配送服务质量。其中客户投诉处理流程见图 5-8。

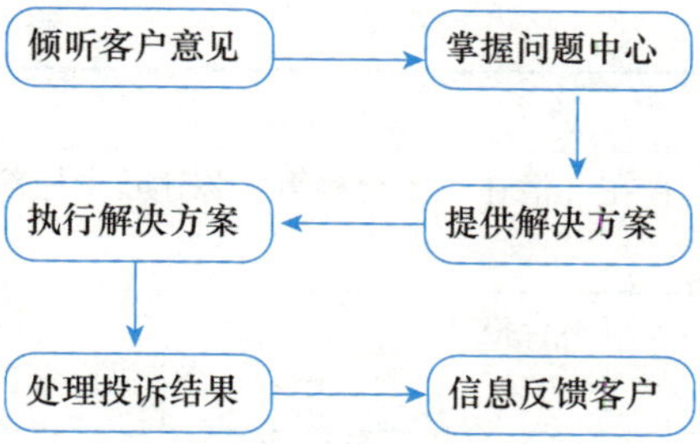

图 5-8　客户投诉处理流程

客户投诉处理流程首先是认真倾听客户意见，如实记录客户（见客户记录投诉表 5-7）意见并且进行分析，然后找中心和关键问题，根据实际情况提出可行性解决方案即纠正和预防措施处理单见表 5-8，并且督促方案得以有效实行，最后收集客户的反馈信息，进行结果总结分析，制定客户投诉处理报告（见表 5-9），为以后的配送服务提供依据。

表 5-7　客户投诉记录表

<table>
<tr><td rowspan="2">客户名称</td><td rowspan="2"></td><td colspan="6">投诉人信息</td></tr>
<tr><td>姓名</td><td></td><td>电话</td><td></td><td>E-mail</td><td></td></tr>
<tr><td rowspan="2">投诉时间</td><td rowspan="2"></td><td colspan="2">投诉方式</td><td rowspan="2">接受投诉部门</td><td rowspan="2"></td><td rowspan="2">客服部处理人</td><td rowspan="2"></td></tr>
<tr><td>口头</td><td>书面</td></tr>
<tr><td>投诉内容</td><td colspan="7"></td></tr>
<tr><td>调查过程</td><td colspan="7"></td></tr>
<tr><td>调查结果</td><td colspan="7"></td></tr>
<tr><td rowspan="6">解决方案/纠正措施</td><td>行动方案</td><td colspan="2">完成日期</td><td colspan="2">执行人</td><td>检查人</td><td>完成情况</td></tr>
<tr><td></td><td colspan="2"></td><td colspan="2"></td><td></td><td></td></tr>
<tr><td></td><td colspan="2"></td><td colspan="2"></td><td></td><td></td></tr>
<tr><td></td><td colspan="2"></td><td colspan="2"></td><td></td><td></td></tr>
<tr><td></td><td colspan="2"></td><td colspan="2"></td><td></td><td></td></tr>
<tr><td>责任部门确认</td><td colspan="2"></td><td colspan="2"></td><td></td><td></td></tr>
<tr><td>客户意见反馈</td><td colspan="7"></td></tr>
<tr><td>纠正措施评估</td><td colspan="7"></td></tr>
</table>

表 5-8　纠正和预防措施处理单

纠正和预防措施处理单
存在（潜在）不合格事实陈述及责任部门： 填表人：　　　日期：
评审不合格： 评审人：　　　日期：
原因分析： 负责人：　　　日期：
拟采取的纠正（预防）措施： 负责人：　　　管理者代表：　　　日期：
完成情况： 负责人：　　　日期：
评审结果： 评审人：　　　日期：

表 5-9　客户投诉处理报告

<table>
<tr><th colspan="5">客户投诉处理报告</th></tr>
<tr><td rowspan="4">客户投诉信息详细记录（此栏由投诉负责人填写）</td><td colspan="4">接收日期：　　　接收人：
结束日期：　　　接收编号：</td></tr>
<tr><td colspan="4">客户记录</td></tr>
<tr><td colspan="4">意见方式：　　　地址：　　　电话：</td></tr>
<tr><td colspan="4">意见记录</td></tr>
<tr><td rowspan="5">客户投诉调查、改进及处理（此栏由责任部门填写）</td><td colspan="4">意见的调查结果：</td></tr>
<tr><td>意见的改进计划</td><td>负责人</td><td>计划完成时间</td><td>实际完成时间</td></tr>
<tr><td></td><td></td><td></td><td></td></tr>
<tr><td colspan="4">QA 主管意见：</td></tr>
<tr><td colspan="4">经理意见：</td></tr>
<tr><td>客户的反馈意见</td><td colspan="4">客户签名：　　　日期：</td></tr>
</table>

配送服务质量水平的高低直接影响客户的满意度。市场经济下，企业的配送服务质量水平低，会导致客户对配送服务的不满产生投诉和抱怨，严重的会使企业流失客户。因此我们更要重视配送的服务质量，不断地提升配送服务水平，提升客户的满意度，从而减少客户投诉。

★补充阅读

白猫广州处理客户投诉确保配送质量

目的	确保运作质量有效地回顾、总结、提高
参与人员	项目主管、客服经理
适用范围	白猫广州仓储运输项目

流程图

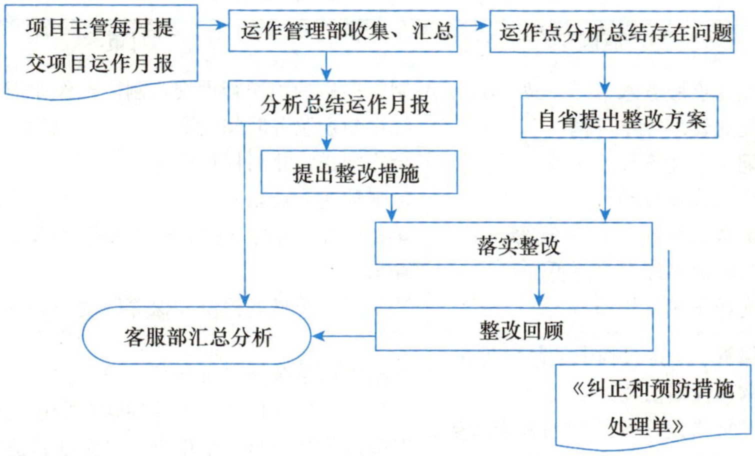

序号	步骤	负责人	工具/附件
1	项目主管每月定期对项目运作状况进行总结分析，提交项目运作月报（重点在于：项目日常的运作环节、日常紧急状况的出现和及时处理、对承运商的控制和对于承运商日常运作环节中的考核；针对承运商在日常运作过程中的问题状况提出相应的意见和建议，并督促承运商做出相应的整改措施；监督和检核承运商的整改措施的执行情况并通报）。	项目主管	运作月报 . xls
2	运作管理部对运作月报进行汇总分析，并将结果递交客服部。	运作助理	

（续表）

3	运作管理总部及运作点对运作月报中存在的问题认真总结，提出整改方案。	运作经理 项目主管	纠正预防措施 . doc
4	运作点在运作管理总部的支持、监督下对存在问题限期进行整改。	运作经理 项目主管	
5	整改完毕，对整个过程进行回顾，完善纠正预防措施。	运作经理 项目主管	
6	将相关信息传递至客服部，由客服部进行后续处理。	运作助理	

5. 3. 2 配送服务常见问题及解决

配送服务常见问题主要有以下几方面：送货时间不稳定；配送物品的品质问题；送货速度不能达到客户要求；客户无法知道送货的具体信息等。其对策见表 5-10。

表 5-10 物流配送服务中常见问题及解决方案

常见问题	原因	对策
送货时间不稳定	配送点服务水平不一致 配送管理无章可循 配送作业流程不规范 配送作业波动大 配送人员业务素质不稳定 某些商品库存量过低 配送车辆维护差	制定严格的配送管理规章制度和作业规范 统一制定服务时间标准 合作配送点相对保持固定 加强配送人员培养 调整商品品种，适当增加某些经常缺货的商品的库存量。 严格配送车辆的检修和保养制度；
配送物品的品质问题	保管、运送过程中的品质劣化、物理性损伤及数量短少； 发货错误导致的物品种类或数量不对等	严格配送系统岗位责任制； 严格执行配送作业规范并加强对配送人员的培训； 对配送物品进行严格检查，以保证其适宜配送。
送货速度不能达到客户要求	集货的时间太长； 送货路程太远； 运输工具速度太慢； 物流、配送作业环节过多； 送货路线不合理； 承诺送货时间过短等。	重新规划送货路线； 调整配送作业流程； 选择小型送货车辆； 考虑共同配送。
客户出现问题时不知道向谁反映	各部门职能不清； 工作人员不固定； 工作人员的责任不明确。	分清各有关部门的职能； 确定公布各部门负责人； 固定操作人员及客户维护人员； 明确操作人员的责任； 公布 24 小时服务电话。

续表

常见问题	原因	对策
目的地用户不知道向谁反映配送中出现的问题	部分配送点是合作关系； 有关人员没有尽职尽责； 对配送点缺乏监控力度。	严格配送人员管理； 制定统一的服务标准； 在主页中公布客户服务电话及处理程序； 设置投诉电话。

★补充阅读

上海万象物流文化配送有限公司日常运营的常见问题及解决方案

问题一：万象物流的配送范围是怎样的？

我们目前只做上海范围内的同城隔日件，取件范围是上海市外环内，以及部分外环周边地区，详情可拨打400-670-3990查询；送件范围为整个上海市（崇明三岛除外）。

问题二：配送时效是怎样的？

我们目前所做的上海同城隔日件，即今天取明天送；市区配送时效为24小时；郊区配送时效为24-48小时。

问题三：你们是怎么收费的？

非签约客户叫件：收取标准为“首重5元/2千克，续重3元/1千克”，不能享受上门代收货款服务。

签约客户叫件：收取标准严格依据双方所签约合同相应标准收取，同时可享受“上门代收货款“服务。

问题四：如何成为万象物流的签约客户？

您可以咨询我们的业务部门工作人员，具体联系信息是：

业务部欧先生　电话：51035766-8036

手机：13020111985

MSN：ouyanbing2008@ hotmail. com

问题五：节假日能正常取送件吗？

我司正常情况下全年无休，故节假日照常取送件。

问题六：提供包装吗？

目前只提供纸质的文件袋及小物品的塑料包装袋。

问题七：查询包裹配送情况还有其他哪些途径？

您可在我们的网站首页上查询包裹配送状态，或拨打客服热线400-670-3990进行查询。查询时，您只需提供“万象物流”详情单上的订单号，即可了解此包裹的最新配送信息。

◎每节一练

试描述 POCA 循环——配送服务质量改进方法。

分项任务小结

完成本分项任务后，请进行自我测试：总结配送服务常见问题及解决方法。

任务小结

在物流配送活动中，做好配送服务是关键，特别是以客户为中心的服务，提高服务质量和客户的满意度是企业留住老顾客、吸引新顾客、提高企业竞争能力的重要方面。物流配送系统中，物流配送中心服务质量对提高物流企业服务水平、降低成本、提高核心竞争力等方面具有重要作用。建立配送服务质量体系是经济一体化的需要，是达到和保持服务质量目标的需要，是使服务企业内部的服务提供过程达到质量要求的需要，是使顾客得到符合要求的满意的服务质量的需要。

为提高配送服务质量，增强客户满意度必须强化配送管理职能，其中很重要的方面就是加强配送服务质量控制。在这方面主要是管理方法措施的有效把握，结合全面质量管理思想，建立健全管理制度，特别是建立健全工作责任制及监督考核机制和预防体系，以确保配送服务质量得以有效实现。

• 关键概念

配送服务：配送服务就是物流配送过程中为满足客户需求所实施的一系列配送活动过程及其产生的结果。诸如提供备货准备服务、订单处理服务、配运交接服务，提供各种单证或运输与配送的相关信息等服务。

配送服务质量管理：配送服务质量管理即是指以全面质量管理的思想为基础，运用科学的管理方法和手段，对物流配送服务过程的质量及其影响因素进行计划、管理、协调和控制，使物流配送质量得到持续改善和提高的过程，提供高效合理的配送服务。

配送服务质量体系：对配送服务质量进行量化考核，使公司对服务质量得到更好的监控，及时有效地提出改进方案，为客户提供行之有效的物流服务。

• 案例拓展

中国电信浙江公司：建设高效、集约、规范的集中仓储物流配送体系

中国电信浙江公司是中国电信股份有限公司下属分公司，是中国电信首批在海外上市的四家省级公司之一，是浙江省内规模最大、历史最悠久的电信运营企业。公司旗下拥有11个市分公司、63个县（市）分公司、1个直属单位（省长途电信传输局）、2个专业分公司（省公用电话分公司、省号码百事通信息服务分公司）。

1. 问题分析

浙江电信原以地市分为单位的三级仓储物流运营体系，存在采购集约力度弱、仓库数量众多、库存金额高等问题，存在较大的仓库管理风险。具体包括：

（1）自有库存高。浙江电信通用物资库存金额与呆滞物资库存金额居高不下，物资共享及流转效率低，相应库存及呆滞管理指标均在全集团排名靠后；

（2）供应商管理协同难。浙江电信原分散管理模式下，存在对供应商的谈判能力弱，对供应商管理难度大、地市分散检测背景下，送检率低，物资质量管理不足、供应商供货不及时、送货数量稳定性差等问题；

（3）单据流程不规范。各地市自行下单、挂账、付款，存在单据操作标准不统一、流程不规范、付款不及时等问题。例如，为了在保证市场响应的同时满足库存指标，分公司存在未及时收货入库、系统外领用等不规范操作，造成库存账实不符，存在较大经营风险；

（4）仓储集中率低。仓储资源较分散，人力、仓库、设施存在交叉冗余。县库数量较多，省库面积不足，存在仓储资源分配不合理、管理优势不突出等问题。

2. 主要做法

（1）优化仓储集约策略。

①成立订单与配送中心。

通过订单及仓储物流集约化管理，提高运营效率、加强操作规范，实现降本增效，有效控制库存风险。

②构建两级仓储管理体系。

第一，设立省级仓储配送中心：集中存放供应商 VMI 备货物资，响应地市批量备货需求，集中配送至市分屯库，具备集货、备货、储存、配货、加工等主要功能；

第二，弱化地市分屯库：存放当期建设或市场需要的自有物资、应急相应物资和逆向回收物资等，具备临时存储和中转功能；

第三，逐步取消县分屯库：临时存放待建工程物资、营销物资、办公用品等，短期维持现状以支撑生产，逐步取消县库。

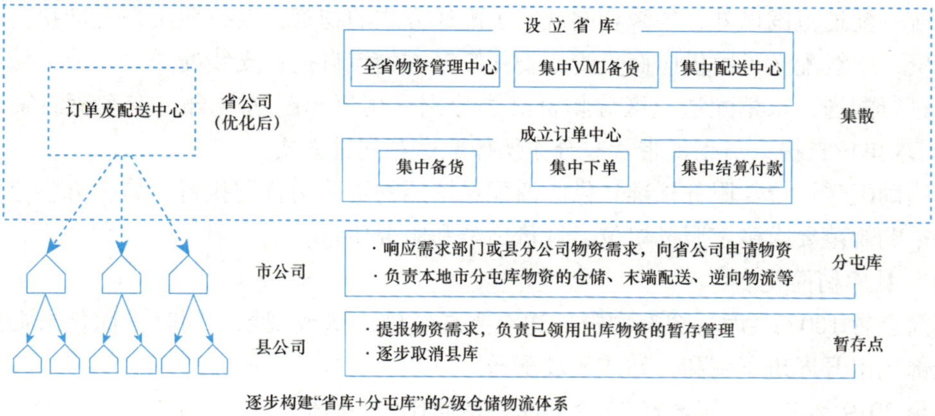

图 5-9 两级仓储体系示意图

③建立与集中仓储体系相适应的物资分类分级存储体系。

建立物资存储规则，在保障物资及时供应的前提下，推进库存物资“横向”“纵向”集中仓储，提高物资集中存储度。横向推动工程建设、运维营销、行政办公等各类物资纳入配送中心、分屯库集中存储；纵向推动物资由县库向地市分屯库、地市分屯库向省配送中心集中存储，持续提升储备集约度。

④建立采购-需求联动、省-市联动机制。

充分调动需求部门纵向管理职能，开展年度需求预测与月度、季度备货需求管理，协调省公司需求部门组织地市公司填报物资需求，由省公司需求部门审定后提交采购部组织备货。

（2）做优做强省级配送中心。

充分考虑浙江电信仓储网络整体布局，结合物流服务水平和物流成本，设置杭州、宁波、金华、温州 4 个配送中心，实现 200 千米、4 小时响应服务圈。

秉承共享节约的原则，在省配送中心所在城市，配送中心与地市分屯库共享仓储资源，实现资源的有效利用。其中杭州配送中心利用中通德清物流园区现代化资源，做全国标杆。

在保证满足配送时限的要求下，尽可能降低主实业总物流成本。终端等价值高、体积较小的物资（库存持有成本较高、物流成本较低的物资），可以在德清物流园区集中仓储，合理控制库存，充分降低主业库存持有成本；光缆等价值低、体积较大的物资（库存持有成本一般、物流成本较高的物资），可以分散在 4 个配送中心，降低实业物流成本。

加强主实业协同和资源共享，充分利用主实业现有资源进行配送中心和分屯库建设，通过推进仓储业务托管、外包提升专业化管理水平。

（3）完善仓储配送一体化体系。

持续完善与两级集中仓储架构相适应的运输配送体系，整合配送资源，创新配送模式，提升服务水平，保障服务质量，确保物资供应。

①明确全省配送管理体系架构。对于正向配送，原则上从供应商出发的为干线配送，从配送中心出发的为支线配送，从分屯库出发的为末梢配送，各省公司要明确各级配送业务的内涵和功能定位。

②明确各级配送主体。集团公司统一配送范围内的物资，要使用集团公司选择的配送主体；统一配送范围以外，集采合同规定了配送方式的物资，要按照集采合同执行；对于其他物资，干线配送可由供应商负责或委托第三方物流自提；支线配送可划分区域由第三方物流进行配送；末梢配送应区分物资品类分别采用班车配送（含自有车辆或第三方物流）、需求单位自提、员工提带货、合作伙伴配送等配送方式。

③明确配送计价与服务标准。供应商配送按照物资采购合同执行，第三方物流配送方式按照采购规范要求确定服务单位、计价标准和服务质量。

（4）县库精简化。

精简全省 100%县库，全部物资配送至支局、施工队或现场。同时，优化末端配送体系，全部地市开展班车制和一站式集成配送。

截至 2019 年末，精简全省 79 个县库，精简比例 100%。

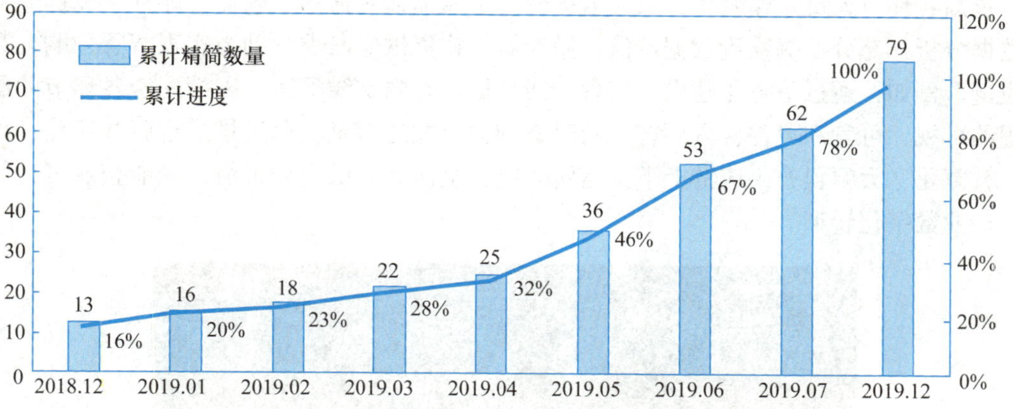

图 5-10 县库精简进度

3. 运营效能高

订单中心正式进入规模运营，集约效益逐步显现。具体表现为：

（1）响应时效缩短。2020 年，浙江电信集约备货物资整体响应时效平均 2. 14 天，其中订单处理时效平均 0. 87 天、物流时效平均 1. 17 天。各分公司对一线的整体响应时效均控制在 3 天以内，服务水平不断提升；

（2）库存风险降低。通过清理历史旧账和呆滞物资，确保库存物资账实相符，减少库存经营风险；

（3）仓库安全提升。通过进一步加强对全省仓库安全管理，降低安全风险；

（4）系统操作规范。通过清理 MSS 库位、撤掉 50%以上的长期不用库位，提升系统操作的规范性。

4. 案例总结及可借鉴经验

（1）配套资源高效匹配。强化全网供应链基础设施、数据资产、人员团队等生产要素利用，统筹发展，协同运营。进一步提升人员的专业技能与运营能力，支持实现多岗位复用，进而保障充分发挥规模化运营带来的集约效应，提升运营效率，降低运营成本，最大化发挥人力资源的巨大价值。通过信息化建设推动供应链各环节的资源配置合理化，大幅减少资源浪费情况，保障运输、存储、配送等环节资源的高效流转，提升供应链各环节资源配置效率，推进企业降本增效，为产业实现高质量发展提供有力支撑。

（2）闭环管理持续改进。推进业务全流程优化升级，持续强化企业闭环管理能力，全力保障供应链安全，打造高效高质的生态圈。建立价值导向的绩效评价体系，强化考核应用，持续改进提升仓储管理水平和服务能力，提升企业在自然灾害、疫情或突发事件的应急保障能力，保障供应安全。通过考核结果分析日常运营中的风险和不足，有的放矢，同时指导并督促相关单位进行调整和优化，据此对合作单位进行奖惩，推动上下游企业提升供应效率、保障供应质量，促进生态圈携手进步、高质量发展，提升生态价值。

（3）IT 信息化支撑赋能。充分发挥科技力量赋能作用，确保 IT 信息化支撑到位，推动企业数字化转型，积极提升产业价值，支撑构建数字中国。提升物流信息化服务能力建设，提高各环节人员工作效率，以大数据分析手段加强对需求、仓储、库存、配送等业务的数据分析，充分挖掘物流数据价值，做准做精物资供应需求，助力实现智慧采购、数字供应链。例如，通过信息化建设，实现干线自提、省内支线配送、末梢配送各环节的配送过程的可视、可管和可控，方便客户及时查询物流配送信息，通过推进运营数字化、可视化、智慧化，大幅提升供应链上下游运转效能，全面提升供应链价值，赋能企业可持续发展、产业数字化转型。

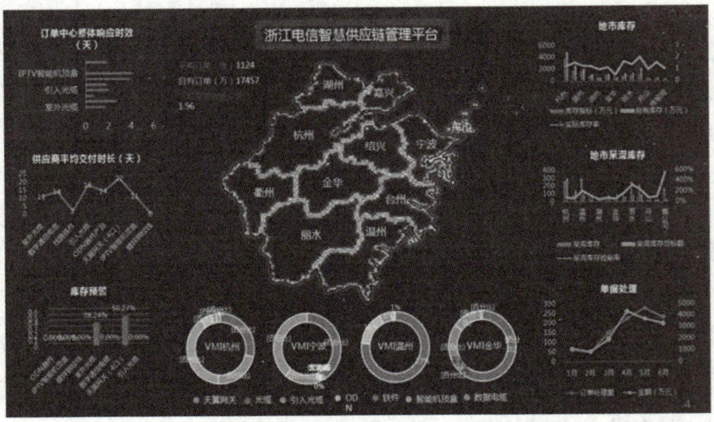

浙江电信智慧供应链管理平台（BI 大数据模型 DEMO）

思考：

1. 中国电信浙江公司存在什么样的物流产品配送问题？
2. 它是如何解决并提高物流配送服务质量的？

任务6 配送成本与绩效管理

能力目标

通过完成本任务，你应该能够：

1. 灵活运用所学知识，对配送的运作成本进行管理；具备运用成本核算的方法对配送各功能进行成本核算的能力；

2. 根据配送绩效评价指标，灵活运用所学知识，分析、解决实际问题和案例；

3. 具备运用理论知识进行配送中心绩效管理的基本技能。

核心能力

1. 树立满足一定的顾客服务水平与配送成本之间寻求平衡的观念；

2. 树立全员绩效意识。

核心能力

发掘具有正能量、思想性较强、有教育启发意义的内容，使学生在日常学习中，逐渐形成资源节约、成本节约、生态环保等新理念。增强学生的民族自豪感和行业自信心，进而在以后的学习中更加充满激情。

任务解析

任务6：配送成本与绩效管理

分项任务6.1　配送成本概述

分项任务6.2　配送成本核算与控制

分项任务6.3　配送运作的绩效评价

任务导入

尊敬的读者：配送系统作为物流企业经营管理大系统中的一个子系统，对其进行管理的主要目的是实现配送系统的合理化，提高配送效率，加强绩效管理。降低配送成本与加强绩效管理，同时提高服务水平，可以说是配送管理肩负的两大使命，正确协调和处理两者之间的关系是配送管理的重要内容。

★物流聚焦

成本控制：企业的利润源泉

布鲁克林酿酒厂在美国分销布鲁克林拉格和布朗淡色啤酒，并且经营了3年。虽然在美国还没有成为名牌，但在日本市场已创建了一个每年200亿美元的市面。TAIYO资源有限公司是TAIYO石油公司的一家国际附属企业。在这个公司的KEIJI MIYANMOTO访问布鲁克林酿酒厂之前，该酿酒厂还没有立即将其啤酒出口到日本的计划。MIYANMOTO认为，日本消费者会喜欢这种啤酒，并说明布鲁克林酿酒厂与HIROYO贸易公司全面讨论在日本的营销业务。HIROYO贸易公司建议布鲁克林酿酒厂将啤酒航运到日本，并通过广告宣传其进口啤酒具有独一无二的新鲜度。这是一个促销战略，也是一种物流作业，因为高成本使得目前还没有其他酿酒厂通过航空将啤酒出口到日本。

一、物流成本管理

1. 布鲁克林酿酒厂运输成本的控制。布鲁克林酿酒厂于1987年11月装运了它的第一箱布鲁克林拉格到达日本，并在最初的几个月里使用了各种航空承运人。最后，日本金刚砂航空公司被选为布鲁克林酿酒厂唯一的航空承运人。金刚砂公司之所以被选中，是因为它向布鲁克林酿酒厂提供了增值服务。金刚砂公司在其J. F. K. 国际机场的终点站交付啤酒，并在飞往东京商航上安排运输，金刚砂公司通过其日本报关行办理清关手续。这些服务有助于保证产品完全符合新鲜要求。

2. 布鲁克林酿酒厂物流时间与价格的控制。啤酒之所以能达到新鲜要求，是因为这样的物流作业可以在啤酒酿造后的 1 周内将啤酒从酿酒厂直接运达顾客手中，而海外装运啤酒的平均订货周期为 40 天。新鲜的啤酒能够超过一般价值定价，高于海运装运的啤酒价格的 5 倍。虽然布鲁克林拉格在美国是一种平均价位的啤酒，但在日本，它是一种溢价产品，获得了极高的利润。

3. 布鲁克林酿酒厂包装成本控制。布鲁克林酿酒厂将改变包装，通过装运小桶装啤酒而不是瓶装啤酒来降低运输成本。虽然小桶重量与瓶装啤酒相等，但减少了玻璃破碎而使啤酒损毁的机会。此外，小桶啤酒对保护性包装的要求也比较低，这将进一步降低装运成本。

二、物流成本管理的成效

1988 年，即其进入日本市场的第一年，布鲁克林酿酒厂取得了 50 万美元的销售额。1989 年销售额增加到 100 万美元，而 1990 年则为 130 万美元，其出口总量占布鲁克林酿酒厂总销售额的 10%。

任何企业都可以把物流成本管理问题纳入企业生产经营过程进行战略性思考。企业和市场竞争力就是包含了对物流成本的重新确认和有效控制。而在方法上也告诉我们，物流成本管理需要有明确的目标、分类控制的方法，并应重视供应链体系的完善。同时，也应认识到，物流成本的管理必须进行创新和发展。

配送管理实务的第六个方面：配送成本与绩效管理。为了方便读者掌握配送成本与绩效管理的内容，本书将此任务分为 3 个分项任务：

子任务 1：配送成本概述；

子任务 2：配送成本核算与控制；

子任务 3：配送运作的绩效评价。

读者可以对照能力目标，反复演练，有的放矢地依次完成各分项任务，直至完成本任务，从而获取相应的职业活动能力。

子任务 6.1 配送成本概述

任务提示 本分项任务将引领读者树立配送成本效益观念，熟悉配送成本的含义和特征，配送成本的构成，企业核算配送成本的意义等内容。

任务先行 配送成本管理应以市场需求为导向，通过向市场提供质量尽可能高、功能尽可能完善的产品和服务，力求使企业获取尽可能多的利润。企业的一切配送成本管理活动应以配送成本效益观念作为支配思想，从“投入”与“产出”的对比分析来看待“投入”（成本）的必要性、合理性，即努力以尽可能少的成本付出，创造尽可能多的使用价值，为企业获取更多的经济效益。

6.1.1 树立配送成本效益观念

传统的配送成本管理是以企业是否节约为依据，片面地从降低成本乃至力求避免某些费用的发生入手，强调节约和节省。传统配送成本管理的目的可简单地归纳为减少支出、降低成本。

在市场经济环境下，经济效益始终是配送成本管理追求的首要目标，配送成本管理工作中也应该树立配送成本效益观念，实现由传统的“节约、节省”观念向现代效益观念转变。特别是在我国市场经济体制逐步完善的今天，配送成本管理应以市场需求为导向，通过向市场提供质量尽可能高、功能尽可能完善的产品和服务，力求使企业获取尽可能多的利润。与配送成本管理的这一基本要求相适应，配送成本管理也就应与企业的整体经济效益直接联系起来，以一种新的认识观——配送成本效益观念看待成本及其控制问题。企业的一切配送成本管理活动应以配送成本效益观念作为支配思想，从“投入”与“产出”的对比分析来看待“投入”（成本）的必要性、合理性，即努力以尽可能少的成本付出，创造尽可能多的使用价值，为企业获取更多的经济效益。这里，值得注意的是：“尽可能少的成本付出”与“减少支出、降低成本”在概念是有区别的。“尽可能少的成本付出”，不只是节省或减少成本支出。它是运用配送成本效益观念来指导配送服务的改进及创新工作。如在对市场需求进行调查分析的基础上，认识到如在配送服务的原有功能基础上新增某一增值服务功能，会使该服务的市场占有率大幅度提高，那么，尽管为实现该服务的新增功能会相应地增加一部分成本，只要这部分成本的增加能提高企业在市场的竞争力，最终为企业带来更大的经济效益，这种配送成本增加就是符合配送成本效益观念的。又比如，企业推广合理化建议，虽然要增加一定的费用开支，但能使企业获取更好的收益；引进新设备要增加开支，但因此可节省设备维修费用和提高设备效率，从而提高企业的综合效益；为减少废次品数量而发生的检验费及改进产品质量等有关费用，虽然会使企业的近期成本有所增加，但企业的市场竞争能力和生产效益会因此逐步提高；为充分论证决策备选方案的可行性及先进合理性而发生的费用开支，可保证决策的正确性，使企业获取最大的效益或避免可能发生的损失。这些支出都是不能不花的，这种成本观念可以说是“花钱是为了省钱”，都是成本效益观的体现。

总之，在现代市场经济环境下的企业日常配送成本管理中，应对比“产出”看“投入”，研究成本增减与收益增减的关系，以确定最有利于提高效益的成本预测和决策方案。

6.1.2 配送成本的含义

配送成本（distribution cost）是配送过程中所支付的费用总和。根据配送流程及配送环节，配送成本实际上是含配送运输费用、分拣费用、配装及流通加工费用等全过程。配送成本费用的核算是多环节的核算，是各配送环节或活动的集成。配送各个环节的成本费用核算都具有各自的特点，如流通加工的费用核算与配送运输费用的核算具有明显的区别，其成本计算的对象及计算单位都不同。

配送成本在物流成本中占有较高的比重。而这些成本支出的高低又会受到各种因素的影响。因此在进行配送成本管理的过程中，必须清楚认识配送成本的特点，认真分析配送成本的构成，明确影响配送成本高低的因素，并采取适当的措施求控制不必要的成本开支，为整个配送活动创造更多的利润。

6.1.3 配送成本的特征

在配送成本管理实践中，配送成本常常表现为以下特征。

1. 配送成本的隐蔽性

日本早稻田大学教授、物流成本研究专家西泽修教授曾提出著名的“物流成本冰”学说，其含义是说人们时物流费用的总体内容并不掌握，所了解的物流费用大家只看到露出海水上面的冰山一角，而潜藏在海水里的整个冰山却看不见，事实上海水中的冰山才是物流费用的主体部分。就配送成本来说，一般通过“销售费用”“管理费用”等科目可以看出部分配送费用情况，但这些科目反映的费用仅仅只是全部配送成本的部分，即企业对外支付的配送费用，并且这一部分费用往往是混同在其他有关费用中而并不是单独设立“配送费用”科目进行独立核算。

具体来讲，像连锁店之间进行配送所发生的费用是计算在销售费用中的；同样，备货时支付的费用最终也会归到销售费用中；而配送中发生的人工费用与其他部门的人工费用分别被列入管理费用和销售费用；与配送有关的利息和企业内的其他利息一起计入营业外费用。这样企业支出的有关配送费用实际上就隐藏在各种财务会计科目中，难以及时正确地显示配送成本的真实数据，管理人员就难以分析配送成本的构成，难以意识到配送成本管理的重要性所在。

2. 配送成本削减具有乘数效应

假定销售额为1000元，配送成本为100元。如果配送成本降低10%，就可以得到10元的利润，这种配送成本削减的乘数效应是非常明显的。假如这个企业的销售利润率为2%，则创造10元的利润，需要增加500元的销售额即降低10%的配送成本所起的作用相当于销售额增加50%。可见，配送成本的下降会产生极大的效益。

3. 配送成本的效益背反

所谓效益背反是指同一资源的两个方面处于相互矛盾的关系之中，要达到一个目的必然要损失一部分另一目的，要追求对方，必得舍弃另一方的一种状态。这种状态在配送各活动之间也是存在的。比如，尽量减少库存节点及库存，必然引起库存补充频繁，从而增加运输次数。同时，仓库的减少，会导致配送距离变长，运输费用进一步增大。此时一方成本降低，另一方成本增大，产生成本效益背反状态。如果运输费用的增加超过保管费用的降低部分，总成本反而会增加，这样减少库存节点及库存就变得毫无意义。

上述一律背反的情况在许多企业是常见的。由于配送活动各环节之间密切相关而且在多个场所处于成本的二律背反状态，所以在对配送活动进行成本管理时必须把相关成本放到同一场所用总成本来评价其损益，从而实现整体配送活动的合理化。

6.1.4 配送成本的构成

配送成本有狭义与广义之分。广义的配送成本指配送中心为了开展配送业务所发生的各种直接和间接费用。根据配送中心的配送流程及配送环节，广义的配送成本实际上是包含配送运输费用、分拣费用、配装费用、仓储保管费用、包装费用、流通加工费用、装卸搬运费用等。可见广义的配送成本的构成是最复杂的，几乎涉及物流成本的各构成项目。因此在核算分析时，要根据企业的实际情况及所选择的成本核算方法具体分析，要避免配送成本费用重复交叉，夸大或减少费用支出。而狭义的配送成本是指配送环节所特有的主要成本费用，包括配送运输费用、分拣费用、配装费用和流通加工费用，即：

配送成本=配送运输成本+分拣成本+配装成本+流通加工成本

1. 运输成本

其中，配送运输成本是指配送车辆在完成配送货物过程中发生的各种车辆费用和配送间接费用。

（1）车辆费用。车辆费用是指配送车辆从事配送生产所发生的各项费用，包括以下项目：

①工资。工资是指支付给配送车辆司机的基本工资、附加工资及工资性津贴。

②职工福利费。职工福利费是指按规定的工资总数及规定比例计提的职工福利费。

③燃料。燃料是指配送车辆运行所耗用燃料，如汽油、柴油费用。

④轮胎。轮胎是指配送车辆耗用的外胎、内胎、垫带的费用支出以及轮胎的翻新费用和修补费。

⑤修理费。修理费是指配送车辆进行各级保养和修理所发生的工料费、修复旧件费用和行车耗用的机油费用。

⑥大修费。大修费是指配送车辆计提的大修理基金，以及车辆大修竣工后调整的费用差异和车辆超、亏大修里程定额差异应调整增减的费用。

⑦折旧费。折旧费是指配送车辆按规定计提的折旧费。

⑧养路费。养路费是指按规定向公路管理部门交纳的营运车辆养路费。

⑨公路运输管理费。公路运输管理费是指按规定向运输管理部门交纳的营运车辆管理费。

⑩车船使用税费。车船使用税费是指企业按规定向税务部门交纳的营运车辆使用税。

⑪行车事故损失。行车事故损失是指配送车辆在配送过程中，因行车肇事所发生的事故损失。

⑫其他费用。其他费用是指不属于以上各项的车辆费用，如行车杂支、随车工具费、防滑链条费、中途故障救济费、司机和助手劳动保护用品费、车辆清洗费、冬季预热费、由配送方负担的过路过桥费。

（2）配送间接费用。配送间接费用是指配送运输管理部门为管理和组织配送运输生产所发生的各项管理费用和业务费用。包括配送运输管理部门管理人员的工资及福利费；配送运输部门为组织运输生产活动所发生的管理费用及业务费用，如取暖费、水电费、办公费、差旅费、保险费；配送运输部门用固定资产的折旧费、修理费用；直接用于生产活动，构成营运成本但不能直接计入成本项目的其他费用。

上述车辆费用和配送间接费用构成了配送运输成本项目。配送运输成本在配送总成本构成中所占比例很大，应进行重点管理。

2. 分拣成本

分拣成本是指分拣机械及人工在完成货物分拣过程中所发生的各种费用，包括分拣的直接费用和间接费用两种：

（1）分拣直接费用。分拣直接费用包括：

①工资。工资是指按规定支付给分拣作业工人的标准工资、奖金、津贴等。

②职工福利费。职工福利费是指按规定的工资总额和提取标准计提的职工福利费。

③修理费。修理费是指分拣机械进行保养和修理所发生的费用。

④折旧费。折旧费是指分拣机械按规定计提的折旧费。

⑤其他费用。其他费用是指不属于以上各项的费用。

（2）分拣间接费用。分拣间接费用是指配送分拣管理部门为管理和组织分拣生产，需要由分拣成本负担的各项管理费用和业务费用。

上述分拣直接费用和间接费用则构成了配送环节的分拣成本。

3. 配装成本

配装成本，是指在完成配装货物过程中所发生的各种费用，包括直接费用和间接费用两种。

（1）配装直接费用。配装直接费用包括：

①工资。工资是指按规定支付的配装作业工人的标准工资、奖金、津贴。

②职工福利费。职工福利费是指按规定的工资总额和提取标准计提的职工福利费。

③材料费。材料费是指配装过程中消耗的各种材料，如包装纸、箱、塑料。

④辅助材料费。辅助材料费是指配装过程中耗用的辅助材料，如标志、标签。

⑤其他费用。其他费用是指不属于以上各项费用，如配装工人的劳保用品费。

（2）配装间接费用是指配装管理部门为管理和组织配装生产所发生的各项费用，由配装成本负担的各项管理费用和业务费用。

4. 流通加工成本

流通加工成本主要有：

（1）流通加工设备费用。在流通加工过程中，由于流通加工设备的使用而发生的实体损耗和价值转移。流通加工设备因流通加工形式不同而不同，如木材加工需要电锯、剪板加工需要剪板机，购置这些设备所支出的费用，以流通加工费的形式转移到被加工的产品中去。

（2）流通加工材料费用。在流通加工过程中，投入到加工过程中的一些材料消耗的费用。

(3) 流通加工劳务费用。在流通加工过程中，支付给从事加工活动的工人及有关人员的工资、奖金等费用。

(4) 流通加工其他费用。除上述费用外，在流通加工中耗用的电力、燃料、油料以及管理费用等。

广义的配送成本除了以上四个部分外，还包括储存保管费用、包装费用和装卸搬运费用。如某些规模较小的配送中心，其所有成本基本上都可以归集为配送成本。

5. 储存保管费用

储存保管费用是指配物资在送中心储存、保管过程中发生的费用。包括：

(1) 储运业务费用是指货物在储存活动过程中所消耗的物化劳动和活劳动的货币表现。因为配送中心主要经营业务是组织物品的配送，其中必然要包括储存和保管，这是生产过程在流通领域内的继续所消耗的劳动，由此所发生的储运业务费用是社会必要劳动的追加费用。虽然这种劳动不会提高和增加物资的使用价值，但参加物资价值的创造，增加了物资的价值。储运业务费用主要由仓储费、进出库费、代运费、机修费、验收费、代办费、管理费组成。

(2) 仓储费专指物资储存、保管业务所发生的费用。仓储费主要包括仓库管理人员的工资，物资在保管保养过程中的毡垫、防腐、倒垛等维护保养费，固定资产折旧费，以及低值易耗的摊销、修理费、劳动保护费、动力照明费等。

(3) 费进出库费是指物资进出库过程中所发生的费用。进出库费主要包括：进出库过程中验收等所开支的工人工资、劳动保护费等，固定资产折旧费，以及大修理费、照明费、材料费、燃料费、管理费等。

(4) 服务费用配送中心在对外保管服务过程中所消耗的物化劳动和活劳动的货币表现。

6. 包装费用

包装起着保护产品、方便储运、促进销售的作用。它是生产过程中的一个重要组成部分，绝大多数商品只有经过包装，才能进入流通领域。据统计，包装费用占全部流通费用的10%左右，有些商品（特别是生活消费品）包装费用高达50%。而配送成本中的包装费用，一般是指为了销售或配送的方便所进行的再包装的费用。

(1) 包装材料费。常见的包装材料有木材、纸、金属、自然纤维和合成纤维、玻璃、塑料等。这些包装材料功能不同，成本相差也很大。物资包装花费在材料上的费用称为包装材料费用。

(2) 包装机械费用。现代包装发展的重要标志之一是包装机械的广泛应用。包装机械不仅可以极大地提高包装的劳动生产率，也大幅度地提高了包装的水平。然而，包装机械的广泛使用，也使得包装费用明显提高。

(3) 包装技术费用。由于物资在物流过程中可能受到外界不良因素的影响，因此，物资包装时要采取一定的措施，如缓冲包装技术、防震包装技术、防潮包装技术、防锈包装技术。这些技术的设计、实施所支出的费用，合称为包装技术费用。

(4) 包装辅助费用。除上述包装费用外，还有一些辅助性费用，如包装标记、标志的印刷，拴挂物费用等的支出。

(5) 包装人工费用。从事包装工作的工人及有关人员的工资、奖金、补贴等费用总和即包装人工费用。

7. 装卸与搬运成本

装卸搬运是指在配送中心指定的地点以人力或机械设备装入或卸下物品。一般发生在同一地域范围内（如车站、工厂、仓库），以改变“物”的存放、支承状态的活动称为装卸；以改变“物”的空间位置的活动称为搬运。装卸搬运成本的主要内容包括：

(1) 人工费用，如工人工资、福利费、奖金、津贴、补贴。

(2) 营运费用，如固定资产折旧费、维修费、能源消耗费、材料费。

(3) 装卸搬运合理损耗费用，如装卸搬运中发生的货物破损、散失、损耗、混合等费用。

(4) 其他费用，如办公费、差旅费、保险费、相关税金。

6.1.5 企业核算配送成本的意义

1. 把握正确的物流实际成本

一些企业由于缺乏对物流成本的准确把握，给企业的物流管理带来许多障碍，不利于发现企业物流运作中存在的非效率活动，也难以对物流成本进行纵向和横向的比较。因此，把握物流成本概念，不能只停留在概念本身的理解上，还必须对物流成本的统计范围、计算方法及物流成本分析方法等有全面的掌握。

★案例

顺丰速运对物流成本的理解

顺丰速运从物流管理理论研究和学科体系建立及发展的角度出发，把物流成本看成是与物流管理、物流系统、物流功能、客户服务，物流信息和物流绩效等具有同等重要性的基本概念。显然，如果没有对物流成本管理的研究，物流管理学的理论体系是难以建立的。

但是，由于物流管理运作具有跨边界（由普遍的协同运作要求所决定）和开放性（由客户服务要求所决定）的特点，使得由一系列相互关联的物流活动产生的物流总成本既分布在企业内部的不同职能部门中，又分布在企业外部的不同合作伙伴那里。从企业产品的价值实现过程来看，物流成本既与企业的生产和营销管理有关——实现产品的场所（place）和时间（time）效用，又与客户的物流服务要求直接相关——作为与客户互动的界面要让客户满意。所以，即使有了这样一个看起来简单明了的概念性公式，但企业对物流总成本的准确把握实际上的难度很大。

2. 有利于改善企业物流管理

通过对配送成本核算的有效把握，科学合理地组织物流活动，加强对物流活动过程中费用支出的有效控制，以及根据配送成本计算的结果制订物流计划，从而达到降低物流总成本，提高企业和社会经济效益的目的。

3. 能够更加有效地筹措资源

配送是通过筹措资源的规模效益来降低资源筹措成本，使配送资源筹措成本低于顾客自己筹措资源成本，从而取得优势。配送成本的核算与控制能够促使并保证以较低的成本筹措资源。

4. 为企业提供物流管理方面的数据和绩效考核指标

通过配送成本的核算，为企业物流活动计划、执行、控制提供数据和绩效考核依据，企业据此实施针对性物流方面的改革；通过配送成本的核算，评价配送部门对企业经营绩效的贡献度。

◎每节一练

试总结配送成本的内容及包含的业务范围。

分项任务小结

完成本分项任务后，请进行自我测试：请按照配送中心的业务流程分析配送成本并归纳可能影响配送成本的因素。

子任务 6.2　配送成本核算与控制

配送成本费用核算是多环节的核算，是各个配送环节或活动的集成。在实际核算时，涉及哪个活动，应当对哪个配送活动进行核算。配送各个环节的成本费用核算都具有各自的特点，如流通加工的费用核算与配送运输费用的核算具有明显的区别，其成本计算的对象及计算单位都不同。

配送企业可以依据成本与收益的对比情况、企业会计基础工作水平和电算化程度、企业管理水平和员工素质等实际情况，选择适合自身特点的配送成本核算方法。

6.2.1　配送成本的核算

（一）配送成本的类别

1. 按配送成本的特性进行分类

配送活动需要资本和劳动的投入，这些资本和劳动的投入，即为配送产品的成本。配送成本产生于配送中心、配送运输两个环节。配送作为一个整体活动，有着共同的成本支出，但每个环节都有着各自的成本构成。总的来说，有资本成本分摊、支付利息、员工工资福利、行政办公费用、商务交易费用、自由车辆运行费用、车辆租赁费用等。以上各成本可以分为固定成本和变动成本两大类。

（1）固定成本。固定成本是指短期内必须支付的成本，不随着经营量发生变化的成本，是只要开展配送经营就必须支出的成本，如资本成本分摊、支付利息、固定员工工资、行政办公费用。虽说固定成本与配送量没什么关系，但配送量增大时，分配到每个单位的固定成本会降低。

固定成本由企业的规模、生产方式、资金成本所决定。规模越大、生产技术手段越先进、资本越密集，则固定成本越高。

（2）变动成本。变动成本是指随着配送量的变化而变化的成本。例如：商务交易费用、租赁费用、装卸搬运费、保险费。在没有经营的时候就没有变动成本的支出。对于每增加一单位配送量所增加的成本称之为边际成本，也就是说，边际成本就是变动成本。

变动成本主要由劳动力成本、固定资产的运行成本和社会资源使用成本决定。

变动成本和固定成本会因为经营方式的不同发生变化。如自购车辆配送时，购车成本为固定成本；而租车运输时，使用车辆的租金成为变动成本。

根据经济学原理，经济成本是配送经营人使用生产要素时应支付的代价，包括明显成本、隐含成本和正常利润。而会计核算时，只考虑投入的成本和支出的费用。在价格分析时，因价格包含企业所获得利润，采取经济成本分析比较简单。但人们更习惯用会计核算的方法来确定价格。

2. 按配送费用的支付形态进行分类

（1）配送运输费用。配送运输费用主要包括以下方面。

①车辆费用。这是指从事配送运输生产而发生的各项费用。具体包括驾驶员及助手等工资及福利费、燃料、轮胎、修理费、折旧费、养路费、车船使用税等项目。

②营运间接费用。这是指营运过程中发生的不能直接计入各成本计算对象的站、队经费，包括站、队人员的工资及福利费、办公费、水电费、折旧费等内容，但不包括管理费用。

（2）分拣费用。

①分拣人工费用。这是指从事分拣工作的作业人员及有关人员工资、奖金、补贴等费用的总和。

②分拣设备费用。这是指分拣机械设备的折旧费用及修理费用。

（3）配装费用。

①配装材料费用。常见的配装材料有木材、纸、自然纤维和合成纤维、塑料等。这些包装材料功能不同，成本相差很大。

②配装辅助费用。除上述费用外，还有一些辅助性费用，如包装标记、标志的印刷，拴挂物费用等的支出。

③配装人工费用。这是指从事包装工作的工人及有关人员的工资、奖金、补贴等费用总和即配装人工费用。

（4）流通加工费用。

①流通加工设备费用。流通加工设备因流通加工形式不同而不同，购置这些设备所支出的费用，以流通加工费用的形式转移到被加工产品中去。

②流通加工材料费用。这是指在流通加工过程中，投入到加工过程中的一些材料消耗所需要的费用，即流通加工材料费用。

③在流通加工过程中从事加工活动的管理人员、工人及有关人员工资、奖金等费用的总和。

实际应用中，应该根据配送的具体流程归集成本，不同的配送模式，其成本构成差异较大。相同的配送模式下，由于配送物品的性质不同，其成本构成差异也很大。

（二）配送成本的计算步骤

配送成本费用的计算由于涉及多环节的成本计算，对每个环节应当计算各成本计算对象的总成本。总成本是指成本计算期内成本计算对象的成本总额，即各个成本项目金额之和。

配送成本费用总额是由各个环节的成本组成。其计算公式如下：

配送成本=配送运输成本+分拣成本+配装成本+流通加工成本

需要指出的是，在进行配送成本费用核算时要避免配送成本费用重复交叉，夸大或减小费用的支出，使配送成本费用不真实，不利于配送成本的管理。

1. 配送运输成本的核算

配送运输成本的核算，是指将配送车辆在配送生产过程中所发生的费用，按照规定的配送对象和成本项目，计入配送对象的运输成本项目中去的方法。

（1）配送运输成本的数据来源。

①工资及职工福利费。根据“工资分配汇总表”和“职工福利费计算表”中各车型分配的金额计入成本。

②燃料。根据“燃料发出凭证汇总表”中各车型耗用的燃料金额计入成本。配送车辆在本企业以外的油库加油，其领发数量不作为企业购入和发出处理的，应在发生时按照配送车辆领用数量和金额计入成本。

③轮胎。轮胎外胎采用一次摊销法的，根据“轮胎发出凭证汇总表”中各车型领用的金额计入成本；采用按行驶胎公里提取法的，根据“轮胎摊提费计算表”中各车型应负担的摊提额计入成本。发生轮胎翻新费时，根据付款凭证直接计入各车型成本或通过待摊费用分期摊销。内胎、垫带根据“材料发出凭证汇总表”中各车型成本领用金额计入成本。

④修理费。辅助生产部门对配送车辆进行保养和修理的费用，根据“辅助营运费用分配表”中分配各车型的金额计入成本。

⑤折旧费。根据“固定资产折旧计算表”中按照车辆种类提取的折旧金额计入各分类成本。

⑥养路费及运输管理费。配送车辆应缴纳的养路费和运输管理费，应在月终计算成本时，编制“配送营运车辆应缴纳养路费及管理费计算表”，据此计入配送成本。

⑦车船使用税、行车事故损失和其他费用。如果是通过银行转账、应付票据、现金支付的，根据付款凭证等直接计入有关的车辆成本；如果是在企业仓库内领用的材料物资，根据“材料发出凭证汇总表”“低值易耗品发出凭证汇总表”中各车型领用的金额计入成本。

⑧营运间接费用。根据“营运间接费用分配表”计入有关配送车辆成本。

（2）配送运输成本计算表。

物流配送企业月末应编制配送运输成本计算表，以反映配送总成本和单位成本。配送运输总成本是指成本计算期内成本计算对象的成本总额，即各个成本项目金额之和。单位成本是指成本计算期内各成本计算对象完成单位周转量的成本额。各成本计算对象计算的成本降低额，是指用该配送成本的上年度实际单位成本乘以本期实际周转量计算的总成本，减去本期实际总成本的差额。它是反映该配送运输成本由于成本降低所产生的节约金额的一项指标。

按各成本计算对象计算的成本降低率，是指该配送运输成本的降低额与上年度实际单位成本乘以本期实际周转量计算的总成本比较的百分比。它是反映该配送运输成本降低幅度的一项指标。

各成本计算对象的降低额和降低率的计算公式如下：

成本降低额=上年度实际单位成本×本期实际周转量-本期实际总成本

成本降低率=成本降低额/(上年度实际单位成本×本期实际周转量)×100%

配送运输成本计算表的格式如表6-1所示：

表6-1 配送运输成本计算表

编制单位： 年 月份 （单位：元）

项目	计算依据	配送车辆合计	配送营运车辆				
			解放	东风			
一、车辆费用							
工资							
职工福利							
燃料							
轮胎							
修理费							
折旧							
养路费							
车船使用税							
运输管理费							
行车事故损失							
其他							

续表

项目	计算依据	配送车辆合计	配送营运车辆					
			解放	东风				
二、营运间接费用								
三、配送运输总成本								
四、周转量（千吨千米）								
五、单位成本（元/千吨千米）								
六、成本降低率								

2. 分拣成本核算

（1）分拣成本计算方法。配送环节分拣成本计算方法，是指分拣过程中所发生的费用，按照规定的成本计算对象和成本项目，计入分拣成本的方法。

①工资与职工福利费。根据“工资分配汇总表”和“职工福利费计算表”中分配的金额计入分拣成本。

②修理费。辅助生产部门对分拣机械进行保养和修理的费用，根据“辅助生产费用分配表”分配的金额计入分拣成本。

③折旧。根据“固定资产折旧计算表”中按照分拣机械提取折旧金额计入成本。

④其他。根据“低值易耗品发出凭证汇总表”中分拣成本领用的金额计入成本。

⑤分拣间接费用。根据“配送管理费用分配表”计入分拣成本。

（2）分拣成本计算表。物流配送企业月末应编制配送分拣成本计算表，反映配送分拣总成本。

分拣成本计算表的格式如表 6-2 所示：

表 6-2　分拣成本计算表

编制单位：　　　　年　　月份　　　　（单位：元）

项目	计算依据	合计	分拣品种				
			货物甲	货物乙			
一、分拣直接费用							
工资							
福利							
修理费							
折旧							
其他							
二、分拣间接费用							
分拣总成本							

3. 配装成本的计算

配装成本是指完成配装货物过程中所发生的各种费用。

（1）配送环节的配装活动是配送的独特要求，其成本的计算方法，是指配装过程中所发生的费用按照规定的成本计算对象和成本项目进行计算的方法。

①工资及福利费。根据“工资分配汇总表”和“职工福利费计算表”中分配的配装成本的金额计入成本。

“职工福利费计算表”是依据“工资结算汇总表”确定的各类人员工资总额，按照规定的提取比例计算后编制的。

②材料费用。根据“材料发出凭证汇总表”“领料单”及“领料登记表”等原始凭证，配装成本耗用的金额计入成本。

直接材料费用中，材料费用数额是根据领料凭证汇总编制“耗用材料汇总表”确定的；在归集直接材料费用时，凡能分清某一成本计算对象的费用，应单独列出，以便直接计入该配装对象的成本计算单中；属于几个配装成本对象共同耗用的直接材料费用，应当选择适当的方法，分配计入各配装成本计算对象的成本计算单中。

③辅助材料费用。根据“材料发出凭证汇总表”“领料单”中的金额计入成本。

④其他费用。根据“材料发出凭证汇总表”“低值易耗品发出凭证”中配装成本领用的金额计入成本。

⑤配装间接费用。根据“配送间接费用分配表”计入配装成本。

（2）配装成本计算表。物流配送企业月末应编制配送环节配装成本计算表，以反映配装过程发生的成本费用总额。配装成本计算表格式如表6-3所示。

配装作业是配送的独特要求，只有进行有效的配装，才能提高送货水平，降低送货成本。

表6-3 配装成本计算表

编制单位： 年 月份 （单位：元）

项目	计算依据	合计	配装品种			
			货物甲	货物乙		
一、配装直接费用						
工资						
职工福利费用						
材料费						
辅助材料费						
其他						
二、配装间接费用						
配装总成本						

4. 流通加工成本的核算

（1）流通加工成本项目和内容。

①直接材料费。流通加工的直接材料费用是指对流通加工产品加工过程中直接消耗的材料、辅助材料、包装材料，以及燃料和动力等费用。与工业企业相比，在流通加工过程中的直接材料费用，占流通加工成本的比例不大。

②直接人工费用。流通加工成本中的直接人工费用，是指直接进行加工生产的生产工人的工资总额和按工资总额提取的职工福利费。生产工人工资总额包括计时工资、计件工资、奖金、津贴和补贴、加班工资、非工作时间的工资等。

③制造费用。流通加工制造费用是物流中心设置的生产加工单位为组织和管理生产加工所发生的各项间接费用。主要包括流通加工生产单位管理人员的工资及提取的福利费，生产加工单位房屋、建筑物、机器设备等的折旧和修理费、生产单位固定资产租赁费、机物料消耗、低值易耗品摊销、取暖费、水电费、办公费、差旅费、保险费、试验检验费、季节性停工和机器设备修理期间的停工损失及其他制造费用。

（2）流通加工成本项目的归集。

①直接材料费用的归集。直接材料费用中，材料和燃料费用数额是根据全部领料凭证汇总编制的“耗用材料汇总表”确定的；外购动力费用是根据有关凭证确定的。

在归集直接材料费用时，凡能分清某一成本计算对象的费用，应单独列出，以便直接计入该加工对象的成本计算单中；属于几个加工成本对象共同耗用的直接材料费用，应当选择适当的方法，分配计入各加工成本计算对象的成本计算单中。

②直接人工费用的归集。计入成本中的直接人工费用的数额，是根据当期“工资结算汇总表”和“职工福利费计算表”来确定的。

“工资结算汇总表”是进行工资结算和分配的原始依据。它是根据“工资结算单”按人员类别（工资用途）汇总编制的。“工资结算单”应当依据职工工作卡片、考勤记录、工作量记录等工资计算的原始记录编制。

“职工福利费计算表”是依据“工资结算汇总表”确定的各类人员工资总额，按照规定的提取比例计算后编制的。

③制造费用的归集。制造费用是通过设置制造费用明细账，按照费用发生的地点来归集的。制造费用明细账按照加工生产单位开设，并按费用明细账项目设专栏组织核算。流通加工制造费用表的格式可以参考工业企业的制造费用表的一般格式。由于流通加工环节的折旧费用、固定资产修理费用等占成本比例较大，其费用归集尤其重要。

（3）流通加工成本计算表。

物流配送企业月末应编制流通加工成本计算表，以反映配送总成本和单位成本。配送环节的流通加工成本是指成本计算期内成本计算对象的成本总额，即各个成本项目金额的总和。

表 6-4　流通加工成本计算表

编制单位：　　　　　　　　　　　　　年　　月份　　　　　　　　　　　　　（单位：元）

项目	计算依据	合计	流通加工品种				
直接材料			产品甲	产品乙			
直接人工							
制造费用							
合计							

6.2.2　配送成本的控制

对配送成本的控制就是在配送的目标即满足一定的顾客服务水平与配送成本之间寻求平衡：在一定的配送成本下尽量提高顾客服务水平，或在一定的顾客服务水平下使配送成本最小。

（一）配送成本控制的基本方法

配送成本控制方法，包括绝对成本控制和相对成本控制法。

1. 绝对成本控制

绝对成本控制是把成本支出控制在一个绝对的金额之内的成本控制方法。绝对成本控制从节约各种费用支出，杜绝浪费的途径来进行配送成本控制，要求把营运过程中发生的各环节一切费用的支出，都列入成本控制范围。标准成本和预算控制是绝对成本控制的主要方法。

2. 相对成本控制

相对成本控制是通过成本与产值、利润、质量和功能等因素的对比分析寻求在一定制约因素下取得最优经济效益的一种成本控制方法。

相对成本控制扩大了配送成本控制的领域，要求配送企业在降低配送成本的同时，充分注意与成本关系密切的因素，诸如配送产品结构、项目结构、配送服务水平等方面的工作，目的在于提高控制成本支出的效益，既减少单位产品的成本投入，又提高整体经济效益。

（二）配送成本控制的基本程序

1. 制定控制标准

成本控制标准是控制成本的重要依据，物流配送成本标准的制定，应按实际的配送环节分项制定，不同的配送环节，其成本项目是不同的。制定配送作业的成本控制标准，业务数量标准通常由技术部门研究决定；费用标准由财务部门和有关责任部门研究决定，同时尽可能吸收负责执行标准的职工参与各项标准的制定，从而使所制定的标准符合实际配送活动的要求。

2. 揭示成本差异

成本控制标准制定后要与实际费用比较，及时揭示成本差异。差异的计算与分析也要与所制定的成本项目进行比较。

3. 成本反馈

在成本控制中，成本差异的情况要及时反馈有关部门，以便及时控制。

（三）降低配送成本的策略

1. 混合策略

混合策略是指配送业务一部分由企业自身完成。这种策略的基本思想是，尽管采用纯策略（即配送活动要么全部由企业自身完成，要么完全外包给第三方物流完成）易形成一定的规模经济，并使管理简化，但由于产品品种多变、规格不一、销量不等等情况，采用纯策略的配送方式超出一定程度不仅不能取得规模效益，反而还会造成规模不经济。而采用混合策略，合理安排企业自身完成的配送和外包给第三方物流完成的配送，能使配送成本最低。例如，美国一家干货生产企业为满足遍及全美的 1000 家连锁店的配送需要，建造了 6 座仓库，并拥有自己的车队。随着经营的发展，企业决定扩大配送系统，计划在芝加哥投资 700 万美元再建一座新仓库，并配以新型的物料处理系统。该计划提交董事会讨论时，却发现这样不仅成本较高，而且就算仓库建起来也还是满足不了需要。于是，企业把目光投向租赁公共仓库，结果发现，如果企业在附近租用公共仓库，增加一些必要的设备，再加上原有的仓储设施，企业所需的仓储空间就足够了，但总投资只需 20 万美元的设备购置费，10 万美元的外包运费，加上租金，也远没有 700 万美元之多。

2. 差异化策略

差异化策略的指导思想是：产品特征不同，顾客服务水平也不同，当企业拥有多种产品线时，不能对所有产品都按同一标准的顾客服务水平来配送，而应按产品的特点、销售水平，来设置不同的库存、不同的运输方式以及不同的储存地点，忽视产品的差异性会增加不必要的配送成本。例如，一家生产化学品添加剂的公司，为降低成本，按各种产品的销售量比重进行分类：A 类产品的销售量占总销售量的 70%以上，B 类产品占 20%左右，C 类产品则为 10%左右。对 A 类产品，公司在各销售网点都备有库存，B 类产品只在地区分销中心备有库存而在各销售网点不备有库存，C 类产品连地区分销中心都不设库存，仅在工厂的仓库才有存货。经过一段时间的运行，事实证明这种方法是成功的，企业总的配送成本下降了 20%之多。

3. 合并策略

合并策略包含两个层次：一是配送方法上的合并；另一个则是共同配送。企业在安排车辆完成配送任务时，充分利用车辆的容积和载重量，做到满载满装，是降低成本的重要途径。由于产品品种繁多，不仅包装形态、储运性能不一，在容重方面，也往往相差甚远。一车上如果只装容重大的货物，往往是达到了载重量，但容积空余很多；只装容重小的货物则相反，看起来车装得满，实际上并未达到车辆载重量。这两种情况实际上都造成了浪费。实行合理的轻重配装、容积大小不同的货物搭配装车，就可以不但在载重方面达到满载，而且也充分利用车辆的有效容积，取得最优效果。最好是借助电脑计算货物配车的最优解。

共同配送是一种产权层次上的共享，也称集中协作配送。它是几个企业联合集小量为大量共同利用同一配送设施的配送方式，其标准运作形式是：在中心机构的统一指挥和调度下，各配送主体以经营活动（或以资产为纽带）联合行动，在较大的地域内协调运作，共同对某一个或某几个客户提供系列化的配送服务。这种配送有两种情况：一是中小生产、零售企业之间分工合作实行共同配送，即在同一行业或在同一地区的中小型生产、零售企业单独进行配送的运输量少、效率低的情况下进行联合配送，不仅可减少企业的配送费用，使配送能力得到互补，而且有利于缓和城市交通拥挤的状况，提高配送车辆的利用率；第二种是几个中小型配送中心之间的联合，针对某一地区的用户，由于各配送中心所配物资数量少、车辆利用率低等原因，几个配送中心将用户所需物资集中起来，共同配送。

4. 延迟策略

传统的配送计划安排中，大多数的库存是按照对未来市场需求的预测量设置的，这样就存在着预测风险，当预测量与实际需求量不符时，就出现库存过多或过少的情况，从而增加配送成本。延迟策略的基本思想就是对产品的外观、形状及其生产、组装、配送应尽可能推迟到接到顾客订单后再确定。一旦接到订单就要快速反应，因此采用延迟策略的一个基本前提是信息传递要非常快。一般说来，实施延迟策略的企业应具备以下几个基本条件：①产品特征：模块化程度高，产品价值密度大，有特定的外形，产品特征易于表述，定制后可改变产品的容积或重量；②生产技术特征：模块化产品设计、设备智能化程度高、定制工艺与基本工艺差别不大；③市场特征：产品生命周期短、销售波动性大、价格竞争激烈、市场变化大、产品的提前期短。

实施延迟策略常采用两种方式：生产延迟（或称形成延迟）和物流延迟（或称时间延迟），而配送中往往存在着加工活动，所以实施配送延迟策略既可采用形成延迟方式，也可采用时间延迟方式。具体操作时，常常发生在诸如贴标签（形成延迟）、包装（形成延迟）、装配（形成延迟）和发送（时间延迟）等领域。美国一家生产金枪鱼罐头的企业就通过采用延迟策略改变配送方式，降低了库存水平。历史上这家企业为提高市场占有率曾针对不同的市场设计了几种标签，产品生产出来后运到各地的分销仓库储存起来。由于顾客偏好不一，几种品牌的同一产品经常出现某种品牌因畅销而缺货，而另一些品牌却滞销压仓。为了解决这个问题，该企业改变以往的做法，在产品出厂时都不贴标签就运到各分销中心储存，当接到各销售网点的具体订货要求后，才按各网点指定的品牌标志贴上相应的标签，这样就有效地解决了此缺彼涨的矛盾，从而降低了库存。

5. 标准化策略

标准化策略就是尽量减少因品种多变而导致附加配送成本，尽可能多地采用标准零部件、模块化产品。如服装制造商按统一规格生产服装，直到顾客购买时才按顾客的身材调整尺寸大小。采用标准化策略要求厂家从产品设计开始就要站在消费者的立场去考虑怎样节省配送成本，而不要等到产品定型生产出来了才考虑采用什么技巧降低配送成本。

（四）配送成本与服务合理化决策

配送是按用户的订货要求，在物流据点进行分货、配货工作，并将配好之货送交收货人的活动。它是流通加工、整理、拣选、分类、配货、装配、运送等一系列活动的集合。通过配送，才能最终使物流活动得以实现，而且，配送活动增加了产品价值，它还有助于提高企业的竞争力。但完成配送活动是需要付出代价的，即需配送成本。对配送的管理就是在配送的目标即满足一定的顾客服务水平与配送成本之间寻求平衡：在一定的配送成本下尽量提高顾客服务水平，或在一定的顾客服务水平下使配送成本最少。

◎每节一练

试总结配送成本的类别。

分项任务小结

完成本分项任务后，请进行自我测试：总结降低配送成本的策略。

子任务 6.3　配送运作的绩效评价

任务提示　本分项任务将引领读者了解配送运作的绩效评价，了解配送绩效评价指标的建立的原则和作用，以及配送绩效评价的内容。

任务先行　经济发展不仅对配送需求日益增加，同时也对配送水平提出更高要求。对配送活动进行绩效评价，才能正确判断配送实际运作水平，才能进一步优化并促进配送中心经营能力的提高，进而增加配送企业及整个供应链的整体效益。例如：随着便利店的急剧扩张，现有的配送中心已经不能满足其需求，配送中心的王总看着设计部递送上来的建设配送中心的方案，喜上眉梢。因为建新的配送中心库存商品可达 10 万箱，每天拆零商品可达 3 万箱，商品周装期可从原来的 14 天缩短到 3.5 天，库存积压资金将大大减少；采用 DPS（数字拣选系统）方式取代人工拣选，可使差错率减少到万分之一，配送时间可从 4 分钟/店压缩到 1.5 分钟/店，每天可配送 400 多家门店。配送准确率、门店满意度等都会有大幅提升，物流成本也将降低。但是巨大的投资也使王总不知如何是好。

配送中心同其他物流企业一样，要长期稳定地发展，就必须实行科学的管理，而绩效管理是市场经济条件下科学管理的重要一环。本项目我们将一起学习如何进行配送中心作业绩效管理。

6.3.1　绩效及绩效管理的概述

1. 绩效及绩效管理的定义

绩效是指为了实现经营的整体目标及部门的工作目标而必须达到的经营成果。所谓绩效管理是指管理者与员工之间就目标与如何实现目标上达成共识的基础上，通过激励和帮助员工取得优异绩效从而实现组织目标的管理方法。绩效管理的目的在于通过激发员工的工作热情和提高员工的能力、素质，达到改善公司绩效的效果。

2. 绩效的影响因素

影响绩效的主要因素有员工技能、外部环境、内部条件及激励效应。员工技能是指员工具备的核心能力，是内在的因素，经过培训和开发是可以提高的；外部环境是指组织和个人面临的不为组织所左右的因素，是客观因素，我们是完全不能控制的；内部条件是指组织和个人开展工作所需的各种资源，也是客观因素，在一定程度上我们能改变内部条件的制约；激励效应是指组织和个人为达成目标而工作的主动性、积极性，激励效应是主观因素。

在影响绩效的四个因素中，只有激励效应是最具有主动性、能动性的因素，人的主动性积极性提高了，组织和员工会尽力争取内部资源的支持，同时组织和员工的技能水平会逐渐得到提高。因此绩效管理就是通过适当的激励机制激发人的主动性、积极性，激发组织和员工争取内部条件的改善，提升技能水平进而提升个人和组织绩效。

3. 绩效管理中的评价

在阶段性工作结束时，对阶段性业绩进行评价，以便能公正地、客观地反映阶段性的工作业绩，目的在于对以目标计划为标准的业绩实现的程度进行总结，进行业绩的评定，不断总结经验，促进下一阶段业绩的改进。

通过实际实现的业绩与目标业绩的比较，明确描述并总结业绩的发展表现趋势。在对阶段性业绩评价之前，要进行信息收集，尤其是对实现目标过程的信息收集，在沟通和综合员工与管理者双方所掌握的资料后，通过会议的形式进行阶段性业绩的评价，包括对实际业绩与预期业绩的比较、管理者的反馈、支持与激励、业绩改进建议、本阶段总结、确定下阶段的计划等。

在评价过程中需要管理者具备较好的交流技能，如提问、倾听、反馈和激励。

一般绩效评价的内容和程序包括以下几个方面：

（1）量度：量度原则与方法。

（2）评价：评价的标准和评价资料的来源。

（3）反馈：反馈的形式和方法。

（4）信息：过去的表现与业绩目标的差距，需要进行业绩改进的地方。一般来说，评价的标准是选择主要的绩效指标 KPI（定量和定性的指标）来评价业绩实现过程中的结果目标和行为目标。

★补充阅读

SMART 原则

确定关键绩效指标有一个重要的 SMART 原则。SMART 是 5 个英文单词首字母的缩写：S 代表具体（specific），指绩效考核要切中特定的工作指标，不能笼统；M 代表可度量（measurable），指绩效指标是数量化或者行为化的，验证这些绩效指标的数据或者信息是可以获得的；A 代表可实现（attainable），指绩效指标在付出努力的情况下可以实现，避免设立过高或过低的目标；R 代表关联性（relevant），指绩效指标是与上级目标具明确的关联性，最终与公司目标相结合；T 代表有时限（time bound），注重完成绩效指标的特定期限。

★知识链接

相关绩效概念

1. 企业绩效

“绩效”一词在英文里的含义为“表现”，企业绩效是指在一定的经营期间内企业经营效益和经营者的业绩。企业经营效益主要表现在盈利能力、资产运营水平、偿债能力和后续发展能力等方面。经营者业绩主要表现为经营者在经营管理企业的过程中对企业的经营、发展所取得的成果和所做出的贡献。

2. 企业绩效评价

企业绩效评价是运用数理统计和运筹学方法，采用特定的指标体系，依据统一的评价标准按照一定的程序，通过定量、定性分析，对企业在一定的经营期间内的经营效益和经营者的业绩，做出客观、公正和准确的综合判断。

评价内容重点在盈利能力、资产运营水平、偿债能力和发展能力等方面。

3. 物流绩效

物流绩效通常是指物流活动中一定量的劳动消耗和劳动占用与符合社会需要的劳动成果的对比关系，即投入与产出的比较。物流活动是指运输、仓储、装卸、搬运、包装、流通加工、物流信息、配送等要素或功能的物流服务，包含物流增值服务；劳动成果是物流服务的内容、质量、水平及客户满意度。

4. 配送中心绩效

配送中心绩效指配送中心依据客户订单在组织配送运作过程中的劳动消耗和劳动占用与所创造的物流价值的对比关系，或者是配送运作过程中配送中心投入的配送资源与创造的物流价值的对比。

5. 配送中心绩效评价

配送中心绩效评价是对物流价值的事前计划与控制，以及事后的分析与评估，以衡量配送中心配送系统和配送活动全过程的投入与产出状况的分析技术与方法。

6.3.2 绩效评价的指标体系

建立明确的、切实可行的指标体系是做好绩效管理的关键，也是一项系统工程。根据评价目的、范围、对象、方式的不同，需要综合考虑的影响因素也不同，从而构建的指标体系差别也较大。

1. 配送中心作业绩效评价的概述

配送中心作业绩效评价就是运用科学、规范的评价方法，对企业一定经营时期的配送活动的经营业绩和效率进行定量及定性对比分析，获取有关任务完成水平、取得效益、付出代价的信息，进而在管理活动中利用这些信息不断控制和修正工作的一个持续的动态管理过程。

配送中心作业绩效评价的目标和作用如表 6-5 所示。

表 6-5　配送绩效评价的目标与作用

配送绩效评价目标	配送绩效评价作用
1. 应用配送系统标准体系实时对配送系统运作效绩进行控制，以此改进配送运作程序，调整运作方式	1. 提出和追踪配送运作目标及完成情况，并进行不同层次和角度的分析与评价，实现对配送活动的事前控制
2. 评价配送作业绩效，了解配送中心空间、人员、设施、物品、订单、时间、成本、品质、作业规划等要素的状况，以便采取改进的措施	2. 判断配送运作目标的可行性和完成程度，进而调整配送目标
3. 评价配送业务各部门和人员的工作绩效，达到激励员工、优化配送运作消极的目的	3. 提升配送绩效
4. 通过评价服务水平配送成本，并与以往进行比较分析，向管理者和客户提供绩效评估报告	4. 是企业内部监控的有效工具和方法
	5. 分析与评估配送运作的资源素质与能力，确定配送企业发展战略

2. 指标体系选择的原则

选出的指标能反映组织整体或个别作业单位的业绩；选出的指标确实反映负责人或经理人的努力程度，同时，对于不是他所能控制的因素也应能适当显示；选出的指标要有助于问题点的分析，这样才能协助企业找到加强改进的方向。

配送中心涉及的环节较多，所以会给评价带来一定的难度。为了做出正确有效的评价，一般来说，要遵循如下几个原则。

（1）客观性原则。评价时必须弄清楚资料是否全面、正确、可靠，数据是否有效，防止评价人员的倾向性，并注意评价人员的组成应具有代表性。

（2）技术经济原则。配送中心的技术先进性是影响物流效率高低、系统可靠性强弱的主要因素；经济上的合理性反映物流的物化劳动和劳动消耗情况，以尽可能少的消耗获取良好的经济效果是经济管理工作的出发点，是企业效益所在。

（3）局部服从整体的原则。对大型公司来说，配送中心可能有多个布局点，有时从各局部效益来看布局是最优的，但从整体效益规划的角度看却未必如此。因此在进行评价时，尤其在配送中心的选址问题上要坚持整体效益最优化，要使局部效益服从全局效益。

（4）指标体系的合理性和可操作性原则。在建立评价指标体系时，应在突出重点的前提下，尽量做到先进合理、便于操作。可操作性主要体现在评价指标的设置上，既要可行又要可比。可行是指指标设置要符合物流系统的特征和功能要求，在具体指标的确定上，不能脱离现有的技术水平而确定一些无法达到的指标。制定的评价标准不能过高、过严，也不能偏低，应以平均水平为依据。可比性是指主要评价项目的内容含义确切，便于进行比较，评价高低。

（5）在定性基础上坚持定量分析原则。对配送中心进行评价时，应坚持定性和定量相结合的原则，并在定性分析的基础上，以定量分析为主，既要反映中心实现功能的程度，又要确定有量化分析的具体描述，这样才能够客观、合理。

◎扩展阅读

在上海，零售业态的竞争已扩展到连锁便利店。联华便利店以每月新开60家门店的速度急剧扩张，在物流配送方面形成了巨大的需求，原来的江杨配送中心显然不能满足其需要。联华便利店与日本岗村制作所共同设计建造联华便利配送中心。两个配送中心在作业效率方面有以下区别：

江杨配送中心每天的拆零商品配送能力在1万箱左右，单店商品拆零配置时间约需4分钟，由于场地小、缺乏先进技术、人力资源浪费，人工分拣的差错率达0.6%，每天配送200多家门店。联华便利配送中心库存商品可达10万箱，每天拆零商品可达3万箱，商品周装期从原来的14天缩短到3.5天，库存积压资金大大降低；采用DPS（数字拣选系统）方式取代人工拣选，使差错率减少到万分之一，配送时间从4分钟/店压缩到1.5分钟/店，每天可配送400多家门店。配送准确率、门店满意度等都有大幅提升，降低了物流成本，为联华便利店业态的良好稳定发展奠定坚实基础。

3. 指标体系的作用

（1）提出和追踪物流运作目标及完成情况，并进行不同层次和角度的分析和评价，实现对物流活动的事先控制。

（2）判断配送目标的可行性和完成程度，进而调整物流目标。

（3）提升物流绩效。

（4）是企业内部监控的有效工具和方法。

（5）分析和评估配送资源素质与能力，确定物流发展战略。

4. 配送中心作业绩效评价的步骤

配送中心作业绩效评价是一项复杂的工作，必须明确要求按照评价规则有计划、有组织、按步骤（图6-1）进行，这样才能保证绩效评价工作顺利进行并取得客观准确的评价结论。

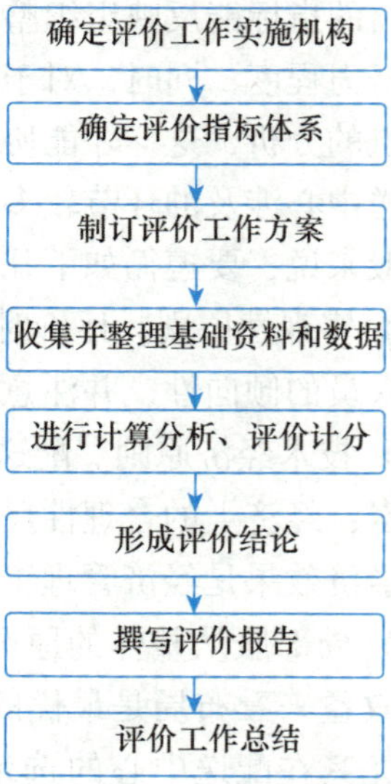

图6-1　配送中心作业绩效评价步骤

（1）确定评价工作实施机构。由于配送中心作业绩效评价工作涉及面广、工作量大、要求高，因此在评价过程中，为了得出客观公正准确的结果，往往需要成立评价实施机构。通常有两种方法：一是由评价组织机构直接组织实施评价，评价组织机构负责成立评价工作组，选聘有关专家组成专家咨询组；二是委托社会中介机构实施评价，先选择中介机构，并签订评价委托书，然后由中介机构成立评价工作组和专家咨询组。无论谁来组织实施评价，对工作组和专家咨询的任务与要求都应该明确。

（2）确定评价指标体系。确定评价指标体系是配送中心作业绩效评价工作的基础，评价方案的制订、材料的收集整理与计算分析都是围绕着指标体系进行的。对配送活动的成效进行度量与分析，从而判断工作的存在价值，形成客观准确的评价结论，必须先确定配送中心作业绩效评价标准。评价标准一般包括客户服务水平、配送成本、配送效率和配送质量四个方面的指标体系。

（3）制订评价工作方案。配送中心作业绩效的评价工作方案是由评价工作组制订的，内容包括评价对象、评价目的、评价依据、评价项目负责人、评价工作人员、时间安排、评价方法与标准、准备评价资料及有关工作要求等。评价工作方案由评价工作组根据有关规定制订，经由评价组织机构批准后开始组织实施，并送专家咨询。

（4）收集并整理基础资料和数据。根据评价工作方案的要求及评分的需要收集、核实、整理基础资料和数据，包括评价方法、评价准值、连续三年来的会计决算报表，以及有关统计数据和定性评价的基础资料，制作各种调查表，分发给调查对象，并提出填写要求，然后及时收回，并对数据进行分类、登记。

（5）进行计算分析、评价计分。计算分析与评价计分是评价过程的关键步骤，配送中心的经营绩效主要就是通过一系列指标反映出来的，因此，在进行配送经营绩效评价中应根据配送中心作业绩效评价的指标体系计算出相应的指标值，然后对指标值进行综合分析评价，并形成综合评价结果。

（6）形成评价结论。将配送中心作业绩效的综合评价结果与同行业规模相当的企业的配送经营绩效进行比较分析；也可以与企业自身的历史综合评价结果进行比较分析或者选择行业内先进水平的组织或企业为标杆进行对比分析。通过对配送中心作业绩效进行深入细致的分析判断，形成综合评价结论，并听取企业有关方面负责人的意见，进行适当的修正和调整，使评价结论能更客观、准确和全面地反映企业配送活动的实际情况。

（7）撰写评价报告。评价结论形成以后，评价工作者要按照格式要求撰写企业配送绩效评价报告。评价报告的主要内容包括评价结果、评价分析、评价结论及相关附件等，送专家咨询组征求意见。完成报告后经评价项目主持人签字，报送评价组织机构审核认定，如果是委托中介机构进行评价的则需加盖中介机构单位公章，方能生效。

（8）评价工作总结。评价项目完成后，工作组应进行工作总结，将评价工作背景、时间地点、基本情况、评价结果、工作中的问题及措施、工作建议等形成书面材料，建立评价工作档案，同时报送企业备案。

5. 配送中心作业绩效评价

通过对物流绩效进行评价，可以真实反映其经营管理、资本运营、发展能力等方面的业绩和存在的问题，并全面了解自身的经营、运作状况，不断完善和提高物流管理水平，提高经营能力。通过对配送中心各作业环节指标的控制来实现对配送各作业的有效管理是配送中心常用的方法。

（1）进出货作业分析指标。进货作业包括把物品等物资做实体上的领取，从货车上将货物卸下、开箱、检查其数量和质量，然后将有关信息书面化等一系列工作。

出货作业是将拣取分类完成的货品做好出货检验后，根据各车辆或配送路线将货品运至出货准备区，而后装车配送的物流活动。

①空间利用率。

a. 站台使用率=进出货车次装卸货停留总时间/站台泊位数×工作天数×每天工作时数

b. 站台高峰率=高峰车数/站台泊位数

②人员负担和时间耗用。

a. 每人每小时处理进货量=进货量/进货人员数×每日进货时间×工作天数

b. 每人每小时处理出货量=出货量/出货人员数×每日出货时间×工作天数

c. 进货时间率=每日进货时间/每日工作时数

d. 出货时间率=每日出货时间/每日工作时数

③设备移动率。

a. 每台进出货设备每天的装卸货量=(出货量+进货量)/装卸设备数×工作天数

b. 每小时的装卸货量=(出货量+进货量)/装卸设备数×工作天数×每日进出货时数

(2) 储存作业分析指标。

储存作业分析指标是指对存货或物品做妥善保管，充分利用仓库空间，注重库存控制，减少资金占用，降低保管成本，减少积压、过期、变质物品的物流活动。

在管理方面要求善于利用仓库空间，有效利用配送中心每一平方米面积；加强存货管理，保证存货可得性，降低存货的缺货率；防止存货过多而占用资源和资金。衡量储存作业的指标主要有：

①设施空间利用率。

a. 储区面积率=储区面积/配送中心建筑面积

b. 可使用保管面积率=可保管面积/储区面积

c. 储位容积使用率=存货总体积/储位总容积

d. 单位面积保管量=平均库存量/可保管面积

e. 平均每品项所占储位数=料架储位数/总品项数

②库存周转率。

a. 库存周转率=出货量/平均库存量

b. 库存周转率=营业额/平均库存金额

c. 库存管理费率=库存管理费用/平均库存量

(3) 订单处理作业分析指标。

订单处理作业的优劣直接影响配送中心的经济效益，从影响订单改善的因素考虑，应对订单处理作业提出分析评价指标。订单处理分析指标及改善方法见表6-3。

表6-3 订单处理分析指标及改善方法

分析指标种类	指标分析及改善方法
平均每日订单数=订单数量/工作天数 平均客单数=订单数量/下级客户数 平均客单价=营业额/订单数量	平均每日订单数、平均客单价指标数值不高，表明配送中心业务量不多，有待拓展业务，谋求较大的效益。改进方法是强化经营体制，加强促销，提高产品质量，经营用户欢迎的货物

续表

分析指标种类	指标分析及改善方法
订单延迟率 = 延迟交货订单数/订单数量 订单货件延迟率 = 延迟交货量/出货量	当订单延迟率较高时，表示配送中心没有按计划交货，必须对影响交货期的作业进行分析与改进。当订单延迟率较低，订单货件延迟率较高时，表示对订单数较多的用户延迟交货比率较高。解决方法是对用户进行 ABC 分析（调查各用户订购品和金额占营业额的百分比），对重点用户进行重点管理
订单速交率=12 小时内的发货订单 / 订单数量	若能迅速接单和缩短交货时间，并在 12 小时内发货（配送中心也可根据自身情况确定比 12 小时更短的时间），说明配送中心管理水平较高（作业流程快速、规范），效益较好
退货率=退货数/出货量 折扣率=折扣数/出货量 （也可用金额表示）	当两个指标较高时，表示货物品质不良，致使用户不满，造成退货和打折。一般来说，退货和折扣的主因是包装损坏，为此，要加强各作业环节管理工作，减少货物损坏率
取消订单率=取消订单数/订单数量 用户意见率=意见次数/订单数量	当两个指标较高时，其原因为：货物品质不良、服务态度不好、未按时交货、同业竞争激烈
订单满足率=实际交货数量/订单货物需求数量	订单满足率是衡量订货实现程度及影响的指标，据此可知库存控制决策是否正确。缺货率是衡量缺货程度及其影响的指标，太高，会使客户失去信心而流失。缺货率高的原因：库存量控制不住，购货时机不当，上级供应商交货延误等
缺货率=出货品短缺量/出货量	缺货率太高，也会流失客户。其原因：接单时登录出错、拣货单打印出错、进货时造成短货、拣货分类时出错、包装货品时出错、检查作业时失误、搬运装车时出错、配送过程中物品耗损。必须针对上述出错环节逐一整改，加强管理，提高配送中心信誉度

例 1：某配送中心在 2015 年的 12 月份中收到订单 800 份，总出货量为 1.8 万吨，其中按订单要求发货时间交货的有 624 份。由于种种原因延迟发货量 950 吨。客户为解决货物的短缺，又要求该中心补充紧急订单 50 份，中心组织人力在 12 小时内发出了 36 份。现对该中心的订单处理进行评价，请计算订单延迟率、订单货件延迟率和紧急订单速交率；并提出提高紧急订单响应率的主要措施。

解：订单延迟率 $=(800-624)/800\times100\%=22\%$

订单货件延迟率 $=950/18000\times100\%=5.28\%$

紧急订单速交率 $=36/50\times100\%=72\%$

提高紧急订单响应率的主要措施：提高备货保证程度（与客户、供应商信息沟通及时）；提高订单处理效率；改变拣货策略；调整仓储区与拣货区的布局；合理安排人员、车辆等。

（4）拣货作业分析指标。

拣货作业效率的高低可以从对拣货人员、设备、方式、时间、成本、质量等方面的检查和考核来进行评价。分析评价的目的是为了找出存在的问题，改进系统设计与管理，进而提高效率。分拣作业分析指标及改善方法见表6-7。

表6-7 分拣作业分析指标及改善方法

分类指标种类	分类指标	指标分析及改善方法
拣货人员作业效率	① 每人时拣取品种数＝拣货单总数/{拣取人员数+每日拣货时数+工作天数} ②每人时拣取件数＝累计拣货总件数/{拣取人员数+ 每日拣货时数+工作天数} ③每笔货物拣取移动距离＝总拣货行走（移动）距离/总拣货笔数	①人工拣货或机械化程度较低时，或出货多属于少批量，多品种的配送作业时，可采用“每人时拣取品种数”来评价人员拣货效率 ②自动化程度较高或出货多属大批呈、少品种的配送作业时，多采用“每人时拣取件数”来评价拣货效率 ③“每笔货物拣取移动距离”指标反应目前拣货区是否合理，拣货作业策略与方式是否得当，如果指标太高，则表示拣货消耗的时间太多，可以从改进拣货区布局及拣货策略与方式等方面入手，来提高拣货作业效率
拣货设备使用效率	①拣货人员装备率＝拣货设备投资成本/拣货人员数 ②拣货设备成本产出率＝出货商品总体积/拣货设备成本	①“拣货人员装备率”指标评价配送中心对拣货设备的投资情况，装备率越高说明配送中心机械化、自动化程度越高。但装备率越高并不等于设备使用率越高 ②“拣货设备成本产出率”指标反映单位设备拣货成本所拣取的单位商品体积数，因此设备成本产出率越高，说明设备的使用效率越高
拣货时间与速度	①单位时间处理订单数＝订货数量/（每日拣货时数+工作天数） ②单位时间拣取品种数＝（订单数量+每张订单平均商品品种数）/（每日拣货时数+工作天数）	反应单位时间处理订单数和拣取商品品种数的能力，其指标数值越高，说明拣货系统处理订单的能力越强，作业速度越快
拣货成本核算	①每份订单投入的平均拣货成本＝拣货投入成本/拣货份数 ②订单每笔货物投入拣货成本 ＝拣货投入成本/订单上货物的总份数	两项指标反应处理一份订单和处理一笔商品消耗的拣货成本，其数值越高，表示投入成本越多，因此，当这两项指标上升时，说明效益正在下降，必须采取措施控制成本上升
拣货质量控制指标	拣货错误率＝拣货作业错误笔数/同期订单累积总笔数	当该指标较高时，其原因为：货物品质不良，服务态度不好，未能按时交货，同业竞争激烈

（5）送货作业分析指标。

物流配送作业任一环节的作业效果直接影响整个配送作业的经济效益，因此需要对每一个作业环节进行分析，就需要用到送货作业分析指标。送货作业的分析指标主要包括人员负担、车辆负荷、车辆安排、时间效益、配送成本、配送质量等。主要分析指标如表6-8所示。

表 6-8 送货作业分析指标及改善方法

指标类型	指标	指标分析
人员负担	人均送货量=出货量/配送人数 人均送货距离=送货总距离/配送人数 人均送货质量=送货总质量/配送人数 人均送货车次=送货总车次/配送人数	通过这四个指标可以充分了解送货作业人员的工作量，并根据实际情况及时调整送货作业人员数量，也可以反映送货人员的作业贡献，从而对相关人员进行绩效考核
车辆负荷	每车周转量=（送货总距离×总吨数）/送货车辆总数 每车配送距离=送货总距离/送货车辆总数	该指标可以评估送货车辆的负荷大小，如果车辆负荷过大就需要增加车辆；负担过小说明配送业务量小，需要增加业务量
车辆安排	空驶率=回程空驶车次/总车次 送货车辆开动率=送货总车次/（车辆数量×工作天数） 送货平均速度=送货总距离/送货总时间	车辆空驶率指的是货运车辆在返程时处于空载状态的辆次占总货运车辆辆次的比率。当空驶率较高时，表明有部分车“回程空驶”，这时配送成本较高。车辆开动率反映车辆的利用率。如果利用率过高，表明车辆负荷较量，应增加车辆；如果利用率太低，则应该减少车辆增加配送货物。送货平均速度可以反映送货路线是否最佳，路线上的交通状况是否良好
时间效益	送货时间比率=送货总时间/（送货人数×工作天数×每天工作时数） 单位时间送货量=出货量/送货总时间	此指标用于分析单位时间对于送货量的贡献率
配送成本	送货成本比率=车辆送货成本/货物总费用 每吨（车次或千米）送货成本=车辆送货成本/总送货吨位（车次或里程）	用于分析配送成本，通过跟绩效指标水平对比，从而采取一定的措施，提高效益降低成本
配送质量	送货延误率=送货延误车次/送货总车次	送货延误率较高，会对企业信誉造成严重影响。造成该指标较高的原因可能是车辆故障、路况不良等，要根据具体原因逐一进行改进

★知识链接

基准化（Benchmarking）

基准化是美国施乐公司确立的经营分析方法，定量分析自己公司的现状与其他公司的现状并加以比较。其主要特点是将那些出类拔萃的企业作为测定标准，以它们为学习对象，迎头赶上，进而超过它们。除了要求测量相对最好的企业绩效外，还要发现这些优秀的企业是如何取得这些成就的，并利用这些信息作为制定企业绩效目标、战略和行动计划的标准。

1. 基准化的核心内涵

关于基准化理念的认识，目前有三种比较有代表性的定义：

一是基准化的先驱和最著名的倡导者施乐公司的罗伯特·开普将基准化定义为："一个将产品、服务和实践与最强大的竞争对手或是行业领导者相比较近持续流程。"这种观点被认为是基准化初期最具代表性的认识。

二是美国生产力与质量中心将基准化定义为："基准化是一个系统的、持续的评估过程，通过不断地将企业流程与世界上居于领先地位的企业相比较，以获得帮助企业改善经营绩效的信息。"这是该组织对基准化进行系统货船规范化研究之后的观点。

三是《国际项目管理专业资质认证标准》定义："优胜基准学习法"，即对产生最佳绩效的行业最优的经营管理实践的探索，也就是以行业中的领先团队为标准或参照，通过资料收集、分析比较、跟踪学习等一系列规范化的程序，改进绩效，赶上并超过竞争对手，成为市场中的领先者。

◎提示板

企业实施 PAC 后的效率

两个配送中心实施 PAC 系统数据比较：甲企业是一家玩具生产厂商，它的物流配送中心员工数有 100 名。引入 PAC 系统之前，员工的作业效率约为 65%。引入 PAC 系统之后的第 25 个月，提升为 132%，实施大约两年后，物流作业效率就提升了 2 倍；乙企业是一家家用电器生产厂商，它的物流配送中心员工数有 120 名。引入 PAC 系统之前，员工的作业效率大致为 61%。实施大约两年后，物流作业效率提升到了 110%，大约为原来的 1.8 倍。

★案例分析

令人咋舌的 200 平方米，4000 万美元的收入

辛克，作为一家已有 130 多年历史的德国老牌物流企业，跨世纪的风霜是否已使这家企业老态龙钟？在北京空港物流基地的配送中心办公区，在配送中心高架仓库，展现在眼前的一切让人感受到的是井然有序、和谐与活力。而这些，也许就是这家百年企业的生存之魂。

100 多年的市场风雨没有熄灭辛克的创造之火，反而使这家企业在市场历练中成为全球空运第五、海运第三、欧洲陆运第一的世界第三大物流公司，年营业收入高达近百亿欧元。德国辛克无疑是一家实力雄厚的跨国公司，在进入中国市场的 20 多年中，不显山不露水，甚至不为人知。就是这样一家默默耕耘的企业，在其全球物流服务体系的支持下，成功地在中国站住了脚，并拥有了南北呼应的配送中心和一大批国内外优质客户。

新建成的北京配送中心，辛克物流拥有的库房总面积达 12750 平方米。辛克为西门子公司提供进口配件服务的上海保税区仓库，仓储面积只有 200 多平方米，一年的过货收入

4000多万美元。一个只有200多平方米的小仓库，要创造4000多万美元的收入，正是辛克物流独具的核心竞争力。在这个200多平方米的仓库中，客户的货物入库停留最多也就是一天，快速的通关效率和中转配送能力，使一个不起眼的小仓库变成了一台超级美元印钞机。

联想到中国企业追求“大而全”的豪爽经营风格，再仔细看看这些实力雄厚的跨国企业孜孜追求的“小而精”的经营战略，似乎突然间明白了这些跨国企业之所以能够纵横世界的真谛所在。做物流，不是看谁的库房大，而是看谁的过货速度快。快，是做物流的核心与灵魂。

◎每节一练

试着总结配送中心作业绩效评价的目标与作用。

分项任务小结

完成本分项任务后，请进行自我测试：尝试归纳配送中心个作业环节指标的控制内容。

任务小结

降低配送成本与加强绩效管理，同时提高服务水平，可以说是配送管理肩负的两大使命，正确协调和处理两者之间的关系是配送管理的重要内容。

配送成本管理应以市场需求为导向，通过向市场提供质量尽可能高、功能尽可能完善的产品和服务，力求使企业获取尽可能多的利润。企业的一切配送成本管理活动应以配送成本效益观念作为支配思想，从“投入”与“产出”的对比分析来看待“投入”（成本）的必要性、合理性，即努力以尽可能少的成本付出，创造尽可能多的使用价值，为企业获取更多的经济效益。而配送成本费用核算是多环节的核算，是各个配送环节或活动的集成。在实际核算时，涉及哪个活动，应当对哪个配送活动进行核算。配送各个环节的成本费用核算都具有各自的特点，同时，配送中心同其他物流企业一样，要长期稳定地发展，就必须实行科学的管理，而绩效管理是市场经济条件下科学管理的重要一环。

同学们可结合本章知识，针对辛克公司的经营理念，总结其配送中心的运作及对我国配送中心运作的借鉴意义。

★关键概念

配送成本　配送成本是指配送过程中所支付的费用总和。根据配送流程及配送环节，配送成本实际上是含配送运输费用、分拣费用、配装及流通加工费用等全过程。

共同配送　共同配送是指一种产权层次上的共享，也称作集中协作配送。它是几个企业联合集小量为大量共同利用同一配送设施的配送方式。

实训题

Ⅰ. 基本训练

1. 简述配送成本的含义与意义。
2. 简述配送成本的计算步骤。
3. 思考如何建立企业实用的绩效考核指标体系?
4. 实训项目——制作四种配送成本核算表。

5~8人一组，把全班分为若干组；在教师给定的数据基础上，制作四种配送成本核算表。

Ⅱ. 知识应用

案例分析：沃尔玛百货有限公司（以下简称“沃尔玛”）由美国零售业的传奇人物山姆-沃尔顿先生于1962年在阿肯色州成立。经过40余年的发展，沃尔玛已经成为美国最大的私人雇主和世界上最大的连锁零售商。目前沃尔玛在全球10个国家开设了超过5000家商场，员工总数160多万，分布在美国、墨西哥、波多黎各、加拿大、阿根廷、巴西、中国、韩国、德国和英国。每周光临沃尔玛的顾客近1亿4千万人次。2004年沃尔玛全球的销售额达2630.09亿美元，荣登《财富》杂志世界500强企业榜首和“最受尊敬企业”排行榜。2005年达到2879.89亿美元，名列世界500强第一；2006年为3156.54美元，名列世界500强第二；2007年为3511.39亿美元，再次荣登世界500强榜首。

沃尔玛的业务之所以能够迅速增长，并且成为现在非常著名的公司之一，是因为沃尔玛在节省成本，以及在物流配送系统与供应链管理方面取得了巨大的成就。

苹果公司总裁乔布斯曾经说过，如果全球的IT企业只剩下三家，那一定是微软、Intel和戴尔，如果只剩下两家，将只有戴尔和沃尔玛。这显然只是玩笑话，沃尔玛虽是零售业的翘楚，但无论如何还算不上IT企业。不过，沃尔玛对信息技术的执着追求却有目共睹，正是缘于此，沃尔玛低成本战略才得以屡试不爽。

一、降低成本系列方法在物流配送中心的应用

稍了解沃尔玛的人都知道，低成本战略使物流成本始终保持低位，是像沃尔玛这种廉价商品零售商的看家本领。在物流运营过程中尽可能降低成本，把节省后的成本让利于消费者，这是沃尔玛一贯的经营宗旨。

沃尔玛在整个物流过程当中，最昂贵的就是运输部分，所以沃尔玛在设置新卖场时，尽量以其现有配送中心为出发点，卖场一般都设在配送中心周围，以缩短送货时间，降低送货成本。沃尔玛在物流方面的投资，也非常集中地用于物流配送中心建设。

1. 快速高效的物流配送中心

物流配送中心一般设立在100多家零售店的中央位置，也就是配送中心设立在销售主市场。这使得一个配送中心可以满足100多个附近周边城市的销售网点的需求；另外运输的半径既比较短又比较均匀，基本上是以320千米为一个商圈建立一个配送中心。

沃尔玛各分店的订单信息通过公司的高速通信网络传递到配送中心，配送中心整合后正式向供应商订货。供应商可以把商品直接送到订货的商店，也可以送到配送中心。有人这样形容沃尔玛的配送中心：这些巨型建筑的平均面积超过11万平方米，相当于24个足球场那么大；里面装着人们所能想象到的各种各样的商品，从牙膏到电视机，从卫生巾到玩具，应有尽有，商品种类超过8万种。沃尔玛在美国拥有60个以上的配送中心，服务着4000多家商场。这些中心按照各地的贸易区域精心部署，通常情况下，从任何一个中心出发，汽车可在一天内到达它所服务的商店。

在配送中心，计算机掌管着一切。供应商将商品送到配送中心后，先经过核对采购计划、商品检验等程序，分别送到货架的不同位置存放。当每一样商品储存进去的时候，计算机都会把他们的方位和数量一一记录下来；一旦商店提出要货计划，计算机就会查找出这些货物的存放位置，并打印出印有商店代号的标签，以供贴到商品上。整包装的商品将被直接送上传送带，零散的商品由工作人员取出后，也会被送上传送带。商品在长达几公里的传送带上进进出出，通过激光辨别上面的条形码，把他们送到该送的地方去，传送带上一天输出的货物可达20万箱。

配送中心的一端是装货平台，可供130辆卡车同时装货，在另一端是卸货平台，可同时停放135辆卡车。配送中心24小时不停地运转，平均每天接待的装卸货物的卡车超过200辆。沃尔玛用一种尽可能大的卡车运送货物，大约可能有16米加长的货柜，比集装箱运输卡车还要更长或者更高。在美国的公路上经常可以看到这样的车队，沃尔玛的卡车都是自己的，司机也是沃尔玛的员工，他们在美国的各州之间的高速公路上运行，而且车中的每立方米都被填得满满的，这样非常有助于节约成本。

公司6000多辆运输卡车全部安装了卫星定位系统，每辆车在什么位置、装载什么货物、目的地是什么地方，总部都一目了然。因此，在任何时候，调度中心都可以知道这些车辆在什么地方，离商店还有多远，他们也可以了解到某个商品运输到了什么地方，还有多少时间才能运输到商店。对此，沃尔玛精确到小时。如果员工知道车队由于天气、修路等某种原因耽误了到达时间，装卸工人就可以不用再等待，而可以安排别的工作。

灵活高效的物流配送使得沃尔玛在激烈的零售业竞争中技高一筹。沃尔玛可以保证，商品从配送中心运到任何一家商店的时间不超过48小时，沃尔玛的分店货架平均一周可以补货两次，而其他同业商店平均两周才能补一次货；通过维持尽量少的存货，沃尔玛既节省了存贮空间又降低了库存成本。

经济学家斯通博士在对美国零售企业的研究中发现，在美国的三大零售企业中，商品物流成本占销售额的比例在沃尔玛是1.3%，在凯马特是8.75%，在希尔斯则为5%。如果年销售额都按照250亿美元计算，沃尔玛的物流成本要比凯马特少18.625亿美元，比希尔斯少4.25亿美元，其差额大得惊人。

2. 沃尔玛配送中心采用的作业方式

配送中心的一端是装货的月台，另外一端是卸货的月台，两项作业分开。看似与装卸一起的方式没有什么区别，但是运作效率由此提高很多。配送中心就是一个大型的仓库，但是概念上与仓库有所区别。

交叉配送CD（cross docking），交叉配送的作业方式非常独特，而且效率极高，进货时直接装车出货，没有入库储存与分拣作业，降低了成本，加速了流通。

800名员工24小时倒班装卸搬运配送，沃尔玛工人的工资并不高，因为这些工人基本上是初中生和高中生，只是经过了沃尔玛的特别培训。

商品在配送中心停留不超过48小时，沃尔玛要卖的产品有几万个品种，吃、穿、住、用、行各方面都有。尤其像食品、快速消费品这些商品的停留时间直接影响使用。

沃尔玛如何不断完善其配送中心的组织结构？

每家店每天送1次货（竞争对手每5天1次），至少1天送货1次意味着可以减少商店或者零售店里的库存。这就使得零售场地和人力管理成本都大大降低。要达到这样的目标就要通过不断地完善组织结构，使得建立一种运作模式能够满足这样的需求。

沃尔玛作为世界500强企业，到现在为止它只在几个国家运作，只在它看准有发展的地区经营，沃尔玛在经营方面十分谨慎，在这样的情况下发展到70个，说明它的物流配送中心的组织结构调整做得比较到位。

配送成本占销售额2%，是竞争对手的50%（而对手只有50%货物是集中配送）。沃尔玛的配送成本占它销售额的2%，而一般来说物流成本占整个销售额一般都要达到10%左右，有些食品行业甚至达到20%或者30%。沃尔玛始终如一的思想就是用最低的价格把最好的东西卖给消费者，这也是它成功的所在。另外竞争对手一般只有50%的货物进行集中配送，而沃尔玛百分之九十几是进行集中配送的，只有少数可以从加工厂直接送到店里去，这样成本与对手就相差很多了。

根据以上案例，回答问题：

（1）请简要描述沃尔玛配送中心的低成本是如何运作的？

（2）沃尔玛配送中心的低成本运作对我国零售企业配送中心的运作有何借鉴之处？

参考文献

[1] 李卫东. 配送管理实务［M］. 北京：中国人民大学出版社，2017.

[2] 王磊. 配送作业与管理［M］. 哈尔滨：哈尔滨工业大学出版社，2017.

[3] 刘贵生. 物流配送管理［M］. 北京：清华大学出版社，2015.

[4] 张睿. 配送作业管理与信息化［M］. 长沙：湖南师范大学出版社，2017.

[5] 李江珉. 仓储与配送管理［M］. 长沙：湖南师范大学出版. 2020.

[6] 沈文天. 配送作业管理［M］. 北京：高等教育出版社，2018.

[7] 彭秀兰，马冬梅. 配送作业管理［M］. 北京：机械工业出版社，2019.

[8] 王转. 配送中心规划与设计［M］. 北京：高等教育出版社，2018.

[9] 代湘荣，周志刚，叶红梅. 仓储与配送作业管理［M］. 北京：中国人民大学出版社，2022.

[10] 孔继利. 物流配送中心规划与设计［M］. 北京：北京大学出版社，2019.